渡辺 修

基本講義
刑事訴訟法

Fundamentals of
Criminal
Procedure

法律文化社

はしがき

　これは，法科大学院でのプロセス教育または予備試験を経て司法試験にチャレンジし，法曹を目指すのに必要な刑事訴訟法の基本知識を概説する教科書である。

　実務を担う法曹となるには，刑事訴訟法の「基本的な流れ」とこれを支える「条文・判例」を広く・正確に理解する必要がある。次に，各事件に沿ってこれらを「使う」かたちで深める理解力を必要とする。本書は，この視点にたって刑事手続の「基本的な流れ」を解説する。重要な判例は【CASE】欄で解説することとし，他方，様々な制度論，用語，学説と私見などは適宜【★MEMO】欄で紹介することとした。

　法曹には，法制度と法実務を批判的にみる精神が必要であるが，これは現場の不当さや実務の矛盾など現場に接して学ぶものである。そのためにも，法曹の基礎力としては，まず刑事訴訟法の「基本的な流れ」と「条文・判例」の確かな理解が不可欠だ。

　本教科書が，法曹を目指す場合に必要な刑事訴訟法の理解を助けるのに成功しているかどうかは読み手に聞くしかない。足らざる点は，今後の改訂を通じて補正したい。

　法律文化社企画編集担当取締役秋山泰氏には，数年前に企画を御提案いただきながら原稿完成を遅らせている筆者を辛抱強く待っていただいた上，編集にあたりきめ細かなご配慮をいただいた。感謝したい。

2014年5月3日

著　者

凡　例

[法　令]
- 刑事訴訟法は，特に断らないかぎり，単に条・項・号で示している。例：199条
- 刑事訴訟規則は，例えば，規則203条，のように表記した。
- その他の略語は，以下の通りとする。

刑	刑法
刑事収容	刑事収容施設及び被収容者等の処遇に関する法律
警察	警察法
警職	警察官職務執行法
憲	日本国憲法
検	検察庁法
検審	検察審査会法
裁	裁判所法
裁判員	裁判員の参加する刑事裁判に関する法律
裁判員規則	裁判員の参加する刑事裁判に関する規則
支援	総合法律支援法
少	少年法
通信傍受	犯罪捜査のための通信傍受に関する法律
犯捜	犯罪捜査規範
犯被保護	犯罪被害者等の権利利益の保護を図るための刑事手続に付随する措置に関する法律

[判　例]
- 日本の判例については，読者の便宜を考え元号表記にした他，一般の例にならい以下のように略記した。
    例：最判昭51・11・18判時837-104（最高裁昭和51年11月18日判決，判例時報837号104頁）
- 判例集の表記は通例に倣った。

目　次

はしがき

凡　例

序章　概　観 …………………………………………………………… 1

§Ⅰ　刑事裁判のかたち　　21世紀における「市民主義」の構造 …………… 2
1 刑事手続の流れ (2)　　**2** 裁判員裁判——市民主義の登場 (3)
3 法　源 (4)

§Ⅱ　刑事訴訟法と憲法の原理 ………………………………………… 6
1 刑事訴訟法と「技術性」(6)　　**2** 憲法と刑事手続の構造を規制する原理 (6)

§Ⅲ　刑事手続の基本原理 ……………………………………………… 8
1 刑事手続における適正処理 (8)　　**2** 糺問的捜査観と弾劾的捜査観 (8)　　**3** 糺問主義と弾劾主義 (9)　　**4** 職権主義と当事者主義 (9)　　**5** 実体的真実主義と適正手続主義 (10)　　**6** 精密司法と核心司法 (11)

§Ⅳ　刑事手続の主体 ………………………………………………… 11
1 被疑者・被告人 (11)　　**2** 弁護士・弁護人 (12)　　**3** 警察官 (13)　　**4** 検察官 (13)　　**5** 裁判官 (14)　　**6** 裁判員 (15)　　**7** 被害者 (15)

第1章　捜　査 ………………………………………………………… 21

§Ⅰ　捜査の端緒 ……………………………………………………… 22
1 捜査機関の活動が端緒になる場合 (22)　　**2** 市民の協力, 犯人の自首 (27)

§Ⅱ　犯罪の捜査 ……………………………………………………… 29
1 捜査の意義 (29)　　**2** 行政警察作用・司法警察作用 (30)
3 捜査の主体 (30)　　**4** 検察官と司法警察職員 (33)

§Ⅲ 捜査の方法（1） ··· 34
 1 捜査の原理——捜査はどんな原則に従って行われるか （34） **2** 任意捜査と強制捜査 （36）

§Ⅳ 証拠物の収集 捜査の方法（1） ·································· 39
 1 任意捜査各論 （39） **2** おとり捜査 （43） **3** 令状による捜索・差押え （44） **4** 電磁的記録の捜索・差押え （50） **5** 無令状捜索・差押え・検証 （52） **6** 検証，身体検査，鑑定 （54） **7** 強制採尿と強制採血 （56） **8** 照 会 （58） **9** 通信傍受 （58）

§Ⅴ 供述の確保 捜査の方法（2） ···································· 60
 1 参考人の取調べ （60） **2** 被疑者の取調べ （62）

§Ⅵ 被疑者の身体拘束 捜査の方法（3） ······························· 68
 1 逮 捕 （68） **2** 引致・留置・検察官送致 （73） **3** 検察官の措置 （74） **4** 逮捕令状と救済手続 （75） **5** 勾 留 （75） **6** 逮捕・勾留の諸問題 （81）

§Ⅶ 被疑者の防御 ·· 88
 1 被疑者と防御活動 （88） **2** 黙秘権 （89） **3** 弁護人依頼権 （90） **4** 接見交通権 （95） **5** 被疑者と一般人との面会権 （101） **6** 防御のための強制処分 （102）

§Ⅷ 捜査の終結 捜査はどのようにして終結するのか ················· 102
 1 全件送致 （102） **2** 起訴後の捜査 （103）

§Ⅸ 国際犯罪捜査 ··· 104
 1 捜査共助 （104） **2** 国際捜査協力 （105）

第2章 公 訴 ·· 107

§Ⅰ 公訴権の意義 ··· 108
§Ⅱ 国家訴追主義 ··· 108
§Ⅲ 事件処理 ··· 109
§Ⅳ 訴訟条件 ··· 111
 1 訴訟条件 （111） **2** 公訴時効 （112）

§Ⅴ 公訴の提起と起訴状 ··· 114

1　起訴処分 (114)　　*2*　一罪の一部起訴 (116)　　*3*　起訴状の記載内容 (116)　　*4*　訴因の特定 (117)　　*5*　起訴状一本主義 (119)

　§Ⅵ　公訴権の抑制 …………………………………………………………119
　　　1　不起訴の場合 (120)　　*2*　起訴した場合と「公訴権濫用論」(121)

第**3**章　公　　　　判 ……………………………………………………123

　§Ⅰ　裁判所の構成 …………………………………………………………124
　　　1　裁判所の意義 (124)　　*2*　裁判所の管轄 (124)　　*3*　受訴裁判所の構成 (128)　　*4*　裁判官の除斥，忌避および回避 (129)
　§Ⅱ　公判審理の準備 ………………………………………………………130
　　　1　公判審理の準備 (130)　　*2*　被告人の召喚・勾引・勾留 (132)
　§Ⅲ　公判前準備手続 ………………………………………………………136
　　　1　公判前準備手続の概要 (136)　　*2*　証拠開示について (137)
　§Ⅳ　公判前整理手続 ………………………………………………………139
　　　1　公判前整理手続の意義 (139)　　*2*　公判前整理手続の進行 (140)　　*3*　証明予定事実記載書の提示と証拠調べ請求 (141)　　*4*　類型証拠開示手続 (141)　　*5*　被告人の主張明示と主張関連証拠開示 (143)　　*6*　証拠開示に関する裁定手続 (143)　　*7*　争点の整理，審理計画の策定，手続の終結，期日間整理手続 (144)　　*8*　公判前整理手続を踏まえた公判審理の特則 (145)
　§Ⅴ　証拠調べ請求手続 ……………………………………………………146
　　　1　証拠調べの請求 (146)　　*2*　証拠決定 (148)
　§Ⅵ　公判手続の基本 ………………………………………………………150
　　　1　公判の構成 (150)　　*2*　被告人，弁護人 (150)　　*3*　裁判員裁判 (155)
　§Ⅶ　公判審理 ………………………………………………………………157
　　　1　公判の基本原則 (157)　　*2*　冒頭手続 (159)　　*3*　簡易な証拠調べ手続 (160)　　*4*　証拠調べの実施──公判前整理手続先行の場合 (161)　　*5*　被告人質問 (167)　　*6*　被害者等の意見陳述 (167)　　*7*　論告，弁論，結審 (167)　　*8*　弁論の分離・併合，再開 (167)　　*9*　審理の円滑な進行 (170)

§Ⅷ 審判の対象 ···171
　　1 刑事裁判は何を対象に行われるのか（171）　**2** 訴因の変更の要否（173）　**3** 訴因変更の可否（177）　**4** 罰条，法的構成，罪数，訴訟条件と訴因変更（180）　**5** 訴因変更の手続（183）

第4章 証　　拠 ···189
§Ⅰ 公判と証拠 ···190
　　1 刑事裁判と証拠の機能（190）　**2** 証拠の意義（191）
§Ⅱ 証拠能力 ···194
　　1 証拠能力の意義と原理——自然的関連性，法律的関連性，証拠禁止（194）　**2** 証拠の関連性（195）
§Ⅲ 違法収集証拠排除法則 ···198
　　1 排除法則の意義（198）　**2** 排除法則の基準（199）　**3** 排除法則の適用（204）
§Ⅳ 自白の証拠能力（自白法則）···206
　　1 自白の意義（206）　**2** 自白法則の基準（207）　**3** 自白法則の適用（210）
§Ⅴ 伝聞証拠の証拠能力（伝聞法則）··212
　　1 伝聞法則の意義（212）　2 「伝聞禁止」の原理（214）　**3**「人のことば」と表現の真し性（215）　**4** 伝聞例外（1）——総論（217）　**5** 伝聞例外（2）——条文解説（219）

第5章 裁　　判 ···241
§Ⅰ 事実の認定 ···242
　　1 裁判所は証拠をどう評価するのか（242）　**2** 自白にはなぜ補強証拠がいるのか——自白の補強法則（244）　**3**「合理的疑いを超える証明」（247）　**4** 検察官の挙証責任（248）
§Ⅱ 裁判のかたち ···254
　　1 有罪・無罪の判断——実体裁判（254）　**2**「裁判」の意義（256）
§Ⅲ 裁判の効果 ···258
　　1 裁判の成立と裁判の効果（258）　**2** 一事不再理効（260）

第6章 上　　訴 ……………………………………………… 263

§ I　上訴の意義 …………………………………………… 264

§ II　上　　訴 ……………………………………………… 264

§ III　控　　訴 ……………………………………………… 267

1 控訴審の機能 (267)　**2** 控訴の理由 (268)　**3** 「2項調査」「2項破棄」(269)　**4** 控訴の手続 (269)　**5** 控訴審の審理 (270)　**6** 控訴審の裁判 (273)

§ IV　上　　告 ……………………………………………… 276

1 上告審の機能 (276)　**2** 上告の手続 (277)　**3** 上告審の裁判 (278)

§ V　抗告・準抗告　手続事項に関する不服申立て ……………… 279

1 抗　告 (279)　**2** 通常抗告と「異議の申立て」(279)　**3** 即時抗告 (280)　**4** 準抗告 (281)　**5** 特別抗告 (282)

第7章 付随手続 ……………………………………………… 285

§ I　略式手続 ………………………………………………… 286

§ II　少年事件 ………………………………………………… 287

§ III　簡易公判手続 …………………………………………… 290

§ IV　即決裁判手続 …………………………………………… 291

第8章 再審・非常上告 ……………………………………… 293

§ I　再　　審 ……………………………………………… 294

1 再審の機能 (294)　**2** 再審理由 (294)　**3** 再審請求手続と再審公判手続 (295)

§ II　非常上告 ………………………………………………… 297

事項索引　299

判例索引　303

序章　**概　観**

図表 0-1　刑事手続の流れ

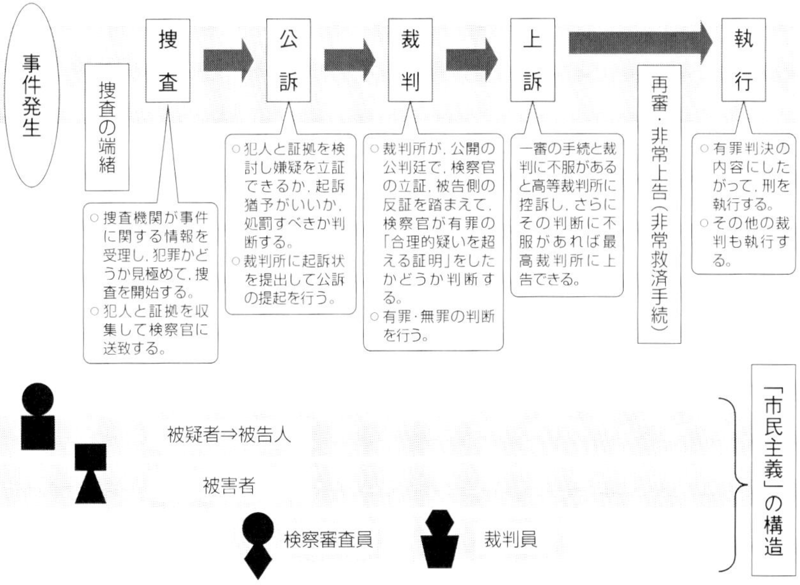

```
事件発生 → 捜査の端緒 → 捜査 → 公訴 → 裁判 → 上訴 → 再審・非常上告（非常救済手続） → 執行
```

- 捜査の端緒
  - 捜査機関が事件に関する情報を受理し、犯罪かどうか見極めて、捜査を開始する。
  - 犯人と証拠を収集して検察官に送致する。

- 公訴
  - 犯人と証拠を検討し嫌疑を立証できるか、起訴猶予がいいか、処罰すべきか判断する。
  - 裁判所に起訴状を提出して公訴の提起を行う。

- 裁判
  - 裁判所が、公開の公判廷で、検察官の立証、被告側の反証を踏まえて、検察官が有罪の「合理的疑いを超える証明」をしたかどうか判断する。
  - 有罪・無罪の判断を行う。

- 上訴
  - 一審の手続と裁判に不服があると高等裁判所に控訴し、さらにその判断に不服があれば最高裁判所に上告できる。

- 執行
  - 有罪判決の内容にしたがって、刑を執行する。
  - その他の裁判も執行する。

被疑者⇒被告人
被害者
検察審査員
裁判員

「市民主義」の構造

§Ⅰ 刑事裁判のかたち　21世紀における「市民主義」の構造

1 刑事手続の流れ

　社会に犯罪は絶えない。悪を摘発し、刑罰を制裁として科して正義を実現しなければならない。何を犯罪としてどれくらいの刑罰で処罰するべきかを決めるのは、刑法である。誰がどんな犯罪を犯し、どれくらいの刑罰を科すべきかを決めるのは、刑事訴訟法である。犯罪と刑罰の実質を定めるという意味で、刑法を「実体法」といい、刑事裁判のかたちを定める刑事訴訟法を「手続法」と呼ぶ。

　犯罪の発見、捜査から刑の執行までを総称して「刑事手続」と呼ぶ。そのかたちは、長い歴史と伝統の中からできあがってきたが、おおまかな流れは以下の通りである。

　(1)　捜　査　　刑事手続は、捜査機関が犯罪を発見し、捜査を行う段階から始まる。主な捜査機関は警察である。例えば、刑法199条は、「人を殺した者は、死刑又は無期若しくは五年以上の懲役に処する」と定める。実際に公園で遺体が発見された場合、まず犯罪による死亡か、事故や自殺か見極めなければならない（検視。229条。「捜査の端緒」と呼ぶ）。犯罪によるものと判断されたとき、刑事訴訟法の世界が始まる。人が死亡している状態、これを構成要件要素とする犯罪はいくらでもある。殺人、傷害致死、業務上過失致死に始まり、強盗殺人、強姦致死、監禁致死等などの凶悪犯罪もそうだ。だから、どのような態様の殺人なのか、そして誰が犯人なのか証拠によって裏付ける捜査を必要とする。

　(2)　公　訴　　「公訴は、検察官がこれを行う」(247条)。警察による捜査の次に、検察官が、捜査の結果を吟味して、犯罪の立証ができるのかどうか、刑事裁判を通じて処罰をするべき事件かどうか、その見極めをする。検察官のもつ権限を公訴権という。検察官は自ら犯罪捜査の権限ももつ。嫌疑の有無、処罰の当否と要否を判断した上で、裁判所に処罰を求める。これを公訴の提起または起訴という。起訴状を裁判所に提出して行う。公訴の提起は、基本的に検察官が独占する重大な責務である。また、わが国の検察官は、犯罪の嫌疑を裏

付ける証拠が集まっている場合でも，犯罪の状況，犯人の情状などを考慮し刑事政策上処罰の必要がないとき起訴猶予にする権限ももつ（248条）。

　(3)　**審理・裁判**　　検察官が起訴すると裁判所を舞台に刑事裁判が始まる。裁判所において，検察官の起訴した被告人が事件に関与していることが証拠によって立証されているかどうかを審理し，有罪・無罪の判断を示し，有罪であれば刑を宣告する。この場面で，故意の殺人を含む犯罪と死刑または無期の懲役・禁固を科す可能性のある犯罪の審理には裁判員が参加することとなる。

　(4)　**上訴・非常救済**　　一審の審理が終わった後，さらに被告人または検察官などが不服の申立てを行う段階が予定されている。高等裁判所に対し控訴を申し立て，さらに不服があれば最高裁判所に上告を申し立てる。控訴・上告を通常の上訴とする。これに対して，一旦裁判は確定した扱いにした後に，なお無罪や量刑不当を是正するために再審を申し立て，法令の誤りを是正するため検事総長にかぎり非常上告の申立てを認めている。後二者を非常救済手続と分類する。

　(5)　**執　行**　　刑罰は，裁判が確定した後にこれを執行する。

2　裁判員裁判——市民主義の登場

　このようなわが国の刑事手続は，時代とともに変化する。21世紀になってわが国の刑事手続は大きく姿を変える。「市民」の登場である。

　まず，裁判員裁判の導入だ。死刑，無期の懲役・禁錮でも処罰できる犯罪，故意の犯罪行為により被害者を死亡させたことを内容とする犯罪について，市民が裁判官とともに有罪か無罪か，量刑をどうするかを決める。証拠の評価と量刑をプロの法律家にのみ任せていた時代は終わった。「正義」実現の担い手がプロの法曹から市民に移った。

　被害者も，傍聴席から法廷内へと席を移した。「被害者参加人」制度だ（316条の33以下）。故意の殺人を伴う犯罪や性犯罪などで裁判の主人公として参加できる。指定弁護士による援助も受けてよい。情状に関する証人尋問，被告人質問，事件に関する弁論の他，当該事件について検察官の権限行使のありかについて意見を述べることができる。

　長く検察官が独占していた公訴の提起も市民のコントロール下に置かれる。検察審査会が起訴相当の議決をした事件を再度検察官が不起訴にしたとき，検

察審査会はその旨検察官から通知を受けると再度審査する。そして「起訴議決」をすると，裁判所が公訴の提起手続を実施する責務を負担する。市民が公訴提起の当否を決める。

　法廷で「正義」を実現する「かたち」がプロの法律家依存であったものから，各場面毎に市民が主人公となる新しい刑事裁判のかたちが構築されている。21世紀の刑事裁判は「市民主義」の時代になった。したがって，市民が理解し参加し批判し判断できるという意味で，手続の「可視化」が必然的に求められる。21世紀の刑法と刑事訴訟法の解釈・運用は構造としての「市民主義」と価値原理としての「可視化」を軸になされるべきであろう。

3　法　源

　刑事訴訟法の「法源」は以下の通りである。刑事手続の基本的なあり方を条文にした法典は「刑事訴訟法」であるが，刑事手続のかたち，あり方，運用を定める法律等は他にもたくさんある。これらを刑事訴訟法の「法源」という。

　①　憲法は，刑事手続の骨格を作る法源である。特に憲法31条から40条，76条から82条が重要である。適法な上告理由のひとつは憲法違反であり，控訴審までの手続を点検吟味する規範となる（405条）。

　②　刑事訴訟規則は刑事訴訟法と併行して刑事手続の運用の細部を決める。これは最高裁が制定する。裁判所法は，裁判所の管轄，審級関係，裁判官の身分などを定める。

　③　捜査の端緒として行われる職務質問は警察官職務執行法が定めている。捜査への手がかりを与える意味で実質的には刑事訴訟法の法源に準じて扱ってよい。道路交通法も警察官による検問，検査などの権限を定めており（例えば，67条3項の酩酊度を測定する呼気検査など），捜査の端緒となる。

　④　刑事裁判の新しいかたちを定めるのが，裁判員の参加する刑事裁判に関する法律（平成16・5・28法律第63号），裁判員の参加する刑事裁判に関する規則（平成19・7・5最高裁判所規則第7号）である。検察審査会法も市民による公訴権のコントロールの措置を定める。裁判の迅速化に関する法律は，第一審の手続を2年以内に終了させることを求める。

　⑤　「市民主義」の時代を特徴付ける被害関係者の刑事手続への参加に関わる重要な法律として，犯罪被害者等基本法（平成16・12・8法律第161号），犯罪被

害者等の権利利益の保護を図るための刑事手続に付随する措置に関する法律（平成12・5・19法律第75号。平成19-法95で改称。）がある。

⑥　勾留に関する処遇と受刑関係の処遇について定めるのが，刑事収容施設及び被収容者等の処遇に関する法律である。従来の監獄という名称を刑事施設に代えたほか刑事施設収容者について未決，既決をまとめて規定している。刑事手続との関連では，勾留中の被疑者・被告人が弁護人や一般人と面会等行う手続を規制する。防御権のあり方に深く関わる重要な法律である。

⑦　刑事手続の周辺にあってこれを支える重要な法律として，少年法，刑事訴訟費用等に関する法律，犯罪捜査のための通信傍受に関する法律，刑事事件における第三者所有物の没収手続に関する応急措置法，刑事補償法などがある。

⑧　国際法中にも重要な法源がある。伝統的に外交官には治外法権が認められており不逮捕，不訴追の特権がある。また，刑事手続のあり方に関連して，市民的及び政治的権利に関する国際規約（昭和54・8・4・条約第7号，効力発生，昭和54・9・21〔昭54外告187〕）は国際人権法の観点から諸権利を定めるが，国際条約も国内法と同じ効力をもちまた国内法である法律よりも優位する（憲98条2項参照）。わが国が外国からの捜査協力の依頼を受けたときには，国際捜査共助法による。他に，相互協力義務を定める二国間条約として，日米犯罪人引渡条約（昭和28年締結，昭和53年改正），日韓犯罪人引渡条約（平成14年締結）があり，さらにそれぞれ日米刑事共助条約（平成18・7・21効力発生），日韓刑事共助条約（平成19・1・16効力発生）を締結，批准している。同種条約を中国，香港，ロシアの間でも締結，批准を準備している。

⑨　判例も事実上の法源である。特に最高裁が一定の法律上の争点に関して示す法解釈は当該事件において下級審を拘束するのは当然であるが（裁4条），一般的な法解釈の指針として他の裁判所も事実上尊重する（例えば，最判昭53・9・7刑集32-6-1672は，1条・317条の解釈として違法収集証拠排除法則を宣言している）。

§Ⅱ 刑事訴訟法と憲法の原理

1 刑事訴訟法と「技術性」

　刑事訴訟法は，国家権力によって行う捜査と裁判に関する法律である。刑罰権の適正かつ厳正な実現のためには，市民個々人の権利を侵害することがあるのはやむをえない。刑罰は当然に市民の権利を侵害する。死刑は命を奪い，懲役・禁固など自由刑は社会生活の自由を奪う。刑事裁判も同じである。犯人と疑う被疑者を逮捕し捜査から裁判にかけて勾留することが多い。証拠を捜し確保するため捜索・差押えなどによってプライバシーの侵害を受ける市民がたくさん出てくる。

　かくして，市民の権利の侵害・制約と刑罰権の実現のバランスを保たなければならない。憲法はいくつかの原理を定め，刑事手続の基本構造を枠付け，これらを踏まえて刑事訴訟法が手続の詳細を定める。規定内容は，技術的である。それは，憲法原理の枠内で刑罰権と市民の権利の調整を図りながら真相解明，適正かつ厳正な刑罰権の実現を図ることを目的とするからである。技術性こそ刑事訴訟法の神髄である。

2 憲法と刑事手続の構造を規制する原理

　(1)　憲法31条は，「刑事法における適正手続原理」を定める。すなわち，「何人も，法律の定める手続によらなければ，その生命若しくは自由を奪はれ，又はその他の刑罰を科せられない」と規定する。この原理は実体法との関係では，罪刑法定主義の原理を意味し，手続法との関係では，強制処分法定主義を意味する。つまり，刑罰は当然のことながら，刑罰を実現するために行う犯罪捜査から裁判に至る手続上も被疑者・被告人であれ一般市民であれその自由，財産，プライバシー等の重要な権利の制約を受ける場合にはあらかじめ法律で手続と要件，効果が定められていることが求められている。また，刑罰であれ刑事手続であれ実質的な適正さを求める意味もある。

　(2)　憲法32条は，「実質的な意味での刑事裁判を受ける権利」を定める。ただし，現在のところ判例上は本条の実質解釈はみられない。

　(3)　憲法33条は，「逮捕に関する令状主義」を定める。現行犯逮捕を除きあ

らかじめ裁判官が発する令状がないと逮捕されない。ただし，刑訴法が規定する緊急逮捕は，憲法33条と34条の趣旨に反しない要件と手続によって実施されるものであって，無令状の逮捕として合憲である（210条参照）。

(4)　憲法34条は，「逮捕勾留に関する適正手続」を定める。「何人も，理由を直ちに告げられ，且つ，直ちに弁護人に依頼する権利を与へられなければ，抑留又は拘禁されない。又，何人も，正当な理由がなければ，拘禁されず，要求があれば，その理由は，直ちに本人及びその弁護人の出席する公開の法廷で示されなければならない」とし，逮捕（抑留）・勾留（拘禁）等身体拘束をする場合，①被拘束者（被疑者・被告人が主となる）の弁護人依頼権，②正当な理由による身体拘束を受ける権利，③正当な理由の開示請求権（「勾留理由開示」。82条参照）を定める。

(5)　憲法35条は，「財産権とプライバシーを侵害する強制処分に関する令状主義」を定める。「何人も，その住居，書類及び所持品について，侵入，捜索及び押収を受けることのない権利は，第三十三条の場合を除いては，正当な理由に基いて発せられ，且つ捜索する場所及び押収する物を明示する令状がなければ，侵されない」，「捜索又は押収は，権限を有する司法官憲が発する各別の令状により，これを行ふ」と定め，強制処分の手続のあり方のひとつとして物等の証拠確保に関する令状主義を規定する。

(6)　憲法36条は，公務員による拷問と残虐な刑罰を禁止する。絞首刑による死刑の妥当性は，本条の残虐な刑罰にあたるかどうかとして検討されている。

(7)　憲法37条は，刑事裁判における被告人の基本的防御権を保障する。①被告人の公平，迅速，公開の裁判を受ける権利（1項），②証人の喚問・審問の権利（2項），③国選弁護人を依頼する権利（3項）などである。

(8)　憲法38条は，被疑者・被告人を含む市民の黙秘権・供述の自由を保障する。すなわち，①不利益供述の強要禁止（1項。被疑者・被告人の黙秘権，証人一般の自己負罪拒否権として表れる），②強制等による自白を証拠に利用されない権利（2項。「自白の任意性法則」。319条），③自白しか有罪証拠がない場合有罪とされない権利（3項。「自白の補強法則」という）などである。

(9)　憲法39条は，「二重の危険」回避の権利を保障する。一度有罪・無罪の判断を受けた事実について，再度の裁判を強いられない権利である。

⑽　憲法40条は，無罪判決を受けた者が抑留拘禁について補償を受ける権利を定める。

§Ⅲ　刑事手続の基本原理

1　刑事手続における適正処理

　刑事手続は，世界と日本それぞれの歴史と文化，伝統に基づいて徐々に形成されてきたものであるところ，上記の憲法原理を骨格としつつも，そのかたちを特徴付けるいくつかの原理，原則がある。それぞれ刑事手続の目的，機能，役割に関する一種の「価値観」である。条文解釈，法適用，事例分析等個々の争点を解決する上で，どちらを重視するのかによって法的な結論に違いが生じるが，わが国の刑事手続は条文構造上も特定の論理モデルや価値観を所与の前提にしていない。現に刑訴法1条は「この法律は，刑事事件につき，公共の福祉の維持と個人の基本的人権の保障とを全うしつつ，事案の真相を明らかにし，刑罰法令を適正且つ迅速に適用実現することを目的とする」と定める。つまり，特定の原理，原則，価値観をことさら優先することは妥当ではない。事件の適正処理に向けていずれの原理原則価値観ともに考慮しつつバランスのとれた柔軟な対応を必要とする。

2　糾問的捜査観と弾劾的捜査観

　捜査のあり方に関する価値観である。戦後刑事訴訟法学の第一人者である平野龍一・元東大教授が日本の被疑者取調べ中心の捜査のあり方を踏まえながら，その適正化の方向を示すため「捜査の構造」論として提唱したものである。「糾問的捜査観」は「捜査は，本来，捜査機関が，被疑者を取り調べるための手続」という位置付けを軸にして，逮捕勾留，弁護人と被疑者の接見交通の制限の強制も取調べのためになされるものであり，強制処分のための令状は許可状にとどまるとするものである。「弾劾的捜査観」は，「捜査は，捜査機関が単独で行う準備活動にすぎない」という認識を軸にして，被疑者も独自の準備を行うこと，強制は将来の裁判のため裁判所が行なうもので命令状であること，逮捕勾留も将来の裁判への出頭目的で取調べのためではないことなどを内容とする。そして，弾劾的捜査観を妥当とする前提にたって，逮捕勾留中の被

疑者には取調べのための出頭滞留義務はないとする法解釈が帰結する。

確かに「捜査の構造」論は，密室で過酷な被疑者取調べを行い虚偽自白をさせてえん罪を生むわが国の捜査の現状を踏まえて，被疑者取調べの適正化が重大な課題であることを摘示する上で有用な分析である。しかし，現行刑事訴訟法が規定する捜査手続を「ひとつの論理モデル」によって理解することはできないし，これを現行刑事訴訟法の法解釈の原理ないし基準とすることもできない。これら2つの対概念は，虚偽自白を生まない被疑者取調べの適正化を目指すべきであるといった緩やかな価値判断の方向性を示唆するものと捉えれば足りる。

3 糺問主義と弾劾主義

公訴の提起のあり方に関する原理である。糺問主義とは，有罪か無罪かを決める裁判所が，捜査・訴追の権限をもつ制度やそうした運用を指す。弾劾主義とは，訴追の機能を検察官が担い，審判の機能を裁判所が担う制度とそうした運用を指す。現行法は，公訴の提起を原則として検察官の専権としており（247条），基本的には弾劾主義に基づく。弾劾主義の下では，検察官の公訴提起をした事件にかぎり，裁判所において判断する（「不告不理の原則」。これに反すると，絶対的控訴理由となる。378条3号）。効率的にかつ犯人を必ず処罰するという点では，糺問主義刑事手続が優れている面もある。しかし，裁判所が中立公正な立場で証拠を評価して有罪か無罪かを決めることが，真相解明の点でも手続の公正さ・適正さの点でも優れている。

4 職権主義と当事者主義

裁判所が主宰する審理のあり方に関する2つの原理である。当事者主義とは，有罪を主張する検察官とこれを争う被告人・弁護人に手続の進行と立証の責任を可能なかぎり与え，裁判所は両当事者の主張等の理由の有無を判断して訴訟を進行させる消極的な審判機能に徹する構造とかかる運用，その理念をいう。いくつか意味をもつ。

(1) 審判対象について　　検察官が設定変更の権限を原則として独占している。また，軽微事件等では被告人は同意によって略式起訴，即決裁判等手続の形式と宣告される判決の範囲を選択できる。当事者の処分を尊重するという意味で当事者処分権主義という。もっとも，上訴については，その提起は当事者

処分権主義によるが（職権上訴はない。351条・353条・355条），上訴が適法に受理されると，当事者の申し立てる理由以外の理由で下級審判決を破棄できる（392条2項）。職権探知主義が働く。

(2) 審理の進行について　当事者の主張と申立てを尊重する制度・運用を当事者追行主義といい，裁判所が積極的に真相解明のため訴訟指揮を行う職権探知主義と対比できる。例えば，審判対象である訴因の変更については基本的に検察官に委ねる当事者追行主義に基づくが（312条1項），訴因変更命令権限を裁判所に与えており（同条2項），職権探知主義による修正もなされている。

5　実体的真実主義と適正手続主義

刑事手続全体の目的・機能・役割に関する価値観である。実体的真実主義は，刑事手続の目的を犯罪事実の解明と犯人の発見確保など真実を解明しこれに対応した厳正な刑罰を実現することにあるとする理念ないし運用をいう。このうち，犯罪を確実に摘発し犯人を必ず処罰することが治安を維持し，正義を回復することになるとし，これを刑事手続の目的とする「積極的実体的真実主義」を強調する考え方もある。「必罰主義」ともいえる。「えん罪を生まない。無辜の不処罰」を重視する消極的実体的真実主義の側面から捉えることもできる。他方，「適正手続」主義は，刑罰権を実現するための刑事手続の進行にあたり，被疑者・被告人，一般市民の人権を十分に尊重しこれらを保障することを重視する考え方である。

【★ MEMO：0-1　証人尋問と当事者主義・職権主義】

戦前の裁判所は予審を前置しその記録を引き継ぐから，公判廷における証人尋問にあたり裁判所自ら尋問ができた。新刑訴法では，予審がなく裁判所は公判前整理手続を踏まえている場合でも証拠の内容を知らないので証人尋問を実質的に主導できない。そこで，刑事訴訟法典では裁判長・裁判官の職権尋問を先に行うものとしているが，順序変更も認めており（304条），規則において証人尋問請求者が先に主尋問をし相手方が次に反対尋問の機会をもつ「交互尋問」方式を定めている（規則199条の2）。運用上も当事者の交互尋問・裁判所の補充尋問の順で行われる。その意味で一見すると当事者追行主義のかたちが整っている。が，実質的には裁判所の職権尋問は単なる消極的補充的なものではなく，相当程度心証形成上重視されている。裁判所が真相解明のために積極的に職権尋問を行う職権探知主義の運用となっている。

6　精密司法と核心司法

　21世紀に入り，裁判員裁判制度導入に伴うわが国の刑事手続の変容を，「精密司法」から「核心司法」へという表題で表すのが一般である。幾分多義的であるが，20世紀までのわが国司法を「精密司法」と捉える。つまり，被疑者取調べを中核とする綿密な捜査によってきめ細かな事実を捜査段階で明らかにし，これらを書類としてとりまとめ，刑事裁判は基本的にこうした捜査書類によって精細な事実を解明する場として定着してきた。これに対して，裁判員裁判では，公判中心主義，口頭弁論主義に基づく運用が予定されており，捜査書類を裁判官が熟読して事案を解明する審理に代わり，当事者が争点とする重要な事実上および法律上の争点を中心にして，当該事案で真に争いになる核心部分を集中審理によって解明する司法へと変容することが予想されている。こうした変容とその是非は今後の運用を見極めて判断すべきこととなる。

§Ⅳ　刑事手続の主体

　刑事手続には，①被疑者・被告人，②弁護士・弁護人，③警察官，④検察官，⑤裁判官と裁判員，⑥被害者が登場する。刑事手続上の訴訟主体としての権限，責務，権利については各関連箇所で説明することとし，ここでは制度上の説明にとどめる。

1　被疑者・被告人

　被疑者・被告人とは特殊な法的な地位を指す概念である。市民が捜査機関から特定犯罪の嫌疑を受けたときに置かれる地位が「被疑者」である。検察官が裁判所に対して起訴状を提出し公訴を提起して処罰を求める相手方たる市民が「被告人」である。自然人であれば年齢などに関わりなく被疑者とされる（捜査後の事件処理は，少年などその年齢により異なる）。被告人については，公訴の提起にあたり満たすべき訴訟条件によって制約がある（例えば少年の場合，家庭裁判所から検察官に送致する決定を要する。少20条）。法人を処罰する法律に関しては法人が被疑者・被告人になる。法人が，被疑者・被告人となるときは，その代表者が訴訟行為についても代表する（27条）。刑法の責任能力の規定を適用しない犯罪については，法定代理人が意思能力のない被疑者・被告人を代理することがで

きる（28条）。被告人は，上訴審では弁論する資格を認められていない（388条。「弁論能力の制限」）。

【★ MEMO：0-2　被疑者・被告人と包括的防御権（私見）】
　被疑者・被告人は場合によっては死刑を含む重大な刑罰で処罰される立場に置かれる。十分な防御の機会と権利が必要である。憲法も33条・34条・37条・38条などで個別具体的な権利を断片的に保障しているが，防御は，適当な機会に適切な相手方に十分に被疑者・被告人の主張を示すことのできる包括的な活動でなければ意味がない。国家が特定の市民を捜査・公訴・裁判の対象にし，将来刑罰を科すべき地位に置く以上，かかる国家権力に対抗する防御活動も包括的でなければならない。被疑者・被告人たる地位には憲法構造上「包括的防御権」が内在している。包括的防御権は，例えば，被疑者と弁護人の接見のように自由・秘密に行える自由権として表れ，被告人請求の証人の召喚などのように国に第三者に対する下命を求める特殊の請求権として表れる。二重の危険を受けない権利は前に裁判を受けた同一事件に関する刑事裁判の進行を停止する差止めの権利でもある。国家が発動する刑罰権が誤って運用されることによりえん罪で処罰されることは，市民の人格と存在を否定されるのに等しい。「包括的防御権」の保障こそその防波堤である。

2　弁護士・弁護人

　弁護士は，当事者その他の関係人などの依頼を受けて各種の法律事務を行うことを任務とする。その際，基本的人権の擁護，社会正義の実現も使命とし，使命実現にあたり誠実な職務執行と，社会秩序維持，法律制度改善の努力義務を負う（弁護士1条～3条）。弁護士となるには司法試験に合格し一定期間の司法修習を終え，その後弁護士会に登録しなければならない（同法4条・8条など）。

　刑事手続上，弁護士が果たす最も大きな役割は，弁護人となって被疑者や被告人の利益を擁護することである（弁護士30条・31条）。被疑者・被告人はいつでも弁護人を選任できる（同法30条）。弁護人は，被疑者・被告人の立場にたって，有罪・無罪に関する主張，適切な量刑の実現に向けた防御活動を行う（任務，選任の詳細は，被疑者について90頁，被告人について152頁参照）。他に法が定める任務として，①付審判請求事件で審判に付す決定があった事件における検察官役たる指定弁護士（268条），②検察審査会が起訴議決を行った事件における検察官役たる指定弁護士（検審41条の9），③被害者参加手続における被害者参加人から依頼を受けた委託弁護士（316条の33）などがある。

3　警察官

　刑事手続は，犯罪が発生していることを前提にしてその捜査から始まる。犯罪の有無を見極める段階から初動捜査については，主に警察官がこれを担う。警察官の任務は，犯罪の捜査の他に，広く個人の生命，身体，財産の保護，犯罪の予防，鎮圧，交通の取締りその他公共の安全と秩序の維持にあたる。被疑者の逮捕と犯罪の捜査は，こうした幅広い警察作用の一部である（警察2条）。警察官が，刑事訴訟法上捜査権限を行使する場合，これを「司法警察職員」という（189条）。また，後述の特別司法警察職員と区別して一般司法警察職員と区分される。

　警察官と警察の組織に関する詳細は，警察法が定める。基本的に，警察組織は警察庁と各都道府県警察とに分かれる。国家公安委員会と各都道府県の公安委員会がそれぞれを管理する。都道府県警察の職員は地方公務員である。ただし，国家警察の統一性，公正性などを維持する必要上，警視正以上の階級の者は国家公務員とされる（警察56条）。警察官は，巡査から警視総監に至る9段階の階級に区分される（同法62条）。

　刑事訴訟法上，警察官の階級に応じて，司法警察職員を司法警察員と司法巡査とに分け，権限の範囲を異にしている。例えば，捜索・差押令状等は司法警察員でなければ請求できないが（218条3項），その執行は司法巡査もできる（同条1項）。各公安委員会は，巡査を司法巡査に，巡査部長以上の者を司法警察員にそれぞれ指定している（189条1項）。ただし，司法警察員に指定されている司法巡査もいる。

　警察官と別に，特定の生活領域を規律する法律違反の捜査や，格別の場所・地域・施設等で発生する犯罪一般の捜査，また，専門知識を用いた捜査が必要な場合等に備えて格別の捜査機関を設けたり，あるいは一定の行政機関に捜査機関としての権限を与えている。これらを総称して「特別司法警察職員」と称し（190条），その対比で警察官を「一般司法警察職員」という（詳細は，第1章「捜査」21頁参照）。

4　検察官

　日本の刑事司法では，検察官が大きな権限を委ねられている。

　検察官は，検察庁に属する。検察庁は各裁判所に対応して設けられている。

簡易裁判所には区検察庁が，地方裁判所と家庭裁判所には地方検察庁が，高等裁判所には高等検察庁が，最高裁判所には最高検察庁が，それぞれ対応する。検察官は検事総長，次長検事，検事長，検事および副検事に分けられる（検3条）。検事総長，次長検事および各検事長は一級検察官とされ，その任免は，内閣が行い，天皇が，これを認証する。検事は一級または二級の検察官とし，副検事は二級検察官とする。二級検察官は運用上原則として司法修習生の修習を終了した者から選任される。副検事は区検察庁の検察官にのみ就くことができる。法曹資格のない者でも検察事務官を長く務めていた者などの中から選考を経て任命することができる。

具体的な事件の取扱いについては，法務大臣は検事総長に対する指揮権しかもたず，個々の検察官に命令することはできない（検14条）。さらに検察官は，他の一般職の公務員よりは厚い身分保障を受けている（同法25条）。このように，検察官は行政官ではあるが，法律家として司法手続に関与するため，ある程度の独立性を認められている。

検察官は，①捜査権限，②公訴の提起の権限（起訴猶予の権限も伴う），③公判における立証等を追行する権限，④上訴の権限，そして⑤裁判の執行指揮権限を与えられており，刑事手続による刑罰権実現全般に関与する主体である（詳細は，31頁参照）。

検察官の活動を助けるため，検察庁には検察事務官が置かれる（検27条）。検察事務官も，検察官の指揮を受けながら捜査を行う権限が認められている（191条2項）。

5　裁判官

裁判官は，刑事・民事等の審理と裁判を行う公務員である。憲法は，司法権の独立を支えるため，「裁判官の独立」も保障し，国会の弾劾裁判など憲法の手続による場合以外は罷免されないものとしている（憲76条3項・78条・80条）。また，司法行政上の監督権は，裁判官の裁判権に影響を及ぼさないものとされている（裁81条）。

裁判官は，最高裁判所長官，最高裁判所判事，高等裁判所長官，判事，判事補，簡裁判事の6種類に分かれている（裁5条）。基本的には，司法試験に合格し司法修習を終了した者から判事補に任命するのが主たる任用形態である。任

期は10年であり，再任されるのが通常である（同法42条。ただし，弁護士や検察官，大学の法律学の教授などから任用することもある）。判事補はいわゆる「単独事件」，つまり裁判官が１名で審判にあたり判決を宣告する事件を担当できない（同法27条。ただし，判事補の職権の特例等に関する法律１条により５年以上判事補の職にあると単独事件も担当する扱いを認めることがある）。簡易裁判所判事については，司法事務経験者等簡裁判事の職務に必要な学識経験がある者を簡裁判事選考委員会の選考によって任命できる（裁45条）。

裁判官の勤務する裁判所には，裁判官を助けるための事務局があり，各種の職員が配置されているが，刑事裁判の実施との関連では，裁判所書記官（裁60条），裁判所調査官（同法57条），家裁調査官（同法61条の２），裁判所速記官（同法60条の２），廷吏（同法63条）などが重要である。

6　裁判員

裁判員は裁判員裁判対象事件を審理する際，衆議院議員の選挙権のある市民の中から選任される（詳細は裁判員13条以下参照）。「国民の中から選任された裁判員が裁判官と共に刑事訴訟手続に関与することが司法に対する国民の理解の増進とその信頼の向上に資すること」（裁判員１条）にかんがみて導入された制度である。死刑と無期懲役・禁固を法定刑とする犯罪と故意の犯罪行為により被害者を死亡させた犯罪の審理に関与する。市民６名が参加する（ただし，裁判員を４名とすることも認められている。同法２条３項参照。補充裁判員選任の措置もとられる）。プロの裁判官とともに事実認定・法令適用・刑の量定にあたる。法令の解釈・訴訟手続に関する判断等は裁判官に委ねられる（同法６条）。証人尋問，被害者等の意見陳述，被告人質問における尋問・質問等の権限等は裁判官と同じく保障され（同法56条・58条・59条），評議では裁判官とともに自由心証主義に従って判断を行う（同法62条）。一言でいえば，刑事裁判に市民の社会常識を適切に反映させて，社会の納得する正義の実現を狙いとする。

7　被害者

犯罪の被害者は20世紀の間国・自治体などから十分な救済を受けることがなかった。20世紀末から21世紀初頭にかけて，救済を受けるべき地位にある市民であるとの認識と理解が社会に急速に広まった。その最初の集大成として2004（平成16）年に犯罪被害者等基本法が制定され，「犯罪被害者等は，個人の尊厳

が重んぜられ，その尊厳にふさわしい処遇を保障される権利を有する」と宣言された（犯罪被害者等基本3条1項）。

被害者等（犯罪等により害を被った本人とその家族・遺族）の主体性の尊重と適切な処遇の実現には，「犯罪被害者等が，被害を受けたときから再び平穏な生活を営むことができるようになるまでの間，必要な支援等を途切れることなく受けること」（同条3項）が必要である。

これを受けつつ，犯罪の「被害者」について捜査段階から公判に至るまで種々の規定を置いている。刑事手続に被害者が関与する主たる目的は，被害の事実と重みを刑事手続に正確迅速公正に反映させ，適切な救済を受けることにある。具体的には，①手続参加，②手続監視，③情報開示，④被害回復に関する諸措置・諸手続が認められている。主なものを示す。

ただし，被害者等の手続関与が被疑者・被告人が刑事手続を通じて防御を十分に行う機会を侵害し制限し，その結果「えん罪」による処罰の危険性を高めるものであってはならない。

(1) 捜　査　　被害者は，被害届にとどまらず告訴する権利を与えられ（230条），親告罪は公訴提起の条件とされている（例．刑180条など）。検察官は，犯罪捜査にあたり後の公訴権の適切な行使のためにも被害者等から事情を聴取する（223条。参考人等の取調べ権限による）。被告人面前では十分な証言ができないときには，捜査のための証人尋問手続によってあらかじめ証拠価値の高い供述調書を用意できる（227条・321条1項1号）。

(2) 公　訴　　告訴した被害者には公訴の提起または提起しない処分について通知がなされる（260条）。請求すれば公訴を提起しない処分の理由の告知を受けることができる（261条）。公務員の職権乱用罪関係の被害者はさらに，付審判請求を行うことができる（262条以下）。また検察官の起訴しない処分一般について，検察審査会に不服を申し立て，場合により検察審査会の2度の審理により起訴議決を得ることも可能である（検審2条2項・30条・39条の5・41条の6）。

検察庁は，被害者を尊重する様々な施策を実施している。被害者等通知制度では，被害者や親族等に対し事件の処分結果，刑事裁判の結果，犯人の受刑中の刑務所における処遇状況，刑務所からの出所時期などに関する情報を通知している。被害者支援員は被害者等の相談などに応じ，法廷出頭の付添なども

行っている。専用電話として「被害者ホットライン」も設置し，被害者の各種電話相談に応じている。

　情報開示に関して，不起訴記録は原則として閲覧させないが，交通事故に関する実況見分調書等の証拠については民事訴訟の係属している裁判所からの送付嘱託や弁護士会からの照会に応じている。被害者参加制度の対象となる事件についても，捜査・公判に支障を生じたり，関係者のプライバシーを侵害しない範囲で実況見分調書等の閲覧を認めている。それ以外の事件の被害者等についても，民事訴訟等において被害回復のため損害賠償請求権その他の権利を行使するために必要と認められる場合，捜査・公判に支障を生じたり，関係者のプライバシーを侵害しない範囲で，実況見分調書等の閲覧を認めている。

　(3)　公　判　　犯罪被害者等の権利利益の保護を図るための刑事手続に付随する措置に関する法律（平成12年制定。以下，犯被保護法という）により，裁判所は，被害者等（被害者または被害者が死亡した場合もしくはその心身に重大な故障がある場合におけるその配偶者，直系の親族もしくは兄弟姉妹）の心情尊重・被害回復等のため一定の措置をとらなければならない。

　(a)　傍聴に関する配慮　　被害者等またはその法定代理人から傍聴の申出がある場合には傍聴できるように配慮すべき義務を負う（犯被保護2条）。

　(b)　訴訟記録閲覧謄写　　裁判所は，第1回の公判期日後終結までの間，被害者等もしくはその法定代理人，これらの者から委託を受けた弁護士（以下，委託弁護士という）の申出があるとき，検察官，被告人または弁護人の意見を聴き，訴訟記録の閲覧・謄写を求める理由が正当でないと認める場合，犯罪の性質，審理の状況その他の事情を考慮して閲覧・謄写をさせることが相当でないと認める場合を除き，閲覧・謄写をさせる（同法3条）。被告人または共犯者により被告事件に係る犯罪行為と同様の態様で継続的にまたは反復して行われた，同一または同種の罪の犯罪行為の被害者も，公判記録の閲覧・謄写を認めるべき場合がある（同法4条）。なお，検察庁は，以上と別に独自に，被害者等に対する冒頭陳述書の交付を行っている。

　(c)　プライバシー保護　　裁判所は性犯罪などの被害者の氏名等（被害者特定事項）について公開の法廷で明らかにしない旨の決定ができる（290条の2）。

　(d)　被害回復　　和解が成立した場合，その内容を刑事事件の公判調書に記

載することを被害者等は求めることができ，その結果裁判上の和解と同一の効力を有することとなる（「刑事和解」。犯被保護13条）。被害者またはその一般承継人は，故意の犯罪で人を死傷させた場合や強姦などの性犯罪，逮捕監禁等の被告事件について審理中弁論終結まで，被告事件に関する損害賠償請求申立てをすることができる（「損害賠償命令制度」。犯被保護17条）。

　(e)　証人保護　　被害者が証人尋問を受けるにあたり，証人としての精神的な負担を軽くするための措置として，次のものがある。

　　①被告人の退廷（304条の2）
　　②公判期日外の証人尋問実施（281条），裁判所外での証人尋問実施（158条）
　　③付添い人制度（157条の2）
　　④証人と被告人または傍聴席その両方との間の遮蔽措置（同条の3）
　　⑤ビデオリンク方式での証人尋問（同条の4）

　なお，以上の諸措置を組み合わせることもできる。

　(4)　意見陳述　　被害者等は申出によって公判期日において，被害に関する心情等被告事件について意見を陳述することができる（292条の2）。裁判所は，審理の状況に照らして相当でない場合にはこれをさせないことができ，または書面の提出に代えさせることができる。かかる意見陳述は事実認定の証拠にはならない（同条の2第9項）。

　(5)　被害者参加手続　　殺人，傷害などの故意の犯罪行為により人を死亡させたり傷つけた事件や，強姦・強制わいせつ，逮捕・監禁，自動車運転過失致死傷などの事件の被害者等（被害者本人，被害者が亡くなった場合およびその心身に重大な故障がある場合は配偶者，直系の親族，兄弟姉妹など）は，「被害者参加人」たる地位について訴訟の当事者になることができる（316条の33）。被害者その法定代理人は弁護士に委託をすることもできる（被害者参加弁護士）。委託弁護士を私費で委任できないとき，裁判所に対して「被害者参加弁護士」の選任を請求できる（犯被保護5条）。

　公判期日では被害者参加人は，検察官席の隣などに着席して裁判に出席ができる。さらに，被害者参加人または被害者参加弁護士は，情状に関する証人尋問ができ（316条の36），被告人質問の機会には事件全般について発問することが認められている（同条の37）。被害者として被害に関する意見陳述ができるだけ

ではなく (292条の2)，さらに事件自体に関して検察官の論告・求刑の後に意見を述べることができる (316条の38)。

　この他，被害者参加人・指定弁護士は，検察官に対し当該被告事件について検察官の権限の行使に関し意見を述べることができ，検察官は当該権限を行使・不行使について必要に応じ理由を説明しなければならない (316条の35)。

　(6)　その他，①被害者またはその遺族などの傍聴希望を尊重すること，②被害者が損害賠償請求などのために被告事件終結前に公判記録を閲覧できること，③被告事件の公判調書に被害者と被告人との民事上の争いについての合意を記載したときは，民事裁判上の和解と同様の効力を生じること，④刑事裁判に付随して損害賠償を請求できることなどが定められた。最後の点は，いわゆる示談の内容に執行力をもたせる効果がある。被害者は仮釈放手続にも関与を認められており，地方更生委員会が仮釈放の当否を審査する際には，その申出があれば意見を聴取するものとされている (更生保護38条1項)。

第1章　捜　査

図表1-1　捜査から公訴提起へ

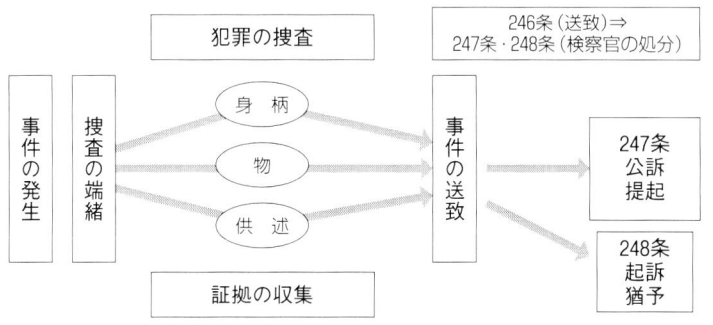

§1　捜査の端緒

　犯罪の捜査とは，犯罪と犯人を特定し犯罪の悪質さを明らかにする証拠を収集する活動をいう。捜査は，捜査機関が犯罪の存在を知ることによって始まる。捜査機関が犯罪を知る様々なきっかけを「捜査の端緒」という。警察の活動や国・自治体の公務員の公務，市民の協力などによって犯罪情報を得ることがある他，刑訴法その他の法律で一定の手続が定められている場合もある。犯罪に関する情報を捜査機関が受理した後，捜査を行うべき犯罪かどうかの見極めを行うことも「捜査の端緒」の段階に含める。

1　捜査機関の活動が端緒になる場合

　(1)　主たる捜査機関は，警察である。警察は，犯罪捜査の他，市民社会の秩序を守るため様々な活動を行う。そうした業務遂行の過程で様々な情報源から犯罪に関連する多様な情報を収集し整理・分類している（犯罪捜査規範〔以下，犯捜〕59条は，「端緒の把握の努力」と題する条文で「警察官は，新聞紙その他の出版物の記事，インターネットを利用して提供される情報，匿名の申告，風説その他広く社会の事象に注意するとともに，警ら，職務質問等の励行により，進んで捜査の端緒を得ることに努めなければならない」と定める）。

　警察官が，パトロール中に職務質問をして犯罪を確認したり，犯行を現認することもある。その後，必要に応じて現行犯逮捕，任意同行・事情聴取など本格的な捜査手続に移行する。別事件の取調べ中に他の犯罪を自白すると，それをきっかけに捜査がなされることもある。他に，防犯協会等関係団体・組織・機関との連絡，質屋・古物商に対して盗品などが出回っていないか調査を求める品触れ（質屋営業21条，古物営業19条）等を通じて，市民から犯罪情報を得ることもできる。また，道交法上警察官は様々な車両の停止命令など状況に応じた多様な危険防止措置をとることが認められているが（61条・67条等参照），これらを端緒として犯罪を発見することも多い。

【★ MEMO：1-1　道交法と呼気検査，同拒否罪】
　警察官は，酒気帯び運転の疑いがある場合「その者が正常な運転ができる状態になるまで

車両等の運転をしてはならない旨を指示する等道路における交通の危険を防止するため必要な応急の措置をとることができる」が（67条4項），その前提として「その者が身体に保有しているアルコールの程度について調査するため呼気検査ができる」（67条3項）。なお，呼気検査拒否は3月以下の懲役または50万円以下の罰金で処罰される犯罪でもある（118条の2）。呼気検査の結果は，酒気帯び酒酔いカードに記載され後に刑事裁判で証拠にすることができる。⇒224頁参照）。

法律上定められている主な犯罪探知の手段として以下のものがある。

 (2) 職務質問　警察官は，挙動不審者に対して，犯罪の嫌疑の有無等を確認するため，質問できる（「職務質問」。以下，職質という）。要件は，相手が何らかの犯罪を行ったか行おうとしていると疑うに足りる相当な理由がある場合，または，何らかの犯罪について知っていると合理的に認められることである（警察官職務執行法〔以下，警職〕2条）。不審事由については，①相手の現場での挙動，②周囲の状況，③警察官として知っている事件情報等種々の事情に基づき，警察官としての経験と専門性により，その有無を判断する。

職質は任意手段である。相手は職質の要求に対し停止し質問に答える義務はない（警職2条3項によると，身柄拘束と答弁強要は禁止されている）。しかし，職質により重大犯罪等を検挙するに至る例は多いため，現場で職質を有効・適切・安全・効果的に実施するのにふさわしい状況を確保するための措置をとらざるをえない場合がある。

そこで，判例は，本条の定める停止と質問の実施に必要な措置をとる権限は停止・質問権限に内在していると解している。

例えば，逃走または抵抗する相手を質問を遂行する目的で「停止させる方法として必要かつ相当な行為」であれば有形力の行使を適法とする（最決昭53・9・22刑集32-6-1774，最決平6・9・16刑集48-6-420）。また，相手を警察官に対面させるなどのため有形力を行使することもある。これらはいずれも「質問」権限に内在するものとして是認される（最決平元・9・26判時1357-147）。

「停止」行為も含めて相手方に一定の有形力を行使することが許される範囲かどうかは，①その場における職質を有効・適切，安全・効果的に実施するのに必要か否か，その程度（合目的性），②その態様の有形力行使の必要性の程度，③即時にそうすべき緊急性の程度，④社会的にみても職質の実施上相当と

いえる態様であるか否か（相当性）によって判断する。

任意同行については，警職法2条2項で現場での職質継続が本人に不利な場合と交通妨害にあたる場合にこれを認めているが，一般的には職質の各場面においてこれを安全かつ効果的に実施するために必要であれば，必要性・緊急性・相当性の認められる範囲でこれを行ってよい。

【★ MEMO：1-2　職務質問の問題点】

判例・実務に従い職質のための有形力による停止を認めたとき，その直後の職質を任意処分とみるのには慎重であるべきだ。質問の任意性に影響を与えないための手続的保障（例えば，警察官の氏名官職の告知，停止事由の告知，供述拒否の自由のあることの説明等）は警職法上特に予定されていない。

(3) **所持品検査**　職質に伴い所持品検査（以下，所検という）を行うことができる。所検とは，相手が身に付けるなど所持するかその近くに置いている物等を提示させ開示させて警察官が中を点検したり，警察官自ら物等を開披して内容を点検する処分をいう。行政警察目的を実現するために行う所検の権限を一般的に認める法律はない。他方，刑訴法上も逮捕に伴う捜索・差押えを除き，緊急の場合に無令状で証拠を強制的に探す措置も一般には認められていない。ただ，現実には，職質に伴って所検をすれば犯罪の解明，犯人確保に役立つことが多い。例えば，捜査機関が覚せい剤等の取引・所持に関する情報を得て，職質をして所持品を開示させ現行犯逮捕する等所検を活用した捜査方法はよく行われる。重大犯罪発生後緊急配備中の警察官が職質と所検によって犯人を検挙する例も少なくない。

そこで，判例は，所検が職質と密接な関連があり職質の効果をあげる処分であることを実質的な理由とし，職質に付随して行うものであるから警職法2条1項が条文上の根拠になると解釈しこれを許容する（最判昭53・6・20刑集32-4-670）。ただし，「捜索」とみるべき徹底した点検・探索はできない。物を破壊するなど捜索・差押えに伴う必要な処分（111条）もできない。当該所検が当該状況における職質に付随することによって職質の効果をあげるものであること（付随性・有効性），そこで行われた態様の所検が必要であること，かつその場でそうした態様の所検をすべき緊急性，そして侵害を受ける個人の法益と公共の

利益との権衡性を含めて犯罪の有無を解明する手段として相当であることを要する。この場合，相手の明示の同意がない状況でも，また，一定の有形力を行使してでも所検を行える。

なお，犯罪捜査としても被疑者または参考人の取調べの機会などに持ち物について問い質す措置は行えるが，その場合には刑訴法197条1項による。

【★ MEMO：1-3　所検の問題点（私見）】
　判例は，市民が所持する鞄のチャック等を同意なく開披する場合であっても一瞥する程度であれば「捜索」にならないとし，しかも有形力を用いるなど事実上強制にわたることも認める。それでも，「任意」の範囲であると規範的な評価を下す。だが，市民良識からは違和感があるし，警職法2条1項の質問自体は任意に答えを引き出すべきものであってこれに付随する所検は事実上強制できるとすると，その場の職質の任意性も損なわれる（同3項の答弁強要禁止条項参照）。基本的には，凶器などについては，銃砲刀剣類所持等取締法24条の2の提出・一時保管処分を行うために，提出を説得する一方法として凶器と覚しき部位の上から手で触れる限度にとどめるのが妥当である。その結果，明らかに凶器を所持していると疑われる場合は現行犯逮捕できるし，銃砲刀剣類の違法所持は刑訴法210条の緊急逮捕ができる犯罪に入るので，違法所持を疑う十分な理由があれば緊急逮捕で対処できる。証拠の発見を目的とした所検については，緊急捜索・差押を立法化しないかぎり，令状主義の原則に照らして相手の明示の同意による以外はその身体・所持品に触れて検査を行うことは許されない。

(4)　自動車検問　進行中の自動車を停止させて当該自動車の外観の点検や運転者・同乗者に対する質問をし，免許の提示等を求める処分一般を自動車検問という。検問を開始する際の主たる目的に応じて，交通検問，警戒検問，緊急配備検問などに分類できる。ただし，それぞれの自動車停止措置が適法かどうかは，それぞれ車を停止させたときの個別具体的な事情に基づいて，これを停止させた理由と停止させたときの態様に応じその法的性質を見極めた上で判断することとなる。

①　犯罪一般の予防や検挙を目的とする警戒検問（例，タクシーを狙った強盗が頻発する地域・時期に主にタクシーを対象にして不審な乗客の有無等について警戒にあたる）を実施中，特定車両を停止した措置については，各態様に照らして警察法2条1項の警察責務実現の範囲内で実施してよい。

②　交通違反一般の予防を目的とし，走行の外観上特段の不審な事由がない

のに車両に停止を求める場合については，判例は自動車を使って公道を利用することに伴う自動車運転者の「当然の負担」として交通取締協力の義務があること，交通取締の現実的必要性にかんがみ，警察法2条1項を根拠として「短時分の停止」を「相手方の任意の協力を求める形」でまた利用者の自由の不当な制約にならない限度で行うのは差し支えないとする(最決昭55・9・22刑集34-5-272)。特段の事由もなくパトカーで挟み撃ちなどして停止を強いたりすれば違法となる。

③　特定の車両の走行態様などに照らして，職質の要件を充足する場合には，当該車両を「停止」させる権限を発動できる(警職2条1項)。

④　道交法61条・63条・67条等が定める違法な運転であることが走行または車両，運転手の外観から容易に判明する場合，各条文上停止権限が認められている。強制処分として停止させることができるから，相手が任意に停止に応じないとき，事情に応じて必要な範囲で相当の有形力の行使も許される。

以上，いずれの場合にも停止行為の限界を超えているかどうかは，停車させる措置の合目的性，当該停止措置の必要性・緊急性，停止方法の相当性で判断する。

なお，犯罪発生後，逃走犯人の車両を発見するなど捜査としての検問については，刑訴法197条1項に基づく任意捜査の範囲でこれを実施することとなる。この場合にも，被疑事実の内容と重大性，犯人の確保と証拠の保全に照らして当該自動車検問をすべき捜査上の合目的性があることを前提にした上で，特定の車両を止めた当該の停止措置の捜査上の必要性と緊急性，そして停車の方法の相当性を検討することとなる。

⑸　検　視　　検察官は，変死者または変死の疑いのある死体であることが合理的に認定できるとき，死因が犯罪に起因するかどうか確認するため検視を行わなければならない(229条1項)。なお，これを検察事務官または司法警察員に代行させることができる(「代行検視」)。検視として，捜査機関の専門性に裏付けられた五官の作用により犯罪に起因する死亡かどうか見極める処分ができる。解剖など鑑定として行うべき措置や証拠の捜索などはできない。検視は死因確認のための強制処分である。死因確認の目的を実現する必要がある範囲で，私有地や住宅に所有者・管理者の同意なく立ち入ったり鍵の破壊などの必

図表1-2 捜査の端緒

主体	法律上の端緒	事実上の端緒
捜査機関	職務質問 所持品検査 検視 現行犯発見 取調べ	管内実態把握等の情報収集 風評・報道・議会等での発言等の情報収集 聞き込み 防犯協会等関係機関・諸団体との連絡
市民	告訴, 告発	投書・密告・電話通報等の情報提供・被害届
公務員等	告発・請求	
犯人	自首	

要な処分を行うことができる。

2 市民の協力，犯人の自首

(1) 被害届等　犯罪を目撃したりうわさ・風聞等を耳にした市民（ときには犯人の家族）等が，投書・匿名電話・手紙等の方法で捜査機関に情報を提供することがある。また，被害を受けた本人またはその家族など被害関係者が被害事実を申告する被害届も端緒となる（犯捜61条参照）。

(2) 告訴　(a) 告訴権は，被害者等の告訴権者が刑事手続に関与できる権利である。捜査機関は処罰を求める被害者等の意思を尊重しなければならない。司法警察員は告訴事件について検察官に迅速な送付をしなければならず，それに伴い迅速な捜査が求められている（242条）。検察官は不起訴処分にした旨告訴人に通知する義務とその請求があるときは理由を告知する義務を負う（260条・261条）。被害感情が強い事件については，捜査を迅速にし不起訴処分の理由も明らかにしてその公正さを示すためである。それを通じて，検察官が独占する公訴権の行使が適正に行われるようにする意味もある。他方，公正で迅速な訴追を実施し適正に刑罰権を実現する利益とのバランスを要する。

(b) 告訴とは，告訴権者が（230条～234条参照），捜査機関に対して，被害事実を申告しかつ犯人の処罰を求める意思表示をいう（告訴で特定した者と犯人が後に別人と判明しても告訴は有効である）。犯人の処罰を求める点で被害届と異なる。告訴権者は，原則として犯罪被害者，その法定代理人である。法定代理人はそれぞれが独立して告訴できる（被害者の意思に反しても有効である）。各告訴権者毎に

告訴期間を計算する（235条・236条）。告訴権者の特則について，他に，232条・233条参照。検察官は親告罪の告訴権者がいない場合に利害関係人の申立てによるこれを指定できる（234条）。告訴，その取消しは代理人を介して行える（240条）。

被害者のプライバシーの保護と処罰感情の尊重等のため，一定の犯罪については（親告罪。例，強姦罪〔刑177条・180条〕），被害者等の告訴がなければ公訴の提起ができないものとしている（訴訟条件）。

(c) 被疑者・被告人の法的・社会的立場が告訴権者の意思により不安定となったり，適正な処罰ができなくなるのを防ぐ必要もある。そこで，告訴は犯人を知った日から6月以内に制限されている（235条1項本文・2項）。ただし，強姦などの性犯罪については被害者の利益をより重視する立法政策上，告訴期間の制限がない（235条1項1号。同2号は外交上の配慮による。この場合，公訴時効期間の終了まで告訴できる）。

犯罪の成立範囲まで被害者の自由に委ねることは適切でない。一罪の一部についての告訴の効果は原則としてその全部に及ぶ（客観的不可分）。共犯者の一人に対する告訴の効果は共犯者全員に及ぶ（主観的不可分。告訴権者自ら共犯のうち特定人のみ告訴できない。単独犯と思って告訴しても事後に共犯が判明すれば効力が及ぶ。238条）。

告訴は口頭または書面で検察官または司法警察員に対して行う。口頭の告訴を受理したとき，捜査機関は告訴調書を作成しなければならない（241条）。司法警察員は告訴を受理したときはすみやかに書類・証拠物とともに検察官に送付する（242条。246条に定める特別の定めにあたる）。公訴提起後，告訴の取消しはできない（237条。事実上示談成立などで告訴取下げの意思表示がなされても，公訴の有効性には影響がない。情状事実にはなる）。

(3) 告発・請求　告発とは，告訴権者・犯人・捜査機関以外の者が，犯罪事実の申告をし，犯人の処罰を求める意思表示をいう（239条）。公正取引委員会の告発（独禁96条）や選挙人等の偽証罪に関する選挙管理委員会の告発（公選253条）のように，告発を訴訟条件とする犯罪もある。判例上，国会等における証人の偽証罪に関する告発は訴訟条件と解されている（最大判昭24・6・1刑集3-7-901）。一定の犯罪については処罰の請求が訴訟条件とされている（刑92条

外国国章損壊罪等）。法的効果等は，親告罪の告訴と同じである（237条3項・238条2項）。

（4）自　首　　犯人が，捜査機関に対して自分が犯行を行った旨を進んで申告することを自首という。親告罪の告訴権者に告知する場合も自首にあたる。刑訴法上捜査の端緒となる。刑法上は減刑理由となる（刑42条）。手続については告訴に準ずる（245条）。

§Ⅱ　犯罪の捜査

1　捜査の意義

刑事訴訟手続は，捜査によって始まる。司法警察職員は，犯罪があると思料するとき犯人および証拠を捜査する（189条2項）。検察官は必要と認めるときは自ら犯罪を捜査することができる（191条1項）。検察事務官は検察官の指揮を受けて捜査を行う（同条2項）。

「犯罪があると思料するとき」とは，捜査機関が刑法など犯罪の構成要件を定める法律に違反する，特定の犯罪に関する合理的な嫌疑があると判断したときを意味する。例えば，捜査機関に通報があった死体が検視の結果，事故・病死・自殺ではなく，人に殺害されたと疑われる場合，殺人罪，傷害致死罪，業務上過失致死罪などいずれかの特定の構成要件に該当する合理的な嫌疑が発生する。この段階に至れば，捜査を開始してよい。どの構成要件に最終的に該当するのかは捜査の結果を踏まえて検察官が判断する。

捜査とは，犯罪の嫌疑の有無を解明し，犯罪の軽重・悪質性等量刑の程度を判断するのに必要な証拠を収集し，また犯罪を犯したと疑われる被疑者を特定して，必要があれば逮捕・勾留により身体を拘束して確保する手続をいう（なお，被疑者の身体は逮捕勾留など捜査権限行使の対象となる場合，捜査機関からみて「身柄」と表現することがある）。

かかる捜査を行う目的は，当該犯罪について，検察官が適切な起訴・不起訴（起訴猶予を含む）の決定をし（247条・248条参照），起訴した場合，検察官が公判で適正かつ迅速に有罪を立証するため，証拠と被疑者を確保することにある（反射的に，一定の者が犯人ではないことが明らかになる利益も伴う）。

憲法は国家の権能として刑罰権行使を前提として是認する。捜査はこれを実現するのに必要不可欠である。だから，国の責務である。ただし，捜査の具体的な権限内容は別に法律で定める必要がある。主に刑事訴訟法が規定している。

2　行政警察作用・司法警察作用

主たる捜査機関は警察官と検察官であるが，各都道府県に設置される公安委員会の元にある各警察本部が犯罪捜査の主たる担い手である。

警察法2条1項は「警察は，個人の生命，身体及び財産の保護に任じ，犯罪の予防，鎮圧及び捜査，被疑者の逮捕，交通の取締その他公共の安全と秩序の維持に当ることをもつてその責務とする」と定める。つまり，警察は，市民と社会，国家の安全を守る様々な活動を本来の責務とする。このうち犯罪の予防・鎮圧も重要な警察責務の一部であって，これを「行政警察作用」という。行政警察作用と区別するため，刑訴法上警察官が行う捜査を「司法警察作用」と分類する。司法警察作用は警察の責務の重要であるがその一部にとどまる。警察は，行政警察作用と司法警察作用を連続的・併行的・重畳的に実施することによって，犯罪の探知，摘発，捜査を行い，そうした活動全体として犯罪の予防，鎮圧の目的も実現することとなる。行政警察作用は，行政法の原理と行政諸法を根拠に行う。具体的な権限規定として警察官職務執行法がある。捜査の具体的な内容は，刑事訴訟法が定める。

3　捜査の主体

捜査は，司法警察職員および検察官とその指揮命令を受ける検察事務官がこれを行う（「捜査機関」と呼ぶ）。

(a) 一般司法警察職員　　警察が，刑訴法上の捜査権限を行使して活動する場合，これを行う個々の警察官を司法警察職員と呼ぶ（後述の特別司法警察職員と区別して一般司法警察職員と分類される）。一般司法警察職員はすべての種類の犯罪について刑訴法上の捜査権限を行使できる（189条1項）。

刑訴法上，捜査機関たる警察官については司法警察員と司法巡査とに区分している（39条3項参照）。一定の重要な捜査処分については，慎重な判断を求めるため，司法警察員しかできない（例えば，199条2項により逮捕令状の請求は司法警察員の中でも国家公安委員会または地方公安委員会が指定する警部以上の者に限定されてい

る。他に，202条・203条等参照）。また，司法巡査が逮捕後引致をするとき司法警察員に引き渡すものとしている（202条。ただし，司法警察員としての職務を行う巡査が指定されている場合もある）。

(b) 特別司法警察職員　刑訴法は，特定の生活領域を規律する法律違反の捜査や，格別の場所・地域・施設等で発生する犯罪一般の捜査，また，専門知識を用いた捜査が必要な場合等に備えて格別の捜査機関を設けたり，あるいは一定の行政機関に捜査機関としての権限を与えている（司法警察職員等指定応急措置法，大正12年勅令528号・司法警察官吏及司法警察官吏ノ職務ヲ行フヘキ者ノ指定等ニ関スル件などの法律に基づく）。

例えば，刑事収容施設及び被収容者等の処遇に関する法律290条1項は，「刑事施設の長は，刑事施設における犯罪（労役場及び監置場における犯罪を含む。次項において同じ。）について，刑事訴訟法の規定による司法警察員としての職務を行う」と定める。麻薬，覚せい剤等薬物の取締りを管轄する麻薬取締官（員）（麻薬及び向精神薬取締54条5項）は，麻薬及び向精神薬取締法，大麻取締法，あへん法，覚せい剤取締法，国際的な協力の下に規制薬物に係る不正行為を助長する行為等の防止を図るための麻薬及び向精神薬取締法等の特例等に関する法律に違反する罪，刑法第2編14章に定めるあへん煙に関する罪，麻薬，あへんもしくは覚せい剤の中毒により犯された罪について司法警察員として職務を行う。皇居・御所等皇室関係の場所での犯罪を管轄する皇宮護衛官，労働基準法違反を管轄する労働基準監督官，自衛隊の隊員等の犯罪，職務中の隊員に対する犯罪，自衛隊の施設等に対する犯罪等を管轄する自衛隊警務官・同補，海上犯罪を管轄する海上保安官・同補などである（郵政民営化に伴い，郵便業務について捜査権限を有していた郵政監察官制度は廃止された）。

(c) 検察官・検察事務官　検察官は，必要と認めるときは，自ら犯罪を捜査することができる。また，検察事務官は検察官の指揮を受けて捜査をすることができる（191条）。

検察官にのみ与えられている捜査権限がある。①検視の権限（229条1項），②勾留請求権（204条・205条），③捜査のための証人尋問請求権（226条・227条）などである。また，④検察官面前調書の証拠能力の要件の緩和（321条1項の2号と3号の対比）によって検察官の取調べ権限にも，司法警察職員の取調べ権限より

【★ MEMO：1-4　特別司法警察職員】

図表1-3　特別司法警察職員

	主　体	根　拠	権　限
1	皇宮護衛官	警察法69条3項	天皇及び皇后，皇太子その他の皇族の生命，身体若しくは財産に対する罪，皇室用財産に対する罪又は皇居，御所その他皇室用財産である施設若しくは天皇及び皇后，皇太子その他の皇族の宿泊の用に供されている施設における犯罪
2	林野庁森林管理局・管理署の職員	司法警察官吏及司法警察官吏ノ職務ヲ行フヘキ者ノ指定等ニ関スル件（大正12年勅令528号），司法警察職等指定応急措置法1条	国有林野，部分林，公有林野官行造林，其ノ林野ノ産物又ハ其ノ林野若ハ国営猟区ニ於ケル狩猟ニ関スル罪
3	公有林野の事務を担当する北海道庁職員		国有林野，部分林，その林野の産物またはその林野における狩猟に関する罪
4	船長その他の船員（遠洋区域，近海区域，沿海区域を航行する総噸数20噸以上の船舶内）		船舶内の犯罪
5	船員労務官（国土交通省職員）	船員法108条	船員法違反，船員法に基づく命令違反，労働基準法違反の罪
6	鳥獣の保護又は狩猟の適正化に関する取締りの事務を担当する都道府県の職員	鳥獣の保護及び狩猟の適正化に関する法律76条	鳥獣の保護及び狩猟の適正化に関する法律違反，同法に基づく命令違反
7	経済産業省及び産業保安監督部に設置される鉱務監督官	鉱山保安法49条	同法違反の罪
8	労働基準監督官	労働基準法102条	労働基準法違反等労働者の労働と健康に関わる各種犯罪
9	自衛隊警務官・同補	自衛隊法96条	自衛隊の隊員等の犯罪，職務中の隊員に対する犯罪，自衛隊の施設等に対する犯罪等
10	海上保安官・同補	海上保安庁法31条	海上犯罪
11	農林水産省または都道府県に置かれる漁業監督官または漁業監督吏員	漁業法74条	漁業に関する罪

一定の優位性を認めている。

　検察事務官は，検察官の指揮を受ける範囲で捜査を行うことができる。その範囲内で，被疑者取調べ（198条1項），第三者の取調べ（223条1項），緊急逮捕令状の請求（210条1項），各種令状の請求と執行（218条1項・3項），鑑定嘱託（223条1項），被疑者鑑定留置請求，鑑定処分許可請求（224条1項）等を行うことができる。他方，司法警察員に対する指示・指揮（193条），通常逮捕令状請求（199条2項），勾留請求，勾留延長請求（204条1項・205条1項・208条2項），捜査のための証人尋問請求（226条・227条），告訴・告発・自首の受理等（241条・243条・245条）についてはこれを行えない。

4　検察官と司法警察職員

(1)　捜査権限の配分　　第一次的な捜査機関は，司法警察職員である（189条2項と191条1項を対比せよ）。警察官を主たる捜査機関とした理由は，大量・多様な犯罪に迅速に対応することの他，捜査権と公訴権を共に検察官に集中すると専断的な権限行使になりやすいのでこれを防ぐことにある。

　他方，捜査権を警察官に独占させていない。その理由は，いくつか考えられる。第1に，補充捜査の必要である。勾留請求は検察官のみ行うが，勾留請求の要否に関する捜査を行う権限を与えておかなければ身体拘束に関する慎重な判断ができない。また，事件送致後，公訴の提起の決定や公訴の維持に必要な補充捜査を自らする必要がある。被疑者を取り調べて供述録取書を作成するのが一例である。第2に，被疑事実の性質との関連である。収賄事件でも内閣総理大臣・国務大臣・国会議員が被疑者の場合は検察が主として捜査し，自治体の長，議員レベルでは各都道府県警察が主として捜査することが多い。警察組織が国政に影響を与える地位にある政治家の捜査について主たる責任を負うのは，政治的中立性を損ないやすく国政全体のバランスに照らして好ましくない。むしろ，検察官が取り扱えるようにしておくことが相当である（法曹としての資格があること。法務大臣も個々の事件に関しては検事総長を通じて指揮命令できるのにとどまること。独任制官庁として訴訟行為ができることなど）。第3に，警察官の職務犯罪の訴追・処罰の必要である。警察官の職務犯罪，特に特別公務員職権濫用・暴行陵虐罪（刑194条・195条）も検察官が捜査を行えるようにしておくのが適当である。

(2)　検察官と司法警察職員の関係　　司法警察職員・検察官は捜査につき基

本的には協力関係にたつ（192条）。しかし，検察官は，捜査が適正・公正になされたか吟味し，公訴の維持を危うくするような捜査がなされないように抑制・監視する責務を負い，それに必要な権限を付与されている。

　検察官は，捜査に関する一般的指示権を有しており，これを準則の形で定めることができる（193条1項。司法警察職員捜査書類基本書式例・同簡易書式例，微罪処分や少年事件の簡易送致に関する一般的指示等）。

　検察官は，自ら事件を受理して捜査をし，また司法警察職員から事件の送致があった後はその捜査を主導する。こうした具体的な事件の捜査にあたり，司法警察職員に対して一般的な指揮ができる（「一般的指揮権」。193条2項）。これによって捜査の方針・計画をたてて司法警察職員に協力を求め，また司法警察職員間の捜査の調整をはかる等が行われる。さらに，検察官は個々の事件の捜査を行うにあたり，その補助を命ずることができる（「具体的指揮権」または「補助命令権」。同条3項）。司法警察職員が，検察官の指示・指揮に従わない場合，検事総長等は懲戒または罷免の訴追ができる（194条）。

§Ⅲ　捜査の方法（1）

1 捜査の原理——捜査はどんな原則に従って行われるか

　捜査の端緒により犯罪の嫌疑が一応認められると捜査が始まる。捜査手続は被疑者や市民の権利を侵害する活動を伴う場合があるだけに，その適正化のため次の基本原理・基本政策に従って行われなければならない。

　(1)　客観証拠優先の原則　　捜査の基本的なあり方としては，物証の収集保全を先に行い，それによって嫌疑の集中できた人について取調べをするのが望ましい。

　原則の根拠は，憲法で保障されている人身の自由，黙秘権の尊重である。また，刑訴法の条文構造上，例えば，通常逮捕令状は被疑者が犯罪を犯したと疑うに足りる相当な理由を要件とするが（199条），捜索については捜査機関は被疑者が罪を犯したと思料するに足る資料があり（規則156条1項），かつ必要があるとき被疑者の身体，物または住居その他の場所の捜索ができる（102条・222条1項）。物証については犯罪の嫌疑が低くても強制処分ができるようになって

いる。これらは，被疑者取調べよりも優先すべきことを示す。最後に，法政策上の妥当性である。ある程度の証拠を集めて逮捕・勾留をしあるいは別件で身柄拘束をした上で，徹底的に取調べをして自白を追求し，その自白に従って物証を揃えていくというような自白採取を中心とした捜査方法は，被疑者に対する人権侵害の可能性が大きくなり，また，虚偽自白を導き，えん罪を生みだす危険性を伴う。そこで，客観証拠を優先して収集保全する運用が望ましい。また，ここから科学捜査の重視が導かれる。

(2) 捜査比例の原則　　犯罪捜査は，強制処分であれ任意処分であれ，ともに目的に対して必要最小限度でのみこれを行うべきであって，過剰に市民の生活利益や法的に保護される権利を制約し侵害してはならない。根拠は憲法11条～13条の保障する人格権の尊重と憲法31条の保障する適正手続である。

処分の正当性は，①特定の情況の下では特定の措置をとることが捜査目的を実現する上で合理的な選択であること（合目的性），②これを前提にして，その捜査手続が当該情況の下で，捜査目的を達成するのに必要性があり，また即時に実施すべきであるなど緊急性のあること，③社会的にみて捜査目的を実現する手段として相当性があることが求められている。

これらは，個々の捜査行為のみならず特定の被疑者に対する捜査手続全体についても要求される。また，逮捕現場における有形力行使による被疑者の制圧が許される範囲など強制処分の実施にあたっても，その限界を画するのは，捜査比例の原則（合目的性，必要性・緊急性，相当性）である。

捜査比例の原則は，犯罪捜査はできるだけ市民の自由を侵害することなく，任意の協力を得て実行するのが望ましいという捜査のあり方を求める（「任意捜査優先の原則」。刑訴197条1項本文が任意捜査優先の原則を定めていると解されている）。

(3) 強制処分法定主義　　次に，刑訴法197条1項但書は「強制の処分は，この法律に特別の定のある場合でなければ，これをすることができない」と定める。この条文は，捜査のあり方に関する2つの原則を反映したものである。

第1に，捜査にあたり，「強制の処分」をとる必要があるのならばあらかじめ法律でその内容・効果・手続を法定しておくものとする（「強制処分法定主義」）。これは憲法31条が定める「何人も，法律の定める手続によらなければ，その生命若しくは自由を奪はれ，又はその他の刑罰を科せられない」とする適

正手続原理に由来する。後述の「令状主義」が個々の強制処分を司法審査に付して市民の権利の不要過剰な制約を防ぐための手続に関する原理であるのに対し，強制処分法定主義は強制処分一般の要件・手続・効果をあらかじめ国会の判断を介して抑制することを求める原理である。したがって，刑事訴訟法上令状主義の求める司法審査を伴う強制処分の他に，緊急性・必要性・要件の明白性など法定の要件があれば直ちに強制的に実施できる処分も認めている（例，現行犯逮捕，緊急逮捕，逮捕に伴う捜索・差押え・検証，逮捕後の写真撮影等，検視など）。第2に，捜査はなるべく任意の方法を用いるのが好ましいという法政策ないし法価値観を反映したものである。

(4) **令状主義と司法的救済** 捜査機関は，犯罪捜査のため市民の身体の自由，住居・書類・所持品に関する財産的な権利やプライバシーの権利を侵害する処分を行う必要がある。法は，その適正を期すため，事前に裁判官が正当な理由の有無を審査しその処分を認める旨の令状を発し，その令状の執行として処分を行わなければならないとする（「令状主義」。憲33条・35条）。権利を侵害する個々の処分の当否を中立公正な裁判官の判断に委ねるとともに，各処分の範囲を令状によって示し現場での権限濫用を防ぐためである。裁判官は強制処分の理由（犯罪の嫌疑の有無）の他に処分の必要性・相当性も審査しなければならない。なお，刑訴法は，強制処分に関する司法的救済を重視して，憲法の求める事前審査と別に，司法による事後救済手続を保障している。勾留，押収等の裁判，検察官等の押収等の処分については，準抗告により裁判所の審査を受けることを認めている（429条1項2号・430条）。

2 任意捜査と強制捜査

(1) **任意捜査と強制捜査の区別** 法は，捜査の目的を達するため「必要な取調をすることができる」と定める（197条1項本文）。これは強制処分を除く任意の捜査の実施については広く捜査機関の合理的な裁量に包括的に委ねたものである（198条で被疑者に事情を聞く「取調べ」を規定する関係で，条文構造上197条1項の取調べは広く捜査措置一般を指すこととなる）。迅速・効率的な捜査を実現するため，捜査機関は適正な範囲内で多様な手段を用いて情報を収集できる。

捜査は，人・物・供述を確保するため，情況に応じつつ任意捜査と強制捜査を組み合わせて実施する。

図表1-4　強制捜査と任意捜査

		強制捜査	任意捜査
物		捜索・差押え・検証，領置	実況見分
人		逮捕・勾留・鑑定留置	任意出頭・張り込み
供述	参考人	証人尋問	取調べ
	被疑者	なし	取調べ

　強制捜査とは，判例によると，「個人の意思を制圧し，身体，住居，財産等に制約を加えて強制的に捜査目的を実現する行為」である（最決昭51・3・16刑集30-2-187）。

　ただ，写真撮影・通信傍受のように，物理的・具体的な権利・利益の侵害や直接の意思の制圧を伴わないが，個人が管理し処分すべき個人に関する情報を無断で収集する処分も憲法上保護されているプライバシーを侵害するから，捜査のための強制処分とみるべきである。

　例えば，捜査機関が宅配便の業者の協力を得て荷送人・荷受人の同意なくエックス線照射で内容物の射影を観察する方法は内容物の形状や材質を知ることができ品目等を相当程度具体的に特定することも可能であって荷送人・荷受人の内容物に対するプライバシー等を大きく侵害するから，任意捜査の範囲を超えて検証としての性質を有する（最決平21・9・28刑集63-7-868）。

　かかる強制捜査は，あらかじめ要件・効果・手続・救済方法等を法定しておかなければならない（「強制処分法定」。197条1項但書，憲31条）。その性質に応じて事前の令状審査（憲33条・35条），弁護人依頼権の保障や理由告知手続（憲34条）など適正手続の保障が不可欠である。強制処分については，相手は処分に服する法的義務を負う。

　(2) 任意捜査　任意捜査とは，①法的に保護されている権利・利益の重大な侵害を伴わない手段・措置・処分などをいう（例，尾行・張り込み・密行・検索）。②相手方が捜査に協力する意思を示し権利・利益を放棄した場合に行われる処分も含む（聞込み捜査，任意提出）。

　判例は，任意捜査の適法性について，個別的・具体的に適法性の有無を判断する。その際，①当該態様の捜査方法を必要とする性質の犯罪の嫌疑の存在

（合目的性。例，道交法違反の現行犯状況の存在）を前提にして，②当該捜査方法の必要性・緊急性（例，任意取調べ中に急に退去する相手を制止する有形力），相当性（例，おとり捜査等欺罔的手段）の有無・程度を総合評価して判断する（前掲・最決昭51・3・16）。

【★ MEMO：1-5　任意捜査と有形力行使の限界（私見）】

197条1項は「必要な取調べ」の実施を求めるもので，捜査比例の原則も定めていると解釈できるが，捜査機関が有形力を行使する場合，通常の市民感覚に照らすと，単なる心理的威圧感をこえて意思の自由の制圧を受ける。これを任意捜査に含めるのは，市民感覚からは強制処分法定主義に反する疑いが残る。その意味で，判例による個別・具体的な捜査方法の適法性の判断は慎重でなければならない。

【CASE：任意捜査の態様と限界】

最決昭51・3・16刑集30-2-187は，物損事故を起こした被疑者を交番へ連行の上，酩酊運転の疑いがあったので，呼気検査を求めたがこれに応じず退去しようとした。「被告人が『マッチを取ってくる。』といいながら急に椅子から立ち上がって出入口の方へ小走りに行きかけたので，加藤巡査は，被告人が逃げ去るのではないかと思い，被告人の左斜め前に近寄り，『風船をやってからでいいではないか。』といって両手で被告人の左手首を掴んだ」のは許される任意捜査として是認した。次のように一般論を示した。

「捜査において強制手段を用いることは，法律の根拠規定がある場合に限り許容されるものである。しかしながら，ここにいう強制手段とは，有形力の行使を伴う手段を意味するものではなく，個人の意思を制圧し，身体，住居，財産等に制約を加えて強制的に捜査目的を実現する行為など，特別の根拠規定がなければ許容することが相当でない手段を意味するものであって，右の程度に至らない有形力の行使は，任意捜査においても許容される場合があるといわなければならない。ただ，強制手段にあたらない有形力の行使であっても，何らかの法益を侵害し又は侵害するおそれがあるのであるから，状況のいかんを問わず常に許容されるものと解するのは相当でなく，必要性，緊急性なども考慮したうえ，具体的状況のもとで相当と認められる限度において許容されるものと解すべきである」。

「これを本件についてみると，K巡査の前記行為は，呼気検査に応じるよう被告人を説得するために行われたものであり，その程度もさほど強いものではないというのであるから，これをもって性質上当然に逮捕その他の強制手段にあたるものと判断することはできない。また，右の行為は，酒酔い運転の罪の疑いが濃厚な被告人をその同意を得て警察署に任意同行して，被告人の父を呼び呼気検査に応じるよう説得をつづけるうちに，被告人の母が警察署に来ればこれに応じる旨を述べたのでその連絡を被告人の父に依頼して母の来署を待っていたところ，被告人が急に退室しようとしたため，さらに説得のためにとられた抑制の措置であって，その程度もさほど強いものではないというのであるから，これをもって捜査活動として許容される範囲を超えた不相当な行為という

ことはできず,公務の適法性を否定することができない」。

§Ⅳ 　証拠物の収集　　捜査の方法（1）

1　任意捜査各論

（1）「無名の捜査」　　捜査機関は,事案に応じて多様な手法を用いて捜査情報を収集し,犯人の確保,有罪証拠の保全に努める。任意捜査はいわば「無名の捜査」の連続である。その適法性については,捜査機関が市民に働きかけをしている各場面に応じて判断することとなる（先にレッテルを貼って型にはめた規範を適用するのではない）。条文上の根拠は主に197条1項本文である。ここでも,具体的な適法性の判断基準は,①当該捜査行為が当該状況に照らして合目的的であること,②必要性と緊急性があること,③捜査手段としての相当性があること,である。右規範に従い個別事案における捜査機関の個々の捜査行為を評価することとなる。

【CASE：任意捜査の多様性】
　東京高判昭58・10・20高刑集36-3-285は,連続忍び込み窃盗犯を検挙するため,被告人が頻繁に靴を買うことに目をつけた捜査機関が店の協力を得てあらかじめ靴底に切り傷をつけた商品を売り,後に現場に残された足跡と酷似している旨の鑑定書を作成したところ,かかる捜査を適法とした。
　「足跡によつて人の行動を観察して証拠とすることが可能であるとしても,それは,実際問題として,犯罪現場に残された足跡を事後的に収集する以外は,単に観念上可能であると認められるだけであるから,事後的な観察を可能とするため特殊な足跡を残すような工作を靴に施したからといつて,人の居宅に立入るなど通常許されない方法でその行動を直接観察する場合と同視するのは相当でない。また,そのような工作による捜査が,直ちに人に対し強制処分に準じるような身体的又は精神的な負担を課し,行動の自由を奪うものとも認められない。したがつて,捜査の目的を達するため相当と認められる限り,足跡を採取するため靴に一定の工作を施すことも,任意捜査として許されると解される。本件についてみると,前記のとおり,多数の窃盗事件の被疑者と目すべき事情があり,その捜査が困難で他にこれにかわる有効適切な捜査方法が見当らず,しかもその態様が靴底裏面に切傷をつけたズツク靴を靴店の協力を得て被告人に販売し後に回収したというだけであるから,右の捜査方法は任意捜査として許容される限度にとどまるものであるということができる」。

(2) 任意提出・領置　捜査機関は，被疑者その他の者が遺留した物（遺留物）や，所有者・所持者・保管者が任意に提出した物を受領し占有を取得できる。（「領置」。221条）。領置も押収の一種である（222条1項は221条の領置も同条項の「押収」に含めている）。

例えば，被疑者やその家族が証拠となる品物を入れたごみ袋を不要物として公道上のごみ集積所に排出しその占有を放棄した場合，通常そのまま収集されて他人にその内容が見られることはないという期待があるとしても捜査の必要がある場合には本条によりこれを遺留物として領置できる（最決平20・4・15刑集62-5-1398）。

領置物は必要がなくなるまで返還されない。したがって，任意提出は，相手が領置の効果と協力を拒むことができることを認識した上でなされたものでなければ，違法である。

(3) 同意捜索　相手の同意を得れば令状なしに捜索も行える。しかし，家宅捜索については侵害される利益があまりに大きいことにかんがみ，同意捜索は本来できないと考えるべきである（犯捜108条参照）。女子の身体検査についても被侵害利益の性質上，同意によって行うべきではない（同107条参照）。

(4) 実況見分　捜査機関が，捜査機関の専門性を活かして，犯行現場に残される犯罪の痕跡や現場周辺の状況，犯行時の関係者の位置等，犯罪に関連する事物の性状を五官の作用によって把握する処分である。処分の目的は後述の検証と同じである。処分に伴い特段の権利侵害を伴わない場合に行われる点で検証と異なる。交通事故などの犯罪捜査にあたり，公道の状況把握がなされる場合，これにより制約される利益の程度が道路管理目的を阻害しないかぎり，道路管理権者との関係で検証令状を得る必要はない。その意味で，実況見分は任意捜査である。

実況見分の結果をまとめた実況見分調書は判例上検証調書と同じく321条3項によって証拠能力を付与される（最判昭35・9・8刑集14-11-1437。本書164頁参照）。

【CASE：犯行再現，被害再現】
　被疑者や被害者に犯行状況や被害状況を再現させてこれをビデオ録画や写真撮影する

処分を実況見分として行うことがある。この場合，実際に事件が行われた場所であれば，犯行と場所との関係を確認する意味があり，基本的に場所の性状把握として理解できる。しかし，痴漢事件などでは正確な場所の再現ができないこともあり，警察道場などを利用することがある。この場合は，自白・供述を動作に置き換えただけである。判例は，かかる実況見分調書添付の犯行再現写真については被告人または被害者の供述と扱って証拠能力の判断をしなければならないとする（最決平17・9・27刑集59-7-753。228頁参照）。

(5) 写真撮影，監視カメラ，自動速度監視装置など　犯罪捜査上，人・もの・場所を写真などに記録する必要は多い。ときに人の肖像も対象となるから，その限度でプライバシーの制約が生じることとなる。かかる捜査処分の適法性の限界はどう考えるべきか。

判例は，犯行現場の写真撮影について，憲法13条により個人は承諾なしにみだりにその容ぼう・姿態を撮影されない肖像権を有することを認めつつ「犯罪を捜査することは，公共の福祉のため警察に与えられた国家作用の一つ」なので，現行犯であること，撮影による証拠保全の必要性・緊急性，撮影方法の相当性を要件にして許容されるとする（最大判昭44・12・24刑集23-12-1625）。また，自動速度監視装置による写真撮影についても，同様の要件を充足するので適法とする（最判昭61・2・14刑集40-1-48）。さらに，一定地域の監視カメラについては，その場所で犯罪の発生する相当高度の蓋然性があり，あらかじめ証拠保全の手段・方法をとっておく必要性・緊急性があり，撮影・録画の方法が相当の場合，犯罪発生前から継続的・自動的に撮影・録画することを認める裁判例もある（東京高判昭63・4・1判時1278-152）。強盗殺人等の犯人と疑う合理的な理由がある場合に，被疑者の容ぼう，体型等と防犯ビデオに写っていた人物の容ぼう，体型等との同一性の確認という犯人の特定のための重要な判断に必要な証拠資料を入手する捜査目的で公道上やパチンコ店内など通常は他人から容ぼう等を観察されること自体は受忍せざるをえない場所で被疑者の容ぼうをビデオ録画することも許される（最決平20・4・15刑集62-5-1398）。

そこで，写真，ビデオ，監視カメラなど画像を収集する捜査方法について，判例を大局的にみると，①各個別の捜査方法を必要とする，過去または将来の犯罪の具体的な嫌疑が合理的に存在していること（合目的性），②現に実施され

た各捜査手段の必要性・緊急性および方法の相当性があれば，これを適法としているとまとめることができる。

　なお，将来犯罪が発生する合理的な嫌疑がある場合，その証拠保全のためあらかじめ監視カメラを設置することが許される場合があるが，その場合，犯罪が発生したときに監視カメラなどで証拠を確実に正確に保全する必要性と，犯罪発生を正確に予測できないからこれが起きたときには直ちに証拠を確保できる手段を講じなければならないという意味での緊急性が求められる（防犯カメラについては将来犯罪が発生するのを防止する行政警察目的にも資する面がある）。

【CASE：放火による器物損壊の捜査と監視カメラ】

　東京地判平17・6・2判時1930-174は，深夜発生する駐車場駐車中の車の放火犯を検挙するため，駐車場の近くの民家の協力を得て監視カメラを設置し，被告人方玄関ドアを画像の中心とし画像左右に被告人方両隣の玄関ドア，画像下端に本件駐車場前道路，駐車場に駐車中の自動車数台を撮影するように設置したところ，かかる捜査方法を適法としている。

　判決は，「ビデオカメラ設置当時，被告人が放火犯人であるとは断定できないまでも，その行動に，被告人の周辺の者が被告人を放火犯人ではないかと疑いを抱くだけの不審な点があり，しかも，被告人が放火したことを疑わせるいくつかの情況証拠が存在したことが認められ，被告人が放火を行ったと考えられる合理的な理由があった」と認め，「本件ビデオカメラによる撮影は，後記のとおり，公道に面する被告人方玄関ドアを撮影するというプライバシー侵害を最小限にとどめる方法が採られていることや，本件が住宅街における放火という重大事案であることに鑑みると，本件ビデオカメラの撮影が，弁護人が指摘するような犯罪発生の相当高度の蓋然性が認められる場合にのみ許されるとするのは相当ではなく，また，被告人に罪を犯したと疑うに足りる相当な理由が存在する場合にのみ許されるとするのも厳格に過ぎると解される。むしろ，被告人が罪を犯したと考えられる合理的な理由の存在をもって足りると解するべきである」。「本件ビデオカメラ設置までの一連の放火は，早朝，人の現在しない無人の駐車場で，同所に駐車中の自動車に火を放つというものであり，同車両のガソリン等に引火しあるいは付近に駐車中の自動車や家屋に延焼する事態に発展する可能性があり，周囲には住宅が密集していて公共の危険を生じさせるおそれが高度に認められる重大な事案である。これに加え，ビデオカメラ設置までの放火事件はいずれも人通りの少ない早朝に発生しており，犯行の目撃者を確保することが極めて困難であり，しかも，犯人を特定する客観的証拠が存せず，警察官がこの場所を終始監視することも困難を伴う状況であって，今後同種事件が発生した場合に，被疑者方及びその周辺状況をビデオ撮影していなければ，結局犯人の特定に至らず捜査の目的を達成することができないおそれが極めて高く，あらかじめ撮影を行う必要性が十分に認められる。ビデオカメラ設置前の各事件が早朝の放火事案であって，その痕跡から犯人を特定することが非常に困難なことから，その緊

急性も肯認できるところである。また，本件ビデオ撮影は，上記のとおり，公道に面する被告人方玄関ドアを撮影するというもので，被告人方居室内部までをも監視するような方法ではないのであるから，被告人が被るであろうプライバシーの侵害も最小限度に止まっており，本件事案の重大性を考慮すれば，やむを得ないところであり，その方法が社会通念に照らし相当とされる範ちゅうを逸脱していたとまではいえない」。

(6) ポリグラフ検査　ポリグラフ検査は，犯罪に関する質問をしたり物をみせ，被検者の呼吸・皮膚電気反射・脈波を測定しその生理的変化から犯罪に関する事項の知覚の有無を推測する。運用上相手の同意を得て行うのが原則であるが，場合により鑑定処分許可状によって行うこともある。ポリグラフ検査回答書も性質上鑑定に準じて証拠能力が認められる（321条4項）。

【★ MEMO：1-6　ポリグラフ検査】
　ポリグラフ検査の運用には問題もある。質問に対する生理的変化は供述を動作で行うのと似ている。そこで，黙秘権の告知に準じて検査を拒否できること，検査結果は不利な証拠になりうることを説明した上，被疑者の同意を得て行うべきである。

2　おとり捜査

(1) 覚せい剤密売事件のように，密行性が高い組織犯罪で買い手も自分を被害者と意識していない場合，捜査機関が犯罪や犯人を発見・検挙するのは極めて困難である。そこで，捜査官が買い手に化け売人等に接近して取引を申し込み，相手が薬物等を示した段階で現行犯逮捕をするおとり捜査が用いられることがある（197条1項の一般的捜査権による。ただし，麻薬及び向精神薬取締58条，銃刀27条の3は麻薬，拳銃等について捜査機関が譲り受ける権限を認め，おとり捜査を許している。麻薬特例3条・4条は輸出入される麻薬の経路を監視するコントロールド・デリバリーを認める）。

(2) 判例は，「おとり捜査は，捜査機関又はその依頼を受けた捜査協力者が，その身分や意図を相手方に秘して犯罪を実行するように働き掛け，相手方がこれに応じて犯罪の実行に出たところで現行犯逮捕等により検挙するものであるが，少なくとも，直接の被害者がいない薬物犯罪等の捜査において，通常の捜査方法のみでは当該犯罪の摘発が困難である場合に，機会があれば犯罪を行う意思があると疑われる者を対象におとり捜査を行うことは，刑訴法197条1項

に基づく任意捜査として許容される」とする（最決平16・7・12刑集58-5-333）。これは，任意捜査に関する判例の一般的判断基準に従ったものである。

(a) まず，おとり捜査は，捜査機関が欺罔的手段を用いる点で犯罪を行う相手方のある種の人格の尊厳を傷つける面があることは否定できない。しかし，それは，憲法上重要な権利として保護すべき正当な利益ではない。したがって，これを強制捜査と捉える必要はない。

(b) そこで，任意捜査の適法性の原理に従って判断すれば足りる。①犯行の機会を提供する捜査方法を実施しなければ摘発困難な性質の被疑事実の合理的嫌疑が個別的・具体的にあり，②購入申し込みによって犯人を確保すべき必要性・緊急性も認められる場合，③犯意を誘発するに至らない働きかけは犯行の機会を提供するだけのことであるから，覚せい剤事犯摘発を目的とする捜査の態様としては社会的にも相当なものとして是認でき，これを適法としてよい。

【★MEMO：1-7　おとり捜査（私見）】
　　おとり捜査の問題点は，捜査機関がわなを掛け引っかけた相手を裁判所が有罪にするのは，公正さ・信義則・禁反言等に反しないかどうかにある。思うに，おとり捜査は捜査官の面前で犯罪行為を行う不合理な行動に市民を走らせる点で「個人の尊厳」を害し人格権を損なう。それが憲法上の権利侵害の程度に至っているかどうかは個別的な判断を要する。さらに，自己負罪の言動を捜査官に曝す点で被疑者・被告人としての「包括的防御権」を侵害する。そこで，司法の責務は，被告人の処罰適格（犯罪関与の有無）だけでなく，刑罰権発動の適正さ（国家の処罰適格）も吟味するものとみてよいので，被告人に初めて犯意を起こさせる犯意誘発型や犯意を強化させる機会提供型のおとり捜査であって捜査機関が犯罪を創造したとみられる程度に関与した場合には救済を認めるべきである。被告人の犯罪関与の有無・程度の解明を待たずに公訴棄却（338条4号）で手続を打ち切るのが妥当である。それ以外のおとり捜査については，違法収集証拠排除法則により対処できる（194頁参照）。

3　令状による捜索・差押え

(1) 捜索・差押えの準備——令状発付手続　　(a) 実体的要件　　捜査機関は，証拠の発見・保全のため必要があるとき，裁判官の発する令状によって，一定の場所，被疑者等の身体，物を捜して（捜索），証拠となる物を保管できる（差押え。218条）。前述の領置と差押えを併せて押収という。

　捜索（令状発付）の要件は，被疑者が罪を犯したと思料される理由（規則156条1項），ならびに，①被疑者の身体やその所有・占有する物・住居その他の場

所については捜索の必要性，②第三者の場合には差し押さえるべき物の存在を認めるに足りる状況の存在（102条・222条1項）である。

差押え（令状発付）の要件は，令状に記載された物の形状に形式的にあたること，および被疑事実との関連性が必要である（99条1項・100条2項参照）。関連性は被疑者が犯行に関与した事実と量刑に関する事情を明らかにする情報を提供するものであることを意味する（最判昭51・11・18判時837-104参照）。被疑者が発したか被疑者宛の郵便物については，郵便局等法令上通信事務を取り扱う者が保管中であれば差し押さえることができる。関連性が推認されている（100条1項・222条1項）。

捜索・差押えいずれについても，必要性（相当性の意味）が必要である（最決昭44・3・18刑集23-3-153参照）。

(b) 形式的要件（令状発付）　捜索・差押えは裁判官があらかじめ令状を発して行わなければならない（捜索許可状，差押許可状。両者を一体とした捜索差押許可状）。令状には，被疑者の氏名，罪名，差押物件，捜索場所，有効期間（これは，発付された令状を執行できる期間を意味する）等を記載しなければならない（219条）。後述の逮捕状と異なり，被疑事実の要旨の記載は要らない。

憲法上，令状発付にあたり，捜索場所・差押物件の明示が要請されている（特定性。憲法35条1項で「捜索する場所及び押収する物を明示する令状」が要請され，同2項も「各別の令状」を要求する）。処分を受ける者が権利侵害を受忍すべき範囲を客観的に明らかにし，また，捜査機関が別件の証拠の捜索・差押えなど令状を一般的な証拠収集のために濫用するのを防ぐためである。

捜索場所に関しては，所有者または占有者等管理権の主体が異なれば別個の令状を要する。管理主体が同一でも建物，敷地，部屋等物理的・空間的に区別できるかぎり各個別に特定を要する。差押物件の記載も，可能なかぎり具体的・個別的でなければならない（事前に予想することは困難を伴うが，他方，包括的記載は一般令状を認めることになるので，裁判官による慎重な審理と令状記載を要する）。なお，判例は，罪名を地方公務員法違反とし，差押物件を会議議事録・日誌・指令・通達類・連絡文書・報告書・メモとした後に「本件に関係ありと思料せられる一切の文書及び物件」と記載してあっても，特定性はあるとする（最大決昭33・7・29刑集12-12-2776）。包括的記載は先行する例示物件で限定されている

とみる。

　差押物件の特定については，その記述自体だけでなく捜索場所，罪名等令状の他の記載事項と総合して認められればよいが，関連性を明らかにするため，可能であれば令状請求書（特に犯罪事実の要旨）を添付して令状を発するべきであろう。

　罪名に関しては，刑法犯については罰条とともに見出しになっている罪名（殺人など）が記載されるが，特別法については法律名のみが記載される扱いである。このため，令状の提示を受ける側からは犯罪事実の内容が不分明である。令状審査を経ている一方，捜査の秘密の保持上やむをえない。

(2)　押収拒絶権　　押収は一定の場合制限される。

(a)　公務員・議員・大臣の保管・所持する物で公務上の秘密にあたる場合，監督官庁・議院・内閣の承諾がないと押収できない（103条・104条・222条1項）。国政上の利益を刑事裁判上慎重に扱うためである。令状審査にあたり，公務上の秘密であることが明らかである場合，押収の承諾のない物に対する差押令状の発付自体が違法無効となる。

(b)　医師・弁護士等一定の職業に関係している者には業務上保持・保管する他人の秘密に関するものについて押収拒絶権が保障されている（105条・222条1項）。刑事裁判における真実発見よりも，社会的信頼関係を尊重するものである。ただし，秘密の主体本人が承諾した場合，被疑者・被告人のためのみにする権利濫用にあたる場合を除く。被疑者・被告人本人の秘密については常に押収拒絶ができる（105条但書）。もっとも，捜索許可状と差押許可状発付は適法であり，現場で押収を拒むことができるのにとどまる。

(c)　報道機関が報道目的で収集・保存しているビデオテープについて，判例は適正迅速な捜査は公正な裁判と同じ憲法上の価値があることを認め，取材の自由と利益衡量して差押えが優先する場合のあることを認める（最決平元・1・30刑集43-1-19，最決平2・7・9判時1357-34参照）。

【★ MEMO：1-8　取材源と提出命令（私見）】
　　取材の自由は，憲法21条の表現の自由に含まれ民主主義社会における国民の「知る権利」に直接奉仕する報道の自由と密接不可分のものである。他方，捜査の利益は法律が具体的な権限規定を設けて初めて市民の利益を制約できる効果をもつのにとどまる。両者を憲法上同

一次元の価値とは扱えない。また，報道機関から証拠物を押収する手続は，取材源の秘匿などの利益を侵害しないためにも，法を改正して（99条3項・222条1項参照）捜索・差押えでなく提出命令の準用によるべきだ。

(3) 捜索・差押えの実施——令状執行の態様 (a) 実体的要件　令状執行の現場でも，捜索・差押が適法であるべきいわば実体的な要件が働く。基本的には，令状記載の場所と規範的に一致する範囲内でのみ捜索が行われていること，差押えは，令状に記載された形状にあたる物であってかつ被疑事実と実質的規範的に関連性のある範囲のものについてなされなければならない。

（i）捜索の実施　令状発付時点と令状執行時で居住者が異なっている場合もある。場所の特定の意味は，単に物理的な空間の特定ではなく，捜索を忍受すべき主体，執行の際の立会権者の特定に関わる（114条・222条1項参照）。また，第三者宅の捜索であれば，差し押さえるべき物の存在の蓋然性が必要になる。したがって，被処分者が被疑者の転居を合理的に説明した場合などは，令状の執行はできない（ただし，最決昭30・11・22刑集9-12-2484，最決昭61・3・12判時1200-160参照）。令状の夜間執行は原則として許されない（116条・117条・222条3項）。ただし，次の特則がある。

（ii）夜間執行　日出前・日没後について，人の住居，人の看守する邸宅・建造物・船舶内には入ることができない。ただし，令状に夜間でも執行することができる旨の記載があればよい。日没前に着手したときはその後もこれを継続できる（222条3項・116条）。一定の場合，場所については右制限は及ばない（222条3項・117条）。

（iii）人の捜索　判例は，捜索場所に所在する者が差し押さえるべき物を所持している疑いがあり緊急の必要性があるときその身体を捜索し，また捜索場所の居住者であり現に在室する者の携帯する鞄類を捜索することも令状の効果として行えるとする（最決平6・9・8刑集48-6-263）。

【★ MEMO：1-9　場所の捜索差押許可状と人の捜索（私見）】
場所と人とはプライバシーの利益が別である。刑訴法も個別の記載を求める（219条1項）。裁判官の審査があらかじめ人にまで及んでいるなら，その旨令状に記載すべきである。捜索を開始した場所に居る人についても捜索を必要とするのであれば，一旦出入禁止とし（112条・222条1項），別途捜索差押許可状を得るべきだ。

(iv) 差押物と関連性　被疑事実と関連性のあるものは差し押さえることができる。差し押さえるべき物に形式上あたる場合でも、当該事案との関連性のない物の差押えはできない。これを本命である事件の証拠に転用するとき、違法な別件差押えになる（最判昭51・11・18判時837-104参照）。

【CASE：捜索差押許可状と差押物の範囲】

最判昭51・11・18判時837-104は、暴力団関係者による恐喝被疑事実に基づく捜索差押許可状によって組事務所を捜索した際、令状には差し押さえるべき物として「本件に関係ある、一、暴力団を標章する状、バッチ、メモ等、二、拳銃、ハトロン紙包みの現金、三、銃砲刀剣類等」と記載してあるところ、組の名入りの腕章、ハッピおよび組員名簿等とともに、同組員による別件の賭博開帳図利罪に関わる賭博に関する記載のあるメモ196枚を押収した事案で、以下の理由により恐喝被疑事実との関連性を認めて差押えを適法とした。

「右捜索差押許可状には、前記恐喝被疑事件に関係のある『暴力団を標章する状、バッチ、メモ等』が、差し押えるべき物のひとつとして記載されている。この記載物件は、右恐喝被疑事件が暴力団であるOK連合OK組に所属し又はこれと親交のある被疑者らによりその事実を背景として行われたというものであることを考慮するときは、OK組の性格、被疑者らと同組との関係、事件の組織的背景などを解明するために必要な証拠として掲げられたものであることが、十分に認められる。そして、本件メモ写しの原物であるメモには、OK組の組員らによる常習的な賭博場開張の模様が克明に記録されており、これにより被疑者であるBと同組との関係を知りうるばかりでなく、OK組の組織内容と暴力団的性格を知ることができ、右被疑事件の証拠となるものであると認められる。してみれば、右メモは前記許可状記載の差押の目的物にあたると解するのが、相当である。

憲法三五条一項及びこれを受けた刑訴法二一八条一項、二一九条一項は、差押は差し押えるべき物を明示した令状によらなければすることができない旨を定めているが、その趣旨からすると、令状に明示されていない物の差押が禁止されるばかりでなく、捜査機関が専ら別罪の証拠に利用する目的で差押許可状に明示された物を差し押えることも禁止されるものというべきである。そこで、さらに、この点から本件メモの差押の適法性を検討すると、それは、別罪である賭博被疑事件の直接の証拠となるものではあるが、前記のとおり、同時に恐喝被疑事件の証拠となりうるものであり、OK連合名入りの腕章・ハッピ、組員名簿等とともに差し押えられているから、同被疑事件に関係のある『暴力団を標章する状、バッチ、メモ等』の一部として差し押えられたものと推認することができ、記録を調査しても、捜査機関が専ら別罪である賭博被疑事件の証拠に利用する目的でこれを差し押えたとみるべき証跡は、存在しない」。

(b) 手続的要件　かかる実体的要件を現場でも守るために、一定の手続の遵守が求められている。

（ⅰ）令状呈示　　令状の執行に際しては，令状の呈示を要する（110条・222条1項）。呈示の目的は，被処分者が不当な捜索を受けない権利の保護だけではなく，捜索・差押手続が公正に実施されていることの担保である（被処分者が不在でも捜索差押許可状を執行できる。114条2項・222条1項）。かかる目的に照らすと，原則として捜索着手前の呈示が好ましい。だが，差押物を破棄隠匿されるおそれがある場合など緊急性・必要性のある場合には捜索場所に先に立ち入り捜索に安全かつ効果的に着手できる状態を確保してから被処分者に令状を提示することも相当である（最決平14・10・4刑集56-8-507）。令状の呈示は，被処分者が記載内容を理解できる実質的な方法で行わなければならない。例えば，被処分者が外国人であることが当初からわかっている場合，令状の翻訳書を用意し通訳人を同行すべきであるし，聴覚障害者の場合には手話通訳者を同行すべきである。

【★MEMO：1-10　令状呈示と令状の写真撮影等（私見）】
　令状呈示を受けた相手方は，これを筆写・コピー・写真撮影等をしてよいか。実務は，これを認めない。そうすべき義務を定める条文がない上，令状の毀損隠滅の危険があるなどの理由による。捜索・差押えなどが「令状により」行われることは憲法上市民の権利として保障されていること，有効適切な立会いを行うためには被処分者が令状の記載を知る必要があることなどに照らすと，令状を「示さなければならない」とする条文の趣旨として（110条・222条1項），被処分者は写真撮影等を求められると解する余地がある。

（ⅱ）必要な処分　　令状執行にあたり開錠・開封その他当該令状の目的を達成するのに必要な措置を強制的に実施できる（111条1項・222条1項）。許される処分内容は令状執行の個別的・具体的状況により異なる。宅急便配達を装う等欺罔的手段によって被処分者に門扉を開けさせることもそうした手段で捜索・差押えの確実な実行を行えるようにすべき必要性・緊急性があり，令状執行の態様として著しく不相当でないかぎり許容される（大阪高判平6・4・20高刑集47-1-1）。

　捜索にあたり，執行手続の適法性を明らかにするため，捜査官が写真撮影をすることがある（写真撮影報告書を別途作成する）。これは，捜索差押許可状の執行に当然に付随する事実行為として適法であるとみてもいいし，令状執行に伴う必要な処分にも分類できる。なお，差押物以外の書類内容等を情報保全を目的

として写真撮影することは，捜索の適法性を明らかにする目的を超えることとなり，相手方の利益侵害の状況によって独自の検証ないし実況見分となるから，令状を事前に得るか任意捜査として適法な枠内でなければ許されない（最決平2・6・27刑集44-4-385参照）。

本条の必要な処分は，適法に押収したものについても行える（111条2項）。

(iii) 立会い　被処分者は捜索・差押えに立会いできる。被疑者は，当事者としての立会権はない（222条1項・114条。113条の準用はない）。しかし，自己の住居の捜索について住居主として立ち会える。立会いを弁護士（弁護人ではない）に代理委任することもできる。公務所の場合その責任者，その他の場合には住居主等が立ち会える（114条・222条1項）。女子の身体の捜索について，原則として成年女子の立会いが必要である（115条・222条1項）。ただし，急速を要するときには通常の立会いでよい。

立会いの内容に関する定めはないが，不当な執行に対する異議申立てと停止請求の権利を含むと解するべきである。

(iv) 執行後の手続　令状執行後，捜索を受けた者は捜索証明書の交付を請求できる。捜査機関は物を押収したときは押収目録を交付する義務がある（119条・120条・222条1項）。

(4) 事後救済　(a) 司法による救済手続　捜索・差押令状発付の裁判には準抗告を申し立てることができる（429条1項2号）。ただし，令状発付の事実を被処分者が知ることは事実上できない。令状が執行されると発付の裁判自体に対する準抗告申立ての利益はないとされている。押収後は，その処分に不服のある者は裁判所に処分取消し・変更を請求できる（430条）。

(b) 還付・仮還付　捜査機関は，押収物で留置の必要がない場合，捜査の終結を待たないで還付しなければならない（「還付」。123条1項）。被害者に還付すべき理由が明らかなときにはこれを被害者に還付しなければならない（同条同項）。所有者，所持者，保管者または差出人の請求があれば仮にこれを還付することもできる（「仮還付」。同条2項・222条1項）。いずれの場合にも，検察官の意見を聴く必要がある。

4　電磁的記録の捜索・差押え

(1) コンピューターを利用した記録媒体（フラッシュメモリー，DVD，HD等）は

大容量の情報を保存できる。被疑事実と関わりのない情報も多く保存されている。捜査機関が，被疑事実と関連する情報を保存する記録媒体で差押えが可能か確認するため，差押えに必要な処分としてその内容の検索を行える。差押現場で確認していたのでは記録された情報を損壊される危険性がある（例えば，消去ソフトが組み込まれているとの事前情報など）などの事情は，差押物に該当する関連性を認定する重要な一事情になる。差押えにあたり現場での内容確認を行わなくとも，捜索する場所，記録媒体の保管状況これらに関連する事前情報などによって，被疑事実に関する情報が記録されている蓋然性が認められれば関連性を認めて差押えをしてよい（最決平10・5・1刑集52-4-275）。

【CASE：差押物の範囲の限界】

最決平10・5・1刑集52-4-275は，自動車登録ファイルに自動車の使用の本拠地について不実の記録をさせ，これを備え付けさせたという電磁的公正証書原本不実記録，同供用被疑事実に関して発付された捜索差押許可状に基づき，司法警察職員が申立人からパソコン1台，フロッピーディスク合計108枚等を差し押さえた処分等の取消しが求められた事案でこれを適法とした。

「右許可状には，差し押さえるべき物を『組織的犯行であることを明らかにするための磁気記録テープ，光磁気ディスク，フロッピーディスク，パソコン一式』等とする旨の記載があるところ，差し押さえられたパソコン，フロッピーディスク等は，本件の組織的背景及び組織的関与を裏付ける情報が記録されている蓋然性が高いと認められた上，申立人らが記録された情報を瞬時に消去するコンピュータソフトを開発しているとの情報もあったことから，捜索差押えの現場で内容を確認することなく差し押さえられたものである。令状により差し押さえようとするパソコン，フロッピーディスク等の中に被疑事実に関する情報が記録されている蓋然性が認められる場合において，そのような情報が実際に記録されているかをその場で確認していたのでは記録された情報を損壊される危険があるときは，内容を確認することなしに右パソコン，フロッピーディスク等を差し押さえることが許される」。

(2) **新たな強制処分** 2011（平成23）年から電磁的記録に関する新しい強制処分が立法化され，電磁的記録を捜査機関が確保するのに必要な強制処分が認められている。

(a) **通信履歴の保管命令** まず，電子メール等（電気通信）について，サーバーを介して通信業務を実施する者に対し差押えまたは記録命令付差押えをするため必要があるとき，あらかじめ業務上記録している電気通信の送信元，送

信先，通信日時その他の通信履歴の電磁的記録のうち必要なものを特定して30日未満の期間消去禁止を書面で命令できる（197条3項）。命令違反に対する直接の強制手段はないが，相手は受忍義務を負う。

　(b)　差押え範囲の拡大　　コンピュータを差し押さえるとき，電気通信回線で接続している記録媒体について，当該コンピュータで処理できる電磁的記録の保管用であると認めるに足りる状況にあればこれをコンピューターまたは他の記録媒体に複写して差し押さえしてよい（218条2項。99条2項も参照）。

　(c)　記録命令付差押え　　捜査機関は，電磁的記録を保管または利用する権限のある者にこれを記録媒体に記録させまたは印刷させた上かかる記録媒体を差し押さえることができる（218条1項。なお，99条の2も参照。記録命令付差押え）。

　(d)　ファイルのみの複写移転等命令　　電磁的記録に係る記録媒体を差し押さえるとき，捜査機関自らまたは差押えを受ける者に命じ，他の記録媒体に複写・印刷・移転した上これらを差し押さえることができる（110条の2・222条1項）。その際，処分を受ける者にコンピューターの操作などの協力を依頼できる（111条の2・222条1項）。

　なお，電磁的記録を移転させた記録媒体の還付については，刑訴法123条3項・222条参照。

5　無令状捜索・差押え・検証

　(1)　被疑者の捜索　　捜査機関は，被疑者を逮捕する場合，令状なしに人の住居・邸宅等に入り被疑者の捜索ができる（憲35条，220条1項1号）。現行犯逮捕を行う私人にはこの権限はない。

　(2)　物等の捜索・差押え・検証　　(a)　処分の目的　　逮捕現場には証拠の存在する蓋然性が高く押収の必要性がある。犯罪に関わる状況が残る場合に迅速に性状把握（検証）を行っておく必要性もある。しかも，被逮捕者の身体とその周辺にある証拠については迅速に保全しないと隠滅・破損されるおそれがある。他方，逮捕により身体の自由の制限が認められているので，これに付随する範囲で証拠の探索を行っても新たな利益侵害を伴わない。そこで，逮捕に伴うとき，証拠の捜索・差押えおよび検証（被疑者などの身体検査も含む）を無令状で行えるものとした（憲35条，220条1項2号）。処分の目的について，逮捕にあたる捜査官の安全確保や逃亡防止を含める説があるが誤りである。これらはそ

もそも逮捕権限自体に内在している（なお，兇器捜検は警職2条4項による）。処分の目的は証拠保全である。

(b) 処分の範囲（要件）　これらの処分は「逮捕する場合」に「逮捕の現場」に限って許される。無令状の捜索・差押え・検証は，令状による捜索・差押え・検証と並ぶ同等の捜査方法であるところ，捜査機関は被疑者の身体周辺から合理的な範囲で被疑事実に関する証拠を捜索，差押え，検証ができる（「合理的処分説」）。麻薬事犯容疑で緊急逮捕のため被疑者宅に赴いた捜査官が待機中麻薬の捜索・差押えを先に行い，その後家に戻った被疑者を逮捕した場合であっても刑訴法220条1項2号の要件に反しない（最大判昭36・6・7刑集15-6-915。時間面での柔軟な解釈といえる）。現行犯逮捕をした地点から被疑者とその所持するものをそのままの状態で警察署等まで連行した後になされた所持品等の捜索・差押えも実質的には逮捕の現場と同視できるので，許される（最決平8・1・29刑集50-1-1。場所の面の柔軟な解釈である）。ただし，いずれの場合にも，差押えや検証の対象は被疑事実と関連性のあるものに限定される。

【CASE：無令状捜索・差押えの限界】

最決平8・1・29刑集50-1-1は，傷害事件で準現行犯逮捕をした被疑者が所持している籠手を離そうとしなかったので，身柄をパトカーに乗せてそのまま警察署に連行した上で差押えをした処分について，次のように述べている。

「刑訴法二二〇条一項二号によれば，捜査官は被疑者を逮捕する場合において必要があるときは逮捕の現場で捜索，差押え等の処分をすることができるところ，右の処分が逮捕した被疑者の身体又は所持品に対する捜索，差押えである場合においては，逮捕現場付近の状況に照らし，被疑者の名誉等を害し，被疑者らの抵抗による混乱を生じ，又は現場付近の交通を妨げるおそれがあるといった事情のため，その場で直ちに捜索，差押えを実施することが適当でないときには，速やかに被疑者を捜索，差押えの実施に適する最寄りの場所まで連行した上，これらの処分を実施することも，同号にいう「逮捕の現場」における捜索，差押えと同視することができ，適法な処分と解するのが相当である」。「逮捕の場で直ちにその実施をすることが適当でなかったため，できる限り速やかに各被告人をその差押えを実施するのに適当な最寄りの場所まで連行した上で行われたもの」であれば「刑訴法二二〇条一項二号にいう「逮捕の現場」における差押えと同視することができる」。

【★MEMO：1-11　合理的処分説批判（私見）】

合理的処分説には疑問がある。強制処分の正当性について司法審査を期待できない緊急性のある限度でのみ捜査機関の裁量に委ねるべきであろう（「緊急処分説」）。逮捕と捜索・差

押えとで時間と場所の間隔が開くと，令状主義の例外を認めるべき緊急性が希薄になる。令状発付手続を迅速に実施すれば足りる。現に，条文が「逮捕する場合」としている以上，逮捕着手以後「引致」手続開始までの時間的範囲と限定すべきことになる。場所についても，逮捕に伴うときは被疑者の身体やその周辺を捜索することは逮捕自体により許される法益侵害に包摂される点と，「逮捕の現場」という文理に照らすと，かなりの距離を移動した場合をも含めるのは妥当でない。逮捕直後被疑者が容易に手を伸ばせる範囲に限るべきである。

ところで，判例上違法な所持品検査により証拠を発見した事例において，事後的客観的に観察して所持品検査の時点で緊急逮捕または現行犯逮捕の要件があれば，所持品検査を逮捕に伴う捜索とみなし，逮捕着手が先後したという法の執行方法の選択の誤りがあったのにとどまり，証拠排除を要する重大な違法はないとして証拠排除を認めない例がある（最判昭53・6・20刑集32-4-670，最決昭63・9・16刑集42-7-1051等）。これは，証拠能力の有無の判断を介して間接的に緊急捜索・差押えを認めるものとなる。

だが，法は捜索・差押えについては令状の緊急執行の制度も認めていない（201条2項・73条3項参照）。令状主義の例外として認められるのは，憲法33条・35条の認める逮捕に伴う捜索・差押えか，主たる強制処分に付随する一定の処分が法定されている場合に限られる）。判例によって令状主義を弛緩させる解釈をとるのは妥当でない。むしろ，薬物など対象を限定した緊急捜索・差押権限の立法化を考えるべきである。

6 検証，身体検査，鑑定

(1) 検 証　　検証とは，捜査機関が，捜査機関の専門性に裏付けられた五官の作用によって，事物の性状を認識・理解・把握する処分であって強制的にこれを行う場合をいう（218条1項。実況見分の項目40頁参照）。学識経験に基づいて行われる鑑定と異なり，調査，実験など法則の適用による性状把握は伴わない。捜査の必要性に基づく外部観察を基本とする。要件は，捜索・差押えとほぼ同じである（222条1項・4～6項）。なお，検証は逮捕に伴って現場の性状把握や場合によって被疑者の身体検査として無令状で行える（220条1項）。処分の性質は実況見分と同じであるが，被処分者の重要な権利を侵害する場合であって，あらかじめ司法審査を経て令状を発付して行うのが相当な場合をいう。なお，その成果については検証調書としてまとめられるのが通常であり，調書作成者が名義の真正と検証の結果をとりまとめたという意味での作成の真正を証人尋問によって明らかにすれば証拠能力が認められる（321条3項）。

(2) 身体検査　　(a) 身体検査の実体的要件　　検証の一種として身体の外表に関する性状把握を行える。その場合，身体検査令状を要する（218条1項）。裁判官は令状発付にあたり，身体検査を必要とする理由，相手の性別，健康状

態を考慮して要否を判断しなければならない（同条4項）。裁判官は，その他適当な条件（医師による相当な方法によること等）を付すことができる（同条5項）。

　(b) 令状の執行　　捜査機関は，令状執行にあたり相手の性別，健康状態等を考慮し相手の名誉を害さないようにする注意を要する（131条1項・222条1項）。女子については，成年女子の立会が必要的である（131条2項・222条1項）。身体検査は，直接強制ができる。ただし，あらかじめ検察官の意見聴取と相手の拒否の理由に関する聴聞の機会を保障しなければならない（139条・140条・222条1項）。

　(3) 身体拘束に伴う写真撮影等　　身体拘束中の被疑者については，裸にしないかぎり令状なく指紋・足型採取，身長・体重測定，写真撮影を行える（218条2項）。

　(4) 鑑　定　　鑑定とは，学識経験者がその専門的な知識・経験則・実験則・技術等に基づいて行う物事の性状把握である。捜査機関は犯罪の捜査をするについて必要があるときは鑑定を依頼できる（223条1項）。責任能力の有無を判断するため，被疑者の任意の協力を得て行われる精神鑑定を特に簡易鑑定と呼ぶ。

　鑑定のため，被疑者を留置する必要がある場合（「鑑定留置」。224条・167条），住居等への立入り，身体検査，死体解剖，墳墓発掘，物の破壊をする場合（「鑑定処分」。225条・168条1項），強制捜査になるので裁判官の許可状を要する。許可状は捜査機関が請求する。鑑定は，捜査機関が主体となるものではないので，鑑定処分として身体検査を行う場合，裁判所による鑑定や捜査機関による検証としての身体検査と異なり，鑑定人による直接強制は認めない扱いである（225条4項・168条6項参照。139条が準用されていない）。

　捜査機関が依頼した鑑定人の鑑定書であっても，鑑定人が鑑定書を作成したことと鑑定の結果を報告していること（名義と作成の真正）を証人尋問で明らかにすると証拠能力が認められる（321条4項）。

【★ MEMO：1-12　身体の検査】
　被疑者などの身体から情報を集める事実上の「身体の検査」を行う刑事訴訟法上の手続は以下3つある。①身体に身につけている物を探すための捜索（219条1項・222条1項・

115条)。物の隠匿の有無を明らかにする限度での検査である。必要に応じて着衣を取り裸体検査を行うことも可能である。ただし、捜索としての女子の身体検査の場合、急速を要する場合を除き、成年女子の立会いが必要である（115条・222条1項）。②捜査官が主体となって身体の性状把握をする検証としての身体検査（218条1項・同4項・同5項・222条1項・131条）。体表の検査まではできるが、体内への侵襲は医学的知見が要るのでできない。また、女子の身体の検証としての検査の場合、医師または成年女子の立会いが必要的である（131条2項・222条1項）。以上の限度での身体検査は直接強制ができる（捜索はそれ自体の性質として。検証としての身体検査は、222条1項の準用する139条によって）。③学識経験者の行う鑑定処分としての身体検査。医師などの専門家であれば体内侵襲処分も可能であるが（223条・225条・168条1項）、直接強制はできない（225条4項準用の168条6項は、検証に関する規定を準用するが、139条を除外している）。

7 強制採尿と強制採血

(1) 強制採尿 覚せい剤自己使用罪を立証する上で現在尿中から覚せい剤が検出されたことを報告する鑑定書がもっとも重視されている。このため、捜査機関は同容疑のある被疑者に尿の提出を促すことがある。

判例は、被疑者が任意に排尿に応じない場合、被疑事件の重大性、嫌疑の存在、尿の証拠としての重要性とその取得の必要性、代替手段の不存在等の事情があり、捜査上真にやむをえないと認められれば最終的手段として、また医師によることを条件として捜索差押許可状（以下、強制採尿令状という）により強制的に採尿できるとする（最決昭55・10・23刑集34-5-300）。この場合、司法審査が及んでいることを理由として、同令状の効果として被処分者を採尿に適当な場所（病院など）まで連行できるとする（最決平6・9・16刑集48-6-420）。

【CASE：「強制採尿令状」】

最決昭55・10・23刑集34-5-300は、それまでの強制採尿の実務である鑑定処分許可状と身体検査令状の両者を執行する手続に変えて捜索差押許可状によるべきものとした。

「尿を任意に提出しない被疑者に対し、強制力を用いてその身体から尿を採取することは、身体に対する侵入行為であるとともに屈辱感等の精神的打撃を与える行為であるが、右採尿につき通常用いられるカテーテルを尿道に挿入して尿を採取する方法は、被採取者に対しある程度の肉体的不快感ないし抵抗感を与えるとはいえ、医師等これに習熟した技能者によって適切に行われる限り、身体上ないし健康上格別の障害をもたらす危険性は比較的乏しく、仮に障害を起こすことがあっても軽微なものにすぎないと考えられるし、また、右強制採尿が被疑者に与える屈辱感等の精神的打撃は、検証の方法と

しての身体検査においても同程度の場合がありうるのであるから，被疑者に対する右のような方法による強制採尿が捜査手続上の強制処分として絶対に許されないとすべき理由はなく，被疑事件の重大性，嫌疑の存在，当該証拠の重要性とその取得の必要性，適当な代替手段の不存在等の事情に照らし，犯罪の捜査上真にやむをえないと認められる場合に，最終的手段として，適切な法律上の手続を経てこれを行うことも許されてしかるべきであり，ただ，その実施にあたつては，被疑者の身体の安全とその人格の保護のため十分な配慮が施されるべきものと解するのが相当である。

　そこで，右の適切な法律上の手続について考えるのに，体内に存在する尿を犯罪の証拠物として強制的に採取する行為は捜索・差押の性質を有するものとみるべきであるから，捜査機関がこれを実施するには捜索差押令状を必要とすると解すべきである。ただし，右行為は人権の侵害にわたるおそれがある点では，一般の捜索・差押と異なり，検証の方法としての身体検査と共通の性質を有しているので，身体検査令状に関する刑訴法二一八条五項が右捜索差押令状に準用されるべきであつて，令状の記載要件として，強制採尿は医師をして医学的に相当と認められる方法により行わせなければならない旨の条件の記載が不可欠であると解さなければならない」。

【★ MEMO：1-13　「強制採尿令状」の問題点（私見）】
◆1：カテーテルを尿道に通して排尿させる処分は，人間の尊厳を損なうのに，捜査機関を主体とする処分として実施できるか疑問が残る。尿も人格の支配する体の一部であり，これを差押えの対象にすることにも疑義がある。しかも，捜査機関としての専門性によっては安全に実施できない。したがって，採尿は，医師が権限を与えられる鑑定としてなされるべきである。◆2：相手が鑑定を拒絶し抵抗した場合，法は捜査段階では直接強制を認めていない（225条1項・168条6項）。これは人格的利益を尊重し，また捜査機関ではない市民に他の市民の人格を侵害する処分の強制は認めない趣旨による。◆3：捜索差押許可状に人の拘束・移動の効果まで含めることも強制処分法定主義に反する。◆4：結局，鑑定処分と捜索・差押えを一体化した独自の「強制採尿令状」を立法化するのが適当である。

(2)　強制採血　　採血については，現在の実務は，鑑定処分許可状と身体検査令状との併用によって行う。尿が体外排泄を予定したものであるのに比し，血液は体内にとどまる点で人間の生理との不可分性が高い一方，注射等一定の傷害を伴わなければ採取できないこと，しかし，傷害の部位・程度は人格的利益を損なうほどのものでないこと，注射器による身体侵襲は医行為として行うべきこと等を考慮したものである。

　なお，捜査機関以外の専門家が主体となる鑑定処分については，性質上身体検査にかぎり直接強制が認められていないが（225条4項・168条6項参照。139条が準用されていない），注射による身体侵襲は身体検査令状と鑑定処分を一体とみ，

かつ医師が主体となって行う側面があることによってかろうじて法的にも正当化される。

【★ MEMO：1-14　身体の検査と証拠収集の手続】

身体の内外に隠している物や情報を確認して証拠として確保するには，身体のプライバシーの保護，医学上の安全性と健康への配慮，捜査の効率性・迅速性，証拠の確実な確保等の諸利益のバランスを図りながら，現行法が認めている4つの強制処分令状（捜索許可状，差押許可状，身体検査令状，鑑定処分許可状）を柔軟に組み合わせて行うこととなる。

①　身体に隠した物を探すのは捜索としてできる。全裸にすることも可能である。肛門，陰部など体表近くの体腔に隠匿した物の確保までは捜査機関が主体となる捜索差押許可状だけでもよいが，執行の条件として医師をして医学的に相当な方法によるものとするのが妥当である。いずれの場合にも，女性の身体を対象とする捜索について成年女子の立会いを必要とするが，急速を要するときには除外される（222条1項・115条）。

②　傷跡確認，指紋採取，足型採取等体表の性状把握は検証としての身体検査によってよい。女子を対象とするときには，医師または成年女子の立会いが必要的となる（222条1項・131条）。

③　頭髪・髭・ツメの切除は，医学的な安全性の確保が必要になるので医師など専門家を主体として行う鑑定処分許可状と捜査機関が主体となって行う身体検査許可状を申請し両側面から司法審査を経るのが妥当である。この結果，直接強制も可能となる。唾液の確保も同様である。

④　胃に隠匿した物をレントゲンで確認して下剤投与の上確保するには，捜査機関が主体となって物を探し排泄物を差し押さえるべき関係上捜索差押許可状を要するが，下剤投与については，医学的安全性の観点から単に捜索・差押えの補助者として医師を依頼するのではなく，鑑定処分許可状を得て医師を主体とする処分としてこれを実施するべきであろう。

8　照　会

捜査機関は，公務所または公私の団体に必要な事項の報告を求めることができる（197条2項）。照会された相手方は報告の義務を負う。したがって，照会は強制処分である。ただし，強制する手段はない。

9　通信傍受

(1)　検察官または司法警察員は，1999年制定の「犯罪捜査のための通信傍受に関する法律」（以下，通信傍受法という）により，裁判官の発する令状によって，所定の犯罪の実行・準備・証拠隠滅等事後措置に関する謀議・指示・相互連絡・その他犯罪実行に関連する事項を内容とする通信（犯罪関連通信）の傍受ができる。処分の対象は，有線または交換設備を用い，電話番号やいわゆるアド

レスなどで特定できる電気通信手段（電話，ファックス，電子メールなど）である。①被疑者が通信事業者等との契約上使用しているか，または，②犯人による犯罪関連通信に用いられる疑いを要する。

　なお，判例（最決平11・12・16刑集53-9-1327）は，検証令状による通信傍受を認めたが，通信傍受法制定後は同法よりも不十分な令状手続ではプライバシーの権利・表現の自由等の権利侵害を正当化できないから，通信傍受を検証としては行えない。

　(2)　令状の要件　　所定の犯罪の嫌疑を要する。①薬物関連または拳銃・銃器製造等関連の犯罪，けん銃等の輸入・所持・譲渡等の犯罪，集団密航の罪，集団的組織的殺人（以下，傍受対象犯罪という。通信傍受法の別表参照）が犯されたと疑う十分な理由がある場合。②傍受対象犯罪が犯され，さらにこれと同一または同種の傍受対象犯罪が「同様の態様で」犯されるか，または，傍受対象犯罪が一連の犯行の計画に基づいて犯されると疑う十分な理由がある場合。③死刑・無期もしくは長期2年以上の懲役・禁錮にあたる犯罪が，傍受対象犯罪と一体のものとしてその準備のため犯された上，引き続き傍受対象犯罪が犯されると疑う十分な理由がある場合。いずれの場合にも，3条2項の場合を除き，傍受対象犯罪が数人の共謀によるものである疑いが必要である。また，犯人の特定，犯行状況・内容の解明上他の捜査手段では著しく困難であることを要する（補充性・例外性）。

　(3)　令状の発付　　令状の請求・執行面では，権限濫用にわたらないようにするための厳格な手続を規定している。令状請求ができる捜査機関は検事総長指定の検事，国家または地方公安委員会指定の警視以上の警察官などに限定されている。請求は地方裁判所の裁判官にしかできない。一回の傍受の期間は10日以内である。ただし，30日を超えない範囲で延長ができる。

　(4)　令状の執行　　令状執行にあたり，傍受を実施する設備の管理者に令状を呈示し，その立会いをさせなければならない。立会人は実施に関する意見申立ができ，これは裁判官に対する傍受実施状況の報告書に記載される。弁護士など法105条の押収拒否権者との業務上の通信は傍受が禁止されている。他方，会話の流動性に照らして，以下のように，傍受の幅の拡大を認める（通信傍受13条・14条）。①犯罪関連通信かどうか確認するためのスポット傍受，②外国語ま

たは暗号通信の傍受，③令状記載以外の傍受対象犯罪または一定の重大犯罪の実行・計画に関する通信の傍受（他犯罪傍受）。

（5）事後の手続　記録媒体作成の義務付け，封印した傍受記録と傍受実施状況報告の裁判官への提出，傍受対象者への事後告知，通信の当事者による傍受記録の聴取・閲覧・複写作成の機会保障，傍受に関する不服申立権，記録消去等の救済手段，国会への報告と公表などの手続が定められている。

【★MEMO：1-15　通信傍受の問題点（私見）】

▶　通信傍受法につき，①将来の犯罪に関する傍受は捜査権能に入らない，②犯罪の予防・鎮圧目的の傍受は表現の自由・プライバシーの権利侵害の度合いとバランスを失する，③将来の犯罪実行の嫌疑，対象となる通信手段で犯罪に関する会話がなされる嫌疑はともに「見込み」による予測の域を出ず，令状主義が求める正当な理由と特定性の原理を満たせないなどの理由で憲法13条・21条・31条・35条等に反しないかが問題になる。

▶　だが，同法は，過去の犯罪の嫌疑と一体性のある将来の犯罪の十分な嫌疑，ならびに数人の共謀による疑いを要件とする。犯罪の行われる抽象的な見込みを要件とするものではない。社会常識上かかる嫌疑の十分性を資料で裏付けることは可能である。その範囲で，憲法35条の正当な理由は充足される。また，現代社会では，過去または将来の犯罪に関する情報の交換が電気通信を介して行われることもある以上，かかる証拠を収集する必要性が高く，傍受の権限を捜査機関に与えざるをえない。将来の犯罪に関する情報収集は純粋の行政作用とすべきではなく，刑事裁判の証拠収集である以上は，令状主義によってコントロールすべき司法作用とみるべきである。通信傍受法は違憲ではない。

▶　通信傍受法の問題点もないではない。①被疑者以外の名義の通信手段を傍受対象にする要件が，犯罪関連通信が行われる疑いで足りること，②期間延長事由が必要性で足りること，③令状請求関係の資料は捜査機関に返却され，令状謄本を裁判官が保管する手続もなく，犯罪の嫌疑に関する事後点検が困難なこと，④他犯罪傍受につき事後の迅速な令状審査を保障しないことなどである。運用上個人のプライバシーを著しく侵害する危険がある。

§Ⅴ　供述の確保　　捜査の方法（2）

1　参考人の取調べ

（1）任意の取調べ　捜査機関は捜査のため必要があるときは，犯罪に関する情報を有している被疑者以外の参考人の出頭を求めて取り調べることができる（223条1項）。「供述」という証拠を確保する捜査方法である。

参考人の供述は調書に録取できる。この場合，参考人に閲覧させるか読み聞

かせて誤りの有無を問わなければならない。参考人の増減変更の申立ても調書に記載しなければならない。捜査機関は署名・押印を求めることができるが，参考人はこれを拒める（以上につき，223条2項・198条3項～5項）。

参考人取調べの適法性の限界は，必要性・緊急性ならびに相当性によって判断する。運用上，捜査機関は一定の見込み・方針に沿った供述を誘導・誤導・強要によって得ようとする危険が伴うので，特に相当性については慎重な判断が要る。

参考人が自己の犯罪で逮捕・勾留されている場合，運用上他者の事件に関する取調べのための出頭・滞留義務を認める扱いとなっている。刑訴法223条2項が同法198条1項但書を準用していること，条文上取調べの対象について特段の限定がないこと，適法に逮捕・勾留された者についてはあらゆる事実に関して取り調べるのが効率的であること等がその理由であろう。

【★ MEMO：1-16　逮捕勾留中の被疑者の参考人としての取調べ（私見）】
　逮捕・勾留中の被疑者を他の犯罪の参考人として取調べをする場合，出頭・滞留義務を及ぼすのは不当である。刑訴法198条2項の準用がないため，黙秘権の告知・説明はなされないし，被疑者と異なり取調べに対応した弁護人の援助も考えにくいなど取調べの任意性を担保する適正手続が保障されていない。法は，参考人が任意に協力しない場合，強制的に供述を得るためには，捜査のための証人尋問手続を設けている（226条参照）。参考人は身体拘束中であっても他事件の取調べについて出頭・滞留義務を負うことはないと解すべきである。

(2)　捜査のための証人尋問　　犯罪捜査に不可欠の知識を有する者が取調べのための出頭要求に応じない場合（226条），ならびに，参考人取調べに際して任意の供述をした者が公判期日においては異なる供述をするおそれがあり，その供述が犯罪の証明に不可欠の場合（227条），それぞれ検察官の請求により裁判官が証人尋問を行うことができる。公判における証人尋問と同一の手続によって進められるが（228条1項・143条～164条），捜査のための強制処分である。証人は召喚，勾引されることもある。また，宣誓と供述の義務を負う。ただし，検察官は証人尋問に立ち会うことができるが（157条1項・同3項・228条1項），被疑者・弁護人は，裁判官の裁量により捜査の支障がないときにかぎり，立会いを認められるにとどまる（228条2項）。また，証人尋問調書は直ちに検察

官に送付され（規則163条），被疑者・弁護人は閲覧できない（180条参照）。この調書は刑訴法321条1項1号書面として証拠能力が認められる。

【★ MEMO：1-17　免責付証人尋問】

　参考人が自己負罪拒否権を行使し被疑者・被告人を有罪にする重要な証言を得られない場合，証言に関連する犯罪を免責したり証言を証拠にしない条件の下で証言を強制できるか。判例は，最高裁・検事総長・検事正等が免責の宣明をした上，刑訴法226条の手続の嘱託に基づいて行われたアメリカ人のアメリカの裁判所面前での証言について，わが国に刑事免責を認める法定の手続がないので証拠能力を否定する（最大判平7・2・22刑集49-2-1）。将来の立法に問題解決を委ねる趣旨である。証拠として使用しないことや訴追しないことを条件に強要された証言は，無罪の者を巻き込んだり重い責任を負わせる等の危険を伴うし，刑罰と証言の「取引」は国民の正義感に反する面もある。立法をするとしても，捜査機関ではなく裁判所が証人尋問を行うこと，被疑者・被告人・弁護人の立会，免責証言調書の開示など防御権を尊重した手続，刑事免責ではなく証言使用禁止にとどめて処罰の必要性とバランスを図ること等慎重な配慮が要る。

2　被疑者の取調べ

(1)　取調べの意義　　捜査機関は犯罪の捜査をするについて必要があるとき，被疑者の出頭を求めて取調べを行うことができる（198条1項）。取調べは，捜査機関の抱く犯罪の嫌疑および犯罪の情状に関する被疑者の認識の有無・内容を問い質し，被疑者の説明を聞き取り，必要な場合これを供述調書に記録する捜査方法である。

　被疑者には黙秘権がある（憲38条1項・2項）。捜査機関は取調べにあたりこの権利を告知しなければならない（198条2項）。相手が権利の意味内容を了解できる程度の説明を要する。外国人や聴覚障害者が被疑者の場合，外国語または手話通訳を介して告知しなければならない。

(2)　任意の取調べ　　逮捕・勾留されていない被疑者に対しても，捜査機関は任意出頭を求め，あるいは任意同行の上，取調べを行うことができる（運用上これを後述の逮捕勾留中の取調べと区別して「任意取調べ」ということがある）。

　逮捕・勾留されていない以上，被疑者は，基本的には取調べを拒み，また取調べ場所から退去できる（198条1項）。ただし，判例は，この場合にも，任意捜査一般に関する適法性の判断基準である必要性・緊急性，相当性によって各個別の取調べ態様の適否を判断する。したがって，退去しようとする被疑者を一

定の有形力により捜査機関が制止することが適法となる場合もある（最決昭51・3・16刑集30-2-187参照）。また，事案の重大性，容疑の程度，取調べの緊急性・必要性，被疑者の積極的な拒絶意思のないこと等諸事情を勘案の上，徹夜の取調べや数日にわたり宿泊先も警察の監視下に置き警察官が警察署まで同行して行う長時間の取調べも社会的に相当とされることがある（最決昭59・2・29刑集38-3-479，最決平元・7・4刑集43-7-581）。

【CASE：宿泊を伴う取調べの限界】
　最決昭59・2・29刑集38-3-479は，殺人事件の被告人が捜査段階で自ら出頭してアリバイがある旨弁明したところこれが虚偽であることが判明したので，任意同行を求め，以下裁判所が述べるように4泊5日連日にわたり警察の監視する宿泊（初日は警察署近くの会社の寮を借用。残り3泊はホテル。ホテル代1日分のみ被告人負担）を伴う長時間の取調べを継続した事例について，なお取調べとして適法であるとし，この間に得られた自白について証拠能力を認めている。なお，初日の宿泊について，警察署長宛に殺害を認めるとともに被告人の住居たる会社の寮に帰るのはいやなので旅館の斡旋を求める趣旨の被告人の答申書が作成されている。
　「被告人を……宿泊させたことについては，被告人の住居たるN荘は高輪警察署からさほど遠くはなく，深夜であつても帰宅できない特段の事情も見当たらない上，第一日目の夜は，捜査官が同宿し被告人の挙動を直接監視し，第二日目以降も，捜査官らが前記ホテルに同宿こそしなかつたもののその周辺に張り込んで被告人の動静を監視しており，高輪警察署との往復には，警察の自動車が使用され，捜査官が同乗して送り迎えがなされているほか，最初の三晩については警察において宿泊費用を支払つており，しかもこの間午前中から深夜に至るまでの長時間，連日にわたつて本件についての追及，取調べが続けられたものであつて，これらの諸事情に徴すると，被告人は，捜査官の意向にそうように，右のような宿泊を伴う連日にわたる長時間の取調べに応じざるを得ない状況に置かれていたものとみられる一面もあり，その期間も長く，任意取調べの方法として必ずしも妥当なものであつたとはいい難い」。「他面，被告人は，右初日の宿泊については……答申書を差出しており，また，記録上，右の間に被告人が取調べや宿泊を拒否し，調べ室あるいは宿泊施設から退去し帰宅することを申し出たり，そのような行動に出た証跡はなく，捜査官らが，取調べを強行し，被告人の退去，帰宅を拒絶したり制止したというような事実も窺われないのであつて，これらの諸事情を総合すると，右取調べにせよ宿泊にせよ，結局，被告人がその意思によりこれを容認し応じていたものと認められる」。「被告人に対する右のような取調べは，宿泊の点など任意捜査の方法として必ずしも妥当とはいい難いところがあるものの，被告人が任意に応じていたものと認められるばかりでなく，事案の性質上，速やかに被告人から詳細な事情及び弁解を聴取する必要性があつたものと認められることなどの本件における具体的状況を総合すると，結局，社会通念上やむを得なかつたものというべく，任意捜査として許容される限界を越えた違法なものであつたとまでは断じ難い」。

(3) 逮捕・勾留中の被疑者と取調べ　刑訴法198条1項但書によると，被疑者が出頭と滞留を拒否できるのは，逮捕・勾留されている場合を除くとされている。この点について，判例は，「身体の拘束を受けている被疑者に取調べのために出頭し，滞留する義務があると解することが，直ちに被疑者からその意思に反して供述することを拒否する自由を奪うことを意味するものでない」とする（最大判平11・3・24民集53-3-514）。実質的に逮捕・勾留中の被疑者について，従前の運用に従い，取調べのための出頭・滞留義務を是認したものといえる（強制的に身体拘束ができる限度で「強制取調べ」ということがある）。

【★ MEMO：1-18　「取調べ受忍義務」論争（私見）】

　通説は，出頭・滞留義務を実質上は「取調べ受忍」義務であるとみなした上でこれを否定する（出頭滞留〔取調べ〕受忍義務否定説）。理由は，出頭・滞留を強制する取調べはそれ自体憲法38条の保障する黙秘権を侵害する，逮捕・勾留は逃亡・罪証隠滅の防止を目的とし，これに取調べのための出頭・滞留義務を付随させるのは，取調べを逮捕・勾留の目的とするに等しい，不当な取調べが虚偽の自白を導き冤罪事件に至る例が少なくない現状を変える必要がある等である。

　出頭・滞留義務を否定する場合，198条1項但書の解釈が問題になる。①本来在宅被疑者の呼出し・取調べの権限と被疑者の出頭・滞留拒否権を認めるもので，逮捕・勾留中の取調べを規定したものではないので除外した，②逮捕・勾留中の出頭・滞留について規定せずに「解釈」に委ねた，③原則として出頭・滞留義務否定説にたちつつ，事案の重大性・嫌疑の程度・自白の重要性などに照らし例外的に出頭拒否権・退去権が認められなくなることがあるから，但書で除外される場合を想定した等の諸説がある。また，逮捕・勾留中の取調べのあり方については，刑訴法はこれを予定せずかかる実務を違憲・無効とする説，黙秘権の行使があれば取調べが違法・無効となるとする説，取調べは被疑者の弁解を聞く限度でしかできないとする説，任意性を侵害しない取調べのみ許されるとする説等がある。

　しかし，条文解釈上，①は，但書を無意味の規定とする上，逮捕・勾留中の取調べは規定がないから禁止されることになるが，これは刑訴法198条の趣旨に反する。②は，学説に有権解釈を委ねる法伝統のないわが国では受け入れがたい。③は，文理から細かな例外は読み取れない等いずれも無理な法解釈である。その点では，取調べのための出頭・滞留を拒否しても逮捕・勾留に基づく身体拘束の効力は残ることを「逮捕，勾留されている場合」を除くと規定し，取調べの場への出頭拒否，退去の自由は認める趣旨とする解釈が最も説得的である。しかし，それでも文理上の無理は否めない上，検察官の起訴猶予権限を含む公訴権の適正な行使を求める刑訴法の構造上実質的にも妥当性を欠く。

　思うに，わが国刑法上犯罪の成立，区別について，故意・過失，不法領得の意思など主観的要件の充足が求められている。また検察官が起訴猶予権限をもつ関係で，捜査段階で量刑に関わる犯行の態様，被疑者の動機・犯行後の心境・態度等の詳細を明らかにする必要がある。公判における事実認定についても，捜査機関の取調べと自白を排除し客観証拠だけでこ

れを行う手続は予定されていない。とすると，刑訴法198条1項は，逮捕・勾留の理由たる被疑事実にかぎり取調べのため出頭・滞留義務を法定したと解するのが自然である。むろん，取調べの必要性は逮捕・勾留の要件には入らない。しかし，犯罪の相当の嫌疑などの要件があることを原則として令状審査によって確認した場合，当該被疑事実の取調べについて身体拘束に付属する効果として出頭・滞留義務を法定しても不合理ではない。

ただ，文理に従い取調べのための出頭滞留義務を認める場合，不当な取調べ，虚偽自白に基づく冤罪事件の例もみられる以上，取調べの任意性は厳しく保障しなければならない。それには，被疑者取調べの目的を「反省」に基づく「自白」追及に置く「糾問的取調べ観」にたつ運用を改め，弁解の録取と証拠に基づく「弾劾的取調べ観」を確立しそのための研修を実施することを前提としつつ，さらに，①黙秘権の尊重，②取調べに対する弁護人接見の優先保障，③弁護人の立会い，④被疑者取調べの全過程録音録画を実現するべきである。

この限度で，刑訴法198条1項は法的に供述を強要する身体拘束を認めたことにならず，かろうじて憲法38条に反しない。

(4) 被疑者取調べの適正化　捜査機関が取調べを警察署の取調べ室など密室で行うとき，違法不当な取調べ，拷問・脅迫による取調べなどの病理現象が現れやすい。従来からも，密室取調べによる「虚偽自白」を裁判所が鵜呑みにしたために死刑を宣告されながら再審で救済された事例があったが，取調べの適正化，信頼できる自白の確保は，わが国刑事手続における重要な課題である。裁判員裁判の導入にあたり，自白の任意性を巡る争いで審理が長期化することを防ぐ必要もある。従前から弁護士会では「被疑者ノート（取調べの記録）」を被疑者に差し入れて日記風に取調べ状況を記録させる運用が広がっており，証拠に採用される例も少なくない。他方，捜査機関の側も取調べ適正化の対策を強化している。

(a) 取調べが行われた事実を明確にするため，司法制度改革審議会意見書（2001年6月）の提案に基づいて，2004年から警察・検察では取調べ状況報告書を作成している。取調べの日時，場所，取調官など外形的事実を記載する書面である（ただし，取調べの内容自体は記載されない）。また逮捕勾留の被疑事実と異なる事実に関する取調べにより供述調書を作成した場合，余罪関係報告書を別途作成することとされている（犯捜182条の2参照）。

(b) 取調べ態様に対する規制を強化している。やむをえない場合を除き，深夜または長時間の取調べは禁止されている（犯捜168条3項）。さらに，国家公安委員会規則「被疑者取調べ適正化のための監督に関する規則」（2008年4月）で

は，不相当な取調べ態様を明記した (同規則3条)。「(イ) やむを得ない場合を除き，身体に接触すること。(ロ) 直接又は間接に有形力を行使すること (イに掲げるものを除く)。(ハ) 殊更に不安を覚えさせ，又は困惑させるような言動をすること。(ニ) 一定の姿勢又は動作をとるよう不当に要求すること。(ホ) 便宜を供与し，又は供与することを申し出，若しくは約束すること。(ヘ) 人の尊厳を著しく害するような言動をすること。また，警視総監，道府県警察本部長若しくは方面本部長 (以下「警察本部長」とする) または警察署長の事前の承認を受けないで，①午後十時から翌日の午前五時までの間に被疑者取調べを行うとき。②一日につき八時間を超えて被疑者取調べを行うとき (同規則3条)」。

(c) 上記態様の取調べを監督対象行為とした上で，以下のような監督是正の措置が予定されている。①警視庁，各警察本部などは「取調べ監督業務担当課」内に「取調べ監督官」を新たに設置し，上に掲げる取調べがなされていないかどうか取調べ室の外部からの視認，事件指揮簿および取調べ状況報告書の閲覧その他の方法により被疑者取調べの状況の確認を行う。取調べ監督官は，確認の際現に監督対象行為があると認める場合には，捜査主任官に対し，被疑者取調べの中止その他の措置を求めることができ，捜査主任官が現場にいないときやその要請を受けたとき，自ら被疑者取調べの中止その他の措置を講ずる。②警察本部長は，必要があると認めるときは，取調べ監督業務担当課の警察官のうちから巡察官を指名し，取調べ室を巡察させるものとする。巡察官は，取調べ監督官と同様の任務を行う。③警察本部長は，被疑者取調べについての苦情等から監督対象行為が行われたと疑うに足りる相当な理由のあるとき「取調べ調査官」を指名して調査を行わせなければならない。取調べ調査官は調査結果報告書を作成して報告する。

(5) 供述調書の作成　　捜査機関は取調べを行った場合，供述調書を作成できる (198条3項)。その場合には，被疑者に閲覧または読み聞かせを行い，誤りがないかどうか問い，増減変更の申立てがあればこれも調書に記載しなければならない。捜査機関は，被疑者が外国人や聴覚障害者の場合，外国語または手話通訳を求める権利がある。この際，取調官はわかりやすくゆっくり朗読するなり，被疑者が落ちついて閲読できる時間を与える運用が望ましい。その後に被疑者に署名押印を求めることができる。被疑者はこれを拒絶することもでき

る（同条4項・5項）。かかる調書は，その内容に従い，319条・322条によって将来公判廷における証拠とされることがある。

(6) 取調べの可視化（録音録画）　検察庁，警察庁はそれぞれ2008年から裁判員裁判対象事件に関する被疑者取調べにあたり，自白した場合にその供述調書を作成する場面等を中心に録音録画をする試行を始めた。その後，対象事件と録音録画をする取調べの範囲ともに拡大してきている。現在は，検察庁は，独自捜査事件と裁判員裁判対象事件について全過程の録音録画を実施している。また，知的障がいによりコミュニケーション能力に問題がある被疑者，精神の障害等により責任能力の減退・喪失が疑われる被疑者等に対する取調べでも録音・録画が導入されている。警察庁も，同様の試行を重ねてきている。検察官の取調べに関する録音録画のファイルはDVD（まれにブルーレイ）に保存され，類型証拠開示手続でおおむね開示される。被告人の自白など供述の任意性・信用性が争点となったときには，検察官も弁護人もそれぞれこれらを利用する運用も定着している。他方，法制審議会では2011年から「新時代の刑事司法制度特別部会」において3年ほど審議した結果，裁判員裁判対象事件と検察官独自捜査事件については被疑者の供述調書の任意性が争いになった場合に備えて取調べの録音録画を原則として義務づけるとする答申をまとめた。今後，法案が国会に上程される見込みである。被疑者取調べ「可視化」は，虚偽自白・虚偽供述でえん罪を生まない最小限度の防波堤であり，また裁判員裁判で市民が死刑を含む重い刑罰を適正に選択できるようにするためにも，信頼できる自白を証拠にするための不可欠の条件である。今後，目撃者など参考人取調べも含め全取調べ「可視化」の実現が望まれる。

【★MEMO：1-19　取調べ「可視化」から弁護人立会いへ（私見）】
　一般に取調べの録音録画の導入を取調べ「可視化」として論じているが，適切な取調べによる自白等被告人の供述であって任意性に問題がないことを立証する最良の方法は，ビデオによる録音・録画によって取調べ過程の機械的な記録を残すことである。裁判員裁判導入を前に改正された刑訴規則198条の4では，公判廷における審理との関係で，「検察官は，被告人又は被告人以外の者の供述に関し，その取調べの状況を立証しようとするときは，できる限り，取調べの状況を記録した書面その他の取調べ状況に関する資料を用いるなどして，迅速かつ的確な立証に努めなければならない」と規定し，取調べの録音録音の導入を促すものとなっている。検察官の取調べについては運用上全過程が録音録画されることが多い。被

疑者・被告人は、黙秘権を行使せずに証拠となる供述を提供する場合、包括的防御権に基づいてそれが正確に記録されることを求める権利があると解すべきである。

　取調べの本格的な適正化のためには、さらに弁護人の取調べ立会いが必要であろう。現在は、立会いは認められていない。立会いを認めると関係人のプライバシーの保護、捜査の密行性・効率性・迅速性に支障があること、刑訴法上取調べにおける弁護人立会いに関する規定がないこと等が理由である。しかし、出頭・滞留義務を認めつつ黙秘権の適正な保障を図るには、取調べの録音録画手続とともにさらに一歩踏み込んで、被疑者に取調べにおける弁護人立会いを請求する権利（以下、立会権という）を保障すべきである。取調べは被疑者の防御に重要な場面である。立会権は憲法上保障されていると解される。次の理由による。①法律知識のない被疑者は弁護人の助言がないと適切な黙秘権行使はできない。立会権は黙秘権の尊重という憲法政策上認められるべきである。②当事者主義刑事訴訟の一方当事者である被疑者という法的地位には、包括的防御権が内在する。被疑者は取調べに対する防御の手段として弁護人立会いを求めることができる。③逮捕・勾留後の取調べは出頭・滞留義務を前提にするから、強制的雰囲気が残る。したがって、身柄の点での強制処分の影響を遮断する手段が要る。供述する・しないという自由を保護する最も適当な弁護人依頼の方法は弁護人の立会いである。

　身体拘束との関係で特に弁護人依頼権を保障する憲法34条は、立会権を含む（アメリカでは、身体拘束中の取調べにあたり黙秘権や弁護人依頼権、立会権などの告知を受ける権利が保障され、立会いを請求した場合取調べは一旦中止しなければならないとされている。弁護人到着後被疑者は自由秘密の接見をし、さらに取調べを拒むか弁護人立会いの取調べか選択できる〔ミランダ・ルール〕）。わが国でも、被疑者の国選弁護人制度が定着するに伴い、取調べにおける弁護人立会いを運用上実現していくべきだ。立会いの目的は、自白の任意性の確保である。立会い中、弁護人は不当取調べに対する異議申立て、被疑者への助言と協議、黙秘権行使の助言などができる。

§Ⅵ　被疑者の身体拘束　　捜査の方法（3）

1　逮　捕

　逮捕とは被疑者の自由を短時間拘束する処分である。勾留要否の判断のための一定時間の留置を行う効果を伴う。通常逮捕、緊急逮捕、現行犯・準現行犯逮捕の3種類がある。

　(1)　通常逮捕　　(a)　逮捕前の手続（令状発付）　　事前に裁判官から令状を得て行う逮捕を通常（令状）逮捕という（199条）。令状請求権者は、検察官または司法警察員（公安委員会の指定する警部以上の者）に限られている。

　逮捕の要件は、被疑者が犯罪を犯したことを疑うに足りる相当の理由と逮捕

第1章 捜　査

図表1-5　逮捕の要件と条文

	逮捕前		逮捕実行時	逮捕後		
	令状請求手続	逮捕の要件	執行の手続	引致	検察官送致	勾留請求手続
通常逮捕	規則139, 140, 141, 142, 143条	199条	199条 200条 201条	＊逮捕に付随する身体連行処分。逮捕に内在する権限で実施。留置要否判断を行う者への引渡し。	202条〜205条（206条）	207条 勾留手続へ接続する。
緊急逮捕	(不要)＊	210条	210条		同上準用（211条）	
現行犯逮捕	(不要)	212条 217条	213条 214条 215条		同上準用（216条）	

＊緊急逮捕後に，逮捕状の発付を求めなければならない（210条1項）。

の必要である。逮捕の必要とは逃亡または罪証隠滅の「おそれ」その他諸般の事情に照らして逮捕を必要とする事情がないことが明らかではないことである（規則143条の3）。取調べの必要は逮捕の必要として考慮できない。令状請求にあたり逮捕の理由と必要について疎明資料の提出を要する（規則143条）。裁判官は，明らかに逮捕の必要がないと認めるときは令状を発付しない（199条2項但書）。法定刑が軽微な事件については，被疑者の住居不定または「正当な理由がなく」刑訴法198条1項の「出頭の求めに応じない場合」にかぎり，通常逮捕ができる（199条1項但書）。軽微事件については，捜査比例の原則にかんがみ，逮捕の相当性に乏しいからである。

【★ MEMO：1-20　不出頭と逮捕の要件】
　通常犯罪につき捜査機関が呼出しをしたが不出頭であった場合，不出頭の事実だけで逃亡・罪証隠滅のおそれが推定できるとする説がある。が，取調べのための呼出しが相手方に任意の捜査協力を依頼する意思表示である以上は，これに応じないことは任意捜査に協力しないとの意思表示にとどまる。さらに積極的に逃亡・罪証隠滅のおそれを推定することは経験則として無理がある。また，不出頭は刑訴法198条1項但書の出頭拒否権の行使でもある。しかも，不出頭に対して逮捕を認めることは取調べ目的の逮捕を肯定することになる。したがって，逃亡・罪証隠滅のおそれの認定にあたり，諸般の事情とともに不出頭の事実を考慮できるにとどまる。

(b)　逮捕の実行（令状執行）　　逮捕令状には，被疑者の氏名・住居，罪名，

被疑事実の要旨，引致すべき官公署その他の場所，有効期間などが記載される（200条）。令状の執行にあたりこれを呈示しなければならない（201条1項）。逮捕した旨の宣告を相手にする必要は法律上ないが，身体拘束期間の起算点を確認し相手にもこれを認識させるため，令状提示とは別に，現場で「〇時〇分，逮捕した」と説明しておくのが妥当である（緊急逮捕，現行犯逮捕の場合も同じである）。

なお，令状を所持していない場合で急速を要するときは，被疑事実と令状が出ている旨を告知して逮捕できる。この場合，逮捕後すみやかに令状を呈示しなければならない（「逮捕状の緊急執行」。201条2項・73条3項）。

【★ MEMO：1-21　逮捕状呈示（私見）】
　　相手が外国人の場合，令状の訳文を添付し通訳者を伴わなければならない。聴覚障害者の場合も，手話通訳者を伴わなければならない。被疑者は現場で呈示の一態様として令状の写しの交付請求ができ，事後的にも勾引状の謄本請求に準じて逮捕状謄本請求ができると解すべきである（207条，規則74条・154条・302条の準用。実務ともに反対）。さもなければ被疑事実について正確に知ることができず，防御に多大の支障をきたすからである。

(c)　逮捕後の手続　　通常逮捕後特段の手続は定められていない。逮捕を実施した捜査機関は逮捕令状執行状況について「通常逮捕手続書」を作成する。この書面に逮捕後の引致の年月日時間，検察官送致の年月日時間を記載する扱いになっている。

(2)　緊急逮捕　　(a)　逮捕前の手続　　死刑，無期または長期3年以上の懲役・禁錮にあたる罪を犯したと疑うに足りる十分な理由がある場合で，急速を要するため令状を得る余裕のないとき，令状なしに逮捕することができる（210条）。緊急逮捕を実施するにあたり，内偵捜査などがなされることもあろうが，逮捕固有の事前の手続は不要である。

(b)　逮捕の実行　　緊急逮捕の実行にあたり，相手に「重大事件を犯したと疑うに足りる充分な理由があるが，令状を得る余裕がないので先に逮捕をする」旨告知しなければならない。この場合にも，逮捕の日時と時間を事実上確認する。

(c)　逮捕後の手続　　直ちに裁判官に令状を請求しなければならない（210

図表1-6　逮捕の実体的な要件

逮捕の種類	逮捕の理由―嫌疑の程度	逮捕の必要性―逃亡・罪証隠滅等
通常逮捕	相当の理由（相当性） ＊軽微事件の特則がある（199条1項但書）	199条1項但書・2項，規則143条の3（注）
現行犯逮捕 準現行犯逮捕	明白な理由（明白性） ＊軽微事件の特則がある （217条）	内在的要件（明文は特にない） ただし，217条の制限
緊急逮捕	充分な理由（充分性） ＊死刑・無期・3年以上の懲役または禁固にあたる重大事件のみ。	内在的要件 （明文は特にない）

(注) 逮捕の必要性は，どの逮捕にも求められている内在的な制約原理であるが，通常逮捕については，「逃亡のおそれまたは罪証隠滅のおそれのいずれもがないことが明白とはいえない状態」に逮捕の必要性を認めてよいと規定されている（規則143条の3）。

条）。この場合には令状審査の迅速な保障の必要上，緊急逮捕を実施した者が行うことになる。条文上はっきりしないが，発付後に被疑者に令状呈示をすべきである。捜査機関は逮捕状況について「緊急逮捕手続書」を作成する。

【★ MEMO：1-22　緊急逮捕の合憲性】
　緊急逮捕は，憲法が明文で認めた令状主義の例外ではないため（憲33条）違憲論がある。しかし，判例は，緊急性，事案の重大性，犯罪の十分な嫌疑を要件にしていること，事後の令状審査の保障等にかんがみ，憲法33条の趣旨に反しないとしている（最大判昭30・12・14刑集9-13-2760参照）。確かに，憲法33条は実質的に令状による逮捕であることが保障されていることを求めるものである。事前に令状が発付されていることがその趣旨に合致するが，逮捕後直ちに令状審査を経なければならない緊急逮捕手続であっても足りる。また，憲法34条1文の趣旨も守られている。違憲ではない。

(3)　現行犯・準現行犯逮捕　　(a)　逮捕前の手続　犯罪を行っている者，行い終えた者（現行犯），および，犯罪を行い終えてから「間がない」と明らかに認められ，かつ犯人として追呼されていること，または盗品・犯罪に供した凶器その他の物を所持していること，身体・被服に犯罪の顕著な証拠があること，誰何されて逃走しようとすることのいずれかである場合（準現行犯），何人でも令状なく逮捕できる。犯罪が行われているか，その直後，緊急になされる逮捕なので，事前には特段の手続は不要である。
　(b)　逮捕の実行　　現行犯人逮捕を適法に実行するのには，現行犯・準現行

犯の要件がその時点で充足されていることが必要である。その場合，逮捕者が逮捕時までに把握できた情報に基づきながら，犯行の経緯，犯行態様，犯行後の状況，犯行と逮捕までの時間的場所的間隔の程度等を総合的に考量して判断することになる。捜査機関の場合，内偵捜査など事前の捜査情報を基にしながら判断することは許される。その場合，共謀共同正犯を現行犯逮捕することも許される場合がある（東京高判昭41・6・28判タ195-125）。

なお，軽微犯罪については，住居不定，氏名不詳の場合にかぎり現行犯逮捕できる（217条）。一般事件についても，逃亡・罪証隠滅のおそれが明白にない等逮捕の必要性がないときには現行犯逮捕は許されない。

逮捕の実行にあたり，令状なく逮捕できる（212条・213条）。事の性質上令状を得る余裕がない一方，逃亡と現場での罪証隠滅とを防止する必要性が高いこと，犯罪の嫌疑が明白であることが令状主義の例外とされる理由である（憲33条）。また，現行犯逮捕は私人もできる（213条）。ただし，私人は犯人を捜索するため他人の住居等への立入りはできない（220条1項1号）。捜査機関が現行犯人逮捕をする場合には，逮捕した旨とその日時を宣言して確認する。

　(c)　逮捕後の手続　　緊急逮捕と異なり，事後の令状請求手続は不要である。逮捕要件の審査も執行も捜査機関を信頼するものである。それだけに要件は厳密に解釈・適用しなければならない。なお，捜査機関は逮捕状況について通常逮捕と同じく「現行犯人逮捕書」を作成する。

【CASE：準現行犯逮捕】
　最決平8・1・29刑集50-1-1は，犯行現場から時間と場所がある程度離れている場合でも準現行犯逮捕を認めた。
　「被告人Hについては，本件兇器準備集合，傷害の犯行現場から直線距離で約四キロメートル離れた派出所で勤務していた警察官が，いわゆる内ゲバ事件が発生し犯人が逃走中であるなど，本件に関する無線情報を受けて逃走犯人を警戒中，本件犯行終了後約一時間を経過したころ，被告人濱が通り掛かるのを見付け，その挙動や，小雨の中で傘もささずに着衣をぬらし靴も泥で汚れている様子を見て，職務質問のため停止するよう求めたところ，同被告人が逃げ出したので，約三〇〇メートル追跡して追い付き，その際，同被告人が腕に籠手を装着しているのを認めたなどの事情があったため，同被告人を本件犯行の準現行犯人として逮捕したというのである。また，被告人竹内，同久恒については，本件の発生等に関する無線情報を受けて逃走犯人を検索中の警察官らが，本件犯行終了後約一時間四〇分を経過したころ，犯行現場から直線距離で約四キロメート

ル離れた路上で着衣等が泥で汚れた右両被告人を発見し，職務質問のため停止するよう求めたところ，同被告人らが小走りに逃げ出したので，数十メートル追跡して追い付き，その際，同被告人らの髪がべっとりぬれて靴は泥まみれであり，被告人久恒は顔面に新しい傷跡があって，血の混じったつばを吐いているなどの事情があったため，同被告人らを本件犯行の準現行犯人として逮捕したというのである」。「以上のような本件の事実関係の下では，被告人三名に対する本件各逮捕は，いずれも刑訴法二一二条二項二号ないし四号に当たる者が罪を行い終わってから間がないと明らかに認められるときにされたものということができるから，本件各逮捕を適法と認めた原判断は，是認することができる」。

2 引致・留置・検察官送致

(1) 引 致　逮捕された被疑者は，弁解録取など逮捕後の手続を安全迅速に実施できる場所まで身体の移動を甘受することとなる（「引致」。逮捕状にも引致すべき場所が記載されている）。引致は逮捕に内在・付随する法定された身体拘束の権限である。司法巡査が逮捕した場合にも引致が行われる（202条は引致手続の特則ないし注意規定であり，引致自体の権限規定ではない）。

　私人が現行犯逮捕した場合はまず検察官か司法警察職員に引き渡す（214条）。司法巡査が私人から現行犯人を受け取った場合，ならびに自ら逮捕を行った場合には被疑者をさらに司法警察員に引致しなければならない（215条1項・202条・211条・216条）。

(2) 留置・検察官送致　司法警察員は自ら被疑者を逮捕した場合，または身柄を受け取った場合，犯罪事実の要旨，弁護人を選任できる旨の告知をし，弁解の機会を与えなければならない。その後，被疑者取調べや補充捜査などにより留置の必要がないときには直ちに釈放するが，必要があるときには身柄と書類，証拠物とともに検察官に送致する手続をしなければならない（203条。送り出す準備の終局をいう。一般に「送検」ともいう）。送致する手続の終了は身体拘束時から48時間以内になされなければならない。

(3) 弁護人選任権の告知と教示　司法警察員は，逮捕後引致されてきた被疑者に対して弁解の機会を与える。その際，①弁護人の有無を尋ね，弁護人がいないときに限り，弁護人を選任できる旨告知しなければならない（弁護人選任権の告知義務）。これと別に，②被疑者の国選弁護人制度の発足に伴い，被疑者国選弁護人の選任に必要な手続について教示する（203条3項）。

捜査機関は，被疑者が国選弁護人の選任を請求できる対象事件（死刑または無期もしくは長期三年を超える懲役もしくは禁錮にあたる事件）で逮捕されている場合，引き続き勾留を請求された場合，貧困その他の事由により弁護人を選任することができないときには裁判官に選任を請求できること，その際資力申告書の提出が要ること，資力が基準額以上であるときには弁護士会に弁護人の私選依頼を申し出ておくべきことを教示しなければならない（被疑者国選弁護人選任手続教示義務）。

3　検察官の措置

（1）　司法警察員が送致した被疑者を受け取った検察官は，再度弁解の機会を与えた上，留置の必要があると認めるときには，裁判官に勾留請求を行う。勾留請求は，検察庁において被疑者を受理した時より24時間以内，逮捕を行った捜査機関が被疑者の身体を拘束した時より72時間以内に行わなければならない（205条1項・2項。警察による送致から検察庁での受理まで時間がかかる）。

　また，検察官が私人から現行犯人を受け取った場合，検察事務官から被逮捕者を受け取った場合，ならびに自ら被疑者を逮捕した場合，犯罪事実の要旨，弁護人依頼権を告知した上，弁解の機会を与える。留置の必要があるときは，身体拘束時より48時間以内に勾留を請求する（204条）。上記の時間の制限内に公訴を提起した場合には裁判官の職権による勾留決定を申し立てる（204条1項但書・205条3項）。その後は被告人としての勾留手続になる。この場合起訴状に「求令状」として裁判所に対して勾留を行う職権発動を促す（130頁参照）。

（2）　検察官が検察事務官より引致を受けた事件または自ら逮捕した事件については弁護人依頼権の告知を行わなければならない。また，被疑事件が被疑者国選弁護人選任の対象になる場合，選任手続に関して検察官が教示する（204条2項）。

　なお，司法警察職員が逮捕，引致した段階では被疑者国選弁護人選任の対象事件ではないが，補充捜査などにより検察官に送致する段階で対象事件が加わったときには，検察官において選任手続について教示する（同条5項）。

【★MEMO：1-23　205条5項教示義務】
　例えば，警察官が深夜に民家に侵入しようとしている被疑者を現行犯逮捕した場合，刑法

130条の住居侵入罪の法定刑は1月以上3年以下の懲役または10万円以下の罰金であるから弁解録取段階では被疑者国選弁護人選任対象事件ではないので，教示をしない。しかし，例えば，その後被害届，被疑者取調べなどで刑法235条に該当する窃盗後の逃走であることが判明したので，検察官送致のときには送致書記載の犯罪事実を住居侵入・窃盗としたとき，被疑者国選弁護人対象事件となる。この場合，検察官が選任手続教示義務を負う。

4 逮捕令状と救済手続

逮捕の適法性は基本的に勾留請求がなされたとき，裁判官が判断する。仮に被疑者などが通常逮捕令状の発付の事実を事前に知った場合，その取消しを求めて準抗告を申し立てることはできるか。判例は勾留審査があること等を理由に認めない（最決昭57・8・27刑集36-6-726）。

【★ MEMO：1-24 逮捕状に対する準抗告（私見）】
被疑者にアリバイがある場合や本件取調べのため別件での逮捕を反復するような権限濫用が明白な場合に救済手段を認めないのは適正手続に反する。刑訴法429条1項2号の勾留に関する裁判に対する準抗告を準用して，令状執行前であればその取消請求を認めるべきである。

5 勾　留

(1) 勾留の意義　勾留は，検察官が起訴・不起訴の処分を決めるための証拠を収集するのに必要な間，逃亡または罪証隠滅を防止するため被疑者の身体を拘束する措置である。将来の公判に備えて被疑者を拘束することにもなる。被逮捕者中留置の必要がある者につき，検察官が裁判官に請求して行われる。

(2) 勾留の理由　勾留の請求を受けた裁判官は，勾留の要件の有無および逮捕の適法性等を点検する（207条1項・60条・87条）。勾留の要件は，①犯罪の相当の嫌疑があり，かつ②住居不定または逃亡もしくは罪証隠滅を疑うに足りる「相当の理由」のいずれかがあることである（以上を含めて「勾留の理由」という。82条参照）。他に，③勾留の必要性を要する（87条参照）。身体拘束継続が不相当ではないという意味での消極的な相当性の要件の趣旨である。実際には，勾留の後に準抗告または勾留取消などの手続を通じて争われることとなる。

逃亡の相当の理由は，被疑者の身体を拘束しておかなければ，捜査機関・裁判所に対して所在不明になるおそれを意味する。被疑者の事情（年齢・境遇），

犯罪の客観的事情（軽重・態様），その他諸般の事情により判断する。具体的には，本人の逃亡の意思や処罰回避の意図の有無，家庭生活，職場その他の社会生活の安定度，財産関係，共犯や背景組織の有無等を考慮する。

罪証隠滅の相当の理由は，その抽象的可能性では足りず，といって高度の蓋然性までは必要がなく，ある程度具体的事実に基づいた見込みをいう。具体的には，勾留により隠滅を防がなければならないほど重要な証拠が具体的に存在しているか否か，隠滅の方法があるかないか，被疑者本人に隠滅の意思があるか否か等を諸事情の総合衡量により判断する。罪証とは犯罪の成否と重要な行為態様に関する証拠をいう。量刑事情も含む。

黙秘・否認は黙秘権の正当な行使であるから，逃亡・罪証隠滅の相当の理由を積極的に推認する事情にあたらない。

(3) 逮捕前置主義　　勾留は適法な逮捕の先行を要する（逮捕前置主義〔207条1項〕。ただし，付審判手続の被疑者については，勾引・勾留または直接の勾留ができる〔220条4項参照〕）。逮捕前置主義の趣旨は次の点にある。①身体拘束を逮捕と勾留に分け，捜査機関に捜査の余裕を与えるとともに，捜査機関が身体拘束を慎重に運用することを求める。②通常逮捕，緊急逮捕では逮捕令状発付のときと併せて二度司法審査を行い司法的抑制を働かせることができる。③勾留審査にあたり，裁判官が逮捕の適法性と逮捕留置中の捜査の適正さも含めさらに身体拘束を継続することの妥当性という意味でその必要性（87条参照。実質的には相当性をいう）を判断する。場合により，違法逮捕後の勾留請求は，勾留の前提たるべき逮捕が無効であるとともに勾留の相当性を欠くものとして不適法となる。

裁判官は次の点に留意しなければならない。

①　逮捕から勾留請求に至る時間が遵守されていること。逮捕留置の制限時間を遅延しているときは，やむをえない事情の証明がなければ勾留状を発することはできない（206条）。やむをえない事情とは，災害，交通事故，騒乱等物理的に時間内の被疑者連行ができない場合や刑訴法39条による接見交通が行われていた場合をいう。捜査の便宜，取調べの必要は考慮できない。

②　逮捕の被疑事実と勾留の被疑事実が同一であること。ただし，「抱き合わせ勾留」は原則として許される。つまり，捜査機関がA罪で逮捕したとき，これと関連するB罪を併せて一個の勾留を求めるものである。B罪で逮捕を

先行させる実質的な意味がないこと，捜査機関自身が1回の勾留期間で複数の事件の処理を終了させると判断した以上，裁判官がこれを尊重すべきことが理由である。

③　先行する逮捕が適法に行われていること。その際逮捕に至る先行捜査が後の身体拘束を不相当とするほどに重大な違法性を伴うものかどうかも点検しなければならない。

(4)　勾留質問手続　　裁判官が勾留状を発するには，被疑者に被疑事件を告知し意見陳述の機会を与えなければならない（「勾留質問手続」。61条・207条1項）。運用上黙秘権・弁護人依頼権が告知される（当番弁護士の説明をする裁判官もいる）。その際，裁判官の裁量で弁護人の立会いを認めた例が過去にある（ただし，憲34条の弁護人依頼権と包括的防御権により被疑者は弁護人立会いを請求できると解すべきである）。

被疑者国選弁護人選任請求対象事件の場合，裁判官は，被疑者に対し，弁護人を選任することができる旨および貧困その他の事由により自ら弁護人を選任することができないときは弁護人の選任を請求することができる旨を告げなければならない。さらに，選任に必要な手続について教示しなければならない（207条2項・3項）。

(5)　勾留状　　勾留は勾留状を発して行う。同令状には，被疑者の氏名・住居，罪名，被疑事実の要旨，勾留すべき刑事施設，有効期間（令状を執行することができる期間。規則300条参照）などが記載される（64条・207条1項）。勾留状については，被疑者は謄本請求ができる（規則74条，207条1項，規則302条）。

(6)　勾留期間　　勾留は，勾留請求日から10日以内に検察官が起訴して起訴後勾留へと接続するか（60条2項），釈放によって終了する（208条1項）。延長が認められることもある（通じて10日以内）。当初の10日の算定にあたり初日不算入原則は適用されない（55条1項参照）。勾留請求の日から10日以内に検察官は処分を決めなければならない。公訴時効に準じた扱いをすることになるが，その理由は当初の勾留命令には独自の「期間」が定められていないからである。検察官が処分を決めるべき期限が10日であり，その反射的効果として勾留命令による身体拘束が継続すると理解するべきである。実務上は10日より短い期間を定めることはできない扱いである。当初の10日以内の事件処理を認めている

のであって，勾留期間を積極的に定めた趣旨ではない上，捜査の流動性に照らして検察官の公訴権行使の期限を個々の裁判官が定めるのは妥当でもない（ただし，運用上裁判官が短期日の処理相当の意見を付けることはあってもよい）。他方，検察官は裁量で期間満了前に被疑者を釈放することができる。

【★MEMO：1-25　勾留の期間の諸問題（私見）】
　　私見では，①勾留延長の要否を裁判官が判断できる以上，当初の10日を短縮する判断も可能であって，被疑者の利益からも勾留裁判の一部として短縮勾留を認める余地はある。②検察官独自の釈放指揮は，場合により自白誘導に利用される等の問題を伴いやすい上，勾留は裁判官の命令である点からも取消請求手続が要ると解すべきである（実務・反対）。

(7)　勾留の延長　「やむを得ない事由」があるときには，裁判官は10日を超えない限度で日数を特定して延長できる（208条2項）。騒乱罪等についてはさらに5日までの延長ができる（208条2項）。やむをえない事由とは，10日の勾留中捜査を誠実に尽くしても検察官が起訴・不起訴を判断するに足りる証拠を収集できない場合をいう。被疑者取調べ未了，共犯取調べ未了，実況見分未了などの他事案複雑，共犯未検挙等々がその事由にあたる。他事件で手が足りないこと等当該事件捜査と関わりのない事情は理由にならない。

(8)　勾留場所　勾留場所は刑事施設である（64条）。現在は法務省管轄の拘置所（支所を含む。刑事収容施設及び被収容者等の処遇に関する法律〔以下，刑事収容〕3条・14条2項2号）と警察本部または警察署付置の留置場である（かつては「代用監獄」ないし「代監」と呼ばれた）等が用いられている。判例は，勾留場所を拘置所にするか警察留置場にするかは，拘置所の物的・人的施設能力の他，取調べの便宜を含む捜査の必要，被疑者の利益等を総合して裁判官の裁量によって決せられるとする。実際には，被疑者の勾留場所は9割程度が警察留置場である。この結果，警察が捜査を担当する一方，その管理運営する場所で被疑者を拘束しておくことになる（ただし，捜査と留置管理は異なる部門が担当する。被疑者留置規則4条参照）。

【★MEMO：1-26　警察留置場での勾留の当否（私見）】
　　取調べ等の捜査を迅速・効率的に進めるのに役立つが，被疑者を警察の監視下においた状

態を巧みに利用して自白の誘導・強要を行う病理に至りやすい。取調べにあたり被疑者の黙秘権等の権利が尊重され，弁護人立会い，接見請求による取調べ中断が認められるのならば格別，そうした条件のない現状では取調べと留置をともに警察の責務とするのは好ましくない。取調べの適正化のため勾留場所は拘置所とすることが憲法政策上求められている（「被拘禁者保護原則」。原則21参照）。取調べの必要は警察留置場での勾留を相当とする理由にはならないと解すべきである。

(9) 勾留と被疑者の救済手続　(a)　準抗告　勾留の裁判に不服があれば管轄各裁判所に準抗告を申し立てることができる（429条1項2号）。なお，犯罪の嫌疑がないことを理由とする申立てを認めるべきであるとする学説もあるが（87条の勾留の取消しについては犯罪の嫌疑の消滅を理由とすることができること，起訴前であること等が理由である），条文上は認められていない（同2項・420条3項）。ただし，運用上かかる申立部分について不適法却下とすることはなく，また職権で判断することが禁止されているものでもない。

この点については，起訴前勾留に対する準抗告申立ての場合には420条3項は準用されないとする裁判例もあるが（大阪地決昭46・6・1判時637-106），むしろ起訴前勾留では犯罪の嫌疑がないことを理由として勾留に対する準抗告を申し立てることはできないものの，犯罪の嫌疑が認められないことが明らかである場合に職権によって判断し検察官の勾留請求を却下した裁判例（さいたま地決平20・3・26判例集未登載）が参考になる。

(b)　理由開示　勾留理由の開示手続がある。申立権は被疑者・被告人の他（82条1項・207条），「勾留されている被告人の弁護人，法定代理人，保佐人，配偶者，直系の親族，兄弟姉妹」とさらに「その他利害関係人」まで拡大されている（82条2項）。不当な身体拘束を防ぐ趣旨である。適法に勾留理由開示手続を請求した者にも上訴（準抗告または抗告）の申立権が与えられている（354条）。手続は公開の法廷で行われる（憲34条後段，82条・83条）。不当拘禁でないかを吟味する手続である。判例・運用上開示されるべき事由は，勾留の理由，必要性，相当性であり，かつ勾留時のものとされている。このため，勾留中は一度しか本開示手続を申し立てることはできない。

【★ MEMO：1-27　勾留理由開示と申立回数（私見）】
　捜査の進展・防御の状況にかんがみ勾留理由に変化が生じたと考えられるとき，同一勾留中でも再度の勾留理由開示請求ができると解すべきだ（86条は勾留の理由に変動が考えられない同一時期内の請求の競合に関する規定である）。少なくとも起訴前勾留が起訴後勾留に切り替わった場合，それぞれの段階での申立てを認めるべきである。

(c)　勾留の取消し　　勾留の理由・必要性・相当性が後に消滅した場合，取消しを請求できる。裁判官も職権で勾留を取り消すことができる（87条）。他に，不当に長い勾留の取消し（91条）の制度がある。

(d)　勾留の執行停止（95条）　　勾留の執行停止は，現在運用上近親者の葬儀や病気入院など緊急かつ高度の生活上の利益確保・必要性がある場合に期間をかぎって親族・保護団体等に委託して拘束を解くものである。起訴後と異なり，捜査段階では保釈制度はないので（207条1項但書），被疑者の円滑な防御のため，勾留の執行停止制度の柔軟な活用が望まれる。

(e)　移　監　　裁判官は職権で勾留場所を変更できる（移監命令。最決平7・4・12刑集49-4-609）。職権による勾留取消し・勾留執行停止などの権限がある以上，必要に応じて勾留場所の移動は裁判官の勾留する権限に付随すると解してよい（当事者は職権発動を申し立てることができる）。検察官も，裁判官の同意を得て移監できる（規則80条，207条1項，規則302条1項）。実際上，検察官も被疑者取調べなどの迅速な実施上警察留置場への移監が適当な場合があるが，被疑者側から，警察留置場での勾留では違法な取調べを防げない等を理由に拘置所への移監を申し立てられることがある。

【★ MEMO：1-28　違法取調べと勾留の無効（私見）】
　勾留にも出頭滞留の義務が伴う以上，違法取調べに対する制裁または抑止のため勾留を無効とすることができると解すべきである。刑訴法198条1項が認めるのは，適正な取調べを前提とする出頭・滞留義務である。拷問等不法な取調べが行われる場合，これらの義務の前提がくずれる。そうした義務の根拠となる勾留も無効になる。実質的にも憲法36条の拷問禁止と適正手続の理念に照らし，違法取調べ抑止という憲法政策実現のため，他に有効適切な措置を捜査機関がとらない場合，同法87条の規定に従い勾留の相当性が欠けることを理由に勾留取消を求められる。

図表1-7　別件（A罪）逮捕・勾留と本件（余罪，B罪）取調べの図

	ステージⅠ	ステージⅡ
逮捕・勾留の被疑事実	A罪	B罪
取調べの対象	A罪＋B罪	B罪

6　逮捕・勾留の諸問題

(1)　別件逮捕・勾留と本件（余罪）取調べの限界　　(a)　問題の所在　　捜査機関が，逮捕勾留した被疑事実と異なる犯罪について被疑者取調べを行うことがある。このうち，逮捕状を請求できる証拠の整っていない重大な本件（余罪）について取調べを行う目的で，すでに逮捕状を得られる証拠の整った比較的軽微な別件で逮捕・勾留することもある（これを「別件逮捕勾留」の状態という。最決昭52・8・9刑集31-5-821参照）。別件逮捕・勾留中に本件（余罪）についても取調べを行う。これは，当初の被疑事実を軸にみると，余罪取調べであるし，より重要な本件を軸にみると，本件取調べとも表現できる。本件（余罪）について自白が得られると，次に本件（余罪）を被疑事実として逮捕・勾留するのが通例である。

(b)　別件逮捕勾留と本件（余罪）取調べの問題点　　こうした捜査方法は，自白を得ることを捜査の中心にする考え方と，逮捕・勾留は余罪を含めた捜査一般，特に被疑者取調べのための身体拘束であるとする考え方を支えとする。しかし，実際には，別件自体に逮捕の必要性・勾留の相当性を認めがたいことも少なくない。また，本件（余罪）の自白強要に至りがちである。しかも，逮捕・勾留を反復することとなり，逮捕・勾留について時間制限をおいた法の趣旨を潜脱するなど問題が多い。

別件逮捕・勾留ないし本件（余罪）取調べが許容されるかどうかは，ふたつの法的な効果に関わる。①本件（余罪）取調べをしている状態の別件逮捕・勾留は身体拘束のあり方として適法か，②別件逮捕・勾留なのに本件（余罪）について行う被疑者取調べは適法か（以上，図表1-7のステージⅠ）。付随的に，③以上に続いて，本件（余罪）に関する逮捕・勾留と取調べについて（同ステージⅡ）もそれぞれ適法か。さらに，捜査段階などで違法な身体拘束からの救済を問題にしているのか，かかる被疑者取調べで得られた自白等被告人の供述の証

図表1-8 書式例①―逮捕状

<table>
<tr><td colspan="2" align="center">逮 捕 状 (通常逮捕)</td></tr>
<tr><td>被疑者</td><td>氏　名　　大木　茂
年　齢　　23歳
住　居　　神戸市東灘区岡本8丁目9番1号　甲南住宅411号室
職　業　　会社員</td></tr>
<tr><td>罪　　　名</td><td>傷害</td></tr>
<tr><td>被疑事実の要旨</td><td>別紙逮捕状請求書記載のとおり</td></tr>
<tr><td>引致すべき場所</td><td>兵庫県東灘警察署または逮捕地を管轄する警察署</td></tr>
<tr><td>有　効　期　間</td><td>平成 26 年 3 月 25 日まで</td></tr>
<tr><td colspan="2">　有効期間経過後は、この令状により逮捕に着手することができない。この場合には、これを当裁判所に返還しなければならない。
　有効期間内であっても、逮捕の必要がなくなったときは、直ちにこれを当裁判所に返還しなければならない。</td></tr>
<tr><td colspan="2">　上記の被疑事実により、被疑者を逮捕することを許可する。
　　平成 26 年 3 月 18 日
　　　　神戸簡易裁判所
　　　　　　裁判官　赤　川　　学　㊞</td></tr>
<tr><td>請求者の官公職氏名</td><td>灘警察署　司法警察員警部補　　田　上　　守　㊞</td></tr>
<tr><td>逮捕者の官公職氏名</td><td>東灘警察署　司法警察員警部補　　井　上　孝　治　㊞</td></tr>
<tr><td>逮捕の年月日時
及　び　場　所</td><td>平成26年3月19日午後1時39分
兵庫県東灘区御影中町2丁目3番2号東灘警察署で逮捕</td></tr>
<tr><td>引致の年月日時</td><td>平成26年3月19日午後1時40分</td></tr>
<tr><td>記　名　押　印</td><td>兵庫県東灘警察署　司法警察員警部補　　木　原　哲　司　㊞</td></tr>
<tr><td>送致する手続をした
年　　月　　日　　時</td><td>平成26年3月20日午前8時00分</td></tr>
<tr><td>記　名　押　印</td><td>兵庫県東灘警察署　司法警察員警部補　　伊　藤　隆　憲　㊞</td></tr>
<tr><td>送致を受けた年月日時</td><td>平成26年3月20日午前8時40分</td></tr>
<tr><td>記　名　押　印</td><td>神戸地方検察庁　検察事務官　　黒　田　君　子　㊞</td></tr>
</table>

図表1-9　書式例②—勾留状

		勾　留　状		指揮印
被疑者	氏　名 年　齢 住　居 職　業	大木　茂 23歳 神戸市東灘区岡本8丁目9番1号　甲南住宅411号室 会社員		印
被疑者に対する 同人を		傷害 兵庫県東灘警察署留置施設	被疑事件について、 に勾留する。	延　長
被疑事実の要旨		別紙のとおり		印
刑事訴訟法60条1項 各号に定める事由		次の　1，2，3　の事由 1　被疑者が定まった住居を有しない。 2　被疑者が罪証を隠滅すると疑うに足りる相当な理由がある。 3　被疑者が逃亡し又は逃亡すると疑うに足りる相当な理由がある。		延　長
有　効　期　間		平成　26　年　3　月　27　日まで		
この令状は、有効期間経過後は、その執行に着手することができない。この場合には、これを当裁判所に返還しなければならない。				
平成　26　年　3　月　20　日 　　神戸地方裁判所 　　　　裁判官　坂　本　弘　印				
勾留請求の年月日		平成　26　年　3　月　20　日		
執行した年月日時 及　び　場　所		平成　26　年　3　月　20　日　午後　2　時　48　分 　　神戸地方裁判所		
記　名　押　印		兵庫県警察総務部留置管理課 　　司法警察員警部補　塚　本　茂　印		
執行することが できなかったと きはその事由				
記　名　押　印		平成　　年　　月　　日		
勾留した年月日時 及　び　取　扱　者		平成　26　年　3　月　20　日　午後　6　時　16　分 　　兵庫県東灘警察署 　　　　司法巡査　中　川　龍　一　印		

（被疑者用）

図表1-10　書式例③──勾留期間の延長書

勾留期間の延長	
延　長　期　間 　　平成　26　年　4　月　8　日まで	延　長　期　間 　　平成　　年　　月　　日まで
理　　　　　由 　関係人取調べ未了 　被疑者取調べ未了 　裏付け捜査未了	理　　　　　由
平成　26　年　3　月　29　日 　神戸地方裁判所 　　　裁判官　戸　塚　一　郎　㊞	平成　　年　　月　　日 　地方裁判所 　　　裁判官
勾留状を検察官に交付した年月日	勾留状を検察官に交付した年月日
平成　26　年　3　月　29　日 　裁判所書記官　大崎　美智子　㊞	平成　　年　　月　　日 　裁判所書記官
勾留状を被疑者に示した年月日時	勾留状を被疑者に示した年月日時
平成　26　年　3　月　29　日　午後5時30分 　刑事施設職員 　　　司法巡査　岩　永　二　郎　㊞	平成　　年　　月　　日　午後　時　分 　刑事施設職員

図表1-11　被疑事実の要旨

別　紙
　被疑事実
　被疑者は，平成26年3月15日午前零時ころ，神戸市中央区加納町6丁目5番1号，神戸市役所先路上において，中村幸治（当24年）に対し，三段式の特殊警棒で同人の左腕を数回殴打するなどの暴行を加え，よって，同人に加療約2か月間を要する左尺骨々折等の傷害を負わせたものである。

拠能力を公判段階で問題としているのかによっても判断は異なってくる。

　(c)　判例の判断基準　　判例は，実質的には本件（余罪）のための身体拘束でありながらその点の令状審査を経ないまま，本件（余罪）の捜査のため別件の逮捕・勾留を利用することが令状審査の趣旨を損なうものか否かで適法性を判断する（令状主義の実質的潜脱説）。例えば，大阪高判昭59・4・19高刑集37-1-98（神戸まつり事件）は，被疑者に対する乙事実の取調べが，甲事実の逮捕・勾留を利用し，乙事実で逮捕・勾留をして取り調べるのと同様の効果をねらいとして行われており，両事実の罪質，態様の相違，法定刑の軽重，捜査の重点の置き方の違い，乙事実についての客観的な証拠の程度，甲事実についての身柄拘束の必要性の程度，両事実の関連性の有無，程度，取調官の主観的意図等に照らして，実質的に令状主義を潜脱すると認められるとき，右取調べは違法であり，被疑者の供述調書の証拠能力は否定されるとする。福岡高判昭61・4・28刑月18-4-294（鹿児島夫婦殺し事件差戻後控訴審）は，本件殺人事件と関連性が全くない詐欺事件の逮捕・勾留（起訴後も含む）以来本件逮捕まで80日余り，主に本件取調べが長時間，長期間，連続的に行われ，その間片手錠での取調べもなされたが，取調べを受忍する義務のないことを知らずにいる被告人が相当重い身体的・精神的疲労状態を表わしている中で作成された供述調書は，令状主義を潜脱する違法な取調べによるものであり，その後の本件逮捕勾留中に作成された供述調書も前者の取調べの重大な違法性を承継具有する取調べで作成されたものであるから，ともに証拠能力は認められないとする。

　(d)　逮捕・勾留は，別件に関する公訴提起の要否を判断するのに必要な限度で被疑者の逃亡と罪証隠滅を防止する必要があるか否かを裁判官が判断して認めた強制処分である。捜査機関は逮捕・勾留の期間を通じて別件の捜査を優先的に実施すべきである。ところが，本件（余罪）取調べは，出頭・滞留義務を伴う逮捕・勾留を直接かつ具体的に利用して行うこととなるが，かかる本件（余罪）取調べが行われることは司法審査では予定していない。そこで，別件と本件（余罪）の事実面・罪数面での関係，両者の取調べの実際の時間，別件での逮捕勾留の実質的な必要性の程度，捜査官の意図ないし捜査の重点，両罪の法定刑の重さ，本件（余罪）の証拠状況と自白追及の必要性など諸事情を考量し，相当でない場合，別件逮捕・勾留中の本件（余罪）取調べ，その後の本件

（余罪）逮捕・勾留，その下での本件取調べいずれについても違法とみるべき場合が生じる。

　もっとも，別件の実行行為の悪質性，犯人の悪質性や常習性などの解明のためにも本件（余罪）に関する取調べを行うことが密接かつ関連する場合，本件（余罪）取調べは許される（例えば，放火事件の被疑者について殺人事件隠蔽が動機となっている可能性があるとき，コンビニの弁当の窃盗で現行犯逮捕された被疑者について常習性を明らかにする必要があるので余罪を追及する場合。詐欺の手口の類似性・同一性に照らして余罪を追及するとき。死体遺棄で勾留中の被疑者に殺人関与を追及する場合など当該被疑事実の犯行態様や情状の解明にも必要であるときには当該被疑事実の取調べとして許される）。

【★ MEMO：1-29　別件逮捕勾留（余罪取調べ）と学説】
　学界では，別件逮捕・勾留の要件自体が適法に整っていれば取調べの対象が何であってもそのこと自体が逮捕・勾留の適法性に影響を与えないとする考え方（別件基準説）もあるが，軽微な別件での逮捕勾留を利用して無理な取調べを行い虚偽自白を得るという，えん罪を生みやすい捜査手法を抑制するという政策的な課題をにらんで学説上種々の理論が提示されている。①取調べについては出頭・滞留義務を否定し，かつ別件逮捕・勾留中に本件（余罪）取調べ目的が明らかになれば，そうした取調べ自体を違法とする説（本件〔取調べ目的〕基準説）。かかる目的があるか否かは，諸事情を考量して認定する。②事実上取調べが強制的側面をもつことを踏まえて，これを規制するために便宜的に事件単位で取調べの対象を絞る説。③逮捕・勾留中の取調べは法的に出頭・滞留義務が随伴するが，取調べ権限も被疑事実を基準とする事件単位の範囲に法的に制限されることになるとする説（事件単位説）。この場合，被疑事実の解明上関連性のない余罪の取調べは出頭滞留義務のない任意性を十分に確保した態様でしか行えない。

(e)　救済手段　　別件逮捕・勾留の抑止または救済手段は多様である。例えば，捜査機関は逮捕状請求にあたり，同一事実または他の事実について前に逮捕状の請求または発付がなされているとき，逮捕状請求書にこれを記載しなければならない（199条3項，規則142条1項8号）。これは，裁判官が逮捕の蒸し返しや別件逮捕・勾留の有無を知る機会を設け，一定の抑止効果をねらったものである。弁護人が，不当な別件逮捕勾留であることを知った場合，考えられる主な手段を列挙する。

　(i)　本件（余罪）取調べ事実が明らかになった場合，別件または本件（余罪）の逮捕勾留に関する令状審査段階で問題点を裁判官に認識させるため，①

本件（余罪）に関する逮捕状請求に対する事実上の異議申し立て，②勾留質問手続における被疑者の意見陳述，③勾留理由開示手続での被疑者側の意見陳述や，弁護人の求釈明，④勾留に対する準抗告，勾留取消請求等を行うことが考えられる。こうして，裁判官にそれぞれ逮捕状・勾留請求却下，勾留取消しを要する令状主義の潜脱状態でないかどうか検討させることとなる。⑤なお，本件（余罪）勾留については，別件逮捕・勾留中本件（余罪）取調べに用いた日数を差し引いた期間しか認めるべきものではないとして，準抗告または勾留取消しなどを検討する。

(ii) 別件逮捕・勾留中に得られた本件（余罪）の自白，それに引き続く本件（余罪）での逮捕・勾留中の自白が，本件（余罪）の公判で検察官から証拠として取調べ請求がなされた場合，証拠とすることに異議をとどめ任意性欠如または令状主義実質的潜脱を根拠とする違法収集証拠排除法則の発動を求めることとなる。

(iii) 仮に本件（余罪）について有罪となる場合でも，未決勾留日数の算入にあたり，別件勾留中本件（余罪）取調べに費消した日数はこれを算入させるよう弁論で摘示するか，控訴審段階で量刑不当（382条）として主張する。

【CASE：別件逮捕勾留と本件勾留請求却下】
　被疑者は，別件窃盗等事件で起訴後も警察署留置施設に留置され，本件強盗殺人未遂事件で逮捕されるまでの間本件について17日間，合計約56時間の取調べを受けた場合，1日に7時間45分の取調べをしたり尿意を訴えても無視する等の取調べ態様に照らしても，捜査機関は別件起訴後の被告人勾留を利用し，被疑者に対して任意捜査として許容される限度を超える被疑者取調べを行っていた疑いを払拭できず，連日の取調べを始めた日以後被疑者に対する取調べを行った16日間は実質上被疑者を本件について勾留していたのと同視されるべきであるから，被疑者に対する勾留期間の上限に近似する期間を本件の強制捜査に利用した後になされた本件勾留請求は，実質的には本件について再度の勾留を求めるもので不適法であり，勾留請求は却下する（大阪地決平21・5・15判例集未登載）。

(2) 「逮捕・勾留の一回性の原則」と再逮捕・勾留　　(a) 逮捕・勾留は，同一被疑事実につき1回しか許されない（逮捕・勾留の一回性の原則）。逮捕・勾留後留置の理由または必要が消滅し，あるいは勾留期間満了のため釈放した後，同一被疑事実で再度逮捕・勾留することは原則としてできない。身体拘束

の手続と時間を詳細に規定しているのに，逮捕・勾留の反復を認める規定がないこと（340条参照），同一の証拠で逮捕・勾留の反復を認めるとそれ自体過酷な取調べを許すのに等しくえん罪の温床になるなどがその理由である。公訴事実の同一性を認める基準を被疑事実に準用したとき，一罪性がある事実については逮捕勾留の一回性の原則が適用される。科刑上一罪の一部毎の逮捕・勾留も許されない。ただし，一罪かどうか自体も捜査をしなければ判明しない。その場合，捜査機関が逮捕勾留にあたって認識上の一罪を基準にして行ってよい。

ただし，刑訴法199条3項が，同一被疑事実で再度の令状請求がなされることを予定していることにかんがみ，また限られた時間で事案の解明が進まないこと等も考慮すると，従前よりも新たな事実が判明し犯罪の嫌疑が強化されるとともに逃亡または罪証隠滅のおそれも強化されたと認められる事情があり，しかも捜査機関において誠実に捜査を遂げたが前の逮捕・勾留までにかかる事情の発見が困難であった場合など，再逮捕・勾留を認めることが例外的に相当な場合がありうる。

(b) 逮捕が違法な場合，被疑者は本来釈放されるべきであり，再逮捕は許されない。もっとも，逮捕手続の瑕疵の内容・程度，事案の内容，勾留の要件の内容・程度，瑕疵治ゆのためにとられた措置の有無などを検討して勾留することがなお相当と認められる場合，違法逮捕が先行していても勾留を認めてよい（現行犯逮捕の明白性が不十分な事件で現行犯逮捕を行ったが，一旦釈放して通常逮捕手続をとって令状発付を得た場合，違法な身体拘束の点での瑕疵は治ゆされたとみてよい）。

§Ⅶ　被疑者の防御

1　被疑者と防御活動

捜査機関が市民に対して特定の犯罪の嫌疑を集中させたとき「被疑者」となる。捜査機関の合理的裁量の判断によって決まる。市民は，取調べのための呼出しを受けたり逮捕によって被疑者となったことを知る。被疑者は，場合により強制処分の対象にされる等の不利益を受ける。しかも，捜査機関は法律上・事実上強力な捜査権限を有しているから，被疑者は捜査の客体の地位に追いやられやすい。

しかし，被疑者が自己の主張を行える権利が認められなければ，真の意味での事案の真相解明はできないし，捜査手続上被疑者の人権が保障されていなければ，その後の公訴権・刑罰権の発動も適正さを欠くものとなる。その意味で，「被疑者」たる地位にふさわしい防御準備の権利を保障しなければならない。かくして，被疑者は，必要な時期に適切な相手方に対して自己の主張ないし弁解を適宜に申し立て，また適宜に合理的な調査など情報収集をする自由を認められるべきである。この他，特に被疑者の地位に特有の防御のための権利を保障するべきである。以下，解説する。

【★ MEMO：1-30 「包括的防御権」の原理】
「被疑者・被告人」はそれぞれ市民が国家の刑罰権発動の対象にされたときに置かれる法的地位である。市民の側には選択の余地はない。それだけに，かかる地位に置かれた場合，市民は捜査活動の当・不当を批判するとともに，必要に応じて自己に有利な証拠・証人・事情等を収集できる等包括的な防御を行える権利を当然に保障されなければならない（条文上も「防御」を保障するべき利益として取り扱っている。例えば，刑訴法39条3項但書・295条・312条4項参照）。これを「包括的防御権」という。

2 黙秘権

被疑者は，一切の供述を拒む権利を保障されている（「黙秘権」）。取調べ場面で重要な権利である。黙秘権は憲法38条1項・2項を根拠とする。不利益供述の強要禁止は，被疑者・被告人の立場であれば黙秘権として表れる（利益不利益の判断も被疑者・被告人が行うべきであるから）。なお，証人の場合には，自己負罪証言の拒否権として保障される（146条）。氏名を開示しないことも黙秘権の一部である。氏名を明らかにしないからといって，法上不利益な扱いはできない。

もっとも，判例は弁護人選任の届出，上告申立書の提出について被告人が氏名を黙秘している場合，その効力は生じないと扱っている。ただ，逮捕日時・勾留している刑事施設の監房番号・特徴記載等で本人の同一性を確認できれば足りる訴訟行為についてまで氏名を黙秘していることのみを理由に効果を否定することが妥当かは疑わしい。

【CASE：氏名と黙秘権】
最大判昭32・2・20刑集11-2-802は，黙秘権を保障する憲法38条1項の法意は，

「何人も自己が刑事上の責任を問われる虞ある事項について供述を強要されないことを保障したもの」とし，「氏名のごときは，原則としてここにいわゆる不利益な事項に該当するものではない。そして，本件では……氏名を黙秘してなされた弁護人選任届が却下せられたためその選任の必要上その氏名を開示するに至つたというに止まり，その開示が強要されたものであることを認むべき証跡は記録上存在しない」とする。そこで，氏名を黙秘し，監房番号の自署，拇印等により自己を表示し弁護人が署名押印した弁護人選任届を適法な弁護人選任届でないとしてこれを却下し結局被告人が自己の氏名を裁判所に開示しなければならないようになっても手続に違法はないとする。

3 弁護人依頼権

(1) **刑事弁護の目的** 被疑者の地位に置かれる市民は，捜査に関する法的知識の不足などから手続の行く末について不安をもち，また逮捕勾留されれば社会生活から切り離されることとなり精神的にも孤立する。もとより，法的知識・経験がなく防御活動を積極的効果的に行うこともできない。身体を拘束されていれば自ら防御の準備を行うのは困難である。そこで，被疑者自らの防御活動を支え，これに代わって防御活動を行うため，法律の専門家である弁護士が弁護人として援助することが不可欠である。捜査手続における弁護人の基本任務は，被疑者のため防御活動を代理して行うことである。その主な機能は，5つある。これを事実行為と法律上の手続の発動の組合せによって実現する。

① **不安の除去** 接見等の相談を通じて，刑事手続に関する知識と事件に関する基本的見通しを説明し，被疑者が知識と経験不足から生じる不安感を除去して信頼関係を作ることが弁護人の任務の基礎となる。

② **捜査手続監視** 捜査機関の捜査が適正になされるように監視すること（例えば，違法取調べを止めさせるため検察官・警察署へ抗議する等の事実行為や移監請求のような法律上の申立てを行う）。

③ **強制処分監視** 裁判官の令状手続が適正になされるように監視すること（例えば，逮捕令状請求が予想されるような場合に裁判官に事前に逮捕の理由・必要性のないことを申し入れる等の事実行為や，勾留裁判に対する準抗告申立等の法律上の申立てを行う）。

④ **利益代弁・主張反映** 検察官との面会等を通じて，犯罪の嫌疑のないことや起訴猶予事案であることを説明し，起訴・不起訴の決定が適正に行われるように働きかけること。

⑤　調査・反証　　被疑者のため防御活動を行うこと（例えば，被疑者との打合せ，身体拘束中の場合の接見，アリバイ証人や被疑者に不利な証人との面会やその信用性の調査，犯行現場の見分，情状に関する事実の調査，被害関係者との示談交渉等）。

(2)　弁護人の権利・権限　　私選であれ国選であれ被疑者・被告人の弁護人は，被疑者・被告人のために様々な権限を行使して防御活動を行う。

(a)　弁護人は被疑者・被告人の各種の権利権限をそれぞれ包括的に代理行使できる（「包括的代理権」）。この場合，弁護人は被疑者・被告人の明示の同意がなければ訴訟行為をしてはならない。例えば，伝聞証拠に関する証拠能力を与える被告人の同意を与える権利について（326条1項），弁護人には同一権限が定められていないから，包括的代理権に基づく訴訟行為として弁護人が代わって意見を述べている。

(b)　弁護人が，被疑者・被告人の明示の意思に反して行える代理行為として，例えば，勾留理由開示（82条2項），勾留取消し（87条），保釈請求（88条・91条），証拠調べ請求（298条），異議申立て（309条）等がある（「独立代理権」）。明示の意思に反しては行えない場合として，例えば，忌避申立て（21条2項），上訴申立て（355条・356条）がある（「従属代理権」）。

(c)　刑訴法41条は「弁護人は，この法律に特別の定のある場合に限り，独立して訴訟行為をすることができる」と定め，被疑者・被告人の利益を守るため被疑者・被告人の意思にかかわらず行使できる権限も弁護人に与えている（「固有権」）。例えば，書類・証拠物の閲覧・謄写権（40条・180条），鑑定の立会い（170条），上訴審における弁論（388条・414条）は弁護人のみ認められる固有権である。被疑者・被告人も同一の権利をもつ固有権もある（証人尋問等の立会権〔157条・228条2項〕，証人等への尋問権〔157条3項・304条2項等〕，最終陳述の権利〔293条，規則211条〕等）。

(d)　弁護人が被疑者・被告人と面会する接見交通権は判例により弁護人の固有権とされている。すなわち，「弁護人等との接見交通権は，身体を拘束された被疑者が弁護人の援助を受けることができるための刑事手続上最も重要な基本的権利に属するものであるとともに，弁護人からいえばその固有権の最も重要なものの一つである」（最判昭53・7・10民集32-5-820）。

(e)　弁護人はどの場面であれ被疑者・被告人の真意に反しないように（黙示

の意思にも反しないように) 事前の打ち合わせを十分に遂げてから権利権限を行使すべきであるが，特に包括的代理権行使の場合被疑者・被告人の同意がなければ訴訟行為が違法・無効と扱われる余地が出てくる。

(f) 法定されている弁護人の権利・権限を独立代理権とみるか固有権とみるかは各権利の性質に応じて判断するのが妥当である。例えば，勾留からの解放に関する弁護人の権限は固有権と扱うのが適当であろう。ただ，大局的には弁護人の役割は準司法機関よりも被疑者・被告人の代弁者 (いわゆる"Hired Gun") に純化して捉えるべきであって，「包括的代理権」中心に再構成をするべきこととなろう。

(3) 弁護人の選任　弁護人選任権者は，被疑者または被告人と，その法定代理人，保佐人，配偶者と直系の親族および兄弟姉妹である (30条)。弁護人選任権者は何時でも弁護人を選任できる。公訴提起前にした弁護人選任は第一審でもその効力を有する (32条1項。ただし，被疑者は弁護人と連署した選任届を検察官または司法警察員に差し出しておかなければならない。規則17条)。公訴提起後は審級毎に弁護人選任を要する (判決宣告により審級が終結し，上訴申立てによって審級が移行する。32条2項)。被疑者の弁護人の数は原則として3人を超えることができない (規則27条，35条)。被告人については，裁判所は特別の事情があるときにはその数を3人までに制限できる (規則26条1項，35条)。被告人に複数の弁護人がいる場合には，主任弁護人を定めなければならない (33条)。

なお，被疑者・被告人は弁護士会に対して選任の申出をすることができる。弁護士会は弁護人となろうとする者がないとき，紹介した弁護士が選任の申込みを拒んだときには，すみやかにその旨を被疑者・被告人に通知する (「私選弁護人紹介手続」。31条の2)。

(4) 被疑者の国選弁護人制度　(a) 司法改革の一環として，2001年の司法制度改革審議会意見書の提言に基づき，2002年11月から勾留された被疑者について段階的に国選弁護人制度が導入された。当初は死刑または無期もしくは短期1年以上の懲役・禁錮に当たる事件について実施された (いわゆる「法定合議事件」と呼ばれている事件群。裁26条2項参照)。次に，2009年5月21日から，死刑または無期もしくは長期3年を超える懲役・禁錮にあたる罪 (289条1項の定める必要的弁護事件) に拡大された (37条の2)。

(b) 被疑者・被告人のための国選弁護制度の運用は，「日本司法支援センター」が担う（支援5条。法テラスと略称されている）。政府出資の独立行政法人に準じた組織である。法的紛争解決に関する相談窓口，民事法律扶助，司法過疎地域における法律事務の取扱い，犯罪被害者の支援などの司法的な紛争解決に関する市民の総合的な支援を業務とする。これに加えて，国選弁護人の選任に関する業務も担う。

被疑者段階に国選弁護人制度を拡充するにあたり，相当多数の事件に弁護士が対応しなければならない。だが，弁護士の地域的な偏在，報酬の低さ，刑事弁護を敬遠する傾向など問題があるので，同支援センターがその態勢整備を担う。このため，給与を受け取り職員となる常勤弁護士，一定数の事件を引き受ける契約弁護士，事件毎に国選弁護人の候補となる弁護士など多様な方法で国選弁護人契約弁護士を確保することとなる（支援30条1項3号）。

(c) 勾留された被疑者は，国選弁護人の選任の請求にあたり，資力申告書を提出し，資力が基準額（標準的な必要生計費を勘案して一般に弁護人の報酬および費用を賄うに足りる額として政令で定める額をいう）に満たないことを証明しなければならない（37条の3第1項）。資力が基準額以上の場合には，私選弁護人に依頼しなければならない。ただし，弁護士に対する私選弁護人紹介手続を先行させても弁護人を選任できなかった場合（37条の3第2項・31条の2），弁護士会が紹介した弁護士が受任を拒んだ場合，国選弁護人選任を請求できる（37条の2）。

(d) 被疑者が国選弁護人を付することのできる被疑事実で逮捕された場合，捜査機関は勾留を請求された場合に行うことのできる国選弁護人選任のための手続について教示しなければならない（203条3項・204条2項・205条5項）。勾留請求を受けた裁判官も，被疑者にあらためて国選弁護人選任の権利に関する告知と選任手続に関する教示をしなければならない（207条2項・3項）。被疑者が国選弁護人の選任を請求したとき，裁判官は上記支援センターにその候補となる契約弁護士の指名通知を求め（支援38条），これを選任する（ただし，支援センターの指名通知した以外の弁護士を選任することは妨げられない）。

なお，被疑者が精神上の障害その他の事由により弁護人を必要とするかどうかを判断することが困難である疑いがあるとき，裁判官は職権で弁護人を付することができる（37条の4）。

(e) 国選弁護人の数は1名が原則である。必要があれば職権で1名増やすことができる。選任された国選弁護人は被疑者が釈放されないかぎり，第一審でも継続して弁護ができる（38条の2・32条）。被疑者・被告人段階と一貫した弁護を保障するものとなる。裁判官は，任務に著しく違背するなどの事由があれば弁護人を解任できる（38条の3）。ただし，契約弁護士などは，支援センターから独立して弁護活動を行うことができる（支援33条）。国の費用で賄う弁護への不当な介入を防ぐためである。

【★ MEMO：1-31　被疑者の国選弁護人制度（私見）】
　被疑者の国選弁護人制度は，憲法37条が国選弁護人請求権を保障する被告人と異なり，被疑者には憲法上国選弁護人選任を求める権利はないとする解釈が前提にある。そのため，起訴前の国選弁護人制度は法政策上のものとして位置付けられ，重大事件で勾留された被疑者だけを対象として段階的に実施するものとされている。だが，逮捕・勾留された被疑者が弁護人を依頼できることは，身体拘束の手続に対する不服申立てを含む的確迅速な防御活動上必要不可欠である。だから，憲法34条は市民を抑留拘禁するにあたり弁護人を直ちに依頼する権利を保障する。貧困や事件の性質のため弁護人の援助が得られない状態はこの趣旨に反する。その意味で，今後逮捕段階から自己の費用によらずに弁護人の迅速な援助を受けることのできる制度の確立が求められる。

(f) 当番弁護士　　現在全国に「当番弁護士」制度が普及している。これは，各地の弁護士会が運用するもので，弁護士が当番日に待機するなどして，逮捕・勾留された被疑者の依頼があれば迅速に接見して被疑者に刑事手続に関する基本的な知識を提供するとともに，私選弁護人紹介の機会としている。初回接見は無料である。被疑者が私選弁護人としての受任を依頼した場合これに応ずるものとするというのが多くの弁護士会内での原則である。重大事件については，新聞報道などで被疑者が逮捕された段階で，弁護士会の判断によって，被疑者からの依頼を待たずに直ちに弁護士を派遣する制度を併用する地域もある（委員会派遣制度）。被疑者の国選弁護人制度は勾留後に一定の重大事件しかカバーしていないので，当番弁護士制度の必要性はなお残る。かくして，逮捕段階から弁護人が被疑者を弁護し不当・不要な勾留を防ぐだけでなく，事件の適正な処理のための防御活動を迅速に行えるようになっている。

第1章 捜　査

図表1-12　接見交通権

```
┌─────────────────────┐
│      憲法34条        │
│ 被疑者・被告人と弁護人依頼権 │
└─────────────────────┘
    ┌─────────────────────┐
    │       39条1項        │
    │ 被疑者・被告人と弁護人の接見交通権 │
    └─────────────────────┘
         ▲              ▲
┌──────────────┐  ┌──────────────┐
│   39条2項     │  │   39条3項     │
│ 戒護権による制約  │  │ 捜査権による制約  │
│ 法令上の措置     │  │「捜査の必要」による指定│
│ ・執務時間外接見禁止│  │・被疑者疑取調べ中・予定│
│ ・信書など閲覧……│  │・現場引き当たり中等│
└──────────────┘  └──────────────┘
```

4　接見交通権

(1)　**39条1項—自由・秘密の接見交通権**　身体拘束中の被疑者は弁護人と自由に接見し，物または書類の授受ができる（以下，「接見等」という。39条1項）。判例はこれを憲法34条が弁護人依頼権を保障する趣旨に由来する権利とする（最大判平11・3・24民集53-3-514。39条1項，市民的及び政治的権利に関する国際規約14条3項(b)参照）。その趣旨に従い，判例は，被疑者と弁護人の間の接見等は原則として自由にできるものと解釈する。被疑者・被告人と弁護人は，事件に関する基本姿勢（無罪主張か寛大な処分を求めるのか等），捜査批判，検察官への働きかけ，被害者との示談，共犯との関係，公訴提起後の立証のあり方，証拠調べ請求をする証拠，証人尋問や被告人質問準備など多岐にわたる意見交換をする。したがって接見時に立会・録音などなされない秘密の保障が不可欠である。接見後も両者で交換した情報の秘匿・秘密の保障を要する。後に暴露されるのであれば自由・秘密の接見に萎縮効果が働き，憲法34条・39条1項の趣旨に反する。弁護人は押収拒否権（105条）・証言拒否権（149条）により接見内容が捜査機関に暴露されることを防ぐことができる。被疑者・被告人について，捜査機関は取調べで接見内容を聴取することは禁止される（【CASE：接見内容の取調べ禁止】参照）。

【CASE：接見内容の取調べ禁止】
　◎鹿児島地判平20・3・24判時2008-3―39条1項の規定は「被告人らが弁護人に必要かつ十分な情報を提供し，弁護人から被告人らに適切な助言をするなど自由な意思疎通が捜査機関に知られることなくなされることが必要不可欠である」ことに基づくから「接見内容が捜査機関に知られることになれば，これを慮って，被告人らと弁護人の情報伝達が差し控えられるという萎縮的効果が生じ，被告人らが実質的かつ効果的な弁護人の援助を受けることができなくなる」以上，「『立会人なくして』とは，接見に際して捜査機関が立ち会わなければ，これで足りるとするというにとどまらず，およそ接見内容について捜査機関はこれを知ることができないとの接見内容の秘密を保障したものといえ，原則的には接見後その内容を捜査機関に報告させることも許されない」。「接見交通権が弁護人の固有権であり……接見内容を被告人らから事後的にも聴取することが許されない」以上警察官が接見後に被疑者から弁護人との接見内容を聴取することは「捜査妨害的行為等接見交通権の保護に値しない事情等特段の事情のない限り弁護人の接見交通権をも侵害する」。また，「起訴後の弁護人の接見で起訴された事実を認める捜査段階の供述を翻し公判で否認したとしても，これは公判において明らかにするのが刑訴法の予定するところであり，起訴後接見後の被告人取調べで接見内容を聴取するのは，国家の刑罰権を発現するために予定されている捜査権行使とは評価できない」。
　◎福岡高判平23・7・1訟月57-11-2467―「捜査権の行使と秘密交通権の保障とを調整するに際しては，秘密交通権の保障を最大限尊重すべきであり，被疑者等と弁護人等との自由な意思疎通ないし情報伝達に萎縮的効果を及ぼすことのないよう留意することが肝要で」ある。「一般に法的知識に乏しく，あるいは逮捕，勾留等捜査官憲による身柄拘束を体験したことがなく，時には捜査官と勾留担当裁判官や弁護人との区別も正確に認識できない被疑者等に対し，唯一の後ろ盾といってよい弁護人の援助を受ける機会を実質的に確保する目的で，秘密交通権を弁護人等の固有権と位置づけている以上，取調べの際に被疑者等が自発的に接見内容を供述したとしても，そのことをもって，弁護人固有の秘密交通権を保護する必要性が低減したということはできない」。「捜査機関は，被疑者等が弁護人等との接見内容の供述を始めた場合に，漫然と接見内容の供述を聞き続けたり，さらに関連する接見内容について質問したりすることは，刑訴法39条1項の趣旨を損なうおそれがあるから，原則としてさし控えるべきであって，弁護人との接見内容については話す必要がないことを告知するなどして，被疑者等と弁護人等との秘密交通権に配慮すべき法的義務を負っている」。「捜査機関は，刑訴法39条1項の趣旨を損なうような接見内容の聴取を控えるべき義務を負っているから，原則として，弁護人等との接見における供述について聴取することは禁止されている」。

(2)　39条2項―戒護権と接見交通権　　(a)　戒護権による制約　　勾留中の接見については，刑事収容施設及び被収容者等の処遇に関する法律が適用される。このため，刑事施設の管理運営と被収容者の戒護を実施する必要上一定の制約が及ぶ。①接見は，平日の執務時間内に限られるのが原則である（刑事収

容118条。ただし，現在の運用上，警察が管理する留置施設の場合には執務時間外，土日休日でも接見できる。拘置所で勾留されている場合，被疑者と弁護人の接見時間に関して，平日は夜間8時まで接見できる。初回接見にかぎり土日や土日に続く休日でも接見ができる。2回目以降の土曜日接見は午前中にかぎり認められる。起訴後被告人と弁護人との接見は平日午前8時半から午後5時までの他，公判期日，控訴，上告の各趣意書の提出締切日等が2週間以内に予定されているときには平日午後5時から8時までの夜間接見が，5日以内に予定されているときにはさらに土曜日午前中の接見が事前予約によって認められている。遠隔地からの弁護人，通訳人による接見も執務時間外接見が認められている）。②接見は通常接見室において行う（刑事収容118条4項）。③信書の発受一般については検査がなされるが，弁護人から受け取る信書についてはその点の確認を行う限度にとどめなければならない（刑事収容135条）。④現在は，電話による接見も認められている（大阪地裁管内では，大阪弁護士会にある司法支援センターの管理にかかる電話施設を利用して大阪拘置所と国選弁護人との間の電話接見を1日数枠にかぎり1回・15分に限定して運用し，検察庁舎においては私選・国選ともに電話接見を認めている）。

　(b)　面会接見　　判例は，被疑者と弁護人等との接見には，被疑者の逃亡，罪証の隠滅および戒護上の支障の発生の防止の観点からの制約があるから，検察庁の庁舎内において，弁護人等と被疑者との立会人なしの接見を認めても，被疑者の逃亡や罪証の隠滅を防止することができ，戒護上の支障が生じないような設備のある部屋等が存在しない場合，同庁舎内での弁護人からの接見申出を拒否しても違法ではない，とする。しかし，同時に，弁護人等がなお検察庁の庁舎内における即時の接見を求め，その必要性がある場合，検察官は，立会人の居る部屋での短時間の「接見」など秘密交通権が十分に保障されない態様の短時間の「面会接見」でもよいかどうか弁護人等の意向を確かめ，弁護人等が差し支えないとの意向を示したときは，面会接見ができるように特別の配慮をすべき義務がある，とする（最判平17・4・19民集59-3-563）。

　(c)　裁判所構内での接見　　身体拘束中の被疑者・被告人と弁護人の接見等については，裁判所がその逃亡，罪証の隠滅または戒護に支障のある物の授受を防ぐため必要があるとき，日時，場所および時間を指定し，または書類・物の授受についてこれを禁止することができる（規則30条）。

【★MEMO：1-32　弁護人接見とIT機器の利用（私見）】

現在，拘置所では被疑者被告人と弁護人との接見について，「被収容者の外部交通に関する訓令の運用について（依命通達，平成19年）」第7項により「イ　録音機，映像再生機又はパソコンを使用する場合は，あらかじめ申し出ること」，「ウ　カメラ，ビデオカメラ，携帯電話を使用しないこと」とする制約を課している。戒護権・施設管理権による接見の一律規制であるが，写真撮影・録音録画は例えば責任能力を争う場合などでは防御準備上も必要性がある。被疑者取調べで暴行を受けたなどの訴えがあったときにも直ちにけがの状況を写真で保存する必要がある。家族などの激励を直接被疑者・被告人に聞かせて心情安定を図ることも防御の重要な役割であるから，弁護人固有の責任で弁護活動の一環として携帯電話を利用することも許される（これらは接見等禁止（81条）の潜脱ではなく，弁護人固有の防御権・弁護権に基づく独自の活動である）。

(3)　39条3項—捜査権と接見交通権　　刑訴法は，捜査機関は「捜査の必要」がある場合，接見の日時・場所・時間を指定することができると定めている（39条3項。接見指定権）。判例は，この接見等の指定権限については実体的要件と手続的要件両側面から限定している。

①　実体的要件　　捜査機関が現に被疑者を取調べ中である場合や実況見分，検証等に立ち会わせている場合，また，間近い時に取調べ等をする確実な予定があって，弁護人等の申出に沿った接見等を認めたのでは，取調べ等が予定通り開始できなくなるおそれがある場合などは原則として取調べの中断等により捜査に顕著な支障が生ずる場合であり，このとき接見指定ができる（「捜査の顕著な支障」要件）。捜査の顕著な支障の有無は事件の難易度，捜査の進行状況，弁護人等の弁護活動の態様等具体的事情を勘案して判断する。

②　手続的要件　　捜査機関は，弁護人と協議をしてなるべく早期に接見ができるように接見指定を行う責務を負う（協議義務，早期接見指定義務）。

判例の基準は柔軟性がある。逮捕直後の初回の接見については，取調べの早期終了または再開延期によって捜査の支障を生じないように調整して接見を認めるべきであるとする（最判平12・6・13民集54-5-1635）。しかし，取調べが合理的な捜査戦略にそって具体的に予定・計画されているとき，常に取調べが優先することになる。弁護人が翌日の接見を希望して指定を求めたとき，時間的には「間近」とは言いがたいとしてもその時期に身柄を利用する捜査の予定が確実な場合，指定要件があり希望通り接見を認めなくとも違法ではないとされる（最判平12・2・22判時1721-70）。また罪証隠滅を考慮する余地もなお残すなど疑

問がある。

　他方，逮捕後初回接見の申出がなされた場合，判例は接見を優先させることを求めている。すなわち，接見指定の要件が具備された場合でも，その指定にあたっては，弁護人となろうとする者と協議して，即時または近接した時点での接見を認めても接見の時間を指定すれば捜査に顕著な支障が生じるのを避けることが可能かどうか検討し，これが可能なときは，留置施設の管理運営上支障があるなど特段の事情のないかぎり，犯罪事実の要旨の告知等被疑者の引致後直ちに行うべきものとされている手続およびそれに引き続く指紋採取，写真撮影等所要の手続を終えた後において，たとえ比較的短時間であっても，時間を指定した上で即時または近接した時点での接見を認めるようにすべきである（前掲・最判平12・6・13）。

【★ MEMO：1-33　通知事件】
　現在のところ，弁護人の希望通り接見ができ，被疑者取調べ中であってもこれを中断して接見を優先することも少なくない。ただ，検察庁が直接担当する事件などでは，あらかじめ接見に関する指定がありうる旨被疑者を勾留している警察署や拘置所等に通知しておき，個別的な指定をしないかぎり接見させない運用を行う。こうした場合に接見指定で認める時間は，1回15分から20分程度のこともあり，また毎日認められるわけでもない。弁護人が接見の申出をすると，被疑者取調べ中であってもこれを中断して接見を優先することも多い。

【CASE：接見交通権と接見指定権】
　最大判平11・3・24民集53-3-514は，接見交通権をめぐる法解釈に一定の指針を示した重要な判例である。
◆1：憲法34条前段の趣旨　「憲法三四条前段は……と定める。この弁護人に依頼する権利は，身体の拘束を受けている被疑者が，拘束の原因となっている嫌疑を晴らしたり，人身の自由を回復するための手段を講じたりするなど自己の自由と権利を守るため弁護人から援助を受けられるようにすることを目的とするものである。したがって，右規定は，単に被疑者が弁護人を選任することを官憲が妨害してはならないというにとどまるものではなく，被疑者に対し，弁護人を選任した上で，弁護人に相談し，その助言を受けるなど弁護人から援助を受ける機会を持つことを実質的に保障しているものと解すべきである」。
◆2：刑訴法39条1項の接見交通権の趣旨　「刑訴法三九条一項が……被疑者と弁護人等との接見交通権を規定しているのは，憲法三四条の右の趣旨にのっとり，身体の拘束を受けている被疑者が弁護人等と相談し，その助言を受けるなど弁護人等から援助を受ける機会を確保する目的で設けられたものであり，その意味で，刑訴法の右規定は，

憲法の保障に由来するものであるということができる」。
◆3：接見交通権制約の原則　「憲法は，刑罰権の発動ないし刑罰権発動のための捜査権の行使が国家の権能であることを当然の前提とするものであるから，被疑者と弁護人等との接見交通権が憲法の保障に由来するからといって，これが刑罰権ないし捜査権に絶対的に優先するような性質のものということはできない。そして，捜査権を行使するためには，身体を拘束して被疑者を取り調べる必要が生ずることもあるが，憲法はこのような取調べを否定するものではないから，接見交通権の行使と捜査権の行使との間に合理的な調整を図らなければならない。憲法三四条は，身体の拘束を受けている被疑者に対して弁護人から援助を受ける機会を持つことを保障するという趣旨が実質的に損なわれない限りにおいて，法律に右の調整の規定を設けることを否定するものではないというべきである。
◆4：刑訴39条3項の接見指定の要件　「捜査機関は，弁護人等から被疑者との接見等の申出があったときは，原則としていつでも接見等の機会を与えなければならないのであり，同条三項本文にいう『捜査のため必要があるとき』とは，右接見等を認めると取調べの中断等により捜査に顕著な支障が生ずる場合に限られ，右要件が具備され，接見等の日時等の指定をする場合には，捜査機関は，弁護人等と協議してできる限り速やかな接見等のための日時等を指定し，被疑者が弁護人等と防御の準備をすることができるような措置を採らなければならないものと解すべきである。そして，弁護人等から接見等の申出を受けた時に，捜査機関が現に被疑者を取調べ中である場合や実況見分，検証等に立ち会わせている場合，また，間近い時に右取調べ等をする確実な予定があって，弁護人等の申出に沿った接見等を認めたのでは，右取調べ等が予定どおり開始できなくなるおそれがある場合などは，原則として右にいう取調べの中断等により捜査に顕著な支障が生ずる場合に当たると解すべきである」。

【★MEMO：1-34　接見交通権と学説】
指定要件をめぐって多様な学説がある。
①　捜査の全般的必要説（非限定説）　かつては捜査機関の幅広い裁量によって捜査の必要性を判断して接見の指定をする運用がなされていた。その根拠は，捜査の必要とは罪証隠滅の防止を含む捜査の必要性全般を意味するとする解釈である（捜査の全般的必要説または非限定説）。だが，接見交通権は憲法34条が保障する。捜査機関が裁量で罪証隠滅防止を理由に憲法上の権利を制限する運用は妥当ではない（これを前提にして39条違憲説も有力である）。
②　物理的限定説　そこで，捜査の必要と接見の必要を調整する手続として接見指定を捉え，捜査機関が被疑者の身柄を現に利用中はこれを優先させつつ，指定によって防御準備権を不当に制限してはならないとする刑訴法39条3項但書の趣旨に照らして，初回接見や長期に接見できなかった場合等には身柄利用を中断してでも接見を優先させるべき場合があるとする説がある（物理的限定説。判例を含め限定説とも分類されている）。しかし，捜査機関が被疑者の身柄を利用している状態が接見交通権に優先する法的な根拠がない。
③　接見交通権優位説・任意処分説（私見）　思うに，取調べ権限は憲法上許された国の捜査権限であるが，法律の規定がなければ，被疑者の憲法上の権利行使を妨げる具体的な効

果を生じない。刑訴法198条1項但書によって逮捕・勾留中は取調べに関する出頭・滞留義務があるが，被疑者は憲法上の権利により弁護人の立会を請求するか秘密の接見を請求できる。取調べ中であることも取調べ予定も「捜査のため必要」にあたらない（接見交通権優位説）。ただし，接見の機会が抑留・拘禁の目的を阻害するものであってはならない（逃亡と罪証隠滅防止など）。次に，被疑者が捜査差押許可状，検証許可状など憲法35条の保障する令状審査に基づく強制処分の客体となっている場合，令状の排他的効力により令状執行に合理的に必要な時間内の接見は排除される（他に，218条2項参照）。以上を除くと，接見指定権限は，憲法上の権利を制限する強制的効果はない。処分の性質は任意である（任意処分説）。捜査機関が，捜査の都合上接見の日時・場所・時間を指定し被疑者と弁護人に協力を求める処分である。接見の指定に関する処分に不服のある者は，事実上接見できない状態の救済を求めて，裁判所に準抗告を申し立てることができる（430条）。こうした濫用を防ぐ手だてを法律で定めることはできる（39条2項は，これを刑事収容法上の戒護権に委ねている）。

③　起訴後の接見指定　　判例は，起訴後勾留中の被告人が別事件で被疑者として勾留されている場合，同一弁護士を両事件の弁護人に選任しているときには，防御権の不当な制限にわたらないかぎり被疑事件に関する接見指定により被告事件に関する接見が制約されることを認容し（最決昭55・4・28刑集34-3-178），別件被告事件のみの弁護人に対しても，捜査機関の側は被疑事件に関する接見指定ができるとする（最決平13・2・7判時1737-148）。しかし，被告事件に関する検察官の指定権限は，被告人の防御権を直接制約するもので，当事者主義の訴訟構造を崩す。明文なく強制処分を認める点で不当である。

5　被疑者と一般人との面会権

勾留中の被疑者は弁護人依頼権者（30条）等や一般人との接見，書類・物の授受の権利がある。この場合，裁判官による個々の被疑者毎の接見等禁止処分と，刑事収容処遇法上の一般的な制限が及ぶ。

（1）　裁判官による接見等禁止による個別処分　　裁判官は逃亡・罪証隠滅の相当の理由があるとき，検察官の請求または職権でこれらを禁止できる（接見等禁止。糧食の授受禁止または差押えはできない。80条・81条）。逃亡・罪証隠滅の相当の理由は勾留だけでは防げない具体的事情の疎明がいる。接見等禁止決定について，第1回公判期日までといった期限を付すこともできるが，特段期限を付さない場合もある。処分に不服のある者は（被疑者を含め），直ちに決定に対する準抗告を申し立てることはできる（429条1項2号）。その後は，職権による取消しまたは一部解除（例えば，親，配偶者，子供等との一時面会のため）を申し立てる

こととなる（事後救済に関する請求の権利はない）。

(2) 刑事収容施設処遇法上の一般的制限　一般面会については，刑事収容施設の戒護権による制約が及ぶ。職員が立会いし，収容施設の定められた面会室で，各施設の平日などの執務時間内に一定の時間（大阪拘置所では10分程度）に限るなどの制限を受ける（刑事収容115条以下）。

6 防御のための強制処分

(1) 防御のための証拠保全　被疑者・被告人・弁護人は，刑訴法179条1項によって，「あらかじめ証拠を保全しておかなければその証拠を使用することが困難な事情」のある場合，第1回公判期日まで裁判官に対し押収・捜索・検証・証人尋問・鑑定を請求できる（証拠保全の請求。規則138条1項・2項・137条）。「防御のための強制処分」である。運用上申立数は多くはないが，事件によっては活用されている。

右処分に関する書類・証拠物について，検察官および弁護人は閲覧・謄写できる（弁護人の証拠物の謄写には裁判官の許可が要る）。弁護人のない被疑者・被告人も裁判官の許可を得て書類・証拠物の閲覧ができる（180条）。なお，この限度では，「防御のための強制処分」であるが，証拠開示手続を待つことなく検察官も内容を知ることができる点で，防御の秘密の観点からは問題が残る。

(2) 弁護士法上の照会　弁護人は，弁護士法23条の2に基づく「公務所又は公私の団体」に対する照会ができる。これは，刑訴法197条2項と同じく相手に報告の義務を負わせる処分である。ただし，法的に強制する手段はない。

§Ⅷ　捜査の終結　　捜査はどのようにして終結するのか

1 全件送致

司法警察職員が事件の捜査を終了したとき，検察官の指定する軽微な事件の微罪処分を除き，収集・作成した記録・証拠物とともに検察官に送致する。検察官が事件の処分に関する権限を独占するからである（247条・248条。国家独占主義）。事件送致の権限は司法警察員に限られている（246条）。

送致手続は事件の捜査が終了したときに行う他，「この法律に特別の定がある場合」として，①逮捕後行う事件と被疑者本人の身柄等を送致する場合

(203条)，②告訴・告発・自首事件を送付する場合（242条・245条）がある。また，送致，送付後に検察官の指揮を受けるなどして捜査機関の捜査が継続することが多い。捜査資料がある程度まとまる毎に，捜査機関は検察官に順次追送することも一般に行われている。この他，③少年事件については，罰金以下の刑にあたると司法警察員が判断したときには検察官ではなく直接家庭裁判所に送致する（少41条）。

最終の送致の際には，捜査機関は厳重処罰を求める等検察官の処分に向けた意見を付する。勾留請求を求めるための送致の際には，勾留の上，補充捜査を必要とする等の意見を付する。なお，軽微な事件などについては個別の送致をしない微罪処分をする扱いになっている（246条但書）。

2 起訴後の捜査

検察官は起訴後も捜査を行うことができる。起訴後第1回公判期日前の被告人取調べは刑訴法197条によって適法とする（最決昭36・11・21刑集15-10-1764）。証人尋問終了後捜査機関が同証人を再度参考人として取調べを行って作成した供述調書についても同法321条1項2号後段の書面として証拠能力を認めている（最決昭58・6・30刑集37-5-592）。捜索・差押え・検証については受訴裁判所の処分としてこれを行うのでは，被告人ら関係者による罪証隠滅の危険がある場合等には審理が進んでいても捜査としての捜索・差押え・検証を行ってよい（218条1項・219条1項参照。最決平14・12・17裁判集刑282-1041参照）。

【CASE：被告人取調べ】
　　最決昭36・11・21刑集15-10-1764—「刑訴一九七条は，捜査については，その目的を達するため必要な取調をすることができる旨を規定しており，同条は捜査官の任意捜査について何ら制限をしていないから，同法一九八条の「被疑者」という文字にかかわりなく，起訴後においても，捜査官はその公訴を維持するために必要な取調を行うことができるものといわなければならない。なるほど起訴後においては被告人の当事者たる地位にかんがみ，捜査官が当該公訴事実について被告人を取り調べることはなるべく避けなければならないところであるが，これによって直ちにその取調を違法とし，その取調の上作成された供述調書の証拠能力を否定すべきいわれはなく，また，勾留中の取調べであるのゆえをもって，直ちにその供述が強制されたものであるということもできない」。

【★ MEMO：1-35　起訴後被告人取調べ（私見）】
　起訴後は公判廷における証拠調べ手続によって真相を解明すべきであるし，被告人側がこことに第1回公判期日後は証拠保全の権利を失っていることとのアンバランスなども考慮すると，起訴後捜査は基本的には抑制的でなければならない。特に被告人を当該事件について取調べの対象とすることは，不適切だ。条文上の根拠も不分明である。勾留中の被告人の場合，出頭滞留義務はない上当事者の立場にたつのて任意性を十分に確保して行うことが必要であろう。また，弁護人立会いの請求があればこれを認めるなど適法性・任意性が十分に尊重された運用が求められる。もっとも，被告人取調べには疑義がある。条文上被疑者取調べ同様の規定がない上，被告人は当該被疑事実についてすでに公訴の提起をうけて当事者として公判廷で有罪・無罪を争う立場にいるから，これを捜査機関の取調べの客体にすることは訴訟の構造にも反する。被告人の言い分は，被告人質問の機会に公判廷で述べることとなり，その機会に検察官が反対質問によって問い質すのが筋である。その意味で，判例は刑訴法197条の任意捜査の一態様と解しているが，むしろ法解釈として被告人取調べ権限自体が不存在と解することもできる。

§Ⅸ　国際犯罪捜査

1　捜査共助

　国内犯の被疑者が外国籍または日本国籍であって，逃亡その他の理由で外国にいる場合，日本国民が外国で国外犯を犯した場合などについても捜査をし身柄を確保する必要がある。しかし，日本の捜査機関は外国で刑事訴訟法の定める捜査権を行使できない（観念的には刑事訴訟法は適用できるが，主権を侵害することになるので外交上不可能である）。そこで，外国政府または外国の捜査機関の協力を得るのには，相互に捜査共助等の義務を負う条約を締結するか，これと併せて外交上の協力を依頼することとなる。二国間の刑事共助条約（協定）に基づく捜査協力に関しては，米国，韓国，中国および香港との間で締結されている（2010年4月にロシア，欧州連合〔EU〕との間での締結について国会の承認を得ている）。

　被疑者の所在捜査については，条約に基づく依頼や外国の捜査機関への協力要請やICPOの国際手配等による。外国にいる被疑者を日本の捜査機関が引き取るには，①逃亡犯罪人引渡条約による（アメリカ，韓国と締結している），②相手国の逃亡犯罪人引渡法等の国内法上の手続による，③被疑者が日本人の場合，相手国の強制退去処分を待ち日本の領土に入った段階で日本の捜査機関がその者を逮捕したり，任意の同行を促す等の方法による。証拠の収集，参考人の取

調べ等については国際刑事警察機構（ICPO）などを通じて外国の捜査機関に捜査共助を依頼する方法等がある。

逆に，外国からの捜査共助の依頼を受けた場合は，国際捜査共助法による。被疑者を外国に引き渡すには，二国間で締結される逃亡犯罪人引渡条約による他は逃亡犯罪人引渡法に従う。

2　国際捜査協力

実際の事案解決上も国際捜査協力がなされている。例えば，マレーシア警察当局との国際的な捜査協力に基づいて行われたライブ・コントロールド・デリバリー捜査においてこれに協力する共犯者を起訴することなく釈放した結果，国外に退去となり公判廷等において供述不能となった場合，刑訴法227条1項によって作成された証人尋問調書を321条1項1号書面で採用することが認められている（東京高判平21・12・1判タ1324-277）。国際司法共助も役に立つ。最決平12・10・31刑集54-8-735では，日本政府が米国政府に要請した捜査共助により，米国の捜査官が日本の検察官とともに米国在住の参考人に黙秘権を告知して質問をし，これに対して参考人が供述しこれを公証人の前で偽証罪の制裁の下に真実であると言明して署名した供述書を，同法321条1項3号書面として証拠採用を認めている。最判平23・10・20刑集65-7-999でも，中華人民共和国から日本に留学してきた被告人と共犯者が共謀の上実行した，住居侵入，強盗殺人，死体遺棄等の事案で，中国に帰国していた共犯者について国際捜査共助の要請に基づき中華人民共和国において中国側の捜査官が日本の検事の立会いの下に黙秘権を実質的に告知した上で取調べを行って作成された供述調書について同法321条1項3号で被告人に対する証拠とすることを認めている。条約に基づく司法共助では，東京地判平19・10・25判時1990-158で，被告人が米国において東京都公安委員会作成名義の偽造国際運転免許証を行使した事件において，現場でその提示を受けた米国在住の警察官の宣誓供述書について，日米刑事共助条約に基づいて警視庁からの捜査共助要請に基づき米国連邦検事補が作成したこと等を考慮し同法321条1項3号で証拠としている。

第2章　公　訴

図表 2-1　捜査から公訴提起へ

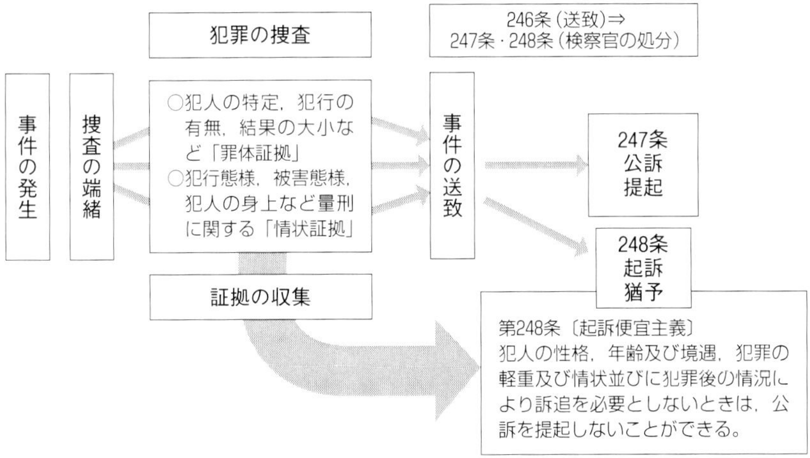

```
                犯罪の捜査              246条（送致）⇒
                                    247条・248条（検察官の処分）

事  捜    ○犯人の特定, 犯行の     事
件  査     有無, 結果の大小な     件              247条
の  の     ど「罪体証拠」          の              公訴
発  端    ○犯行態様, 被害態様,   送              提起
生  緒     犯人の身上など量刑    致
           に関する「情況証拠」                    248条
                                                 起訴
                証拠の収集                       猶予

                                    第248条〔起訴便宜主義〕
                                    犯人の性格, 年齢及び境遇, 犯罪の
                                    軽重及び情状並びに犯罪後の情況に
                                    より訴追を必要としないときは, 公
                                    訴を提起しないことができる。
```

§Ⅰ 公訴権の意義

　検察官は公訴の提起を行う権限をもつ（公訴権）。自ら受理しまたは捜査機関から送致を受けた事件について，公訴権を行使して後述の事件処理を行う。公訴権とは，検察官が裁判所に対して有罪の認定と刑罰の宣告を求める権能をいう。なお，裁判の結果として，無罪になることもあるし，場合によって検察官が無罪論告をすることもあるが，これは公訴権行使によって個々の裁判が行われることに伴う付随的な効果であって，公訴権一般の固有の目的ではない。

【★MEMO：2-1 「公訴権」論争（私見）】
　検察官が公訴を提起する権限の本質をめぐり，学界では，①実体的公訴権説（犯罪に対応する刑罰権を裁判上確認する権能），②抽象的公訴権説（何らかの裁判所の判断を求める権能），③実体的審判請求権説（無罪あるいは有罪の判断を求める権能），④具体的公訴権説（具体的な事件について有罪判断を求める権能）に分類され，現在は③説で固まっている。しかし，これは，検察官が客観的に正しい判断を求める客観義務を負い，準司法官としての責務を負うといった学界の議論にも影響を受けたものであって，刑訴法の構造が予定する公訴権の本質を説明したものではない。確かに，具体的な審判の進行に応じて，時に検察官が無罪論告をするなど事案に則した対応も必要になるが，これは公訴権に付随し別途認められる公判に立会いして真相解明をするべき立証の責務に基づくものである。公訴権とは区別して理解すべきだ。公訴権の本質は，特定の犯罪について特定の被告人の処罰を求める権能である。④説が妥当であろう。

§Ⅱ 国家訴追主義

　公訴権は検察官に帰属する。検察官のみが公訴を行うことができる（かかる制度を，国家訴追主義ないし起訴独占主義と呼ぶ）。ただし，後述のように，公訴権を抑制する制度して，付審判請求手続および検察審査会の起訴議決が用意されており，それぞれ裁判所の付審判決定，検察審査会の起訴議決が公訴提起と同一の効力をもつこととなる。
　検察官の権限と責務は次のようになる。
　（1）検察官の権限　　刑訴法上検察官は，①捜査権限，②公訴の提起の権限

(起訴猶予の権限も伴う)，③公判における立証等を追行する権限，④上訴の権限，そして⑤裁判の執行指揮権限を与えられている。刑事手続による刑罰権実現全般に関与する主体である（検4条参照）。

　検察官は，司法警察職員と同じく，捜査の権限がある（191条1項）。例えば，検察官は，自ら被疑者や参考人を取り調べる権限があるから，必要に応じ自ら捜査を実施し，あるいは捜査機関を指揮命令して全体の統括を行いつつ，処分の当否を判断することが可能である。検察官が捜査段階で作成する供述調書は，その公的な地位に照らして基本的に信用性があるものと扱われ，証拠として活用されることが予定されている（321条1項2号参照）。勾留請求は，捜査機関による被疑者逮捕後に検察官に被疑者の身柄と事件記録が送致されて検察官が留置要否を判断した上で行うこととなっている。こうして，検察官には，司法警察職員の捜査を踏まえながらもさらに独自の捜査によって真相を解明することが期待されている。

　(2)　検察官同一体の原則と「独任制の官庁」　そうした検察官の各種権限を適正公正かつ効果的に行使する必要上，検察官は一方で，それぞれ独立して権限を行使することができる（「独任制の官庁」）。つまり，各検察官の訴訟行為がそのまま対外的に法的な効果をもつものであって，法務大臣ないし検事総長の権限を代理行使するものではない。他方，わが国の検察制度は全国的に統一的な組織体をもち，検事総長等は事務承継，事務移転の権限（検12条）を行使して，検察官同一体の原則を組織原理として内部的に個々の検察官に対する指揮・監督を行う。こうして，検察官の公訴権を通じて，全国的に均質化された刑事訴追，統一的な法令の解釈運用，量刑の公正さが維持されている。

§ Ⅲ　事件処理

　検察官は，自ら受理した事件や捜査機関による送致手続が終了した場合，収集した証拠等を参考にして事件に関する処分を決める。このうち，検察官は，証拠に基づいて有罪の確信を抱き，かつ公判で「合理的疑いを超える証明」を行うことが可能であり，処罰に値する場合，公訴の提起を行う（「起訴処分」。詳細は，112頁参照）。この他，以下の処分がある。

(1) 不起訴処分　同じく，事件の終局処分であっても公訴の提起をしない処理も行われる（「不起訴処分」）。理由は多様である。捜査をしたが犯罪事実がない場合には「罪とならず」として不起訴となる。犯罪の嫌疑が存在しない場合（後述の裁定主文には「嫌疑なし」と記す）は起訴すべきではない。嫌疑が十分には認められないとき（「嫌疑不十分」），公判を維持できないから公訴は控える。被疑者死亡，親告罪の告訴欠如，反則金納付済み，公訴時効完成等訴訟条件が欠ける場合も公訴を提起できない。被疑者が刑事未成年，心神喪失が明白であるときも公訴の提起はしない。

(2) 起訴猶予　わが国検察制度の特徴をなすのが，「起訴猶予」による事件処理の制度である（「起訴便宜主義」）。検察官は，訴訟条件が備わっており，有罪判決の見込みがあると確信できる場合でも，犯人の性格，年齢・境遇，犯罪の軽重・情状，犯罪後の情況（例えば，自首，示談成立，被害弁償，被害者の重度の落ち度の存在，被疑者の反省，処罰の要否・当否等）により訴追を必要としないと判断する場合，起訴しないことができる（「起訴猶予」処分という。248条）。

【★ MEMO：2-2　起訴便宜主義と起訴法定主義】
　刑事裁判を開始する訴追のあり方は国によって様々である。訴訟条件が備わっており，有罪判決の見込みがあるとき，必ず起訴しなければならない原則を「起訴法定主義」という。ドイツはこの原則を基本とする。他方，嫌疑を裏付ける証拠がある事件でも，検察官が諸事情を考慮し具体的妥当性を重視して起訴しない処分を認める制度を起訴便宜主義という。起訴法定主義は，犯人と犯罪にふさわしい刑罰のあり方は裁判所において柔軟に決めるとする考え方を前提にする。起訴便宜主義は，検察官が刑事政策の観点から事件毎の適正な処理を行う責務を負うという考え方を前提にする。起訴便宜主義を採用する場合，起訴猶予にすべき事案かどうか判断基準の公正さが求められる。わが国では，検察官同一体の原則によって検察庁を組織することにより全国的な統一的基準の確立がなされているが，広範囲にわたり起訴猶予を行って事件の妥当な処理をしている点にわが国刑事手続の特徴と検察官の重要な役割がある。

(3) 中間処分　当面仮の処分を定めるものである。中止処分は，犯人不明，被疑者所在不明などのように捜査を中断する事由が発生した場合に行う。移送は，事件を処するのがより適切な検察庁に事件を移すことを意味する（「他管送致」。258条）。捜査の一時中止処分もある。

(4) 事件処理手続　実務上，検察官が事件を不起訴処分に付するとき，不

起訴（中止）裁定書を作成する。この場合，被疑者から請求があるときは，すみやかに裁定の結論について被疑者に告げなければならない（259条）。

　告訴・告発・請求人に対しては，請求があればすみやかに不起訴の結論（260条）とその理由（261条）を告知しなければならない。検察官が少年事件を家庭裁判所に送致しない処分に付するときも同様である（法務省訓令，事件事務規程72条による）。不起訴の処分結果，その理由を関係者に通知する制度は間接的に検察官が公訴権を適正に行使するよう促す意味をもつ。検察官が起訴しない旨決定しても事情によって捜査を再開し証拠を補充して起訴できる（「再起」という）。

【★ MEMO：2-3　再起と被疑者の立場（私見）】
　不起訴処分は被疑者の請求があれば通知される（259条）。このため，被疑者側は訴追されないとの期待と安心を得るから，これを保護するため捜査再開は新たな重要証拠の発見のあった場合に限るべきであろう（340条参照）。

§ Ⅳ　訴訟条件

1　訴訟条件

　検察官は，公訴の提起にあたり，裁判所が適法に審理を行える条件を満たさなければならない。これを訴訟条件という。訴訟条件の有無は，起訴を予定した場合に想定される訴因（捜査段階では，被疑事実）を基準に判断する。訴訟条件が欠けている場合，原則として有罪または無罪の実体裁判を行うことはできず，裁判手続を打ち切ることになる。主な訴訟条件は，被告人が生存していること（339条1項4号），被告人に対して裁判権があること（338条1号），管轄権のある裁判所に起訴されていること（329条），親告罪の告訴があること，公訴時効が完成していないこと等公訴提起手続が適法であること（338条4号）等である。訴訟条件を欠くとき，有罪・無罪の実体に関する判断を行わず，免訴の判決（337条），管轄違いの判決（329条），公訴棄却の判決（338条），公訴棄却の決定（339条）という形式裁判で手続を打ち切る。

2　公訴時効

(1)　公訴時効制度　　公訴時効とは，一定の期間の経過によって検察官が特定の事件に関する公訴提起ができなくなる効果を生じさせるものである。国家の刑罰権行使を制限する法制度であるが，かかる制度を設けるにあたり，種々の考慮を要する。

従来は，国家刑罰権の謙抑的な行使を重視する観点から，時間の経過を重視すべき理由としては，①証拠の散逸による審理の困難，②被告人の防御の困難，③訴追に要する人的財政的資源の効率的配分，④時の経過に伴う処罰への社会的関心・社会的影響の微弱化等が摘示されてきた。しかし，他方で，時効制度による国家の処罰放棄を是認しない理由が最近は強くなっている。①遺族など被害関係者や社会の処罰感情が強い犯罪の存在，②科学捜査の発展による真相解明の可能性，③検察審査会，裁判員裁判など刑事手続における「市民主義」の浸透に伴い，市民良識にたった正義実現への期待，犯人の「逃げ得」を許さない正義観等など。

公訴時効制度は，こうした両面の諸事情を総合的に考慮して，各時代にあわせて立法により調整することとなる。近時の立法改正段階では，総じて公訴時効の撤廃ないし延長の傾向が強い。

【★ MEMO：2-4　公訴時効論】
　学界では制度の正当化について，①証拠の散逸（訴訟法説），②処罰の必要性の減弱化（実体法説），③犯人不訴追状態の尊重（新訴訟法説）など特定の論理ないし基準で説明を試みている。だが，一定の法制度を単純な価値基準で説明するのは無理である。種々の利益を総合した政策的制度であり，真相解明，刑罰権実現の観点からは，やむをえない例外的な処置とみるべきである。時効の撤廃，制限がおりにふれて論じられるのはこの理由による。なお，真犯人が一定期間訴追されず平穏な社会生活を営んでいた事実を尊重すべき法的利益はない。ただし，「被告人」は迅速な訴追によって適切な防御の機会を保障されるべきである。両者を混同すべきではない。この限度では，「被告人」は迅速な裁判を受ける権利（憲37条2項）の趣旨に照らして公訴時効の利益を享受する抽象的な権利があるといってよい。

(2)　公訴時効期間　　公訴時効期間は，原則として法定刑を基準に定められている（250条）。刑の種類が複数の場合，最も重い刑罰を基準とする。殺人，強盗殺人・致死など人の死亡を伴う犯罪類型であって死刑を法定刑として定め

ているものは公訴時効は及ばない（250条1項柱書）。また、強姦致死など無期の懲役・禁固を法定刑とするものは時効期間を30年とする（従前は20年）。

　公訴時効は、犯罪行為が終わった時から進行する（253条1項）。包括一罪、継続犯は最終行為を基準とする。科刑上一罪については、最も重い罪の刑につき定めた時効期間によるべきである（最判昭41・4・21刑集20-4-275、最判昭47・5・30民集26-4-826）。共犯については、最終の犯罪行為の終わった時からすべての共犯に対して時効期間を起算する（253条2項）。

　犯罪行為とは結果も含むから、結果発生時となる。公害犯罪等一個の行為であって観念的競合の関係にある犯罪結果が発生している場合、最終結果が発生した時点から起算する（最決昭63・2・29刑集42-2-314）。

　公訴時効は、被疑事実を訴因とみた場合に想定される「公訴事実の同一性」の範囲に及ぶ（実質的には、被疑事実の同一性）。

　(3)　公訴時効の効力の及ぶ範囲　　公訴時効は、公訴の提起によりその進行を停止し、管轄違いまたは公訴棄却の裁判が確定した時から残りの時効期間が進行を始める（254条1項）。

　共犯の一人に対する起訴による時効の停止は、他の共犯に対してその効力を有する。この場合、停止していた時効は裁判が確定した時から再び進行する（同条2項）。ある事件について国家が刑罰権発動の意思を表示し、現にこれに関する裁判が進行中の期間について、時効の利益を認めるのは相当ではないからである。同じく、犯人が国外にいる期間と、犯人が逃げ隠れしているため有効に起訴状の謄本を送達できない期間も時効はその進行を停止する（255条1項）。訴追権が及ばない外国にいる事実や公訴提起の準備は整っているのに犯人が逃亡しているため起訴状を届けられない状態はいずれも犯人の責めに帰すべき事由で刑罰権の適正な発動が疎外されているので、時効の利益を認めないものである。

　(4)　公訴時効の手続処理　　①検察官が特定被疑事実について公訴時効期間が来た場合、「時効完成」として事件を終結させる。②検察官は公訴時効未完成と判断して公訴を提起した場合、被告側がその完成を主張することにより公訴時効の成否が具体的な法的争点となる。その場合、裁判所が公訴時効の成否を判断する。一般的には罪体に関する証拠調べも終了し結審後評議を経て公訴

時効の完成を確認し，判決で免訴を宣告して手続を終結する（337条4号）。

§Ⅴ 公訴の提起と起訴状

1 起訴処分
（1） 検察官は，被疑事実について，通常要求される捜査を遂行すれば収集しえた証拠資料に基づき（最判平元・6・29民集43-6-664），合理的な判断過程によって有罪と認められる程度の嫌疑がある場合（最判昭53・10・20民集32-7-1367），公訴の提起をしてよい。公訴の提起は，被告人について起訴状の公訴事実欄記載の訴因について有罪の認定と相当の刑罰の宣告を求める検察官の意思表示である（247条）。公訴の提起にあたり，検察官は訴訟条件を満たすことを確認し，管轄権を有する適切な裁判所に起訴状を提出する（247条・256条1項）。要式行為であって，口頭での起訴は法的には不存在・無効と扱われる。

罰金による処罰で足りる場合，起訴状に略式命令を請求する旨を記載する（461条）。死刑，無期もしくは短期1年以上の懲役・禁固を法定刑とする犯罪で起訴する場合を除き，事案が明白で犯罪が軽微であること，証拠調べが迅速に済むことなどが見込まれる場合で，被疑者の同意があるときには，執行猶予付有罪判決で処理するため，即決裁判請求を行う（350条の2）。

（2） 公訴の提起によって訴因を被告事件として，訴訟係属つまり裁判所が当該事件について審理を行うべき状態が発生する。ただし，公訴提起の効力は被告人にのみ及ぶ（249条）。

なお，検察官は公訴を提起した後も第一審の判決があるまでこれを取り消すことができる（257条）。ただし，その後に再度同一事件について公訴を提起できるのは当該犯罪事実について新たに重要な証拠を発見した場合に限る（340条）。不起訴処分は検察官自身を拘束する効力をもたない。検察官は再捜査の上，必要かつ相当と認めるときには公訴の提起を行ってよい。

【CASE：公訴提起と犯罪の嫌疑】
▶ 無罪判決が確定した場合における公訴提起の違法性の有無の判断は，検察官が公訴提起時に現に収集した証拠資料および通常要求される捜査を遂行すれば収集しえた証拠

図表2-2　書式例①—起訴状

平成26年検第22455号

起　訴　状

平成26年4月8日

神戸地方裁判所　殿

神戸地方裁判所
26・4・8
（わ）第254号
受付

神戸地方検察庁
　　検察官検事　髙　橋　　豊　㊞

下記被告事件につき公訴を提起する。

記

本籍　兵庫県神戸市東灘区岡本8丁目9番
住居　兵庫県神戸市東灘区岡本8丁目9番1号　甲南住宅411号室
職業　会社員
　　　勾留中
　　　　　　　　　　　　　大　木　　茂
　　　　　　　　　　　　　平成3年1月30日生

公　訴　事　実

　被告人は，平成26年3月15日午前零時ころ，神戸市中央区加納町6丁目5番1号，神戸市役所先路上において，中村幸治（当24年）に対し，三段式の特殊警棒で同人の左腕を数回殴打するなどの暴行を加え，よって，同人に加療約2か月間を要する左尺骨々折等の傷害を負わせたものである。

罪　名　及　び　罰　条
　　傷　　害　　　刑法第204条

資料をもってすべきで，公訴提起後その追行時に公判廷に初めて現れた証拠資料であって通常の捜査を遂行しても公訴の提起前に収集することができなかったと認められる証拠資料をもってすることは許されない。(最判平元・6・29民集43-6-664)。
▶ 公訴の提起は，検察官が裁判所に対して犯罪の成否，刑罰権の存否につき審判を求める意思表示であるから，起訴時あるいは公訴追行時における検察官の心証は，その性質上，判決時における裁判官の心証と異なり，起訴時あるいは公訴追行時における各種証拠資料を総合勘案して，合理的な判断過程により有罪と認められる嫌疑があれば足りる（最判昭53・10・20民集32-7-1367）。

2 一罪の一部起訴

検察官は，犯罪事実の一部のみ起訴することもできる。一罪の一部起訴は，犯罪の処罰の当否・要否，被害者を含む社会の処罰感情等刑事政策上の妥当性と，立証の困難等の訴訟経済との均衡など刑事裁判を維持する上での相当性などを考慮して判断する（最決昭59・1・27刑集38-1-136参照）。

ただし，強姦罪等性犯罪について，被害者等による告訴がないとき，強姦の手段としての暴行脅迫のみ起訴することは相当ではない。裁判では犯罪全体が明らかになるが，これは親告罪の趣旨に反する（ただし，被告人がかかる理由で公訴棄却を求めて救済されるべき利益はないから，かかる公訴提起は適法・有効である）。

【CASE：窃盗罪と一罪の一部起訴】
常習特殊窃盗罪は常習性の発露という面を除けば，その余の面においては，同罪を構成する各窃盗行為相互間に本来的な結び付きはないから，検察官は立証の難易等諸般の事情を考慮し，常習性の発露を捨象した上基本的な犯罪類型である単純窃盗罪として公訴を提起しうる（最判平15・10・7刑集57-9-1002）。

3 起訴状の記載内容

(1) 起訴状には，被告人の氏名，その他被告人を特定するに足りる事項，公訴事実，罪名を記載しなければならない（256条2項）。勾留されているときはその旨も記載する（規則164条1項2号。なお，起訴状記載の訴因による勾留を要するとき，「求令状」と記載して職権発動を求める）。起訴とともに，逮捕状・勾留状も裁判所に差し出す（規則167条）。

(2) 被告人を特定するには，被告人の氏名の他に，年齢，職業，住居，本籍（被告人が法人であるときには，事務所ならびに代表者または管理人の氏名および住居）を記

載する（規則164条1項1号）。これらの事項が明らかでないときは，その旨を記載すればよい（同条2項）。被告人が黙秘する等して氏名が判明しない場合，人相，体格，指紋，勾留されている刑事収容施設の部屋の番号その他被告人を特定できる事項を記載し，写真を添付するなどして被告人を特定する。

4 訴因の特定

(1) 審判の対象となる訴因は，公訴事実欄に明示して記載する。訴因とは，被告人が行った犯行を刑法上の構成要件を充足するのに必要な事実にそって整理し（事実記載），さらに可罰的な評価（法律構成）も加えた，法的に構成された事実である。この訴因が審判の対象となる（審判の対象論については，171頁参照）。

かかる訴因を明示するのには，最も重要な部分である「罪となるべき事実」についてできる限り日時・場所および方法をもって特定しなければならない（256条3項）。これを「訴因の特定」という。訴因の特定は，審判の対象とその範囲を示す意味をもつ。また，二重起訴ではなく公訴時効の完成もないことなど公訴が訴訟条件を充足して適法に成立していることを判断するためにも必要である（識別機能）。これに伴って，被告人にも防御すべき対象と範囲が示されることとなる（防御機能）。

もっとも，犯罪の日時，場所および方法は，それ自体が犯罪を構成する要素でない限り，罪となるべき事実そのものではなく訴因を特定する一手段である。だから，犯罪の種類，性質等の如何によりこれを詳らかにすることができない特殊事情がある場合，幅のある表示をしてもよい（最大判昭37・11・28刑集16-11-1633）。

【CASE：訴因の特定と裁判例】
　訴因の特定に関して次のような事例が問題になる。
　① 中国と国交のない時代に被告人がわが国を密出国して中国に渡り後に中国からの引き揚げ船である白山丸に乗船して帰国した事件で，「被告人は，昭和二七年四月頃より同三三年六月下旬までの間に，有効な旅券に出国の証印を受けないで，本邦より本邦外の地域たる中国に出国したものである」という記載でも足りるとした（白山丸事件。最大判昭37・11・28刑集16-11-1633）。帰国に対応する1回の密出国があり，また時代状況に照らして密入出国が容易にできないこと等に照らして訴因の特定性を認めたものである。
　② 共謀共同正犯の共謀の特定が実務上問題になる。「共謀」は共謀共同正犯におけ

る「罪となるべき事実」である。しかし，判例は，「共謀」の存在自体が厳格な証明によって立証されれば足りるとし，謀議の行われた日時，場所またはその内容の詳細について具体的に示す必要はないとする（最大判昭33・5・28刑集12-8-1718）。

③ 覚せい剤自己使用罪の訴因の特定も問題となるが，判例は「被告人は，法定の除外事由がないのに，昭和五四年九月二六日ころから同年一〇月三日までの間，広島県高田郡吉田町内及びその周辺において，覚せい剤であるフエニルメチルアミノプロパン塩類を含有するもの若干量を自己の身体に注射又は服用して施用し，もつて覚せい剤を使用したものである」との記載であっても，検察官において起訴当時の証拠に基づきできる限り特定したものである以上訴因の特定に欠けるところはないとする（最決昭56・4・25刑集35-3-116）。

④ 業として営利目的の薬物譲渡等を行ういわゆる業態犯（麻薬特例5条）の訴因について，判例は概括的包括的な記載で足りるとする。例えば，譲渡の回数とその年月日，場所，相手，量，代金を特定した別表を添付した上，「被告人は，営利の目的で，みだりに，別表記載のとおり，四回にわたり，四か所において，Aほか二名に対し，覚せい剤である塩酸フェニルメチルアミノプロパンの結晶合計約〇・五グラムを代金合計五万円で譲り渡すとともに，薬物犯罪を犯す意思をもって，多数回にわたり，上記Aほか氏名不詳の多数人に対し，覚せい剤様の結晶を覚せい剤として有償で譲り渡し，もって，覚せい剤を譲り渡す行為と薬物その他の物品を規制薬物として譲り渡す行為を併せてすることを業としたものである」旨記載しても特定として欠けるところはない（最決平17・10・12刑集59-8-425）

⑤ 多数回の窃盗を包括一罪として起訴する場合，始期および終期ならびにその間に行われた行為の回数，贓品の合計数量のみを記載し各個の犯罪行為を特定しないで一括記載しても訴因の特定は認められる（東京高判昭27・1・29高刑集5-2-130）。

(2) 罪名は，適用すべき罰条を示して記載しなければならない（256条4項本文）。刑法犯の場合には罪名と罰条を併記する。検察官はすでに訴因において可罰的な評価（法律構成）も加えた，法的に構成された事実を摘示しているから，万が一罪名，罰条欄の記載と訴因との食い違いがあっても被告人の防御に実質的な不利益を生ずるおそれがないかぎり公訴提起の効力に影響を及ぼさない（同項但書）。訂正すれば足りる。

(3) 数個の訴因および罰条を予備的または択一的に掲げることも許される（256条5項）。1通の起訴状で併合罪関係にある複数の犯罪を起訴することもできる。この場合，複数の訴因を並列させて公訴事実欄に記載する。本位的な訴因を殺人とし，予備的に重過失致死罪や保護責任者遺棄致死罪など公訴事実の同一性のある別の訴因を掲げておくことも法制度上許される（運用上，検察庁は予備的訴因の活用をしない。裁判員裁判の定着に伴い変化の可能性はある）。

5 起訴状一本主義

(1) 起訴状には，裁判官に事件につき予断を生ぜしめるおそれのある書類その他のものを添付し，またはその内容を引用してはならない（256条6項）。これを起訴状一本主義という。裁判官が，事件について検察官の主張に沿った先入的心証を抱くことなく白紙の状態で第1回の公判期日に臨み，その後の審理の進行に従い証拠によって事案の真相を明らかにし公正な判決に到達する手続とするためのものである（最大判昭27・3・5刑集6-3-351）。公判前整理手続を実施する場合も，同じように考えてよい。その意味で，予断排除の原則を実現するだけではなく，直接審理主義，公判中心主義，憲法37条1項の保障する「公平な裁判所」の理念をも実現する制度である。

例えば，詐欺罪の公訴事実について起訴状の冒頭に「被告人は詐欺罪により既に二度処罰を受けたものであるが」と記載することは訴因の成否につき裁判官に予断を生ぜしめるおそれのある事項にあたる（「余事記載禁止」に反するともいう）。これによって生じた予断のおそれは性質上治癒できないから，公訴棄却によって（338条4号）手続を打ち切ることとなる（前掲・最大判昭27・3・5）。

(2) もっとも，訴因の明示にとって必要な事項であれば記載が許される。例えば，恐喝の手段として被害者に郵送された脅迫文書の趣旨が婉曲暗示的であって，起訴状にこれを要約するには相当詳細にわたるのでなければ文書の趣旨が財産的利得の意図からの加害の通告にあたるか単に平穏な社交的質問書にすぎないのかが判明しがたい場合，起訴状に文書の全文とほとんど同様の記載がなされても起訴状は無効にならない（最判昭33・5・20刑集12-7-1398）。また，名誉毀損罪の起訴状において，「外遊はもうかりまっせ，大阪府会滑稽譚」と題する文章原文から検察官が犯罪構成要件に該当すると思料する部分を抽出して記載した場合には，訴因を明示するための方法として不当ではなく，裁判官に事件につき予断を生ぜしめるおそれのある書類の内容を引用したものというにはあたらない（最決昭44・10・2刑集23-10-1199）。

§Ⅵ 公訴権の抑制

検察官は，公訴権の行使にあたり証拠評価や起訴猶予の判断上幅の広い裁量

権をもつ。そのため公訴権の不当な行使を防止する必要がある。

1 不起訴の場合

　検察官が公訴を提起しない処分が不相当である場合，これを是正する必要がある。現行法は，次のような制度を定めている。

　(1)　検察審査会への審査申立てがある（検審30条）。検察審査会は原則として各地方裁判所所在地に置かれ，衆議院議員の選挙権者の中からクジで選ばれた11名の検察審査員により「検察官の公訴を提起しない処分の当否の審査」（同法2条1項1号）および「検察事務の改善に関する建議又は勧告」（同項2号）を行うこととされている。

　告訴・告発をした者（230条～234条・239条），請求をした者（刑92条2項，労調42条など）または犯罪の被害者もしくはその遺族は，検察官のした不起訴処分に不服のある場合，審査を申し立てることができる（検審2条2項）。検察審査会自ら職権によって審査を開始することもできる（同法33条2項）。

　検察審査会は，検察官の公訴を提起しない処分について，起訴相当，不起訴不当，不起訴相当いずれかの判断をしてこれを検察官に送付する（同法39条の5）。検察官はこれを参考にして再度公訴を提起するかどうか決定しなければならない（同法41条）。

　起訴相当の議決をした処分について検察官が再度不起訴にした場合（または起訴相当の議決を送付して3月を経たときであって検察官が3月以内の延長の通知をしないとき），検察審査会は，再度これを審査しなければならない（検審41条の2）。この場合，法律の専門家である審査補助員を委嘱してその知見を踏まえて審査をする（同条の4）。再度，起訴が相当であると判断する場合，「起訴議決」を行う（同条の7）。裁判所は，起訴議決謄本を受理した場合，公訴の提起にあたる指定弁護士を指定して公訴の提起をさせなければならない（同条の9）。

　こうして検察審査会は従来検察官が独占してきた公訴提起について市民の良識を反映させる制度となっており，検察官の訴追裁量をコントロールする上で大きな役割を果たしている。

　(2)　職権濫用等の犯罪に関しては，管轄地方裁判所への付審判請求（準起訴）手続がある（262条～269条）。職権濫用等の罪について告訴または告発をした者が，検察官のした不起訴処分に不服がある場合，地方裁判所に対して事件を裁

判所の職権で審判に付すること（有罪無罪の判断をする審理を開くこと）を請求できる（262条）。

請求が理由のあるとき，裁判所は事件を管轄地方裁判所の審判に付する決定をする（266条2号）。この決定があったときは，この事件について公訴の提起があったものとみなされる（267条）。審判に付された事件については，裁判所の指定した弁護士が，公訴維持のため検察官の職務を行う（268条）。

付審判請求は，職権濫用等の罪に限り検察官による公訴権の行使のあり方に対して被害者等市民の側の申立てによって抑制するものであり，起訴独占主義の例外であると同時に，「市民主義」の表れでもある。

2　起訴した場合と「公訴権濫用論」

検察官が起訴すべきではない事件を起訴した場合，どのように被告人を救済すべきか（事後的には，不当な起訴に対する国家賠償請求も可能である。また，それ自体が犯罪を構成する極限的な場合には検察官を刑法上の犯罪によって処罰することも考えられる。不当な起訴を行った検察官に対する検察庁内部の懲戒処分等もありえる）。

このような不当な起訴そのものを当該の裁判手続によって無効と宣言することを求める考え方を「公訴権濫用論」と総称する。実務でも事案によって折々被告側が主張する。公訴権濫用論は，一般的には，①犯罪の嫌疑が十分でないのに起訴した場合，②訴追裁量権を逸脱し起訴猶予処分が相当な事件を起訴した場合，③違法捜査に基づき起訴した場合に分類できる。仮に公訴権濫用が認められれば訴訟条件が欠けることになるので，理論的には裁判所は公訴棄却または免訴の判決で手続を打ち切ることとなる。

しかし，犯罪の嫌疑が十分でないのに起訴した場合，裁判所は端的に無罪を言い渡せば足りる。公訴権濫用として手続を打ち切る意味がない（【★ MEMO：2-5参照】）。他方，起訴猶予処分が相当な事件かどうかは検察官の健全な裁量に委ねられているところであるが，判例上は公訴の提起自体が職務犯罪を構成するような極限的な場合には手続を打ち切るのが相当であるとするのにとどまる（最決昭55・12・17刑集34-7-672）。起訴された事件の捜査が起訴自体を無効にするほどの著しく違法な場合であって，個々の証拠に関する違法収集証拠排除法則によっても救済できない極限的な場合にも一般的には手続を打ち切ることは可能である。もっとも，判例上捜査の違法との関係で，共犯者間の処分の不平等

が問題となりうるが，被告人が思想，信条，社会的身分または門地などを理由に一般の場合に比べ捜査上著しく不当かつ不利益に取り扱われて起訴されたものでないかぎり，共犯関係者の一部，対抗関係にある共犯の一方が刑事訴追を免れただけでは，被告人に対する捜査手続が憲法14条に違反となり公訴提起を無効とするものとはされない（最判昭56・6・26刑集35-4-426）。

【★ MEMO：2-5 「有罪判決の見込み」と訴訟条件】
　検察官が証拠に基づいて公正に起訴することを促すため，客観的に合理的な嫌疑が存在することを公訴の有効な条件とする考え方もある。この場合，審理の過程では，公訴提起時にこの程度の嫌疑がなかったことが立証されると，その段階で訴訟条件がなくなるので裁判を打ち切ることとなる（公訴棄却または免訴による）。しかし，審理は，検察官が主張する犯罪事実が証拠によって立証されるのかを目的として進行する。公訴提起時の嫌疑の有無のみを独立に審理する手続はわが国では想定されていない。証拠がなければ無罪とすれば足りる。合理的犯罪の嫌疑を訴訟条件とすることが，検察官の公正な公訴権行使という法政策を実現する相当な措置とも思えない。客観的嫌疑の存在を訴訟条件と扱うべきではない。

第3章　公　判

図表3-1　公判準備から公判廷へ

公判前整理手続先行の場合	公判前準備先行の場合
■裁判所主導の公判前整理手続 　○検察官証明予定事実記載書提出 　○類型証拠開示 　○被告側予定主張提出 　○主張関連証拠開示 　○訴因変更等 　○検察官側・被告側双方の証拠調べ請求と証拠採否決定 　○証拠調べの順序・範囲・方法の決定	■当事者間の事前準備手続 　○検察官証拠調べ請求予定証拠の開示 　○被告側証拠調べ請求予定証拠の開示 ○予断排除の原則適用
■公判審理 　○冒頭手続 　○証拠調べ手続 　　検察官・冒頭陳述 　　被告側・冒頭陳述 　○公判前整理手続結果顕出 　○証拠調べの実施 　○弁論 　　検察官の論告求刑 　　被害者の意見陳述 　　弁護人の弁論 　　被告人の最終陳述	■公判審理 　○冒頭手続 　○証拠調べ請求手続 　　検察官・冒頭陳述 　　検察官・証拠調べ請求 　　証拠採否決定 　○証拠調べの実施 　○弁論 　　検察官の論告求刑 　　被害者の意見陳述 　　弁護人の弁論 　　被告人の最終陳述

評議・評決

判　決

§1　裁判所の構成

1　裁判所の意義

　検察官の公訴の提起を受理し，当該事件について裁判を主宰するのは裁判所である。

　「裁判所」という語句には3つの意味がある。東京地方裁判所，東京高等裁判所など地名を冠した裁判所名は，「裁判所」という官署として建物，敷地，裁判官，職員など含めた物理的・人的組織全体の存在を意味する（官署としての裁判所）。次に，裁判所法上司法行政上の職務を行う権限主体も「裁判所」である。各裁判所はそれぞれの裁判所に配属されている裁判官で構成する裁判官会議の議を経て司法行政上の職務を行う（例えば，裁判所の庁舎管理の行使。これを官庁としての裁判所という）。以上を国法上の意義の裁判所という。

　検察官は，起訴する事件について管轄権のある裁判所に公訴の提起を行う。その後，各裁判所内部で構成している刑事事件担当の部または係りに事件が配点される（○○地方裁判所，刑事○○部が担当する）。部または係りに配置されている裁判官らが当該事件を実際に審理する。かくして，有罪・無罪を判断するため審理を担当する特定の裁判官または三人の組み合わせができあがる。これが刑訴法上の「裁判所」（「受訴裁判所」ともいう）である。

2　裁判所の管轄

　(1)　**裁判権と管轄**　　検察官が公訴権を担うのに対して，裁判所は裁判権を担う。裁判権を実際に行使するのは個々の裁判所・裁判官であるが，どの裁判所がいかなる手続または事件を処理するのか，その基本は刑事訴訟法および裁判所法で定められている（これを「管轄」という）。したがって，検察官は，起訴するにあたり管轄を有する裁判所に起訴状を提出しなければならない。事物管轄，土地管轄はあらかじめ法律で定められている（「法定管轄」）。管轄に争いがあるなど調整を要するときには基本的に直近上級裁判所が事件毎に管轄を定める（「裁定管轄」）。

　なお，上訴手続に関しても審級管轄が法定されているから，検察官はこれに従って上訴の申立てをしなければならない。

(2) 事物管轄　　第一審として刑事事件を裁く管轄は，事件の軽重，審判の難易等に基づき地方裁判所と簡易裁判所に分けて定められている。「事件」を基準とするので「事物管轄」という。以下のように配分されている。

(a) 簡易裁判所（裁33条2項）には，以下の事物管轄がある。①罰金以下の刑にあたる罪の事件。なお，これは簡裁の専属管轄であり，地裁には起訴できないので特に注意を要する（同法24条2号参照）。②選択刑として罰金が定められている罪の事件。③常習賭博罪，賭博場開張罪，窃盗罪，同未遂罪，横領罪，盗品等に関する罪の事件（同法33条1項2号）。

(b) 簡易裁判所は，原則として禁錮以上の重い刑を科すことができない（科刑権の制限という）。ただし，窃盗罪など法定された罪種にかぎり3年以下の懲役を言い渡す権限が認められている。簡裁は，科刑権を超える刑が相当と認めるときには，決定で地裁に事件を移送する（裁33条3項，332条）。

(c) 家庭裁判所は，少年法37条1項に掲げる罪の事件（裁31条の3第1項3号）を管轄する。高等裁判所では，内乱罪の事件の第一審を管轄する（同法16条4号・17条）。また，特に，東京高等裁判所は，独占禁止法89条から91条までの罪の第一審を管轄する（独禁85条3号）。

(d) 地方裁判所は，上記いずれにもあたらないすべての事件の第一審管轄権を与えられている（裁24条2号）。

なお，裁判員裁判対象事件の事物管轄については（裁判員3条），155頁参照。

(3) 土地管轄　　(a) 土地管轄とは，事件の土地関係による第一審管轄の分配をいう。訴訟経済，被告人の利益等を考慮してどの場所にある裁判所が裁判を行う権限をもつのか分配するものである。基本的には，管轄区域内に犯罪地，被告人の住所，居所，現在地がある事件について土地管轄を有する（2条1項）。なお，公訴提起の当時被告人が任意または適法な強制処分によって現在する地域も含む（最決昭30・5・17刑集9-6-1065，最決昭32・4・30刑集11-4-1502）。だから，被告人が検察官の呼出しを受けて任意に出頭した場所も被告人の現在地である（最決昭33・5・24刑集12-8-1535）。

(b) 土地管轄を誤って起訴した場合，被告人の防御の準備も考慮し，被告人が申立てをしなければ土地管轄に関する管轄違いの言渡しはしない。ただし，訴訟経済を考慮し，申立ては証拠調べ開始後（検察官の冒頭陳述開始後）はできな

い（331条）。

　(4) 関連事件管轄　　(a) 起訴されている被告人が数罪を犯したとき，数人の被告人が共に同一犯罪または別個の犯罪を犯したとき，数人が通謀して格別に犯罪を犯したとき等には事件は「関連するもの」と扱われる（9条。なお同条2項参照）。関連する事件は，可能なかぎり一個の裁判所で併合して審理するほうが被告人にとって併合罪処理（刑45条以下）を受けることができるので有利である。したがって，事物管轄，土地管轄の修正がなされる。

　(b) そのため，公訴を受理した後，事件の準備段階で裁判所書記官は，他に関連事件がないか調査し，審理の進行状況等も各係属部に問い合わせて裁判官に報告をして，併合審理をするかどうか判断を仰ぐ。以下の処理を裁判所は行う。

　　① 事物管轄が異なる数個の事件が関連するときは，上級裁判所が併せて管轄する（3条。例えば，同一被告人による，簡裁専属管轄の刑法185条の単純賭博罪と地裁に管轄権のある刑法246条の詐欺罪が関連するとき，地裁が管轄する。ただし，簡裁への事件移送について4条参照）。

　　② 数個の関連事件が，上級および下級の裁判所に係属するとき，事物管轄のない事件も含めて上級の裁判所が決定で併合して審判をする（5条。共犯関係にある複数の者が単純賭博罪，詐欺罪数罪を犯し，それぞれ複数の簡裁，地裁にバラバラに起訴されたような場合）。

　　③ 土地管轄のない事件と関連する事件が係属している裁判所は，すべての事件を併合して管轄できる（6条。ただし，併合審判の必要のない事件の他裁判所移送について同2項参照）。

　　④ 数個の関連事件がばらばらに事物管轄を同じくする裁判所に係属しているとき（例えば，同一被告人の窃盗事件が複数の地裁にそれぞれ起訴された場合），検察官または被告人の請求によって一の裁判所に併合することができる。この場合，各裁判所の決定が一致したときに併合の効力が生じる。裁判所間の調整ができないとき，直近上級裁判所がこれを決める（8条）。

【CASE：5条の関連事件の管轄】
　一審と控訴審のように審級を超えて係属している関連事件について併合してしまう

と，一方の事件はその審判について審級の利益を失うこととなるので本条は適用しない（最判昭27・3・4刑集6-3-339）。また，同一傷害事件が数個の簡易裁判所に別々に起訴され，同時に係属する場合で，上級の地方裁判所にはこれらと関連性のある窃盗・恐喝未遂事件が係属しているとき，同地方裁判所は11条にかかわらず後に起訴された傷害事件を併せて審判することができる（最決昭29・6・29刑集8-6-985）。

(5) **同一事件・重複起訴の場合**　同一事件が万が一にも他の裁判所にも起訴されたとき，管轄の調整を要する。

同一の事物管轄を有する数個の裁判所の場合（例えば，同一の窃盗事件が複数の簡裁に起訴された場合）は，原則として最初に公訴を受理した裁判所が管轄する。ただし，検察官または被告人の請求で直近上級裁判所が後に公訴を受理した裁判所に管轄を指定することもできる（11条）。事物管轄が異なる数個の裁判所の場合（例えば，同一の窃盗事件が地裁と簡裁に起訴された場合）は，上級の裁判所（地裁）が管轄するのが原則である（10条1項。ただし，2項参照）。

管轄がなくなった裁判所は決定で公訴を棄却する（339条1項5号）。ここでいう事件の同一性は，刑訴法312条で規定する公訴事実の同一性と同じく，起訴状記載の訴因の同一性を基準として判断する。

(6) **管轄指定，管轄移転**　管轄が不定である場合などには，検察官の請求により，関係する第一審裁判所直近上級裁判所が管轄指定を決定する（15条）。法定管轄が不存在または不明確なときには，検事総長が最高裁に管轄指定を請求する（16条）。検察官は，管轄裁判所が法律上の理由または特別の事情により裁判権を行うことができないとき，地方の民心，訴訟の状況その他の事情により裁判の公平を維持することができない虞があるとき，直近上級の裁判所に管轄移転を請求できる（17条。なお，検事総長による最高裁への管轄移転請求について18条参照）。

(7) **事件の移送**　裁判所は，適当と認めるときは，検察官もしくは被告人の請求または職権で，その管轄に属する事件を事物管轄を同じくする他の管轄裁判所に移送することができる（19条1項）。ただし，証拠調べを開始した後はできない（即時抗告による不服申立てができる）。移送の決定または移送の請求を却下する決定に対しては，その決定により著しく利益を害される場合にかぎり，その事由を疎明して，即時抗告をすることができる（同条2項・3項）。

【CASE：事件の移送と即時抗告】
　長野県で発生した速度違反を否認している事件を被告人の住居地の大阪簡裁へ職権で移送した場合、検察官の有罪立証上、警察官等や速度測定器のメーカー従業員等長野県在住者の証人尋問、現場検証、補充捜査等が予想されるところ、検察官の利益を著しく害することとなるとして移送決定を取り消した事例がある（東京高決平14・3・27東高刑時報53-1～12-41）。

(8)　審級管轄　　刑事事件の第一審は、基本的には、簡易裁判所と地方裁判所である（裁24条1項・33条）。高等裁判所が第一審管轄をもつ場合については裁判所法16条4号、東京高等裁判所が第一審管轄権を有する独禁法違反事件について独禁法85条を参照。上訴に関する手続の分担として、控訴と抗告は、第一審裁判所の所在地を管轄する高等裁判所が管轄し、上告と特別抗告は最高裁判所が管轄する。

(9)　管轄に関連する手続　　管轄権の有無は裁判所が職権で判断する。審理開始後裁判所は口頭弁論を経て管轄のないことを確認し、判決で管轄違いを宣告する（329条）。裁判所は土地管轄のない場所でも事実発見のため必要な職務を行える（12条。例えば、検証、捜索・差押えなど）。管轄違いで手続が打ち切られた場合、それまでに行われた訴訟手続は効力を失わない（13条）。後に同一事件が管轄権のある裁判所に公訴提起されたときには、一件記録を引き継ぐ。裁判所は、管轄権を有しないときでも、急速を要する場合には、事実発見のため必要な処分（例えば、検証、捜索・差押え、証人尋問など）をすることができる（14条1項）。

3　受訴裁判所の構成

　審理を担当する受訴裁判所については、2009（平成21）年5月21日から裁判員法が施行されたことに伴い、次のように区分されることとなる。

(1)　死刑、無期または短期1年以上の懲役・禁固を法定刑とする犯罪の審理は、3名の裁判官で構成する裁判所が担当する（必要的合議事件。裁26条）。その他の事件は、裁判官が1名で担当する（単独事件。裁26条・18条）。ただし、事案の性質に応じて、合議体で審理・判決を行うものと決定することもある（裁定合議事件）。

(2)　ただし、故意の行為によって人を死亡させた事件または死刑・無期懲役

を法定刑に含む事件について，原則として6名の裁判員と3名の裁判官で構成する合議体が審理する。なお，一定の阻害事由がある場合には，裁判官で構成する裁判所が審理を担当することができる（詳細は裁判員3条参照）。

【★ MEMO：3-1 「受命裁判官」「受託裁判官」】
合議体の裁判所が，その構成員にある訴訟行為を行わせる場合その裁判官を受命裁判官という。また裁判所が，他の場所にある裁判所の裁判官に一定の訴訟行為を嘱託するとき，その裁判官を受託裁判官という（例えば，裁判所が裁判所外で証人尋問を実施する「所在尋問」について，合議体の構成員である受命裁判官にこれをさせ，または証人の現在地の地方裁判所，家庭裁判所もしくは簡易裁判所の裁判官である受託裁判官に嘱託することができる（163条1項））。

4　裁判官の除斥，忌避および回避

(1)　被告人は公平な裁判所の裁判を受ける権利が保障されている（憲37条1項）。そこで，刑訴法は，起訴状一本主義（256条6項）を採用して，裁判官の予断を可能なかぎり防止しようとしている。また，除斥，忌避および回避の制度を設けて，公正な裁判官による裁判を保障するものとした。

(2)　①除斥とは，裁判官自身が事件の被害者である場合など，不公平な裁判をするおそれのある類型的な法定事由があるときに，裁判官を職務の執行から除く制度である（20条）。②忌避とは，裁判官に除斥原因がある場合もしくはその他の不公平な裁判をするおそれがある場合に，当事者の申立てによって，その裁判官を職務の執行から除外する制度である（21条）。忌避の申立てがあったときは，原則として，訴訟手続を停止しなければならない（規則11条）が，刑訴法は，忌避の申立てによる訴訟の引き延ばしを防ぐため，忌避申立ての時期を制限し（22条），訴訟遅延の目的だけでなされたことの明らかな忌避申立てに対しては忌避された裁判官自身によって却下（簡易却下）することができるものとしている（24条）。③回避とは，自分に忌避の原因があると思う裁判官が自ら進んで所属裁判所に申し立て，その決定により職務の執行から除かれる制度である（規則13条）。

除斥，忌避および回避は，20条7号の場合を除いて裁判所書記官にも準用される（26条，規則15条）。

§Ⅱ　公判審理の準備

1　公判審理の準備

（1）　検察官が起訴状を裁判所に届けて受理されると，裁判所がその事件について有罪・無罪を判断するための審理（公判）を開くための準備を始める。

（a）　被告人に起訴状の謄本などを送達しなければならない（271条。2月以内に有効な送達がなければ裁判を始めることができず，一度受理した手続については公訴棄却によって打ち切ることになる。339条1項1号）。被告人が日本語を解さない場合，起訴状の内容を理解できる言語で説明する文書を付して起訴された事実を告知しておかなければならない。

裁判所は，弁護人を選任することができる旨と貧困などの理由で選任ができないとき裁判所にこれを請求できる旨を告知しなければならない（272条1項）。その際，資力申告書を提出しなければならないこと，資力が基準額の場合私選弁護人選任手続を前置しなければならないことも教示する（同条2項）。被告人の弁護人選任請求がこれらの要件を満たしている場合，その選任手続を行わなければならない。

（b）　検察官は有罪立証のための準備を，被告人と弁護人（以下，被告側という）は，防御のための準備を始める。

当事者を交えた準備手続は二通りに別れる。裁判所が，事件の内容，予想される争点や証拠の質と量など考慮して，裁判所もまじえた詳細な準備を必要と考えた場合，公判前整理手続に付すこととなる（316条の2第1項。後述137頁参照）。2009年から始まった裁判員裁判では，集中・継続審理を実施する必要上，必ず公判前整理手続を行うものとされている（裁判員49条）。公判前整理手続を伴わない事件では，検察官と被告側の自主性に委ねた準備手続を行う（公判前準備手続）。

（c）　裁判長は，準備手続を踏まえて公判期日を定めなければならない（273条）。公判期日の変更は訴訟の遅延の原因となるので，やむをえない場合の他はできない（公判期日不変更の原則。規則182条1項）。

（2）　裁判所による証拠の確保　　（a）　裁判所は公判準備として，証人尋問，

検証，鑑定，捜索・押収など証拠を確保する権限が与えられている。実際には当事者から証拠調べ請求がなされた場合に裁判所の権限によって行うものである。裁判所自ら真相解明のために積極的に証拠を収集するものではない。その結果得られた証拠については証拠調べが義務付けられている（30条）。

(b) 裁判所は，検察官，被告人・弁護人の請求または職権で公務所や公私の団体に照会をして必要な事項の報告を求めることができる（279条）。相手には報告の義務が発生するが，これを強制する手段はない。被告側が共犯事件に関する一件記録の取り寄せを必要とする場合，裁判所に請求し照会の一種としてこれを行える。

(c) 証人尋問は，公判期日に公判廷において行うのが通常であるが，①証人の重要性の他，証人の立場などと事案の軽重を考慮して証人の居る場所で実施することができる（「所在尋問」。158条）。また②裁判所の法廷を使うが，期日外の手続として証人尋問を実施できる（「期日外尋問」。281条）。その際作成される証人尋問調書はそのまま証拠とすることができる（321条2項）。

(d) 検証は，裁判官がその五官の作用によってものごとの性状把握を行うために実施される（128条）。実際にも事件・事故の現場の状況を確認する等のため実施されることがある（捜査として行う検証と同一の性質である。54頁参照）。

(e) 学識経験のある者がその専門知識に基づいて物事の性状を把握し，またはその適用した結果を証拠にするためには鑑定を実施する。起訴前に，捜査機関が専門家に依頼して実施する嘱託関係と異なり，裁判所が任命して選任する（165条）。鑑定人は宣誓をする（166条）。

裁判所は必要があれば，鑑定のため被告人の身体を拘束する鑑定留置を実施する（167条）。鑑定の実施に伴い，他人の住居権，財産権，プライバシーなどを侵害する措置が必要な場合，裁判所が鑑定処分許可状を発する（168条）。身体検査については，相手が応じないとき，鑑定人の請求により（172条），加療・費用賠償（137条），身体検査拒否罪による処罰（138条）など間接的な強制措置が予定されている。また，裁判所は直接強制してこれを実施できる（139条）。鑑定の結果については，通常鑑定書としてとりまとめられる。鑑定書は鑑定人がその作成の真正を公判廷において証人として証言することによって証拠能力を取得する（321条4項）。

(f) 裁判所が証拠の捜索を実施することは実際にはあまりない。公判廷で証拠物が証拠として採用されて内容を明らかにする証拠調べが実施された後は領置（押収の一種）される。

2 被告人の召喚・勾引・勾留

(1) 被告人の召喚・勾引　　(a) 裁判所は，公判審理に被告人が出頭するように必要な措置をとらなければならない。そのため，第1回公判期日を決めて，検察官，弁護人に知らせるとともに被告人を召喚しなければならない（273条・58条）。第1回公判期日は，期日を知らせる送達手続をする日から，地裁の場合には5日，簡裁の場合には3日の猶予期間を置かなければならない（275条，規則179条）。

召喚は令状を発して行うのが原則であるが（57条・62条・63条），裁判所構内にいる被告人には公判期日を事実上通知すればよい（274条）。審理の最後に，裁判長が被告人に次回期日を告知する方法でもよい。

(b) 被告人が召喚に応じない場合には被告人を勾引することもできる（58条。ほとんど行われることはない）。勾引は，被告人を裁判所に引致する裁判である。令状の執行により引致を強制できる（70条）。ただし，勾留状が発せられないかぎり，裁判所に引致した時から24時間以内に被告人を釈放しなければならない（59条）。

(2) 被告人の勾留①——勾留手続　　(a) 捜査段階から勾留されている被告人について，公訴の提起があると自動的に勾留が継続する（208条・60条2項）。検察官は勾留請求をする必要はない。検察官が，起訴後はじめて公訴事実欄記載の訴因について勾留を必要と判断する場合，検察官には請求権はなく，職権を発動して勾留するように促すのにとどまる。運用上検察官は「求令状」と起訴状に書き，裁判所に職権による勾留の決定を申し立てる。

(b) 多くの事件は，捜査段階で逮捕勾留されて起訴されるため，新たな勾留に関する判断・決定は不要である。当初の勾留裁判に基づく1個の身体拘束が継続する関係にある（ただし，起訴と同時に期間制限などの条件が修正される）。

あらためて勾留する場合の要件は起訴前と同じく，犯罪の相当の理由があること，住居不定または罪証隠滅の相当の理由，逃亡の相当の理由のいずれかがあること，勾留の必要性（相当であること）である（60条・87条1項）。勾留質問手

続（61条）も原則として実施しなければならない。その際，弁護人選任権と国選弁護人選任請求権があることを告げなければならない（77条）。

　起訴後第1回公判期日までは，受訴裁判所に属しない裁判官が勾留に関する事項を担当する。事件の内容や証拠の状態を受訴裁判所があらかじめ知ることによって予断を生じるのを防ぐためである（280条）。その後は受訴裁判所が管轄する。これに対応して，第1回公判期日まで，勾留など身体拘束に関する不服があるときには，準抗告による（429条1項2号）。その後は，抗告を申し立てる（420条）。

　(c)　勾留期間は，起訴前勾留が継続する場合には，起訴のあった日から2か月である（60条2項）。起訴後あらためて勾留された場合，勾留状の執行日から計算する。特に継続の必要がある場合，具体的にその理由を付した決定で，1月の更新ができる。更新は原則として1回である。ただし，死刑，無期または短期1年以上の懲役・禁錮にあたる罪の場合，長期3年以上の懲役・禁錮にあたる罪の常習犯の場合，罪証隠滅の疑いに相当な理由がある場合，および被告人の氏名または住居が判明しない場合はその例外とされる。

　(d)　起訴後の勾留についても一般人の接見や書類・物の授受の権利が伴うが（80条），否認事件等では当初の勾留とともに検察官の請求によって第1回公判期日まで接見等禁止に付されることもある（81条）。場合によっては検察官側の証人尋問等の立証が終了するまで接見等禁止が継続されることもある。これに対して被告側は，時期に応じてその取消し（家族だけとの接見などのための一部取消し）を申し立てることができる。

　(3)　被告人の勾留②――保釈・勾留の執行停止　　(a)　勾留の効力を残したまま，被告人の身体拘束を解く措置として，保釈（88条〜94条）および勾留の執行停止（95条）がある。

　(b)　保　釈　　(i)　保釈は，保証金を納付させ正当な理由なく出頭しない場合等にこれを没取するという威嚇のもとに被告人を釈放する制度である。有罪であることが確定していない被告人にできる限り身体の拘束を避けるようにするとともに，防御権行使を保障するためにある。

　被告人・弁護人等の請求による場合（請求による権利保釈。88条・89条）と職権で行う場合（職権による裁量保釈。90条）がある。なお，身体拘束が不当に長期に

なった場合，請求または職権で勾留自体を取り消すか保釈を認めなければならない（義務的保釈。91条。ただし，事例自体がなく運用されていない）。

(ii) 保釈は，請求があったとき（88条），これを許さなければならない（89条本文）。ただし，以下の例外事由があるとき許可しないことができる。

①起訴された事件（訴因）が，死刑，無期または短期1年以上の懲役・禁錮にあたる罪であるとき（89条1号）。②被告人が前に死刑，無期または長期10年を超える懲役・禁錮にあたる罪につき有罪の宣告を受けた者であるとき（同2号）。③被告人が常習として長期3年以上の懲役・禁錮にあたる罪を犯した者である場合（同3号）。④被告人に罪証隠滅の相当の理由があるとき（同4号）。⑤被告人が被害者その他事件の審判に必要な知識を有すると認められる者もしくはその親族の身体もしくは財産に害を加えまたはこれらの者を畏怖させる行為をすると疑う相当な理由があるとき（同5号）。⑥被告人の氏名または住居がわからない場合（同6号）。

(iii) 権利保釈の例外事由中，③は，刑法上の構成要件として常習性を要素とする犯罪を意味するのではなく，起訴された事件が事実上反復継続して実施されていると認定できるものであればよい。

④の罪証には，犯罪を行ったか否かに関する証拠だけではなく，犯行態様の悪質さや情状に関する証拠も含む。罪証隠滅の意図，対象，方法，対象となる証拠の重要性などを総合的に考慮して判断しなければならない。被告人が捜査段階で黙秘しあるいは否認している事実は，それ自体では罪証隠滅の相当の理由を推認させないが，他の諸事情と総合的に判断することはできる。

(iv) 保釈請求の時期も例外事由の有無の判断上意味をもつ。

公判前整理手続が終了し被告人側の争点・主張と証拠調べの順序等が確定し，また検察官・被告側とも証拠を開示した段階に至れば，罪証隠滅を疑うべき事情は相当程度減退する。裁判員裁判の場合，被告側が連日的開廷に対応した迅速な防御準備をする必要性も考慮して例外事由の重みを判断しなければならない。

証拠開示が十分になされ，審理計画が策定されて，証拠調べの準備が整うと，少なくとも証拠隠滅の相当の理由は軽減する。一方，集中・継続審理のための打合せの必要は高まるから，保釈の相当性も高まる。

この他，第1回公判期日で罪状認否がなされ被告人が事実を認めた段階，検察官立証が終了した段階，結審し執行猶予が見込まれる段階，有罪判決後収監前に被告人が身辺整理を求める場合などの節目に保釈請求が行われる。

(v) 保釈の例外事由の有無の判断は，勾留の理由とされている犯罪事実（訴因）毎に行う（「一罪一勾留の原則」）。ただし，関連する余罪や追起訴予定の犯罪事実があることは，③ないし⑤号事由の有無を判断する一事情にしてよい（最決昭44・7・14刑集23-8-1057は，裁量保釈の当否の判断にあたり，起訴事実たる訴因の内容や性質，被告人の経歴，行状，性格等の事情を考察する一資料として余罪を考慮してよいとする）。

裁判官または裁判所は，検察官の意見を聞いた上，保釈を認めるか請求を却下する決定を行う（92条）。この決定について，第1回公判期日前は準抗告によって（429条1項），その後は抗告によって不服を申し立てることができる（419条・420条2項）。

(vi) 保釈を許す場合，保釈保証金を定めなければならない（93条1項）。保釈を認める決定は，保釈保証金の納付がなければ執行できない（94条1項）。保釈を認めるにあたり，事件関係者との接触禁止，住居の制限などの条件を付することができる（93条3項）。保釈中の被告人に逃亡や保釈許可条件違反等の事由が認められる場合，裁判所は決定で保釈を取り消し，保証金の一部または全部を没取できる（96条）。この場合，検察官の指揮により被告人は収監される（98条）。

(c) 勾留の執行停止　　裁判所は，適当と認めるとき，決定で勾留されている被告人を親族，保護団体その他の者に委託し，または被告人の住居を制限して，勾留の執行を停止できる（95条）。保証金の納付は不要である。適当な事由とは，現在の運用上緊急かつ，やむをえない生活上の利益を守る場合に認められている（例えば，親の葬式，緊急手術，重大な損失を防ぐための取引や本人にしかできない工場設備の運用調整など）。

(4) 被告人の勾留③—勾留・保釈などの終了　　(a) 勾留・保釈・勾留の執行停止は，終局裁判によってその効果が終結する。

禁固以上の実刑の判決宣告があれば，勾留の期間更新に関する制限事由（60条2項）も適用が除外される（344条）。この場合には保釈・勾留の執行停止は効

力を失い，被告人は収監される。逃亡の危険性が一般的に高まるからである（343条）。ただし，裁判所は再度保釈または勾留の執行停止を認めることはできる。もっとも，実質的には89条1号の事由が存在するし，逃亡の危険性が類型的に高いことを考慮し，法律上89条の適用自体を除外している（344条）。裁量保釈によることとなる。

(b) 無罪，免訴，刑の免除，執行猶予付の有罪判決，公訴棄却，罰金，科料の告知があった場合には，勾留状の効力が消滅する（345条）。被告人はその場で釈放される。

(c) 無罪判決などで勾留状の効力が消滅した後，検察官が控訴を提起した場合，原裁判所が再勾留できるのは自ら宣告した無罪判決に決定的な誤りを発見したときとか，それに匹敵するほどの特段の事情がある場合でなければならない（東京高決平19・9・5判タ1258-346）。他方，控訴審は職権で再勾留を認めることができる。

> 【CASE：無罪判決後控訴審裁判所による再勾留】
> 　一審が犯罪の証明がないとして無罪判決を言い渡した場合でも，控訴審裁判所は，記録等の調査により，右無罪判決の理由の検討を経た上でもなお罪を犯したことを疑うに足りる相当な理由があると認めるときは，勾留の理由があり，かつ，控訴審における適正，迅速な審理のためにも勾留の必要性があると認める限り，その審理の段階を問わず，被告人を勾留することができる。その場合，新たな証拠の取調べを待たなければならないものではない。また，裁判所は，勾留の理由と必要性の有無の判断において，被告人に対し出入国管理及び難民認定法に基づく退去強制の手続が執られていることを考慮できる（最決平12・6・27刑集54-5-461，最決平11・10・13裁判集刑276-245も同旨）。

§Ⅲ　公判前準備手続

1　公判前準備手続の概要

(1) 後述の公判前整理手続によらない場合，公判前に両当事者は主張や争点と証拠の整理について相互に協力して準備することとなる（規則178条の6。以下，公判前準備手続という）。

検察官は後に公判で証拠調べ請求を予定している証拠書類や証拠物については　なるべくすみやかに弁護人に閲覧の機会を与えなければならない。証人等の氏名や住居も早い時期に伝えなければならない（規則178条の7）。被告側請求予定の証拠に関する同意または異議申立ての見込みをなるべくすみやかに通知しなければならない。

　弁護人は，被告人その他の関係者に面接するなど適当な方法によって事実関係を確かめ，検察官が開示した証拠書類や証拠物の証拠調べに関して同意・不同意または異議の有無の見込みをすみやかに検察官に通知しなければならない（299条1項，規則178条の6。弁護人請求予定の証拠についても同様である）。証拠調べ請求予定の証拠書類・証拠物について検察官に提示して閲覧の機会を与えなければならない。

　検察官および弁護人は，相手方と連絡して，起訴状に記載された訴因・罰条を明確にし，事件の争点を明らかにするため，できる限り打ち合わせ，証拠調べなど審理に要する見込みの時間など裁判所が開廷回数の見通しを立てるについて必要な事項を裁判所に申し出なければならない（規則178条の6第3項）。第1回公判期日に取り調べられる見込みのある証人については，在廷させるよう努めなければならない（同条の8）。

　裁判所は書記官を通じて以上の訴訟準備について両当事者に打診し促すことができる（同条の9）。両当事者との訴訟進行に関する打合せを行うこともできるが，予断を生じさせるおそれのある事項にわたることはできない（「予断排除の原則」。同条の10第1項）。従来は，双方の主張と証拠に関する事項が予断事項と扱われていたが，公判前整理手続が導入されている現在は，公判前準備手続においても双方の主張の提示と整理，証拠調べ請求の予定の確認程度はできる。

　(2)　第1回公判期日後，争点・証拠関係の整理が必要であれば期日間整理手続を実施できる（316条の28）。同手続によらない場合でも，裁判所の訴訟指揮に基づいて手続の公正さを害さない範囲で両当事者と打ち合わせることは差し支えない。公判期日外でも証人等の採用決定はできる（規則191条）。

2　証拠開示について

　(1)　検察官と被告側では捜査権限の有無などのため証拠収集能力に大きな差がある。被告側が自己に有利な証拠を収集するのは容易ではない。捜査機関

は，被告側に有利・不利を問わず質量ともに豊富な証拠を収集できる。検察官はその中から信用性などを吟味して真相を解明し，有罪証拠を厳選して立証計画を立てつつ，公訴を提起することとなる。この結果，被告側からみれば自己の主張の裏付けに使える証拠が検察官・捜査機関の手元にとどまることは十分にありえる。

　公判前整理手続に付される事件については，類型証拠開示，被告側主張関連証拠開示によって相当程度の証拠が公判前に開示されることとなるが，同手続に付されず公判前準備手続による場合，検察官が証拠調べ請求予定の証拠等の開示（299条）を除くと，被告側が検察官手持証拠を事前に開示させるための特段の手続がないこととなる。

　そこで，裁判所は裁判所の訴訟指揮権を根拠に一定の場合に検察官に対して証拠開示命令を出すことができると解されている（「訴訟指揮権に基づく個別証拠開示命令措置」）。命令の根拠は，訴訟指揮権（294条）である。命令を出せる時期は，証拠調べの段階に入った後である。被告側が具体的必要性を示して，一定の証拠を弁護人に閲覧させるように検察官に命ぜられたい旨の申出をしなければならない。

　裁判所は，事案の性質，審理の状況，閲覧を求める証拠の種類および内容，閲覧の時期，程度および方法，その他諸般の事情を勘案し，その閲覧が被告人の防御のため特に重要であり，かつ，これにより罪証隠滅，証人威迫等の弊害を招来するおそれがなく，相当と認めるとき開示命令を出す（最決昭44・4・25刑集23-4-248）。

　(2)　裁判所は，証拠を特定して開示を検察官に命令することとなる。ただし，明文によらない強制処分を実施するものであることなどから，運用上開示命令が発されることはほとんどなかった。もっとも，多くの事件では，被告人の捜査段階の供述調書・供述書，共犯者の供述書や検証調書・実況見分調書，鑑定書などは検察官が任意に開示することが多いので，事実上防御の上でも重大な支障が一般的に生じているものではない。今後，証拠開示が必要な場合には，公判前整理手続または期日間整理手続を実施すべきこととなる。

§Ⅳ 公判前整理手続

1 公判前整理手続の意義

公判の手続は充実したものとしまた継続的計画的かつ迅速に進行させなければならない（316条の2・281条の6。なお，裁判の迅速化に関する法律2条は一審を2年以内に終結することと定める）。その準備のため，受訴裁判所が公判前整理手続を実施する。裁判員裁判予定事件では必ず前置しなければならない（裁判員49条）。事案複雑，争点多岐にわたる事件については裁判所が職権で実施を決定できる（当事者には請求権はなく，職権発動を促すこととなる）。

整理手続に臨む受訴裁判所は，証拠に基づかず，あるいは検察官側の主張と立証計画に引きずられて，審理計画および事件について予断・偏見をもってはならない。他方，本手続では，受訴裁判所は事件の終結に至る手続進行の見込みを立てて審理計画を立てることが求められている。事実上法律上の争点の難易・成否や他の争点との関連性等について一定の見通しをもたなければならない。こうした手続進行に関する限度で事件に関する心証を形成する責務がある。その意味で職権追行主義の原理に支えられた制度といえる。もっとも，両当事者は法定の手続に従って平等に手続に関与し，双方が主張・証拠開示・証拠調べ請求等について平等に機会を保障されている。したがって，当事者追行主義の原理にも支えられている。手続の安定した実施上法曹三者のバランスのとれた相互協力が必要である（316条の3）。

整理手続で取り扱う事項は，①訴因・罰条の明確化，②検察官と被告側の主張と争点の整理，③証拠開示，④証拠決定，証拠調べの順序・範囲・方法の決定等である（同条の5）。

【★ MEMO：3-2 糺問主義と予審，公判前整理手続】

検察官の公訴提起の権限を裁判所が事実上行使すること，つまり訴追機能と審判機能が裁判所に帰属する状態ないし制度を糺問主義という。刑事手続の歴史をみると，近代以後西洋諸国では糺問主義から弾劾主義へと変革がなされている。国家に対抗する市民の地位を確保し，国家と市民の対立を中立な司法が裁いて国家の刑罰権発動を抑制することが個人主義・自由主義・資本主義の理念に合致したからであろう。

わが国では，明治維新以降，近代的な刑事訴訟法典として，現行刑事訴訟法に至るまで，治罪法，明治23年制定の刑事訴訟法，大正11年制定の刑事訴訟法があるが，後二者には，予審制度が導入された。重要な事件では，検察官は裁判所に予審を請求することによって公訴の提起をする。予審では，予審裁判官が正式裁判に値する嫌疑の有無を取り調べる。そして公判に付す決定をする場合には後に公判で審理の対象となる被告事件の特定をし予審手続で取調べをした訴訟記録とともに裁判所に送付した。裁判官が審判対象の設定とこれを認定する証拠の収集を行い，審理をする他の裁判官に引き継ぐこととなる。大局的にみれば，糺問主義訴訟とみるべきだ。

ところで，21世紀に入り，司法改革の一貫として公判前整理手続が導入された。ここでも，検察側・被告側にかなり詳細な主張の提示をさせ，請求証拠との関連性を明らかにさせる。その上で，裁判所の職権で審判対象に関する争点と証拠の整理が行われる。裁判所が自ら争点をかなり具体的個別的に絞り込む。しかも公判廷で取り調べるべき証拠の範囲・順序・方法について，各証拠がもつ双方当事者の主張との関連も明らかにさせ，双方の証拠構造が明確になるほどの準備を行う。訴因の明示など審判対象のあり方についても介入することが制度上認められている。したがって，その運用が過度にわたると，訴追と審判の機能が融合する21世紀型の新「糺問主義」となりかねないから，注意を要する。

2　公判前整理手続の進行

公判前整理手続は，通常，訴訟関係人を出頭させ陳述させて行う。ただし，書面提出の方法で行ってもよい（316条の2第2項）。出頭陳述方式の場合，裁判所内の法廷（勾留中の被告人が出席し戒護を要する場合など），準備室など適宜の場所で開いてよい。書類の交換や証拠開示のための機会提供は適宜両当事者間または裁判所と両当事者の間でなされる（証拠開示のやりとりに関する書類も，参考のため裁判所にも送付する）。主張と争点の提示，その整理等は裁判所が主催する公判前整理手続の機会に両当事者が出席の上実施される。

公判前整理手続は，検察官はもとより，弁護人がいなければ行えない（必要的弁護手続。316条の4。同条の7参照）。被告人は公判前整理手続期日に出席することができる（同条の9）。裁判所は，必要と認めるとき被告側の主張等の確認のため被告人の出席を求めることもできる（同条の10）。出席した被告人には黙秘権を告知しなければならない。裁判所書記官も出席する（同条の12）。公判前整理手続調書を作成しなければならない（同条の12第2項，規則217条の14以下）。なお，実際には，正式の公判前整理手続期日とは別に，裁判官・検察官・弁護人のみが参加して行う打合せ期日の手続を多用して，円滑な準備を行っている。

【★ MEMO：3-3　公判前整理手続と被告人の陳述（私見）】

公判前整理手続における被告人の争点整理に関わる意見陳述を後に「証拠」とすることができるか。運用はまだ明確ではない。ただ，公判前整理手続での被告人の陳述であることだけを理由に証拠にできないとする規定はない。もっとも，本来は争点および証拠の整理に関する被告人の意見である。法律家の弁論と同性質であり，証拠たる供述ではない。しかも公判前整理手続は争点と証拠を順次整理する場であるから，陳述に変遷が生じることはやむをえない。かかる陳述を公判において被告人に不利益な証拠とすると，公判前整理手続の目的を損なう。一種の証拠禁止として証拠にすることは許されない。

3　証明予定事実記載書の提示と証拠調べ請求

(1)　検察官は，起訴状を裁判所に提出して公訴を提起した後さらに証明予定事実記載書面を提出する（316条の13）。検察官は，訴因を立証するのに必要な犯行前の状況・犯行状況・犯行後の状況等の具体的事実を整理し，各事実を立証する個別の証拠を対比させてまとめて主張する。整理手続を伴わない公判での冒頭陳述では，通常量刑に関する事項は触れないのが慣行であったが，整理手続では，検察官の予想される求刑に関連して，被告側が争点とすべき点があるかどうか検討する機会ももつことができる。

(2)　検察官は，上記書面提出とあわせて証拠調べを請求する。証拠調べ請求証拠は被告側に開示しなければならない（316条の14）。証拠書類・証拠物については閲覧・謄写の機会を与えなければならない。証人等人証については，氏名・住居を示し，さらに公判期日で供述する内容が明らかになる供述書または同録取書の閲覧・謄写の機会を与えなければならない。これが，公判前整理手続における証拠開示の第1段階となる。

【★ MEMO：3-4　検察官立証の実際―「調書」優先主義】

わが国では，現在のところ，検察官は捜査結果を各種の書証にまとめ物証を併せて証拠調べ請求を行う。目撃状況や実況見分の状況についても関係者を最初から証人尋問請求することは原則として行わない。この「調書」優先主義の運用が前提となっていることを十分に理解しておかなければならない。類型証拠開示の対象となる316条の15Ⅰ⑥号は，「調書」優先主義を反映したものである。

4　類型証拠開示手続

(1)　被告側は，以上の手続を踏まえた上で，特定の検察官請求証拠の証明力

を判断するため重要な証拠であって、法定の類型にあたるものの開示を請求できる（316条の15）。各号の類型にあたる場合であり、被告側が証拠の識別、弾劾する特定の検察官請求証拠との関係を示し、証拠開示が当該証拠の証明力判断のため重要であることと防御準備上の必要性を疎明することとなる。検察官は以上に加えて開示によって生じるおそれのある弊害の内容・程度を考慮し相当と認めるとき開示の義務を負う。証拠開示の第2段階である。

【★MEMO：3-5　類型証拠開示】
　316条の15は以下の類型証拠を規定する。①号、証拠物。②号、裁判所・裁判官の実施した検証調書。③号、捜査機関作成の検証・実況見分の調書。④号、裁判所が実施させた鑑定および捜査機関が嘱託した鑑定の結果を記載した鑑定書等、専門家が作成した鑑定書（これに準ずる書面も含む）。⑤号、検察官が請求した証人または供述録取書等（供述録取書、供述書、供述を音声・映像として記録したもの）について被告側の同意が得られないために公判廷での尋問を請求する予定の証人の供述録取書等。⑥号、被告人以外の者の供述録取書等であって、検察官請求証拠により直接証明しようとする事実の有無に関する供述を内容とするもの（目撃供述を内容とする警察官作成供述調書等）。⑦号、被告人の供述録取書等。⑧号、被告人の取調べ状況を記録した書面。

(2)　6号に関して、参考人等の取調べ内容をとりまとめた捜査報告書が含まれるかが問題となる。原供述者の署名押印など供述録取書としての形式は整っていないから、316条の14第2号の定義からみると、捜査報告書は本号に含まれないともいえる（現在の運用）。しかし、6号による開示証拠として重要なのは、検察官請求証拠により直接証明しようとする事実の有無に関する供述を内容とするものという実質である。供述録取書としての形式の存否は例示にとどまる。記載内容に応じて捜査報告書も本号に含めてよい。

(3)　7号に関しては、近年運用が始まった被疑者取調べの一部録音録画を記録したDVDなどの記録媒体も含まれる。8号については、警察が作成する取調べ状況報告書（犯捜182条の2参照）等が該当する。同報告書には、不開示希望調書の存否通数を記載する欄もあるが、具体的個別的な弊害が推認できない限り、全体として開示すべきである。

(4)　仮に法定の類型に該当しない証拠であっても、316条の2以下の争点および証拠の整理手続の趣旨に照らして相当な場合には、検察官において特段の

具体的な弊害がない場合には，任意に証拠開示をするべき責務があると解すべきである。むろん，被告側の主張明示を踏まえて主張関連証拠開示を求めることもできる（316条の20）。

5　被告人の主張明示と主張関連証拠開示

（1）　被告側は，第1段階，第2段階の証拠開示を受けた後，検察官の証拠調べ請求証拠に関する意見を述べるとともに（316条の16），証明予定事実その他の法律上・事実上の主張をしなければならない。また，その証明に用いる証拠の取調べを請求しなければならない（同条の17）。

被告側の主張明示の責務は，憲法38条1項にいう不利益供述の強要にあたるか。公判前整理手続段階で，被告人が黙秘権を行使した場合，後の公判廷では主張を新たに述べることはできるが，証拠調べ請求は制限されるから（316条の32），事実上不利益な扱いを受ける。しかし，国は被告人の黙秘権の本質を侵害しない範囲で裁判手続一般のあり方を立法で整える責務と権限を有する。公判前整理手続で被告側に主張提示・証拠調べ請求の機会を与え，またこれを義務としていることは，裁判手続として合理性がある。被告人の黙秘権は，裁判の形を個別的に形成し修正する力まではない。検察官の主張提示義務，証拠調べ請求義務，請求予定証拠と類型証拠の開示義務が先行しているから，被告人の防御権を不当不合理に制約するものでもない。

（2）　被告側は，自己側の主張を検察官に提示した後，主張に関連する証拠の開示を検察官に請求できる（316条の20）。検察官は，関連性，防御上の必要性，弊害の内容・程度を考慮して相当と認めるとき開示しなければならない（第3段階の証拠開示）。

6　証拠開示に関する裁定手続

証拠開示について当事者が不服である場合，裁判所に裁定を求めて調整することとなる（316条の25）。

検察官の証拠調べ請求予定証拠と被告側の請求のある類型証拠の開示にあたり，検察官または被告側の請求によってその時期・方法・条件を決定することができる（同条の25）。当事者双方が開示義務に反しているときには，相手方の請求に基づいて決定で開示を命令することができる（同条の26）。裁判所は，以上の裁定にあたり争いとなっている証拠の提示を求めることができる。その前

提として検察官に対して保管証拠の一覧表の作成・提出を命ずることができる。なお，裁判所は提示証拠・証拠の一覧表の閲覧・謄写を認める必要はない。裁定に関する決定に対しては即時抗告を求めることができる（同条の25第3項，同条の26第3項）。

7 争点の整理，審理計画の策定，手続の終結，期日間整理手続

(1) 裁判所は以上の経緯を踏まえながら，双方が公判廷で主張する事実上法律上の争点を整理し，証拠調べをすべき事項を定め，双方の証拠調べ請求を吟味して必要な証拠に厳選して証拠調べを決定する。さらに詳細な審理計画を策定する。その際，裁判員裁判の場合には，事件と双方の主張について，プロの裁判官の問題関心だけで争点を絞り込み，当事者の請求する証拠調べ請求を却下しすぎると，将来，裁判員が審理に臨んで裁判員の関心に答えられず，証拠も不十分になり，真相解明が尽くされなくなるので，注意を要する（広島高判平20・9・2高裁裁判速報集（平20）241は，当事者が同意しているのに犯行態様等解明に役立つ証拠の取調べ請求を却下する等した一審判決を審理不尽を理由に破棄し差し戻しているが，公判前整理手続における過剰な職権介入，争点と証拠の過度の絞り込みは許されない。広島高判平20・12・9高裁裁判速報集（平20）259も同趣旨である）。

(2) 検察官は，以上の手続が一巡した後，証明予定事実の追加・変更，これに伴う証拠調べの請求を行うことができる。被告側も主張の追加・変更，証拠調べ請求ができる。これらの追加・変更に伴い，証拠開示手続も再度実施することとなる（316条の21・同22）。公判前整理手続における争点と証拠の整理は1回の機会で終了する必要はなく，段階的・らせん的・重畳的に実施してよい。

なお，検察官は，被告側の主張と証拠調べを請求した証拠等反証の計画に照らしたとき，検察官が将来の公判に備えてあらかじめ訴因を変更するのが妥当と判断する場合，訴因の変更を申し立てることができる。

特に裁判員裁判が予定されている場合，実際に公判における証拠調べが始まってから，審理の対象を変更することは裁判員にわかりやすい裁判を円滑迅速に実施することを困難にする。したがって，あらかじめ見込まれる事実の変化の範囲に対応して訴因を撤回して変更したり追加するなどしておかなければならない。裁判所は，公訴事実の同一性を害しないかぎり，訴因変更を受理しなければならない（316条の5第2号・312条）。

(3) 裁判所は，審判対象である訴因の確定，双方の主張と争点，証拠決定，証拠調べの順序・方法の決定などが終了し審理計画の策定を終え，公判の審理を開始するのが相当と判断した場合，公判前整理手続を終了させることができる（規則217条の23参照）。この場合，公判前整理手続調書を作成する（316条の12第2項参照）。公判廷における証拠調べのための争点も調書に整理して記載するのが通常である。

(4) 第1回公判の開始後，審理の経過にかんがみてさらに事件の争点と証拠を整理する必要がある場合，裁判所は検察官と被告側の意見を聴取した上，期日間整理手続を実施できる（316条の28）。手続は公判前整理手続に準ずる。

8 公判前整理手続を踏まえた公判審理の特則

公判前整理手続を経た公判審理について，次の特則が適用される。

① 弁護人がいなければ開廷できない（必要的弁護事件となる。316条の29）。

② 被告側は，証拠により証明すべき事実その他の事実上および法律上の主張があるとき，証拠調べ手続において検察官の冒頭陳述に引き続き，冒頭陳述を行わなければならない（316条の30。公判前整理手続を伴わない場合，被告側には冒頭陳述の義務はなく，防御上必要なとき裁判所の許可を得て実施する。296条，規則198条参照）。

③ 裁判所は，検察官および被告側の冒頭陳述の後，公判期日において公判前整理手続調書（期日間整理手続調書）の朗読または要旨の告知によって公判前整理手続（期日間整理手続）の結果を明らかにしなければならない（316条の31）。

④ 検察官および被告人または弁護人は，「やむを得ない事由」によって公判前整理手続（期日間整理手続）においてできなかった場合を除き，証拠調べを請求できない。ただし，裁判所は，必要と認めるときに職権で証拠調べができる（当事者は職権発動を促すことはできる）。

【★ MEMO：3-6　開示証拠の目的外使用（私見）】
◆1：公判前整理手続では，被告側は検察官請求証拠の開示，類型証拠開示，主張関連証拠開示を通じて捜査段階で収集された書類，証拠物を閲覧し謄写できる（316条の14・316条の15・316条の20参照）。公判前準備手続等を介して開示された場合も含め，開示された「証拠に係る複製等（複製その他証拠の全部または一部をそのまま記録した物及び書面）」（ここでは「開示証拠」とする）について，法は適正な管理・保管を弁護人の責務とし「そ

の保管をみだりに他人にゆだねてはならない」とする（281条の3）。また，被告事件の審理，被告事件に係る裁判のための審理または被告事件に関する再審などの関連手続等法律が列挙する手続とその準備を目的とする場合を除いて，開示証拠を交付し提示しインターネット上ホームページなどで閲覧できるようにしてはならない（281条の4第1項。「開示証拠の目的外使用禁止」）。◆2：このため，弁護人が謄写した捜査記録を被告人に差し入れることも規制されていると解釈するのが一般的だ。だが，誤りだ。被告人は当事者として証拠の複製等を弁護人を介して自己の防御のため受領する権利がある（40条・49条参照）。当事者追行主義の構造上，同条の「他人」に被告人は入らない。被告人が防御のため証拠の複製等を保管することは正常な状態だ。弁護人が「みだりに」に保管を委ねることにはあたらない。被告人が開示証拠を適正に管理し利用すること，利用する必要がなくなったときに弁護人に返却しまたは破棄することはその地位に内在する責務である。◆3：被告人の目的外使用は処罰され，対価を得る目的があれば弁護人などの場合にも処罰される（281条の5。「開示証拠の目的外使用罪」）。弁護人の行う目的外使用に関して「違反した場合の措置については，被告人の防御権を踏まえ，複製等の内容，行為の目的及び態様，関係人の名誉，その私生活又は業務の平穏を害されているかどうか，当該複製等に係る証拠が公判期日において取り調べられたものであるかどうか，その取調べの方法その他の事情を考慮するものとする」（281条の4第2項）。同条項について，目的外使用に対する弁護士会の懲戒などの処分を決める際，考慮すべき酌むべき情状を列挙したものと限定解釈するのが一般的であるが，誤りである。本条項は開示証拠の利用一般に関する正当化事由を定めるものであり，目的外使用罪の構成要件に該当する場合も正当化事由が認められれば犯罪は成立しない。

§V 証拠調べ請求手続

1 証拠調べの請求

今後，刑事手続中公判前整理手続を伴う事件審理が重要な地位を占めることにかんがみ，証拠調べ請求手続については，ここで取り上げる。便宜上整理手続を伴わない場合の証拠調べ請求手続についても触れる。

（1）公判前整理手続と証拠調べ請求　　公判前整理手続の主要な目的は，後の公判廷の円滑・効率的実施のため，争点と証拠を整理することにあるから，この段階で検察官は有罪立証に必要な証拠の取調べを請求し，被告側もまた反証などに必要な証拠調べ請求を行わなければならない。法はなお裁判所の職権による証拠採用手続も認めている（298条2項）。しかし，公判前整理手続の導入によって当事者による証拠調べ請求が証拠調べの柱であることが条文構造上も明確になった。それは当事者主義の徹底を意味する側面をもつ。ただし，公判

前整理手続でなされなかった証拠調べ請求は公判手続に入ると「やむを得ない事由」がなければこれを行えず，職権採用しか認められない（316条の32）。公判準備段階における当事者の綿密な準備活動が求められることとなっている。

(2) **証拠調べ請求** 検察官は，証明予定事実記載書記載の事実を立証するのに必要な証拠について証拠調べを請求しなければならない（316条の13）。その場合一括して取調べを請求しなければならない（規則193条1項）。被告側も，類型証拠開示手続を踏まえた上で被告側の主張の明示とともに証拠調べ請求を行わなければならない（316条の17）。

いずれの場合にも，「証拠調べの請求は，証明すべき事実の立証に必要な証拠を厳選して，これをしなければならない」（規則189条の2。「証拠厳選の原則」）。規則ではあるが，訴訟指揮権行使の指針として証拠厳選の原則が規定された意味は大きい。従前は集中審理が必ずしもなされず，証拠開示も不十分であったため，証拠調べ請求も断続的・五月雨式になされており，重複証拠，周辺証拠の採用もなされていた。慎重な事実認定にはこれもひとつの運用であったが，公判前整理手続導入に伴い証拠厳選の原則を運用に反映させる基盤ができた。したがって，裁判所は証拠採用決定にあたり，関連性の有無とともに証拠調べの必要性・相当性の見地から判断することが求められる。

なお，刑訴法321条ないし323条または326条の規定により証拠とすることができる書面が捜査記録の一部であるときは，検察官は，できる限り他の部分と分離してその取調べを請求しなければならない（302条）。

【★ MEMO：3-7　公判前整理手続導入に伴う変化】
　公判前整理手続導入に伴い条文の構造の意味が変化している場合があるので注意を要する。例えば，刑訴法300条は，証人の証言と捜査段階で作成された検察官作成供述調書の内容が一致しない場合であり同法321条1項2号後段の規定により証拠とすることができる書面について，検察官は必ずその取調べを請求しなければならないと定める。検察官が有罪立証に必要と思えば当然に証拠調べ請求をするから，同条は万が一にも検察官作成供述調書が公判廷証言よりも被告人に有利な内容である場合を想定したものである。しかし，公判前整理手続に伴う証拠開示手続の整備の結果，本規定を待つことなく被告側はかかる調書の開示を受けることができるので，内容を吟味した上必要があれば自ら証拠調べ請求をすればよい。したがって，事実上死文化する。他方，整理手続を伴わない公判審理の場合，検察官はなお本条の責務を負担する（ただし，運用上本条項違反が問題となることはない）。

(3) 証拠調べ請求と立証趣旨　　証拠調べの請求は，証拠と証明すべき事実との関係（立証趣旨）を具体的に明示して，これをしなければならない（規則189条1項）。

公訴事実欄記載の訴因を認定するのには，冒頭陳述記載事実を証拠で証明する必要がある。証拠調べ請求をする者が，証拠で証明すべき要証事実と証拠の関係を明らかにして証拠調べの請求をしなければならない。立証趣旨の特定・明示は，裁判所が証拠能力（特に伝聞証拠の場合）や証拠調べの必要性を判断するために，また相手方当事者が証拠に関する意見を述べる上でも必要なものである。ただし，証拠の証明力は立証趣旨に拘束されるものではない。

(4) 証拠調べ請求証拠の閲覧　　証人などの尋問を請求する場合，あらかじめ相手方に対し，その氏名および住居を知る機会を与え，証拠書類または証拠物の取調べを請求する場合，これを閲覧する機会を与えなければならない（299条1項，規則178条の7・同6第1項・第2項）。公判前整理手続では謄写もできる（316条の14第2項）。公判前準備手続でも，運用上検察官は謄写を認めている。

【★ MEMO：3-8　被告人と証人適格】

法律の明文上は不明確だが（143条参照），被告人（共同被告人も）は，自らの裁判で自分のために証人として証言をすることはできない扱いになっている。被告人の法的地位と供述義務がある証人の地位と相容れないこと，当事者主義訴訟では防御権の主体である被告人を証拠方法である証人と扱うことが相当でないことなどが理由であるが，要するに被告人が自ら選択して証言義務を負って証言として弁解をする伝統がないこと，逆に被告人質問でも実際上黙秘権を行使する例がほとんどなく，十分に弁解を問いただせることが主な理由である。なお，私見では，被告人は供述拒否権が保障されているので（憲38条1項，311条1項），検察官の請求に対して証人となることを拒むことはできるから，憲法上の絶対的禁止ではなく，自らこの権利を行使しないこととして証人となる選択を法的に無効と扱う必要はない。今後の検討課題だ。

2　証拠決定

(1) 公判前整理手続の重要な目的は，審理計画の策定であるから，当事者の請求する証拠については，特段の事情がなければこの段階で証拠として採用するかどうかを決める。

(2) 証拠決定にあたり，裁判所はまず当事者の意見を聴く（規則190条2項。証拠意見）。判断の基準となるのは，証拠能力の有無であり，次に証拠厳選の原則

に基づく必要性の判断である。裁判所は証拠調べまたは証拠調べ請求却下の決定をしなければならない（規則190条1項）。

(3) 証拠調べの決定にあたり，証拠能力の要件を確認するためなど必要があると認めるときは，裁判所は事実の取調べを行うことができる（43条3項）。また，特殊な権限として，証拠調べの決定上必要があるとき，訴訟関係人に証拠書類または証拠物の提示を命ずることができる（規則192条）。さらに，裁判所は，採用決定をした証拠に関して，検察官および被告人または弁護人の意見を聴き，証拠調べの範囲，順序，および方法を定めることができ，またこれを変更することもできる（297条）。

(4) 自白調書の任意性が争われたり，証拠物について違法収集証拠排除法則の適用が問題とされて取調べに異議があるとされた場合，有罪・無罪にとって最も重要な証拠である関係で，争点と審理の整理を主たる任務とする公判前整理手続段階でそれ以上踏み込んだ証拠能力の要件の判断のため事実の取調べをするのは適当ではない（警察官や被告人から事情を聞くことになるから）。そこで，証拠能力の有無に関する証拠調べ（厳密には事実の取調べ）の段取りについては公判前整理手続で決定し，実質的な審理と最終的な証拠採用決定は公判廷に委ねるのが相当である。

(5) 公判前準備手続のみ行われる場合には，公判期日において証拠調べ請求がなされ，要件を確認する手続を経て，裁判所が採否を決定することとなる。

(6) 検察官，被告人または弁護人は，証拠調べの決定については異議を申し立てることができる（309条1項。「1項異議」）。当事者が受訴裁判所による証拠の採否について再考を促し，また上訴でも争えるように疑義をとどめるために行う。証拠の採否に関する決定に対しては単なる不相当ではなく法令違反を個別に明示して申立てをする（規則205条1項）。裁判所は，再度検察官の意見を聴取し（規則33条1項，43条2項・3項），不適法であれば却下とし理由がない場合には異議を棄却する（規則205条の4・同5）等適宜の判断を行う。

(7) 以上の手続が終了した後，採用された証拠については，公判廷で内容を確認する証拠調べ手続が行われる。

§Ⅵ　公判手続の基本

1　公判の構成

（1）「刑事裁判」にはいろいろなかたちがある。検察官が，死刑，無期，短期1年以上の懲役または禁固が法定刑に含まれている犯罪を起訴したとき，3名の裁判官で構成される合議制の裁判所が審理を担当する（裁26条。法定合議事件。うち，裁判員裁判対象事件について，153頁を参照）。その他の事件は1名の裁判官が担当する（一人制ないし単独事件）。事案が複雑な事件では，裁判所の判断で合議事件に切り替えることもできる（裁定合議事件）。これらの審理では，有罪・無罪に関する判断と量刑に関する判断については，証拠能力のある証拠を法定の方式に従って内容を確認する証拠調べを経て行う。この通常審理と別に，略式起訴・略式命令による裁判，即決手続，簡易公判手続など事件の軽重・科刑の範囲・被告人の主張の内容に応じて迅速・簡易に処理する多様な審理の形態がある（後述280頁，284頁参照）。

（2）審理には，裁判官と裁判所書記官，検察官が出席しなければならない（282条2項）。被告人は原則として出席する権利と出頭の義務を負う（詳細は，**2**を参照）。被告人の弁護をする弁護人も出席の権利と義務を負う。このようにして審理を行う場を「公判廷」という（282条）。裁判所の建物内の「法廷」で行うのが通常である（裁69条）。公判を実施する期日を公判期日という。

2　被告人，弁護人

（1）被告人の出廷　（a）公判廷の重要な訴訟主体は，被告人である。被告人は，裁判を受ける立場なので裁判所に召喚されて出席を義務付けられると同時に，検察官の有罪の主張に対して自己の主張と立証を行う権利（防御権）の主体として公判廷に出席する権利がある。被告人が出頭しないときは原則として開廷できない（286条）。被告人が死亡した場合には，手続を打ち切ることとなる（公訴棄却の判決。339条1項4号）。

（b）被告人が法人である場合，犯罪が軽微である場合には，代理人を出頭させることができる（283条・284条）。一部の公判期日について出頭義務が免除される場合がある（285条）。逆に，裁判長に退廷を命じられた場合には被告人不

出頭のまま公判廷の手続が行われる。

(c) 裁判所では，日本語を用いる（裁74条）。被告人が日本語を解さない場合や手話等を要する場合，通訳を要する（175条）。通訳には，鑑定の規定が準用される（178条）。通訳に要する費用は無料であって（市民的及び政治的権利に関する国際規約14条3項(f)），裁判後に訴訟費用として支払いを求めることはできない。

(2) 被告人の訴訟能力　(a) 被告人は，刑事裁判において防御のため各種の権利権限を行使する主体とされている（例えば，326条の証拠に関する同意権，351条の上訴権など）。したがって，かかる権利を十分に行使できる理解力，判断力，意思表示力などの精神的諸能力があること，つまり，被告人としての重要な利害を弁別してそれに従って相当な防御を行い自己の権利を守る能力が被告人たる地位に置かれる市民の当然の前提となる（最決昭29・7・30刑集8-7-1231，最判平10・3・12刑集52-2-17。なお，314条参照）。被告人が公判係属中に精神障害などのため心神喪失になり訴訟能力を失った場合，裁判所は公判を停止しなければならない（314条。最決平7・2・28刑集49-2-481）。

(b) 一般的概括的には訴訟能力がある被告人でも，個々の訴訟行為についてその意味を理解して自分の権利を守る能力がない場合には，その行った行為は無効とされる（最決平7・6・28刑集49-6-785）。特定の訴訟行為の効力が被告人の訴訟能力との関係で有効に発生するかどうかは，その訴訟行為の性質を含めて諸事情を衡量した上で判断しなければならない。例えば，起訴状謄本の送達は被告人が訴訟能力を欠く場合でもその効力を認めるのが相当といえる場合もあるが（大阪高判平7・12・7高刑集48-3-199），通常は被告人が自己の権利を防衛するに足る訴訟行為をなしうる訴訟能力がない場合形式上適法な送達があってもその送達を有効と認めることはできない（東京高決昭34・10・21下刑集1-10-2131）。控訴審で精神鑑定中の被告人が行った控訴取下げについて，鑑定人にあわせて控訴取下げの書面作成時の精神状態についても鑑定を命じた上で判断した場合，被告人が控訴取下げをすると社会に早く戻れると考えた点で現実見当能力が障害されており訴訟能力は損なわれていても，控訴取下げそのものの意義と効果は理解している場合その限度で訴訟能力を欠くことにはならない（名古屋高決平12・9・20高検速報689-173）。

(c) 被告人は，上訴審では弁論する資格を認められていない（388条。弁論能力の制限）。

【★ MEMO：3-9　聴覚障害と訴訟能力】
　限界事例として，重度の聴覚障害のある被告人が戦後の混乱期に幼児期を迎えたことなどのために十分な言語の教育を受けられず，この結果二次的精神遅滞が疑われ訴訟能力が著しく制限されている場合にどう処理するかが問題となった。被告人は少額の窃盗事件で起訴されたものであるが，冒頭手続における黙秘権の告知自体が手話等で伝えることが事実上できず，その後の裁判の意味を理解しているかどうかも確認できないものであった。
　一審は，訴訟能力回復の現実的な見込みもないとして公訴棄却の判決で手続を打ち切ったが，最高裁は，かかる場合でも手話通訳を介することにより，刑事手続において自己の置かれている立場をある程度正確に理解して，自己の利益を防御するために相当に的確な状況判断をすることができ，それに必要なかぎりにおいて各訴訟行為の内容についてもおおむね正確に伝達を受けることができ，個々の訴訟手続においても，手続の趣旨に従い，手話通訳を介して，自ら決めた防御方針に沿った供述ないし対応をすることができると認定できるときであって，事実および主たる争点ともに比較的単純な事案であることも考慮し，さらに，弁護人および通訳人からの適切な援助を受け，かつ，裁判所が後見的役割を果たすことなど諸事情を考慮に入れて，訴訟能力をなお保持しているとした（最判平10・3・12刑集52-2-17）。

(3)　弁護人　　(a)　被告人は，被疑者と同じく，いつでも弁護人を選任できる（30条）。法律を知らず，刑事裁判の運用について知識のない市民が被告人になったとき，十分な防御活動をすることはできないので，専門家の援助を求めなければならない。弁護人を選任するのは被告人の権利である（憲37条）。

　死刑または無期もしくは長期3年を超える懲役もしくは禁錮にあたる事件を審理する場合については，弁護人がなければ開廷することができないものとしている（必要的弁護事件。289条1項）。運用上弁護人が必要なのは，事件の実体に関する審理の場合とされている。弁護人がなくても，人定質問や判決の宣告はすることができる扱いとなっているが，通常は弁護人が在廷している。

　必要的弁護事件では弁護人がまだ選任されていないときの他，弁護人の不出頭，不在廷の場合（そのおそれがあるときを含む）にも，裁判長は職権で弁護人を付しなければならない（289条）。後者は，異常事態に緊急に対処する裁判所の措置権限である。弁護人の在廷は公正な裁判を実現する上で不可欠であるだけでなく，有効・適切な弁護を受ける被告人の権利（憲37条3項）を保障する最低

限の措置でもある。

【CASE：弁護の限界】
　必要的弁護事件において，裁判所が弁護人出頭確保のための方策を尽くしたにもかかわらず，被告人が弁護人の公判期日への出頭を妨げるなど，弁護人が在廷しての公判審理ができない事態を生じさせ，しかもその事態を解消することが極めて困難な場合にはその公判期日については，298条1項の適用がないとして，弁護人の立会いがないままに公判審理を行うことができる（最決平7・3・27刑集49-3-525）。

　(b)　弁護人と別に特に必要がある場合，裁判所の許可を得て特別弁護人を選任できる（弁護士ではないが，特別の専門知識などによって被告人の防御活動に資することのできる者など）。被告人の法定代理人，配偶者などはいつでも補佐人となることができる。補佐人は，被告人の明示の意思に反しないかぎり，原則として，被告人の訴訟行為を代理することができる（42条）。
　(c)　弁護人は，被告人のため防御を行う。弁護人は，法律上の権限ないし権利および事実行為を組み合わせて，おおむね以下の弁護活動を行う。
　①　利益代弁　　被告人の立場を法の許す範囲で代弁することが基本任務である。そのため被告人と十分な協議（勾留中の場合，接見）をしなければならない。被告人の主張が不合理・不自然・不可解でも最後の選択は被告人に委ね，弁護人は可能なかぎり説得的なものとし，裏付けとなる証拠の収集確保に務めなければならない。ただし，弁護活動が違法な方法によることは絶対に許されない。
　②　主張反映　　被告人が罪状認否，被告人質問，最終陳述等の機会に自己の主張を的確・適宜に述べることができるよう助言・補助しなければならない（陳述書・上申書の作成補助も含む）。原審弁護人は固有の上訴権を与えられているが，これは法制度の知識のない被告人が上訴の機会を失わないためである。上訴申立てに関する助言と上訴申立ての補助までは原審弁護人の責務である。
　③　手続監視　　公判準備から公判審理にかけて，無罪であれ，有罪を前提とする情状の主張であれ被告人が十分に自己の主張を述べる手続上の機会を確保しなければならない。裁判所が審理の効率化・迅速化を優先させる場合，事実上適宜に働きかけ，または必要に応じ正式に異議を申し立てるなど防御の機

会確保に努めなければならない。

④　証拠吟味　　公判前整理手続などを含む適宜の機会に検察官に証拠開示を求めること，検察官請求証拠について違法収集証拠排除法則・伝聞禁止法則などの法的な視点から十分に点検すること，検察官の公判廷における立証活動を監視し批判することなど検察官が適正な証拠によって「合理的疑いを超える証明」を行うかどうか確認しなければならない。

⑤　調査・反証　　弁護人は，反証または情状立証のための調査を遂げ証拠を収集し適宜に証拠調べ請求を行わなければならない。情状立証に密接不可分である範囲で，被害者等との示談交渉などの被害救済，被告人の改善更生に資する家庭・学校・職場等の環境整備も弁護活動に含まれる。

【★ MEMO：3-10　弁護人の真実義務】

　弁護人は稀に極限的な事態に直面する。▶被告人が接見など弁護人との協議では身代わりであると言いながら公判では有罪を認めると主張している場合，弁護人はどうすべきか。弁護人は，被告人に処罰の意味の説明も含め十分にその真意を確認する必要はあるが，最終的な判断は被告人の選択に委ねてよい。検察官の証拠調べ請求に対して被告人の同意なく弁護人がすべて不同意とし，勝手に無罪主張をすることは許されない。▶被告人が真犯人だと弁護人に告白しつつ公判で無罪を主張する場合，弁護人はどうすべきか。この場合，そもそも弁護人は被告人が有罪か否かを解明する責務も権限もない。被告人の説明が真実であると断定すべき立場にもない。真犯人だとの個人的な思いこみは弁護人として行動する前提にできない。被告人の動機が何であれ，公判廷における主張のあり方については被告人の選択を尊重しこれに従った訴訟行為を行わなければならない。例えば，罪状認否では被告人と同じく無罪を主張すべきだし，検察官の有罪立証の問題点を摘示し，無罪弁論をすべきである。被告人が接見で弁護人に有罪を自認したことを明らかにすることはおよそ許されるものではない。▶被告人が弁護人に共謀者に逃走するように伝言を依頼された場合，どうすべきか。弁護人が証拠隠滅，犯人逃走，偽証など不法なことを行い，これを示唆・教唆したりあるいは協力することは許されない。被告人にはできない旨伝えればよい。▶被告人が有罪証拠を協議の機会などに弁護人に提出した場合，弁護人はどうすべきか。覚せい剤，拳銃など弁護人であっても所持自体が禁止される法禁物を預かることはできないから返還すべきである。しかし，被告人がそうしたものを所持している事実自体は防御上の秘密であるから，捜査機関などに開示してはならない。一般的な有罪証拠については，弁護人が積極的に訴追機関にその所在を明らかにする必要はない。防御の秘密として保管するべきである。▶弁護人の責務は，捜査機関・検察官に協力して真相を解明することではないから，そもそも真実解明義務を負うべき地位にない。弁護人の責務は被告人の選択に従って法的に許される主張・立証を行うことにある。かかる刑事弁護活動が健全な刑事司法を維持し，国家刑罰権による「正義」の実現を大局的に支えている。

3 裁判員裁判

(1) 裁判員裁判　2009年から市民の中から選ばれた裁判員が，裁判官とともに審理に関与する裁判員裁判が開始した。これは，「司法に対する国民の理解の増進とその信頼の向上に資すること」を目的とする新しい裁判のあり方である（裁判員1条）。対象となる事件は，死刑または無期の懲役・禁錮にあたる犯罪ならびに法定合議事件であって故意の犯罪行為による被害者殺害行為を伴う犯罪である（同法2条1項）。

裁判員裁判のねらいは刑事裁判による正義の実現のプロセスに市民を参加させることにある。法曹資格のある法律家に委ねた運用では，死刑事件でのえん罪の発生，量刑面での市民意識とのずれ，市民が重大な関心を寄せる事件での裁判の遅れなどの病理面が部分的にみられた。その是正が必要である。また大局的には民主主義国家での司法のあり方として適切な場面では市民が主体的に参加していることが求められる。21世紀初頭にわが国はそうした制度を導入することとした。

(2) 裁判員裁判の構成　(a) 裁判員の数は，6名である。裁判官（裁判所をともに構成するので構成裁判官と呼ばれる）3名とともに裁判所を構成する。ただし，被告人が公訴事実を争わず，適当と認められる場合には，裁判官1名と裁判員4名で裁判所を構成することができる。この場合，量刑について判断することとなる。

裁判員は，公判に出席して審理に臨み証拠調べを踏まえた上で，裁判官とともに評議を行って，①有罪・無罪に関する事実の認定，②これに対する法令の適用，③量刑を行う。裁判の進行など手続面の処理，法律の一般的な解釈などは構成裁判官の専権に属する。

裁判員裁判の趣旨にかんがみて，違法収集証拠排除法則の適用があるかどうかが問題になる場合や捜査段階の自白の証拠能力が問題となる場合，公判前整理手続において証拠採否に関する事実の取調べを実施するのではなく，関係する捜査官などの証人尋問は公判廷で行うのが適切である。証拠採否の評議にも裁判員の意見を求めた上で，最終的な法的判断は構成裁判官が行うこととなる。かかる証拠は有罪・無罪を判断する上で，訴因を構成する事実を直接立証する場合が多いから，裁判員を除外することは好ましくない。また，被疑者取

調べなど捜査の適否は，場合により証拠の信用性判断や量刑判断に影響するので，裁判員も審理に臨むのが適切である。

　(b)　裁判員の関与する公判では，市民である裁判員が理解可能な審理であることが肝要である。法律家は，裁判員の負担が過重にならないようにし審理を迅速でわかりやすいものとする責務を課されることとなる（裁判員51条）。開廷を連日・継続して実施することが原則となる（281条の6）。裁判員は構成裁判官とともに公判廷に出席する。証拠調べでは自ら証人や被告人に質問をすることもできる。評議では，公判廷で取調べをした証拠によって事実認定・量刑を判断することが必要となる。現在は，裁判官は公判廷で証拠採用した書証を裁判官室でたんねんに読んで心証を形成する（「調書裁判」）。裁判員が加わる評議では，書証を中心とする証拠のあり方ではこれらを読破する時間が要るから，そうした運用は修正を用する。

　このため，公判廷における審理では，あらかじめ公判前整理手続において両当事者の主張を整理し，当該事案解明にとって核心となる争点を軸に，厳選された証拠によって立証を行わなければならない（「核心司法」という）。書証に代えて証人の証言を証拠とし，書証は全文朗読をして証拠調べを実施するなど公判廷で証拠調べが実施された内容そのものを実際上も評議の場における事実認定・量刑の土台とする運用が必要となる（公判中心主義，口頭弁論主義の徹底）。後に行われる評議の場で，裁判員が構成裁判官とともに，市民としての良識を十分に駆使して合理的な事実認定，厳正な量刑ができるようにするのには，検察官と被告人・弁護人の両当事者が「わかりやすい立証と弁論」を行わなければならない（当事者主義の徹底）。

　(c)　評議・評決は，裁判員と構成裁判官によって実施する。ここでは，裁判長がわかりやすい評議とすること，裁判員が発言する機会を十分に設けること，必要な法令に関する説明をていねいに行うことなど，裁判員の職責を十分に果たさせる環境設定の責務を負う（裁判員66条）。評決は，構成裁判官と裁判員の両者が加わって形成された過半数によって決する（同法67条）。

§Ⅶ 公判審理

1 公判の基本原則

(1) 公判中心主義　(a) 事実認定の基礎となる証拠は，公開の公判廷で適式の証拠調べを経たものでなければならない。いくつかの含意がある。

第1に，いわゆる「調書裁判」批判である。公判廷が，捜査機関の作成した供述調書など捜査書類を証拠として受理するだけの場になることへの批判である。これでは，裁判官は有罪を宣告するための材料を公判廷で受け取るだけになってしまう。この場合，わが国捜査の現状を踏まえると，密室で長時間行われる被疑者取調べで得られる自白等の被告人供述調書を軸とする有罪証拠群が裁判官に引き継がれることとなる。

第2に，裁判官のいわば「自室裁判」批判である。仮に証人尋問等実質的な証拠調べを公判廷で行う場合であっても，結局裁判官が公判記録にまとめられる証人尋問調書・被告人供述調書を裁判官室に持って帰り，あらためて読み返して事実を認定することへの批判である。これでは，公判廷における厳格な証拠調べ手続の意味がなくなる。公判廷に顕出された情報＝証拠によるのではなく，裁判官が独自に当事者の反対尋問・反対質問等にさらされることなく自由気ままに証拠内容を読み取ることとなる。

(b) 裁判員裁判の場合，公判中心主義を徹底せざるをえない。裁判員が，膨大な調書のコピーを各自が預かって評議室でそれぞれ読み返すといった評議のあり方は事実上不可能であるし，厳格な証拠調べに基づいて公判廷で顕出された証拠によってのみ事実を認定するものとする自由心証主義の基本を崩す。したがって，書証中心の「調書裁判」ではなく，後述の口頭弁論による公判廷顕出証拠そのものによる裁判が実現されよう。

(2) 口頭弁論主義・直接主義　公判期日における訴訟行為は，口頭で行う。判決で事件を処理するための審理は口頭での弁論を基礎にしていなければならない（口頭弁論主義。43条1項）。書面の提出でこれらに代える書面主義はとらない（実際には書類提出も励行されるが，手続の正確さを期するためのものである）。

いくつかの意味で直接主義原理が働く。①事実認定にあたり，公判廷で裁判

官・裁判員が直接証拠の内容を確認することが求められている（直接主義。304条以下の証拠調べの方法に関する規定群参照）。②公判期日において直接取り調べられた証拠に基づいてしか判決ができないことも意味する（317条参照）。③裁判官・裁判員の面前で原供述および物的証拠を直接取調べをして心証を形成すべきことも求められている（320条1項の伝聞禁止原則がこれを示す）。その機会に、被告人に弁解の機会を与えることも目的とする。

なお、公判期日における訴訟手続については、公判調書を作成しなければならないとされ（48条）、公判調書に記載されたものは、公判調書のみによってこれを証明することができる（52条）。

(3) 迅速な裁判の保障　裁判は、実体的真実の発見という訴訟の目的からも、また被告人の手続的負担からの解放という被告人の利益からも、迅速でなければならない。憲法はこれを被告人の権利として保障し（憲37条1項）、刑訴法（1条参照）は、種々の制度を設けている（277条、規則303条など）。審理の著しい遅延の結果、迅速な裁判を受ける被告人の権利が害されたと認められる異常な事態が生じたときは、刑訴法に明文規定はないが、免訴により訴訟を打ち切るべきである（最大判昭47・12・20刑集26-10-631）。

【★ MEMO：3-11　迅速な裁判の諸相】

刑事裁判による正義実現上不可欠の原理である。▶憲法上被告人の権利としても規定されている。被告人の責めに帰すべき事由がないまま、審理が中断するなど実質上裁判を受けられない期間が長期にわたる異常な事態に至れば、裁判を打ち切るべきである（判例上裁判所の責めに帰すべき事由による著しい審理遅延の場合について、337条に準じて免訴裁判で手続を打ち切ることを認めている）。▶裁判の迅速化は、刑事裁判による正義の実現にとって不可欠の要請であるところ、刑訴法上裁判所は審理に二日以上を要する事件については連日開廷・継続審理を原則とする責務を負うものとされている（281条の6）。▶裁判員裁判ではことのほか裁判の迅速化が求められる。市民生活に重大な支障を生じさせない期間内に裁判を終結しなければならないので、公判前整理手続が必ず前置され（裁判員49条）、法律家は裁判の迅速化の責務を負う（同法51条）。▶司法全体の政策的な課題としても、第一審手続は2年以内のできるだけ短い期間内に終局させるものとされている（裁判の迅速化に関する法律2条。裁判の迅速化）。

(4) 継続審理主義　刑訴法281条の6第1項は「裁判所は、審理に二日以上を要する事件については、できる限り、連日開廷し、継続して審理を行わな

ければならない」と定める。迅速な裁判は被告人の権利であるが，同時に司法による正義を実現するためにも不可欠の条件である。特に，裁判員裁判の場合，市民が日常生活に重大な支障と負担を生じない範囲で適正な裁判を実現しなければならないから，この原則は重い意味をもつ。

(5) 公開主義　憲法37条1項は，刑事被告人に対し公開裁判を受ける権利を保障し，また，憲法82条1項は，公判期日の審理および判決は，公開の法廷で行うこととしている。これは司法の公正さを担保しようとしたものである。なお，裁判所が，裁判官の全員一致で，公の秩序または善良の風俗を害するおそれがあると判断した場合には，審理を公開しないでこれを行うことができるが，政治犯罪，出版に関する犯罪または憲法第3章で保障する国民の権利が問題となっている事件の審理は，常にこれを公開しなければならないとされる（憲82条2項）。

傍聴人のメモについて，憲法21条1項の精神に照らし原則的に許されている（最大判平元・3・8民集43-2-89参照）。なお，公判廷における写真の撮影，録音または放送は裁判所の許可を得なければできない（規則215条）。

確定訴訟記録は，何人でも閲覧できる（53条1項本文）。しかし，訴訟記録の保存または裁判所・検察庁の事務に支障のあるときは閲覧できない（同項但書）。なお，訴訟記録の保管については，当該事件について第一審の裁判をした裁判所に対応する検察庁の検察官とされている（刑事確定訴訟記録2条1項）。

2　冒頭手続

公判廷の審理は冒頭手続から始まる。公判前整理手続を経た公判審理は，弁護人がいなければ開廷できない（必要的弁護事件となる。316条の29）。冒頭手続は，以下の流れとなる。その後，有罪・無罪を判断するため，証拠調べ手続がなされる。

① 開廷宣言　裁判長は，公判審理を開始するにあたり，被告人・弁護人，検察官，裁判所書記官が在廷することを確認して開廷を宣言する。「公判廷」という法的な空間の成立の確認と宣言を意味する。これ以降，訴訟指揮権を行使することができる（294条参照）。

② 人定質問　裁判長は，被告人に氏名・年齢・職業・住居・本籍（外国人の場合，国籍と日本における住所）を質問し，起訴状記載と比べた上，人違いで

ないことを確かめる (規則196条)。

③　起訴状朗読　　裁判長は，検察官に起訴状を朗読させる (291条1項)。検察官が公開の裁判の手続上当該裁判の対象がなにかを明示し，被告人が防御する機会を正式に提供するためにある (起訴状謄本はあらかじめ送達されている。なお，通常，公訴事実欄記載の訴因と罪名，罰条のみ朗読する)。

【★ MEMO：3-12　訴因に関する求釈明】
　　公判前整理手続を経ない審理の場合，この段階で被告側が訴因の内容を問い質すため，裁判所に検察官への説明を下命するよう求めることがある (求釈明。規則208条)。裁判長は検察官に釈明を求め，検察官は必要な範囲で意見を述べて訴因の趣旨を明らかにすることになる (釈明には応答する義務がある)。

④　黙秘権の告知　　裁判長は被告人に対し「審理に先立ち，注意しておく」旨前置きして，「本法廷では被告人が質問される場合があるが，終始沈黙し，または個々の質問に対し陳述を拒むことができるが，陳述した場合にはその内容は有利，不利を問わず証拠となることがある」旨告知する (291条2項，規則197条)。

⑤　被告人の意見陳述 (罪状認否)　　裁判長は，被告人および弁護人に対し，被告事件について陳述する機会を与える (291条2項)。被告人および弁護人は，訴因事実を認めるか否か，事実の一部を否認するのか否か等を述べて，後の公判の進行に関する基本姿勢を示すことになる。被告人はごく簡単に事実面の主張を摘示し，その法的な構成は弁護人が代わって主張するのが通常である。例えば，共犯形態，故意の内容，正当防衛，緊急避難，責任能力の有無程度 (心神耗弱，心神喪失) 等の犯罪の成否・態様に関する主張や，公訴時効，一事不再理効の存在等訴訟条件に関する主張，公訴権濫用などの主張を行うことがある。

3　簡易な証拠調べ手続

冒頭手続の後，有罪・無罪を判断するための証拠を調べる手続に移る。ただ，被告人が事実を争わないときにまでていねいな証拠調べをする必要はない。そこで，これを簡易に行う手続が予定されている。簡易公判手続と2006年から導入された即決裁判手続である (詳細は，第7章参照)。

4 証拠調べの実施——公判前整理手続先行の場合

証拠調べ手続の基本的な進行は公判前整理手続が先行している場合とそうでない場合とで異なる。

公判前整理手続を踏まえた公判では，検察官がまず冒頭陳述を行う。被告側は，証拠により証明すべき事実その他の事実上の主張や法律上の主張があるときには，検察官の冒頭陳述に引き続き，冒頭陳述を行わなければならない（316条の30。公判前整理手続を伴わない場合，冒頭陳述の義務はなく，防御上必要なとき裁判所の許可を得て実施する。296条，規則198条参照）。冒頭陳述に続き，公判前整理手続の結果が顕出され，次に証拠調べ手続が行われる。

公判前準備手続を先行させている場合には，検察官冒頭陳述後に，検察官による証拠調べ請求が正式になされることとなり，被告側の証拠意見を踏まえて，公判廷で証拠の採否と証拠調べの順序・範囲・方法などが決定されることとなる。その後に，証拠調べ手続がなされる。

(1) **冒頭陳述**　検察官は証拠により証明すべき事実を明らかにする（296条）。公判前整理手続を伴う事件では，被告側も証拠により証明すべき事実その他の事実上および法律上の主張を述べなければならない（316条の30）。

検察官は，冒頭陳述で，起訴した犯罪事実の存在を裏付ける具体的な事実を摘示する。被告人の身上経歴，犯行前の状況，犯行状況，犯行後の状況を主に述べる。こうして刑法の構成要件該当性を裏付ける具体的な事実—主体（犯人と被告人の同一性），実行行為，結果（または犯罪の客体），因果関係，故意など主観的要件—を摘示する。冒頭陳述では，犯罪事実を推認させる事実と立証する証拠との関連を明確にして具体的・個別的に述べるが，これに必要な限度で犯行の動機，犯行に至る経過，犯行後の状況などを含めてなされることが多い。

運用上この段階で情状について立証すべき事項を明らかにすることは事案によっては有罪・無罪の争点の公正な判断に疑いを生じかねないので避けた方がよい。裁判員裁判の場合，罪体に関する冒頭陳述と情状に関する冒頭陳述と立証を運用上分けることが適切である（手続二分）。

なお，証拠とすることができず，または証拠として取調べを請求する意思のない資料に基づいて，裁判所に事件について偏見または予断を生ぜしめるおそれのある事項をのべることは許されない（296条但書，規則198条2項）。裁判所は，

冒頭陳述記載事実が証拠によって立証されていると確信したときに、訴因を構成する法的事実が存在していると認定してよいことになる。

(2) 公判前整理手続の結果顕出　検察官と被告側の冒頭陳述が終了した後に、整理手続の結果を顕出する（316条の31）。実質的に両当事者の主張と争点、取調べる証拠が明らかになればよく、裁判所が適宜の方法で実施すれば足りる（規則217条の29は、整理手続の調書の朗読または要旨の告知を例示している。裁判所が作成した争点表の朗読を行うこともある）。

(3) 証拠調べと「厳格な証明」の原則　(a) 犯罪の認定と「厳格な証明」の原理　有罪・無罪を判断するのには、刑事裁判にふさわしい性質の証拠を使わなければならない（後述の「証拠能力」190頁参照）。しかも、その内容を公判廷で確認するのにはそれにふさわしい段取りがいる。これを「厳格な証明」の原理という。簡単にいえば、証拠能力のある証拠をその証拠の性質に応じながら、両当事者に証明力を点検吟味する機会を与える手続によって、内容の確認を行う。以下で説明するのは、こうした「厳格な証明」の方式である。

有罪・無罪の判断をするときには、「厳格な証明」によって取り調べられた証拠が提供する情報に基づかなければならない。構成要件該当性、違法阻却事由、責任阻却事由の有無は、この方式に基づいた判断を要する。累犯加重、中止犯、自首、刑の免除事由、酌量減軽事由など刑罰権の存否・程度に関する要件の確認も「厳格な証明」によるべきである。

ただし、有罪を認めることを前提とする即決裁判手続、略式手続、簡易公判手続の場合、犯罪があることの証明は検察官が提出する証拠に基づいて適宜の方法で裁判所が認定すればよい。もっとも、この場合にも、刑事裁判にふさわしい適正さ（資料の適格性、方法の相当性、判断の公正さ、当事者に対する主張・吟味、意見陳述の機会の公平さ）は保障されていなければならない。これを「自由な証明」という。

次に、刑事裁判を進めるためには、裁判所はいろいろな判断をしなければならない。有罪・無罪の判断は、その最終的な目的だが、それまでに、例えば、管轄の有無や被告人が少年かどうかなどの訴訟条件の有無、勾留期間更新の当否、保釈の可否、訴因変更の要否・可否、被告人が病気かどうか等など無数の判断と決断を経て手続を進行させる。それぞれ裁判所が判断するのには根拠が

いる。これらはいわば「手続事項」であるが，その有無の判断についても「事実の取調べ」がいる(43条3項)。この場合には刑事裁判にふさわしい適正さを備えた「自由な証明」方式に基づけばよい。

　なお，判例上，証拠能力の有無と一般的な量刑事情の有無については有罪・無罪の判断そのものではないので，適正な証明を内容とする「自由な証明」に基づいて判断してもよいとされている(最判昭24・2・22刑集3-2-221など)。ただ，いずれも刑事裁判上重大な判断なので，運用上は「厳格な証明」方式により慎重な判断がなされている。

　(b) 証拠調べの流れ　　公判前整理手続を伴う場合と公判前準備手続による場合で若干異なる。

　　(i) 公判前整理手続先行の場合　　双方の冒頭陳述の後，あらかじめ定められた審理計画に従い，証拠調べを実施する。

　　(ii) 公判前準備手続先行の場合　　検察官の冒頭陳述の後，通常，検察官は証拠等関係カード(一括して取調べを求める証拠が記載されているもの)を提出して証拠調べ請求をする。あらかじめ当事者には開示されているし，請求予定証拠の開示もなされている(299条)。裁判所は，被告側の証拠意見を踏まえて，証拠決定をする。

　(c) 採用が決定された証拠の内容，性質に応じて，その内容を確認する手続のあり方が異なる。

　　(i) 証人・尋問・証言　　証人，鑑定人，通訳人または翻訳人などは人証とも呼ばれるが，人は証拠とすべき情報となる証言(証拠資料)を提供する媒体(証拠方法)にとどまる。人そのものが有罪・無罪，量刑を判断するのに使う情報となるものではない。そこで，これを引き出すために尋問を行う(304条)。

　　尋問にあたって，裁判所は，まずその人違いでないかどうかを取り調べなければならない(規則115条)。次に，宣誓の趣旨を理解することができない者(155条)を除いて，宣誓させなければならない(154条，規則116条～120条)。

【★ MEMO：3-13　証言のための証人保護措置】
　公判廷でなるべく証言を得るようにするため様々な証人保護のための措置が用意されている。▶被告人の退廷措置(304条1項)—証人が被告人の面前では圧迫を受け十分な供述

をすることができないと認めるとき（弁護人の在廷を条件に）証人の供述中被告人を退廷させることができる。供述後，被告人を入廷させて証言の要旨を告知し証人に尋問する機会を与えなければならない（304条の2）。▶証人の付添人（157条の2）—証人の不安と緊張緩和に適当な場合で証言に不当な影響を与えないおそれがある場合，適当な者を証人に付き添わせることができる。▶遮へい措置（157条の3）—被告人の間で一方または双方とも遮へいし，傍聴人との間で遮へいする措置をとることができる。▶ビデオリンク尋問（157条の4）—証人を法廷と別の部屋に入室させて映像と音声を法廷のモニターに流す尋問方法（遮へい措置との併用ができる）。

刑事訴訟法上は裁判長または陪席の裁判官がまず証人を尋問するものと定めるが，これは戦前の伝統を残した規定が改正されないまま残っているものである（304条）。運用上は，証人に対して尋問を請求した者（主尋問），相手方当事者（反対尋問），証人の尋問を請求した者（再主尋問）の順序で尋問する（交互尋問。規則199条の2）。裁判官は最後に補充尋問を行う（ただし，尋問を整理するための介入尋問をいつでも行える。規則201条）。

【★ MEMO：3-14　証人尋問】
◆1：誘導尋問について　主尋問は，証人の記憶通りに証言させるのが目的なので，誘導尋問は原則として禁止される（規則199条の3第3項）「いつ・どこで・誰が・何を・何故・どうしたか」を尋ねるオープンクエスチョンで尋問を組み立てて証言させる。むろん，事前の打ち合わせをしてよい。ただし，争いのない事実の他，①記憶喚起目的，②敵意・反感を示す証人の尋問，③証言回避事項の尋問，④捜査段階供述との相反供述がでた場合などの事情あるとき，誘導尋問は許される（同第3項参照）。反対尋問では，誘導尋問が基本である（規則199条の4第3項参照）。
◆2：証人尋問と異議について　証人尋問にあたり，当事者は，尋問を聞いたとき，証人が不適切な証言をする前に異議を申し立てる（証拠調べに関する法390条1項の異議）裁判所が違法・不相当な尋問を是認しようとすることに対する不服申立てのかたちをとって尋問を制約するものである。主な異議として次のものがある。
　①関連性のない尋問（規則199条の3第1項），②誘導尋問（同第3項），③相当でない誘導尋問（同第4項），④誤導尋問（同第3項・第4項），⑤要約不適切な尋問（同第3項・第4項），⑥前提誤認の尋問（同第3項・第4項），⑦主尋問の範囲外の反対尋問（規則199条の4第1項），⑧反対尋問の範囲外の再主尋問（同条の7第1項），⑨個別的でない尋問（規則199条の13第1項），⑩具体的でない尋問（同第1項），⑪威嚇的な尋問（同第2項1号），⑫侮辱的な尋問（同第2項1号），⑬重複尋問（同第2項2号），⑭意見を求める尋問（同第2項3号），⑮議論にわたる尋問（同第2項3号），⑯伝聞供述を求める尋問（同第2項4号），⑰仮定に基づく尋問（同第2項4号）
◆3：証言の補充方法　尋問者は次の方法により様々な「もの」を提示・利用して証言を補充・補強してよい。①書面・物の成立・同一性その他これに準ずる事項の確認のための提

示（規則199条の10。相手の事前閲覧が要るが，裁判長の許可は不要）。②記憶喚起のための書面・物の提示（同条の11。供述録取書を除く。相手の事前閲覧と裁判長の許可が要る）。③証人の供述明確化のための図面等の利用（同条の12。相手の事前閲覧と裁判長の許可が要る）。図面，写真，模型，装置等を利用して尋問できる。これらは証言後，証人尋問調書に添付するが（規則49条），証拠自体ではない。

【CASE：証言の補充方法と証拠の意味】
　最決平23・9・14刑集65-6-949は，電車内の痴漢行為が起訴された事件で，刑訴規則199条の12を根拠に被害再現写真を証人（被害者）に示して尋問した措置について，「検察官は，証人（被害者）から被害状況等に関する具体的な供述が十分にされた後に，その供述を明確化するために証人が過去に被害状況等を再現した被害再現写真を示そうとしており，示す予定の被害再現写真の内容は既にされた供述と同趣旨のものであったと認められ，……被害再現写真を示すことは供述内容を視覚的に明確化するためであって，証人に不当な影響を与えるものであったとはいえない」。
　「証人は，供述の明確化のために被害再現写真を示されたところ，被害状況等に関し具体的に証言した内容がその被害再現写真のとおりである旨供述しており，その証言経過や証言内容によれば，証人に示した被害再現写真を参照することは，証人の証言内容を的確に把握するために資するところが大きいというべきであるから，第1審裁判所が，証言の経過，内容を明らかにするため，証人に示した写真を刑訴規則49条に基づいて証人尋問調書に添付したことは適切な措置であったというべきである。この措置は，訴訟記録に添付された被害再現写真を独立した証拠として扱う趣旨のものではない」。「証人に示した被害再現写真は，独立した証拠として採用されたものではないから，証言内容を離れて写真自体から事実認定を行うことはできないが，本件証人は証人尋問中に示された被害再現写真の内容を実質的に引用しながら上記のとおり証言しているのであって，引用された限度において被害再現写真の内容は証言の一部となっていると認められるから，そのような証言全体を事実認定の用に供することができる……このことは，被害再現写真を独立した供述証拠として取り扱うものではないから，伝聞証拠に関する刑訴法の規定を潜脱するものではない」。
　最決平25・2・26判時2181-158は，詐欺被告事件で，被告人質問の際，被告人に規則199条の10，同11によって示され，49条で調書に添付された電子メールの存在と記載内容は，公判調書に添付されたのみで証拠として取り調べられていないから，独立の証拠となりあるいは証言または供述の一部となるものではなく，「本件電子メールは，被告人Ｓの供述に引用された限度においてその内容が供述の一部となるにとどまる」とし，証拠として取り調べることなく事実認定の用に供することはできない，とする。

　(ⅱ)　証拠書類と朗読　　書類に対する証拠調べの方法は朗読である（305条）。裁判長は，証拠書類の取調べを請求した者にこれを朗読させなければならないが，自らこれを朗読し，または陪席の裁判官もしくは裁判所書記官にこれを朗読させることもできる（305条1項）。裁判長は訴訟関係人の意見を聴き，

相当と認めるときは，朗読に代えて，取調べの請求者，陪席の裁判官もしくは裁判所書記官にその要旨を告げさせ，または自らこれを告げることができる（規則203条の2）。

【★ MEMO：3-15　刑訴法301条について】

同条は，被告人の供述書・供述録取書等について予断排除の観点から取調べ請求の時期を他の証拠の取調べ実施後と制限しているが，公判前整理手続を伴う事件では事実上適用の余地はない。整理手続を伴わない事件の証拠調べ請求にあたっても一括請求の際にこれら書証を含めることが裁判所の予断を生むと思料すべき特段の事情がないかぎり，証拠採用決定と取調べ時期について配慮すれば足りる。

　(iii)　証拠物と展示　　証拠物に対する証拠調べの方法は展示である。裁判長は，証拠物の取調べを請求した者をしてこれを示させなければならないが，自らこれを示し，または陪席の裁判官もしくは裁判所書記官にこれを示させることもできる（306条1項）。

　(iv)　証拠物中書面の意義が証拠となる書面（証拠物たる書面）の証拠調べの方法は，展示および朗読である（307条）。例えば，名誉毀損の文書や猥褻文書のように書面の記載内容とともに書面の存在または状態が証拠となる書面である。したがって，その取調べには，朗読の他に，その存在または状態を認識するために展示が要求される。

　(v)　証拠調べを終わった証拠書類または証拠物は，遅滞なくこれを裁判所に提出しなければならない。ただし，裁判所の許可を得たときは，原本に代えその謄本を提出することができる（310条）。提出された証拠書類は訴訟記録に編綴し，証拠物は領置する。

　(d)　検察官，被告人または弁護人は，証拠調べに関し，異議を申し立てることができる（309条1項）。当事者が受訴裁判所に対して裁判所の訴訟指揮や訴訟関係人の行為につきその是正を求める不服申立ての機会を与え，当事者の責任で手続の適正な進行を確保するものである。異議の申立ては，法令の違反があることまたは相当でないことを理由としてこれをすることができる。証拠調べに関する決定の場合には単なる不相当ではなく法令違反を摘示して申立てをすることとなる（規則205条1項）。

5 被告人質問

被告人が，任意に供述する場合には，裁判長は，いつでも必要とする事項につき被告人の供述を求めることができる（311条2項）。陪席の裁判官，検察官，弁護人，共同被告人またはその弁護人は，裁判長に告げて，被告人の供述を求めることができる（同条3項）。被告人の任意の供述は，利益，不利益を問わず証拠となる（規則197条1項参照）。これを一般に「被告人質問」という。上記の趣旨なので，厳密には「証拠調べ」ではない。裁判所の採否決定は不要である。手続の目的は，被告人に事件についての意見と弁明を十分に尽くさせることにある。実際にも，被告人質問での供述が裁判官・裁判員の心証形成上大きな比重を占めているのが実状である。通常，証拠調べの最後に実施される（なお，証拠等関係カード上，「職権による施行」として記載される）。

6 被害者等の意見陳述

被害者は，被害者として被害に関する意見陳述ができる（292条の2）。

7 論告，弁論，結審

証拠調べが終わった後，検察官は，事実および法律の適用について意見を陳述しなければならない（293条1項）。量刑についても意見を述べる（両者を併せて論告・求刑という）。被害者参加人も裁判所の許可を得てその後に独自に事件に関する事実または法律の適用について意見を陳述することができる（316条の38）。

被告人および弁護人も意見をのべることができる（293条2項。弁論という）。被告人または弁護人は検察官の後に陳述する機会を与えられる（規則211条）。通常は被告人が最終陳述として意見を述べる。

ここまでの手続が終了すると，事件に関する証拠の取調べと当事者の意見の表明が終わり，裁判所が有罪・無罪を最終的に判断するため評議を行う準備が整う。この状態を結審という。

8 弁論の分離・併合，再開

(1) 弁論の分離，併合，再開　　共犯事件で被告人が複数名いるとき，迅速効率的な裁判のためには，一度の審理で処理するのが適当である（「訴訟経済」の利益である）。また，共犯事件間の事実認定が矛盾しないことも好ましい。この場合，複数名の被告人に対する審理がまとめて行われる（「弁論の併合」）。た

だ，被告人の間で，一方が事実を認め他方が無罪を主張するなど被告人の防御が互いに相反することもある（規則210条）。このとき，検察官にとっても有罪立証上共犯者を証人として喚問するなどの必要がある。この場合には，それぞれの主張に沿った審理をするためにも審理を分離しなければならない（「弁論の分離」という。313条2項，規則210条，なお少49条2項参照）。

【★ MEMO：3-16　共同被告人】
　異なる被告人が，同一の事件で起訴されるとき，同じ一枚の起訴状による場合とそれぞれに対して起訴がなされる場合とがある。どちらも審理は併合されて始まる。その後の進行に応じて分離されることもある。併合審理された場合，数人の被告人を「共同被告人」という。「相被告人」ともいう。

(2)　公判手続の停止　　特別の事情があるときには審理を一定期間休止することになる。裁判所は，検察官と弁護人の意見を聞いた上で決定する。
　(a)　被告人が「心神喪失」の状態にある場合（314条1項）　　病気や身体機能の障害，精神の障害のため，裁判の意味が理解できない状態になった場合，被告人は防御の能力が欠けることとなる。例えば，裁判時に統合失調症や聴覚障害の結果裁判の意味を伝えられない場合には公判手続を停止すべきである（例えば，最決平7・2・28刑集49-2-481）。もっとも，無罪，免訴，刑の免除または公訴棄却の裁判をすべきことが明らかな場合，被告人に有利な裁判なので直ちに裁判をすることができる。
　(b)　被告人の病気による不出頭の場合（314条2項）　　ただし，代理人を出頭させてよい場合にかぎり裁判ができる（284条・285条の場合）。
　(c)　重要証人の病気による不出頭の場合（314条3項）
　(d)　訴因・罰条の追加・変更の場合（312条4項）　　訴因または罰条の追加・変更により，被告人の防御に実質的な不利益を生ずるおそれがあると認めるときは，被告人または弁護人の請求により，決定で，被告人に十分な防御の準備をさせるため，必要な期間公判手続を停止しなければならない。もっとも，重大な事件では公判前整理手続の段階で訴因変更等も処理されていなければならないから，本規定が機能する場面はほとんどない。
(3)　公判手続の更新　　公判手続の更新とは，公判審理をやり直すことをい

う。わが国では裁判官が一定期間毎に転勤になる。このため，別な裁判官が交代して審理を担当することが多い。その場合，それまでの審理経過を確認する手続がいる。これが「手続の更新」である（315条）。口頭弁論主義・直接主義の要請を満たすために定められた手続である。他に，①開廷後被告人の心神喪失により公判手続を停止したとき（規則213条1項），②簡易公判手続によって審判をする旨の決定が取り消されたとき（315条の2），③開廷後長期間にわたり開廷しなかった場合で必要があるとき（規則213条2項）が予定されているが，運用例はあまりない。手続を更新する場合，従前の証拠は基本的に引き継がれる。従前の証人尋問や被告人質問等の書面は，伝聞禁止の対象となるが，前者は刑訴法321条2項で，後者は322条2項で証拠として採用されることとなる。

【★ MEMO：3-17　手続の更新】
　　条文上厳格な手続が予定されている。検察官が起訴状（起訴状訂正書または訴因・罰条の変更書を含む）に基づいて公訴事実の要旨を陳述し（ただし，被告人および弁護人に異議がないときは省略してよい），被告人および弁護人に被告事件について陳述する機会を与え，更新前の公判期日における証拠調べの結果を取り調べ（訴訟関係人が同意すれば相当と認める方法でこれを取り調べることができる），取り調べた証拠について訴訟関係人の意見および弁解を聴取する（規則213条の2）。ただ，運用上は簡単になされる。裁判長が「裁判官が交代になりましたので，手続を更新します。手続は従前通りということでよろしいですか」と検察官と弁護人に確認する。特段のことがないかぎり両方とも「結構です」と答える。次に，被告人に対して「裁判官が代わりましたが，この段階でなにか述べておきたいことはありますか。いままで主張してきた通りということでよろしいですか」といった問いかけをし，被告人も「今まで通りです」という趣旨の発言をして終了する。まれに弁護人や被告人が従前の審理を踏まえた意見陳述をすることもある。

(4)　弁論の再開　　裁判所は，結審後でも適当と認めるときは，検察官，被告人もしくは弁護人の請求によりまたは職権で弁論の再開を決定できる（313条1項）。例えば，被告人質問の補充や結審後の示談の成立，新たな証拠の発見等の場合，訴因の追加または変更をする必要が生じた場合などである。弁論の再開後なされる手続に応じてその後の手続が再度実施される（例えば，示談の証拠を調べたときは証拠調べ手続まで遡るから，再度論告・求刑，弁論，被告人の最終陳述を行うが通常は「従前通り」と応じている）。

9 審理の円滑な進行

(1) 訴訟指揮権　　裁判の主宰者は裁判所である。審理を迅速・円滑に進めるのには，裁判所が進行の管理・運営の責任を負わなければならない。このため，包括的な訴訟指揮権が裁判所に与えられている。具体的な訴訟指揮は，裁判長が行う（294条）。訴訟指揮権は公判廷開廷中の権限である。

法律上注意的に訴訟指揮の権限を個別的にも定めている。裁判長は，訴訟関係人のする意見の陳述や尋問などの訴訟行為が重複し事件に関係のない事項にわたるなど相当でないとき，訴訟関係人の本質的な権利を害しないかぎり，これを制限することができる（295条）。また，必要と認めるときは，訴訟関係人に対し釈明を求めることができる（規則208条1項）。釈明とは，当事者の攻撃・防御，裁判所の審理の進行上必要な事項について当事者に発問して説明を求める措置をいう。相手方は釈明に応ずる義務を負う。

検察官，被告人または弁護人は，訴訟指揮に関する裁判長の処分に対して，法令の違反があることを理由とする場合には，裁判所に異議を申し立てることができる（309条2項・3項，規則205条2項）。

(2) 法廷警察権　　裁判所には訴訟指揮権とは別に公判が開かれる法廷の場の秩序を維持するため包括的な法廷警察権が与えられている（裁71条2項，288条2項）。裁判長または開廷をした1名の裁判官が権限を行使する（裁71条1項）。法廷における裁判所の職務の執行を妨げ，または不当な行状をする者に対し，退廷を命じ，その他法廷における秩序を維持するに必要な事項を命じまたは処置を執ることができる。裁判所の命令に違反してその職務の執行を妨げた者は審判妨害罪となる（同法73条）。不当な行状があれば，裁判所は監置または過料の制裁を科してよい（法廷等の秩序維持に関する法律2条1項）。

(3) 「異議」申立て　　検察官，被告人または弁護人は，証拠調べに関し，異議を申し立てることができる（309条1項。「1項異議」）。それ以外の「裁判長の処分」にも異議を申し立てることができる（同条2項。「2項異議」）。訴訟指揮権，法廷警察権ともに裁判所に帰属するが，その行使は裁判長が行うので，これに不服があるときには，当事者は異議を申し立ててよい。ただし，その理由は，法令違反に限定されている（規則205条2項）。

§Ⅷ　審判の対象

1　刑事裁判は何を対象に行われるのか

（1）　刑事裁判の第一審の裁判所は，検察官が起訴状の公訴事実欄に記載している犯罪の有無を証拠によって判断する。公訴事実欄には，「訴因」が記載されている。訴因とは，日時・場所・方法によって特定される検察官が構成した「罪となるべき事実」である。つまり，検察官が捜査段階の証拠に基づいて，被告人が行った犯行を刑法上の構成要件を充足するのに必要な事実に沿って整理し，これに可罰的な評価を加えて法的に構成した事実の主張である。検察官は，1通の起訴状で，同一被告人に対し併合罪関係にたつ数罪の訴因をまとめて起訴したり，複数の被告人を起訴できる。どの場合も，公訴事実に記載された訴因が一審の審判の対象となる（訴因対象説）。

図表3-2　書式例①──殺人罪と銃刀法違反被告事件の併合起訴の例

```
                    公　訴　事　実

  被告人は，
    第1  平成19年2月10日午前零時ころ，神戸市東灘区岡本8丁目9番1号の居酒屋
  「甲南屋」店舗前において，太田一郎（当29年）に対し，殺意をもって，所携の刺身
  包丁（刃体の長さ約20センチメートル）で同人の左背部を力任せに突き刺し，よって
  同人を心臓刺切創等に基づく失血により同所において即死させて殺害し，
    第2  業務その他正当な理由による場合でないのに，前記日時場所において，前記
  刺身包丁1丁を携帯し
  たものである。

                  罪　名　及　び　罰　条
    第1  殺人                        刑法第199条
    第2  銃砲刀剣類所持等取締法違反    同法第32条第4号，第22条
```

【★ MEMO：3-18　公訴事実対象説と訴因対象説】

第2次世界大戦前の日本で適用していた旧刑事訴訟法（大正11年制定）は，検察官と裁判官の役割を分ける弾劾主義の原理に立つが，起訴後は裁判所が真実解明の職責を負うものと考えられていた（職権探知主義）。だから，審判の対象は，検察官が起訴状で示した事実を軸にして，1つの犯罪として処罰すべき範囲にある全事実に及ぶと扱われ，検察官が窃

盗で起訴したとき事実関係が同一であれば裁判所が強盗を認定し逆に盗品の譲渡として認定することができた（公訴不可分の原則）。当時の用語を用いれば「事件の単一性・同一性」のある範囲全体が審判の対象であった。現行法は312条で「公訴事実の同一」という概念を規定したから旧法の考え方を継受したと解釈する学説もある（公訴事実審判対象説）。訴因は公訴事実の法律的評価（構成）を示し，被告側の攻撃・防御の争点を明確にするものと考えることとなる。しかし，現行法は，検察官に審判対象を設定する責務を与え，裁判所は証拠に基づく審判機能に徹するものとする制度を前提にする（当事者主義の徹底）。裁判所が検察官と一体となって真相を解明する糺問的機能を与えない趣旨である。だから，審判対象は検察官が主張する訴因と捉えればよい。その訴因の同一性が認められる範囲では訴因変更手続を経て当初の訴因と異なる事実と犯罪を認定することはできる（訴因対象説）。

(2) 現行法は，当事者主義を実質化し，訴因制度を採用しており，審判の範囲については，検察官の設定した訴因に限られる（訴因の拘束力）。

(3) 公判廷での当事者による攻撃・防御の結果，起訴状記載の訴因とは異なる事実が証明されることがありえる。当事者の攻撃・防御によって，検察官が起訴の段階で予想した証拠状況が変化する場合や，検察官と裁判所とで証拠の評価が異なることとなる場合，「ズレ」が生まれることとなる。

審判対象の設定の権限と責務は検察官にあるから，裁判所が証拠調べの過程または評議段階で抱く心証と検察官の主張にずれがある場合，検察官の主張について立証がなされたことにはならない。他方，裁判所が抱く心証に従って別のかたちの犯罪を認定することが合理的な場合はありえる。この場合，原訴因をそのまま審判対象としていると無罪にするしかないが，刑事裁判のあり方として適切ではない。

そこで，刑訴法は，刑事裁判における真相解明に基づく適正な刑罰権の実現の観点から，検察官の主張する訴因と審理が始まって以後に検察官自身や裁判所が形成する心証に「ズレ」が生じた場合に対処するため，起訴状記載の訴因を変更する権限を検察官に認めている。この場合，被告人には十分な防御準備の機会を与えなければならない（312条）。

(4) 訴因の変更（広義）とは，訴因の追加，撤回および変更（狭義）をいう。訴因の追加とは，当初の訴因に新しい訴因（科刑上一罪，予備的または択一的関係にある訴因）をつけ加えることである。訴因の撤回とは，数個の訴因の一部または訴因の一部を取り除くことをいう。訴因の変更とは，訴因の内容を変えるこ

とをいう。罰条についても追加，撤回，変更が認められている。

2 訴因の変更の要否

(1) 訴因は，検察官が法的に構成した事実であって，可罰性の評価を含むものである。訴因の役割は，裁判所には審判の対象と範囲を示すことにある。これには特定性があれば足りるが，訴因と異なる認定は，検察官の公訴提起の範囲を逸脱することになるので，まずこの側面から検察官の訴追意思の同一性を超えることはできない。

例えば，検察官が共謀共同正犯者の存在に言及することなく，被告人が単独で当該犯罪を行ったとの訴因で公訴を提起した場合，被告人1人の行為により犯罪構成要件のすべてが満たされたと認められるときは，審理の中で裁判所からみて他に共謀共同正犯者が存在すると認められてもその犯罪の成否は左右されないから，裁判所は訴因通りに犯罪事実を認定することとなる（最決平21・7・21刑集63-6-762）。審判対象そのものを修正する必要があると裁判所が判断する場合，求釈明なり訴因変更の勧告を先行させるべきこととなる（規則208項，312条2項）。

(2) 次に，被告側には防御の範囲を示すものである。ここでは，訴因変更の要否は，主に被告側に不意打となる事実認定を避けることを基準に判断すればよい。ただ，事実は多様であって証拠から推認できる事実も広がりがある。どのような「ズレ」が防御上重要であるかが問題となる。これは裁判所の健全な判断によって決めることとなる。

(a) 起訴状記載の訴因と変更請求されている訴因または裁判所が形成した心証を比較して，合理的な弁護人から抽象的一般的にみたとき，当初訴因から予想が困難で特に防御の準備の範囲には含めないと思われる場合には，手続上も審判対象の修正を明示し，防御の機会を与える必要がある（抽象的防御の利益基準）。

(b) 以上を除いて，実際の審理の経過に照らしたときに，被告側が「ズレ」に気付かずあるいはその重要性を認識していないため不意打ちになる状態であると裁判所が認識する場合には，訴因変更手続を実施し防御準備をさせなければならない（具体的防御の利益基準）。

(c) 裁判所が訴因の構成上すでに含み込まれている事実を認定して検察官主

図表3-3　訴因変更の要否の判断

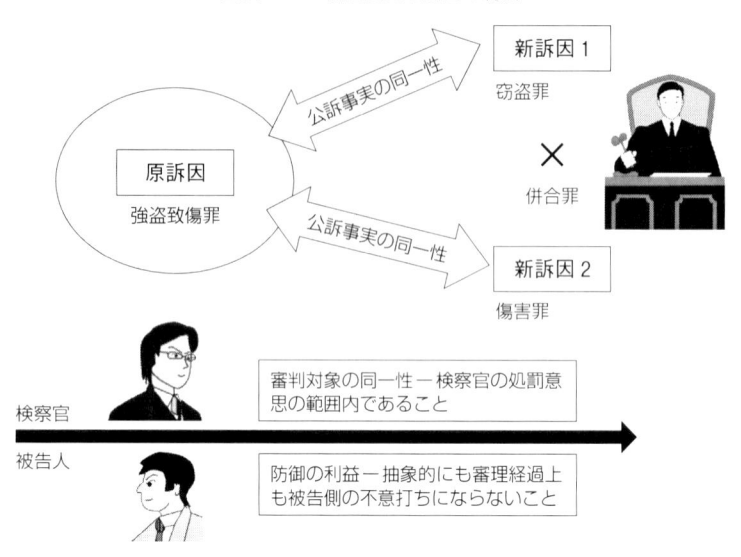

```
         公訴事実の同一性      新訴因1
                           窃盗罪
   原訴因                        ×
   強盗致傷罪                   併合罪
         公訴事実の同一性      新訴因2
                           傷害罪

検察官         審判対象の同一性－検察官の処罰意
              思の範囲内であること

被告人         防御の利益－抽象的にも審理経過上
              も被告側の不意打ちにならないこと
```

張よりも可罰性を縮減した犯罪を認定する場合，抽象的防御の利益の観点からも具体的防御の利益の観点からも特段の問題がないので，訴因変更手続を介することなく訴因と異なる事実を認定してよい（縮小認定。例えば，強盗の訴因の基本的な事実の枠内で暴行または脅迫を認めず窃盗を認定する場合や，殺人の訴因で殺意のみ認定落ちをして傷害致死を認める場合など）。

訴因変更の要否（訴因逸脱認定の許容性）は，以上の観点から総合的に判断して相当か否かによって決めることとなる。

(3)　なお，犯行の動機や具体的態様，共謀共同正犯における実行行為者，注意義務の前提となる事実など訴因の明示に必要な事項ではないが，被告人の防御上重要な事項についても，起訴状に記載した以上，被告人に防御の機会を与えるべきである。この場合，検察官が念のため訴因変更をすることが適切である（任意的訴因変更）。起訴状の単なる誤記は訂正すればよい。

【CASE：訴因変更の要否と判例】
▶訴因変更が要る場合
　①数回に及ぶ暴行の途中から殺意が発生したとの殺人罪の訴因に対し，最初の暴行時

すでに殺意があったと認定する場合（東京高判平元・3・2判タ700-281）。
　②収賄と贈賄とは，犯罪構成要件を異にするばかりでなく，一方は賄賂の収受であり，他方は賄賂の供与であって，行為の態様が全く相反する犯罪であるから，収賄の犯行に加功したという訴因に対し，訴因罰条の変更手続を踏まずに，贈賄の犯行に加功したという事実を認定することは，被告人に不当な不意打ちを加え，その防御に実質的な不利益を与えるおそれがある場合（最判昭36・6・13刑集15-6-961）。
　③業務上過失致死傷害事件において，被告人がぬれた靴をよく拭かずに履いていたため，一時停止の状態から発進するにあたり，アクセルとクラッチペダルを踏んだ際，足を滑らせてクラッチペダルから左足を踏み外した点を過失とする訴因に対し，交差点前で，一時停止中の他車の後に進行接近する際，ブレーキをかけるのを遅れた過失を認定する場合（最判昭46・6・22刑集25-4-588）。
　④犯人が被害者を殺害して金員を強奪した強盗殺人と翌々日再度被害者方を訪れて金員を盗った窃盗とが併合罪として起訴されている場合，後者について前者と包括一罪関係にあるものとして強盗殺人一罪を認定する場合（仙台高判昭31・6・13高裁特3-24-1149）。
▶訴因変更が要らない場合
　①自動車運転者に速度調節義務を課す根拠となる路面の滑りやすい原因と程度に関する具体的事実として，石灰の粉じんの路面への堆積凝固という事実が公訴事実中に記載され，その後訴因変更手続を経て撤回されたとしても，被告人の防御権が侵害されたとは認められないかぎり，右事実を認定することに違法はない（最決昭63・10・24刑集42-8-1079）。
　②「被告人は，甲が金品強取の目的で乙を殺害しようとして乙の首を絞めているとき，その企図を察知共謀の上乙の抵抗を阻止し，また着用の腰紐を甲に与えて絞首殺害の目的を達成するに至らせた」旨の強盗殺人の共同正犯の訴因に対し，「被告人において甲が乙殺害の目的でその首を絞めている企図を察知しながら，その着用の腰紐を甲に与えて，絞首殺害の目的達成を容易ならしめてこれを幇助した」として殺人幇助を認定する場合（最判昭33・6・24刑集12-10-2269）。
　③被告人が，居眠りまたは眠気を催した状態で運転中対向車線にはみ出し他車に衝突して起きた業務上過失致傷事件で，「前方左右を注視し進路の安全を確認して進行すべき」業務上の注意義務違反によるとする訴因に対して，「進路前方を注視しハンドルを厳格に握持して道路左側を進行すべき」業務上の注意義務違反を認定する場合，訴因変更は要らない（最決平15・2・20判時1820-149）。
　④訴因または罰条の変更につき，一定の手続が要請される理由は，裁判所が勝手に訴因または罰条を異にした事実を認定することによって，被告人に不当な不意打ちを加え，防御権の行使を徒労に終わらしめることを防止することにある。強盗の起訴に対し恐喝を認定する場合，裁判所がその態様および限度において訴因たる事実よりも縮小された事実を認定するとき，かかるおそれはないので，訴因罰条の変更手続を経る必要がない（最判昭26・6・15刑集5-7-1277）。

(4)　殺人罪の共謀共同正犯の訴因については問題がある。判例は，実行行為

者が誰であるかが明示されていなくても罪となるべき事実の特定に欠けるものとはいえないとする。ただ，検察官が訴因で実行行為者の明示をした以上，判決でそれと実質的に異なる認定をするには，原則として訴因変更手続を要する。

しかし，被告人の防御の具体的な状況等の審理の経過に照らし不意打ちを与えるものでなく，かつ，判決で認定される事実が訴因に記載された事実と比べて被告人にとってより不利益といえない場合，例外的に訴因変更手続を経ることなく訴因と異なる実行行為者を認定できる。だから，実行行為者がだれかをめぐり審理が尽くされている場合，被告人が実行行為をしたとする訴因を変更することなく，「共犯者または被告人あるいは両名で」実行行為をしたとする択一的な認定をしてよい（最決平13・4・11刑集55-3-127）。

(5) 一審の裁判所は，心証と訴因の間に「ズレ」があるとき，抽象的防御の利益，具体的防御の利益，縮小認定の各基準に照らして訴因変更の要否を判断し，検察官に訴因変更につき釈明を求めたり勧告などをする（訴因変更命令はほとんど行わない）。被告人は一審裁判所が訴因変更せずに訴因と異なる罪となるべき事実を認定したとき，訴訟手続の法令違反があるとして控訴することとなる（379条）。

【★ MEMO：3-19　訴因論】

　　訴因の本質をめぐり，公訴事実審判対象説と訴因対象説のいわば論理的な帰結として，考え方が対立している。公訴事実審判対象説に立てば，訴因自体が「事実」を示している側面を重視する必要がなくなるので，検察官が審判対象とする事実がとりあえずどの構成要件にあたるか法律構成を示すものであるとする法律構成説に至る。訴因を審判対象とし，他方法的な判断は裁判所の専権として委ねると考えると，訴因は検察官が犯罪を構成する重要な事実のみ摘示するものであるとする事実記載説が出てくる。訴因の捉え方に応じて，訴因変更を必要とする基準も異なってくる。罰条に変化が生ずる場合（罰条同一説），構成要件の修正形式の変更（既遂と未遂，共犯の形式の変更）などの法律構成に変化が生じる場合（他に，作為犯と不作為犯など）に訴因の変更が必要とする説（法律構成説）と，いわば重大な事実に変化が生じて被告人にとって防御上無視できない場合とする説（事実記載説）がある。実際の運用上，起訴状記載の訴因は，構成要件該当性を示す主要な事実を整理して摘示し，検察官の可罰性評価も示しており，「事実・法律構成併記」である。かかる運用に特段の支障はない。

3 訴因変更の可否

(1) 訴因の変更は,「公訴事実の同一性を害しない限度」で許される (312条1項)。公訴事実の同一性がない犯罪を係属中の裁判で一緒に処理するためには,検察官はあらためて起訴状を作成し追起訴することとなる(被告人は仮に有罪になっても併合罪の処理を受けた範囲で量刑がなされる点で有利になる。刑45条以下参照)。

公訴事実の同一性の有無について,一般には公訴事実の単一性と公訴事実の同一性(狭義)によって判断するものとされている。

【★ MEMO:3-20　公訴事実の単一性と同一性(私見)】
　一般に,公訴事実の単一性は犯罪の個数の問題であり,刑法上の「罪数論」によって決まるとされている。例えば,原訴因の窃盗と日時・場所が近接し,方法が類似する窃盗について刑法上包括一罪として評価できるかどうかが単一性の問題であり,単一性があれば訴因の追加手続によって同時処理ができる。これと区別して従来から訴因変更の可否を論ずるとき,狭義の「公訴事実の同一性」基準が用いられている。起訴状記載の訴因と訴因変更請求されている訴因または裁判所が形成した心証を比べて同一か否かを問うものである。
　「単一性」が事実の「はば」の問題であるのに対して,「同一性」はいわば事実の変化,「ズレ」の問題であるとか,手続の発展にそって縦断的にみて両者が同一であること,あるいは犯人と犯罪が同一であることなど様々な説明が学界ではなされている。しかし,公訴事実の同一性という用語は刑訴法312条のみで使われているものであって,要するに訴因変更の範囲を画するための法概念と割り切って考えればよい。その意味で原訴因と新訴因ないし裁判所の心証の比較上同一裁判で処理するのが妥当な範囲にあるか否かが問題である。その判断基準は,1回の刑罰権行使しかできない範囲の事実であること,つまり刑法上一罪として処理すべき範囲であるか否かが判断できればよいことになる。学界では公訴事実の単一性概念は不要とする有力な考え方があるが,むしろ従来論じられている狭義の公訴事実の同一性は手続上の一罪性を示す「公訴事実の単一性」を判断するひとつの基準である。

(2) 公訴事実の同一性は,判例によれば,犯罪を構成する事実関係の基本となる部分が社会通念上同一の事実と認められることとされている。すなわち,比較される両事実の間に日時,場所,方法などの基本的な事実関係が同一ないし近接していれば認められる(基本的事実同一説)。ただ,事実の比較の基準が定かではないし,場合によっては社会生活上日時・場所が異なる事実関係も問題となることがある。検察官の訴追意思次第では併合罪と扱うべき場合もある。そこで,検察官の主張する一方の訴因が犯罪として成立すれば,他方の訴因は

図表3-4　公訴事実の同一性の判断

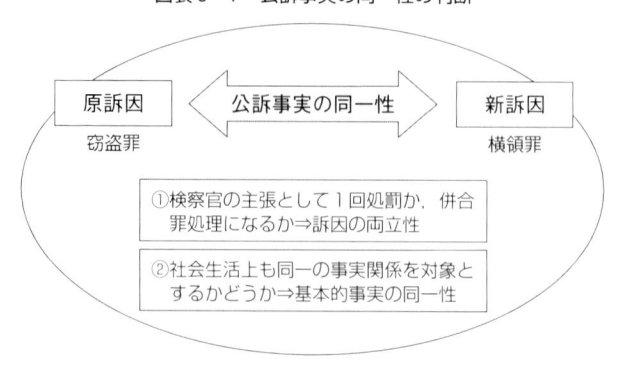

```
         公訴事実の同一性
  ┌原訴因┐  ⇔  ┌新訴因┐
   窃盗罪           横領罪

  ①検察官の主張として1回処罰か，併合
    罪処理になるか⇒訴因の両立性
  ②社会生活上も同一の事実関係を対象と
    するかどうか⇒基本的事実の同一性
```

犯罪として成立しないという関係（択一関係ないし訴因の非両立性）にあるかどうかも判断する。

　例えば，「公務員Aと共謀のうえ，Aの職務上の不正行為に対する謝礼の趣旨で，Bから賄賂を収受した」という加重収賄の訴因と「Bと共謀のうえ，右の趣旨で，公務員Aに対し賄賂を供与した」という贈賄の訴因とについて，授受された金員が同一の場合，いずれかの法的構成で処罰を1回しかできない関係にある。両訴因は両立しない。この場合公訴事実の同一性を肯定してよい（最決昭53・3・6刑集32-2-218参照。訴因変更は必要である）。

　(3)　公訴事実の同一性は，訴因変更を認めてよい範囲を画する法概念であって，その意味が問題となる。従来使われている公訴事実の単一性・同一性は，機能的には，原訴因と新訴因または裁判所の心証の同一性を異なる視点で捉えているものの，本質的には1回の裁判で処理すべき範囲にあるとみていいかどうか，1個の刑罰権行使の範囲の事実かどうか，つまり刑法上一罪として処理すべきか否かを問題としている。

　むろん，量刑上罪数を決めるには，結審して評議を経て事実を確定しなければならない。しかし，適法に成立している訴訟手続の進行中に新たな事実について訴因変更で対処すべきか追起訴すべきかという手続処理ないし効果を決めることがここでの問題である。そのとき，原訴因と新訴因または裁判所の心証の内容自体から直ちに一罪と判断してよい場合もある。例えば，住居侵入罪で起訴後侵入先で物を盗んだ事実を窃盗とする訴因を付け加えたいとき，訴因の

内容だけで刑法上手段・結果の関係に立つ牽連犯とみてよく一罪の関係にあるとして追起訴は要らず訴因変更で処理してよい（単一性基準）。

他方，類似の財物について日時・場所・方法を異にする関与の仕方が問題の場合（例えば，原訴因が盗んだ事実を，新訴因が有償で売却した事実を内容とするとき），訴因の比較だけでは一罪の範囲をはみ出る。その場合，追起訴すべき事実関係なのか訴因変更を認めてよいのか判断が困難になる。そこで，両訴因が問題としている事実は同じ生活関係における同じ被害状況を問題にしているのかどうか（基本的事実の同一性），そして，検察官の処罰意思としては一度処罰すれば二度の処罰は不要となる可罰性評価ないし法的な構成をしているのかどうか（訴因の非両立性・両立性）という2つの視点から手続上一罪と扱っていいかどうかを判断すればよい。

その意味で，「公訴事実の同一性」とは原訴因と新訴因または裁判所の心証が訴訟手続上一罪と判断できる場合をいう（手続上一罪性基準）。

【CASE：公訴事実の同一性】
▶公訴事実の同一性がある場合

①社会通念上同一事実と認められる範囲内で，日時，場所，方法に追加変更を生じても公訴事実の同一性を害しない（最決昭25・6・17刑集4-6-1013）。

②公訴事実の同一性は，犯罪の性質，態様，被害数量等が異なっていても基礎たる事実が同一であればこれを認めても差し支えない（最判昭26・6・28刑集5-7-1303）。

③詐欺の訴因と，原判決認定の遺失物横領について，犯罪の日時，場所において近接し，同一財物，同一被害者に対する領得罪である場合，基本事実関係は異なるところがない（最判昭28・5・29刑集7-5-1158）。

④昭和25年10月14日頃，静岡県長岡温泉某ホテルでO所有の背広を窃取したとの訴因と，同月19日頃東京都内で自称Oから紺背広一着の処分方を依頼され同日Y方に質入して牙保したとの訴因については，O所有の背広一着に関する被告人の所為が窃盗か事後における贓物牙保かという点に差異があるにすぎない。両者は罪質上密接な関係がある。そして，犯罪の日時の先後および場所の地理的関係とその双方の近接性にかんがみれば，一方の犯罪が認められるときは他方の犯罪の成立を認めえない関係にある場合，両訴因は基本的事実関係を同じくする（最判昭29・5・14刑集8-5-676）。

⑤「被告人甲は，公務員乙と共謀のうえ，乙の職務上の不正行為に対する謝礼の趣旨で丙から賄賂を収受した」との枉法収賄の訴因と，「被告人甲は，丙と共謀のうえ，右と同じ趣旨で，公務員乙に対して賄賂を供与した」との贈賄の訴因につき，収受したとされる賄賂と供与したとされる賄賂との間に事実上の共通性がある場合（最決昭53・

3・6刑集32-2-218)。
▶公訴事実の同一性がない場合
①銃砲等不法所持罪において，同一被告人の不法所持にかかる日本刀がいずれも別個のものであり，かつ，その事実上の支配状態を別異にするときは，たとえ不法所持の日時，場所が彼此近接しているとしても，その間に公訴事実の同一性は認められない（最判昭28・11・27刑集7-11-2344)。
②リヤカーを貸与することにより窃盗を幇助したとの窃盗幇助の訴因と，その贓品を故買したとの贓物故買の事実（最判昭33・2・21刑集12-2-288)。
③無免許で無謀操縦をした事実と業務上過失致死の事実（最決昭33・3・17刑集12-4-581)。
④被告人が農協理事から昭和27年額面40万円の約束手形1通を騙取した詐欺の事実と，農協理事と共謀の上昭和29年業務上保管にかかる現金20万円を借金の弁済として交付させた業務上横領の事実（最判昭41・4・12判時451-55)。

(4) A訴因からB訴因へ変更し，さらにC訴因へ変更する場合，A訴因とC訴因との間にも公訴事実の同一性を求める考え方もある。しかし，各訴因変更の段階で十分な防御の準備の機会があれば足りるから，順次的訴因変更も許される。

4 罰条，法的構成，罪数，訴訟条件と訴因変更

(1) 罰条の変化　訴因とは構成要件に該当する事実を法的に構成した検察官の主張であるところ，証拠調べを経た後に，同じ事実を前提にしても裁判所が適切と判断する法的な構成，適用すべき罰条について検察官の主張とに「ズレ」が生じることはある。この場合，256条4項は「罪名は，適用すべき罰条を示してこれを記載しなければならない。但し，罰条の記載の誤は，被告人の防禦に実質的な不利益を生ずる虞がない限り，公訴提起の効力に影響を及ぼさない」と定めている。

したがって，万が一にも起訴状に罰条の記載がなくても，公訴事実と罪名の記載により罰条を推認することができる場合，公訴提起の効力には影響がない（最決昭34・10・26刑集13-11-3046)。また，判例は，起訴状における罰条の記載は，訴因をより一層特定させて被告人の防禦に遺憾のないようにするため法律上要請されているものであり，裁判所による法令の適用をその範囲内に拘束するためのものではないとし，裁判所は，訴因により公訴事実が十分に明確にされていて被告人の防禦に実質的な不利益が生じないかぎりは，罰条変更の手続を経

ないで，起訴状に記載されていない罰条であつてもこれを適用することができるとする（最決昭53・2・16刑集32-1-47）。具体的な防御の利益を基準に判断しているとみてよい。

したがって，訴因において暴力行為等処罰に関する法律1条の罪にあたる事実が十分に明示されているのであれば，起訴状に記載された刑法208条を変更させる手続を経ないで上記法律1条を適用してよい。他方，単純収賄の訴因に対し請託収賄の事実を認定する場合（最判昭30・7・5刑集9-9-1777），甲の違法な選挙運動を幇助したとの公職選挙法221条1号違反の幇助の訴因に対し同条項違反の共同正犯を認定する場合（最大判昭40・4・28刑集19-3-270）等には罰条の変更を用する。

(2) 法的構成の変化　訴因記載の事実面は変更を要しないが，訴因に関する法的な構成について変化することはありえる。

判例はこの場合にも罰条の変更の要否と同様に，被告人の具体的な防御の利益を尊重して変更手続の要否を判断する。例えば，収賄の犯行に加功したという訴因に対し，訴因罰条の変更手続を踏まずに贈賄の犯行に加功したという事実を認定することは，収賄と贈賄が犯罪構成要件を異にし一方は賄賂の収受であり他方は賄賂の供与であって行為の態様が全く相反する犯罪であるから，被告人に不当な不意打ちを加えその防御に実質的な不利益を与えるおそれがあるとする（最判昭36・6・13刑集15-6-961）。幇助から共謀共同正犯を認定する場合にも，共謀の事実を認定しなければならず量刑も重くなるので被告人の防御権に影響が出てくるから，訴因変更を要するとする（前掲・最大判昭40・4・28）。これに対して，横領から占有離脱物横領になる場合（最判昭28・5・29刑集7-5-1158），背任から詐欺へ（最判昭28・5・8刑集7-5-965），業務上過失致死罪から重過失致死罪へ（最決昭40・4・21刑集19-3-166）変更する場合には訴因変更の手続を要しない。

(3) 罪数の変化　罪数の構成について検察官と裁判所の判断がずれることもある。例えば，被告人が工場出荷製品の一部につき数か月にわたり帳簿に記載せず所定の申告をしなかった物品税逋脱罪の包括一罪の訴因に対し，各月分毎に1個の物品税逋脱罪の成立を認定する場合，訴因変更は不要とする（最判昭29・3・2刑集8-3-217）。1個の窃盗として起訴されたものを訴因の追加変更

の手続を経ないで，2個の窃盗と認定しても公訴事実の同一性を失わず，かつ被告人の防御に実質的な不利益を生ずるおそれがないかぎり違法ではない（最判昭32・10・8刑集11-10-2487）。併合罪として追起訴された事実を前に起訴された事実と併合審理した結果，両者を単純一罪と認定して処断する場合（最決昭35・11・15刑集14-13-1677）などいずれも訴因変更手続を用いないとする。他方，犯人が被害者を殺害して金員を強奪した強盗殺人と翌々日再度被害者方を訪れて金員を盗った窃盗とが併合罪として起訴されている場合，後者について前者と包括一罪関係にあるものとして強盗殺人一罪を認定する場合は訴因変更を要する（仙台高判昭31・6・13高裁特3-24-1149）。

判例の判断基準は，当初の一罪を数罪に変更して認定する場合（甲⇒甲1と甲2），または数罪を一罪へと認定する場合（乙1と乙2⇒乙），いずれも，甲と甲1，甲と甲2または乙1と乙，乙2と乙それぞれが公訴事実の同一性の範囲内にあること，具体的な審理の経過に照らして被告人，検察官いずれにとっても不意打ちにあたらず，それぞれ防御の準備上不利益にならず，または刑罰権行使上処罰意思の枠を超えないことが求められている。

(4) 訴訟条件の有無　証拠調べの結果，裁判所は，訴因と異なる心証をもった結果，その心証に従うと訴訟条件が欠け手続を打ち切らなければならない場合，どのように処理すべきか。

基本となる考え方として，訴因事実記載説に立ち，また審判対象も検察官が設定した訴因に限定する訴因対象説の理論モデルによれば，かかる場合にも訴因を基準に処理することとなるから，検察官が最終的に訴因変更手続をしない以上は，原訴因を基準に実体裁判をすることとなる（無罪になる）。もっとも，裁判所が訴因変更を促すなど釈明権を適切に行使したとしても，この理論モデルでは処理に難点が残る。例えば，簡裁に起訴された窃盗被告事件について，裁判官が強盗罪の心証を抱いたとき，管轄権は地裁にあるところ，検察官が強盗への訴因変更を請求しても簡裁では受理できないこととなる。

そこで，裁判所の心証を基準とする処理をすれば足りる（心証基準説）。訴訟条件の有無は，審判を行う場としての裁判手続が適法に成立しているかどうかの問題であって，裁判所の判断すべき専権事項である。また，有罪か無罪かに関する被告人の防御の利益は考慮する必要が原則としてない。また，訴訟条件

の有無に関する証明は「疎明」でよい。したがって，検察官が設定する審判対象としての訴因は変更することなく，裁判所の心証を基準に訴訟条件欠如を認定し，適宜の処理をすれば足りる。かかる場合，形式裁判で手続を打ち切るだけなので，検察官は再度刑罰権を行使する機会をもてる（なお，審判対象に関しては訴因対象説に立っても訴訟条件の有無に関する心証基準説をとることができる）。

例えば，検察官が犯行後1年1月余りを経過したときに名誉毀損罪として公訴を提起した公訴事実を，裁判所が侮辱罪に該当すると認めるときは，訴因変更がないまま被告人に対し公訴の時効が完成したものとして免訴の言渡しをなすことができる（最判昭31・4・12刑集10-4-540）。道路交通法上の非反則行為として通告手続を経ないで起訴された事実が公判審理の結果反則行為に該当するものと判明した場合，訴因変更がなくとも338条4号により公訴を棄却すべきである（最判昭48・3・15刑集27-2-128）。地方裁判所が，起訴された重過失の事件について審理の結果簡易裁判所に専属管轄が属する単純過失罪と認めるとき，訴因変更がないまま管轄違を言い渡してよい（東京地判昭61・3・12判時1229-160）。

5 訴因変更の手続

(1) 訴因変更の必要性は手続の流れに沿って次のようなかたちで問題となる。

①公判前整理手続継続中。

②公判中，検察官が立証の状況に照らして訴因を修正する必要があると判断する場合。

③証拠調べが終了し評議の段階で，裁判所が訴因と異なる事実を認定する必要が生じる場合。

検察官は，訴因，罰条の追加，撤回，変更について書面によりなされなければならない（規則209条1項）。被告人の在廷する公判廷では，裁判所の許可を得れば口頭による変更も許される（同条5項）。

裁判所は，訴因，罰条の変更により被告人の防御に実質的な不利益を生ずるおそれがあると認めるときは，被告人または弁護人の請求により，決定で，被告人に十分な防御の準備をさせるため必要な期間公判手続を停止しなければならない（312条4項）。

起訴状記載の訴因で有罪判決が見込まれる場合であっても，公訴事実の同一性を害さない訴因変更の請求があれば，裁判所は，これを許さなければならない（最判昭42・8・31刑集21-7-879）。裁判所は，変更等があったときは，すみやかに変更等がなされた部分を被告人に通知しなければならない（312条3項，規則209条2項～4項）。

(2) 裁判員裁判の場合，①の公判前整理手続継続中であれば事前に訴因変更をすませばよく，大きな問題は生じない。②，③の段階での訴因変更については，検察官の専権に委ねることは妥当でない。少なくとも一旦期日間整理手続を開き，検察官の求める訴因変更の要否だけではなく，その段階での訴因変更の当否ないし相当性を判断することとなる。

この場合，訴追の権限と責務は検察官にあるから，原則として訴因変更の申立てを裁判所は受理し，裁判員には十分に手続の意味を説明することとなる。ただ，公判前整理手続と公判審理の状況に照らして訴因変更を認めることが裁判員裁判の健全な運用と適正な評議評決を阻害する場合，公訴事実の同一性の範囲内であっても裁判所は不相当として訴因変更申立てを受理しないことができる。

(3) 公訴事実の同一性が認められる訴因変更請求でも，訴訟の発展に伴い限界を生じる。

公判手続を停止して被告人に防御の準備をする機会を与えても（312条4項），なお，被告人の防御を著しく害することになる場合にまでこれを許すことはできない（例，検察官が審理の当初に釈明した犯行態様をめぐって長期の審理を経て結審間際になったのに，それまで全く争点になっていない新たな犯行態様を追加するため訴因変更を請求する場合。福岡高那覇支判昭51・4・5判タ345-321参照）。そのような訴因変更の請求は，いわば検察官の訴訟上の権限濫用とでもいうべきものである（規則1条2項参照）。

【CASE：訴因変更の時期的限界】
　福岡高那覇支判昭51・4・5判タ345-321は，昭和46年に沖縄返還協定批准阻止を訴えるデモ隊と機動隊が那覇市内で衝突し，機動隊員1人が激しい暴行を受け投げつけられた火炎びんで焼死する事件に関するものである。起訴状には，「被告人は，……氏名不詳の者数名の者と共謀の上……交叉点道路上に於いて警備の任に当っていた

……警察官Y……を殺害せんと企て，同人を捕捉し角材，旗竿で殴打し，足蹴し顔面を踏みつけた上，火炎瓶を投げつけ焼く等の暴行を加え，よって右警察官を前記日時頃，前記場所に於いて，脳挫傷，蜘蛛膜下出血等により死亡させて殺害した」と記載されていた（殺人罪の共同正犯）。検察官は，弁護人からの求釈明の申出に基づき，第1回公判期日において，本件における被告人の具体的行為は，炎の中から炎に包まれているYの肩をつかまえてひきずり出し顔を2度踏みつけ，脇腹を1度蹴った行為であると釈明し，ひき続く冒頭陳述においても釈明と同様の「本件犯行状況」の陳述をした。一審での攻撃防御は，専ら，被告人による警察官のひきずり出し行為およびその直後の足踏み行為が，殺人の実行行為か警察官に対する救助行為としての消火行為かが争点とされた。第1回公判期日から約2年6か月後結審間際の公判期日において，検察官は，釈明を訂正して，「警察官Yの腰部附近を足げにし，路上に転倒させたうえ」と追加し，冒頭陳述も同様の犯行態様を追加すると述べた。しかし，裁判長は，審理が長期にわたっており，結審段階にきていることを理由として訴因変更を許可しなかった。一審判決は，犯行態様について被告人の消火行為とする弁解を認めたが，警察官が炎に包まれる前に被告人が1度蹴った行為により共謀を認定しつつ，傷害の故意のみ認めて傷害致死罪で有罪とした。検察官が控訴したが，控訴審も312条4項の趣旨などに照らし，次の理由で訴因変更を認めなかった一審の措置を是認した。

「検察官の権限といえども，被告人の防禦に実質的な不利益を生ぜしめないこととの適正な釣合いの上に成り立っていることが明らかであつて，もし，被告人の右不利益を生ずるおそれが著しく，延いて当事者主義の基本原理であり，かつ，裁判の生命ともいうべき公平を損うおそれが顕著な場合には，裁判所は，公判手続の停止措置にとどまらず，検察官の請求そのものを許さないことが，例外として認められる」。「被告人の防禦に実質的な不利益のなかには，憲法上の要請でもある迅速な裁判をうけ得ないことからくる被告人の不安定な地位の継続による精神的物質的な消耗をも考慮に入れるべきである」。本件の訴因変更については，「検察官が弁護人の求釈明によつて自ら明瞭に訴因から除外することを確認した事実をあらためて復活させるに等しく（本件においてはこの事実即ち前記足蹴り行為が訴因にのぼせられるにおいては，被告人にとつては，本件殺人の点につきあらたな防禦範囲の拡大を強いられるのみならず，暴行，傷害，傷害致死等の実行行為としても独立に評価され，処断される危険にさらされることに留意すべきである），しかも約二年六箇月の攻防を経て一貫して維持してきた訴因，即ち本件問題の行為が殺害行為そのものであるとの事実の証明が成り立ち難い情勢となつた結審段階のことであつてみれば，そうしてまた，被告人としては，右足蹴り行為につき，それまで明確に審判の対象から外され，従つて防禦の範囲外の事実として何ら防禦活動らしい活動をしてこなかつたことの反面，右問題の行為が，殺害行為どころか救助行為としての消火行為であるとの一貫した主張がようやく成功したかにみえる段階であつたことをも考えあわせてみれば，それはまさに，不意打ちであるのみならず，誠実な訴訟上の権利の行使（刑訴規則一条二項）とは言い難いうえに，右事実をあらたに争点とするにおいては，たとえば，読売新聞掲載の写真の撮影者等の証人喚問，フィルムの提出命令等の事態が十分予想され，被告人としても，これらに対するあらたな防禦活動が必然的に要請され，裁判所もまた十分にその機会を与えなければならないから，訴訟はなお相当期間継続するものと考えられ，迅速裁判の趣旨（刑訴規則一条一項）に反して被告人を

ながく不安定な地位に置くことによつて，被告人の防禦に実質的な著しい不利益を生ぜしめ，延いて公平な裁判の保障を損うおそれが顕著であるといわなければならない」。

(4) 裁判所は，審理の経過にかんがみ適当と認めるときは，訴因を追加または変更すべきことを命ずることができる（312条2項）。

この訴因変更命令の制度は，検察官と裁判所との間で判断の不一致があるため検察官が訴因変更すれば有罪となるのに，訴因変更を申し立てないため被告人の無罪判決が下されることを避けるための救済措置である。

裁判所が訴因変更命令を出すのが適当な場合としては，例えば，検察官は訴因の立証に成功したと確信しているが，裁判所の心証は訴因と一致していないのに検察官が認識していないときや，裁判所が訴因と異なる心証を形成したことに検察官が納得していないときであって訴因変更をしなければ無罪にせざるをえないときが考えられる。

裁判所に訴因変更を命ずる義務はない。ただ，例外的な場合として，犯罪が重大であり，証拠が明白であるにもかかわらず，検察官が訴因変更をしない場合，裁判所は，訴因変更を命令する義務があり，命令しなかった場合には，訴訟手続の法令違反となる（379条）。もっとも，裁判所が釈明権の行使をしたり勧告をすれば足りるときもある（最判昭58・9・6刑集37-7-930）。

裁判所が訴因変更を命じた場合，検察官はこれに従う訴訟法上の義務を負う。ただ，検察官がこれに応じないときに，当事者主義訴訟では裁判所としては検察官の主張する訴因について審判せざるをえない。判例も，裁判所の訴因変更命令により訴因が変更されたものとすることは裁判所に直接訴因を動かす権限を認めることになり，訴因の変更を検察官の権限としている刑訴法の基本的構造に反するから，訴因変更命令に右のような効力を認めることはできないとする（最大判昭40・4・28刑集19-3-270）。したがって，仮に検察官が訴因変更に応じないときには無罪を言い渡すほかない。

【CASE：争点の顕在化】
　最決昭58・12・13刑集37-10-1581は，3月12日から14日まで謀議への関与を理由にハイジャックの共謀共同正犯として起訴された被告人につき，13日および14日の

謀議とりわけ13日夜の第一次謀議への関与を重視してその刑責を肯定した一審判決に対し，被告人のみが控訴を申し立てた事案において，右第一次謀議への関与の有無がハイジャックに関する謀議の成否の判断上とりわけ重要であるとの基本的認識に立つ控訴審が，13日夜の被告人のアリバイの成立を認めながら，一審判決が認定せず控訴審において被告人側が何らの防御活動を行っていない12日の夜の謀議の存否を争点として顕在化させる措置をとることなく，率然として，第一次謀議を12日夜であると認めてこれに対し被告人の関与を肯定した本件訴訟手続は，被告人に不意打ちを与え違法である。

第4章 証　　拠

図表4-1　証人尋問の構図

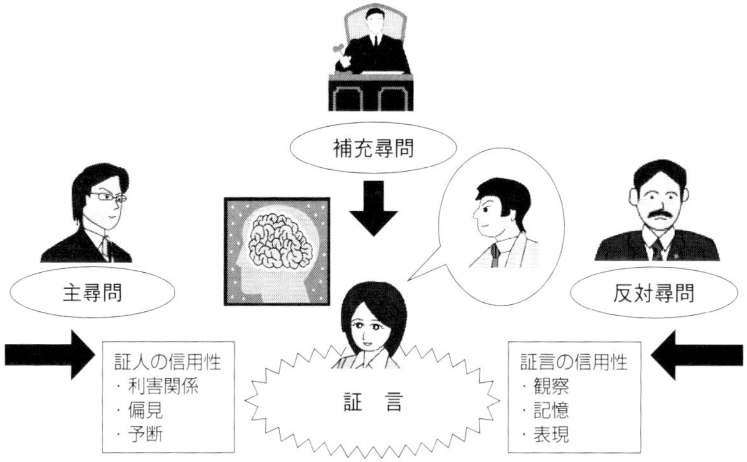

§Ⅰ 公判と証拠

1 刑事裁判と証拠の機能

(1) **証拠裁判主義**　刑訴法317条は、「事実の認定は、証拠による」と定める（証拠裁判主義）。実際の裁判では、罪体の有無と量刑を決めるのにふさわしい証拠を選り分け、その内容を確認する証拠調べ手続が最も重要である。

証拠調べ手続（広義）は、次の段階に分けられる。

　①裁判所が何を証拠とするか決める段階（証拠調べ請求・証拠決定）
　②採用を決めた証拠の内容を公判廷で確認する段階（証拠の取調べ）
　③評議室で証拠を検討し罪体と量刑に関する判断を行う段階（評議、評決）

刑事裁判では、罪体の有無・量刑の程度を判断するのにふさわしい証拠のみ取調べの対象とする。証拠として採用するかしないかを決める基準は、証拠能力と必要性である。

証拠は、その事件で最小限度役立つ情報を提供するものであることが必要であるが、基本的には当事者が請求し、裁判所が採否を決める。当事者の請求がないのに、裁判所が積極的に証拠を探すことはほぼない。

証拠調べは順次行われるから、実際には公判廷で証拠調べがなされるのに連れて、裁判員・裁判官の心証も形成される。最終的には結審の後、評議の機会に有罪・無罪に関する判断を形成する。

(2) **立証の構造**　刑事裁判では、検察官が犯罪があることを証拠によって立証する責任を負う。検察官は訴因を直接立証するのではない。証拠によって立証するのは、証拠調べの初めに行う冒頭陳述で明らかにすると検察官が述べる事実（以下、「冒頭陳述書記載事実」という）とこれを推認させる関係にある様々な事実である。冒頭陳述書記載事実が立証されると、訴因がいわば法的に認定できる関係になる。その意味で、本書では、冒頭陳述書記載事実を訴因および「罪となるべき事実」と区別する意味で「主要事実」とする。

主要事実は通常犯行前の状況、犯行状況、犯行後の状況と時の流れに従って整理され、それぞれたくさんの事実でなりたつ。1つの証拠で明らかにできるのは個々の事実にとどまる。証拠による個々の事実の立証を積み重ねて、各状

況を浮き彫りにして主要事実全体について「合理的な疑い」を超えて立証する。その結果，訴因を認定できる「証拠構造」を作り出すことができる。これが検察官の立証の責務である。このとき，裁判所からみると「被告事件について犯罪の証明があったとき」(333条)となる。裁判所は，「訴因」と同一の範囲で，「罪となるべき事実」(335条)を抽出して構成してよい。

　検察官は主要事実の立証に役立つ事実を，被告側はその反証に役立つ事実を証拠によって裏付けようとする。これを証拠と主要事実との関連性という。関連性のない事実を裏付ける証拠は証拠調べの対象にできない。主要事実の立証上証拠で裏付けられていることを必要とする個々の事実を「要証事実」という (1つの要証事実を立証するのに1つの証拠で足りる場合もあれば，複数の証拠を要することもある)。そこで，当事者は証拠調べの請求にあたり，各証拠毎にそこから明らかにする要証事実を摘示しなければならない (「立証趣旨」の明示)。その結果，主要事実との関連性の有無が判断できる。通常は立証趣旨を示すと関連性も明らかになる。もっとも，その点が不明確な場合，相手方当事者は証拠調べの請求に対する意見を述べる前に関連性を明らかにするように裁判所を通して釈明を求めることもある。裁判所が証拠の採否を決める場合，立証趣旨に従ってこれにふさわしい証拠能力があるか否かをまず判断することとなる。

2　証拠の意義

　(1)　証拠の分類　　(a)　証拠は，検察官が主張する被告人による犯罪の存在を明らかにする情報ないし資料を提供するものをいう。殺人罪の凶器は物の存在と形状自体が犯罪の証明に役立つ資料・情報となる (証拠資料)。被害者への殺意を書いた日記は証拠資料を提供する方法 (証拠方法) であり，記述内容が証拠資料となる。目撃者は証拠方法であって「目撃状況の供述」(証拠資料)を提供することとなる。こうした証拠はいくつかの観点から分類できる。

　(b)　供述証拠・非供述証拠　　「人のことば」を証拠にする場合，供述証拠という。凶器や指紋など「人のことば」以外の証拠 (非供述証拠) と区別する。もっとも，「人のことば」であっても，これを非供述証拠のように利用することもできるので注意を要する。この点は，立証趣旨によって定まり，これに応じて証拠能力の有無・要件も異なることとなる。

　例えば，「甲は『死ね』と言いながら乙をナイフで刺した」と目撃者丙が公

図表4-2　書式例①—供述調書

供　述　調　書

住　居　　大阪市北区南扇町6番3号 マンション天満104号室
職　業　　パート従業員
生年月日　昭和59年1月5日
氏　名　　菅野麻里子

　上記の者は，平成26年2月5日，神戸地方検察庁において，本職に対し，任意次のとおり供述した。
　平成26年2月3日の夜，マンション天満104号室からみた様子について説明します。
　火事のあった日のことですが，その直前になります，午後8時頃，NHKの「クローズアップ現代」を見終わってから，なにかドアの外でガラス製のものが割れるような音が聞こえたので，窓からちょっと覗いてみたのです。
　そうすると，同じマンションで棟が別になっていて，通路をはさんで向かい側の左手にある101号室の前を男の人が歩いているのをみました。
　そのとき，男は，方向で言えば，南へ向かって歩いていました。マンションの敷地の外に向かう方向です。
　男は，
　　テレビなどで医者が手術する前に手術台の所に行くときにするように，歩いて来ました。
　つまり，
　　両手を目の高さまで上げていたということです。
　男の手のひらは
　　顔の方に向け，少し指を開いて指先が上の方を向いていました。
　　どうして，そのような格好をしているのかよく分かりませんでした。
　ただ，印象に残ったのは，
　　どうして手を見ているのかなあ，なにか変だな，
　　という気持ちをもったことでした。
　もう一度言いますが，
　　男は，両の手の平を上げているだけではなくて，
　　その手を見ていた
　ということです。
　　男は，101号室の前の辺りから，通路をすこしゆっくり目にあわてるような様子はなく，外に向かっていきました。
　　その間，ずっとそのような姿勢だったのです。
　　ごく普通に，ゆっくりと歩いて来ました。
　私が，窓から見ていることには，その男性は気付きませんでした。
　私が見ていたのは，ドアの小窓でそこから密かに見ていましたので，その人が気付いた様子はありませんでした。
　その後，男は，門扉のところまで行き，扉を右のひじで手前に引くようにして開けて外に出て行きました。

菅野麻里子　㊞

以上のとおり録取して読み聞かせたところ，誤りのないことを申し立て署名押印した。

　　前　同　日

　　　　　　　　　大阪地方検察庁

　　　　　　　　　　　　　　　検察官検事　　司　　文章　㊞
　　　　　　　　　　　　　　　検察事務官　　大伴　和夫　㊞

判廷で証言をしたとしよう。外界で起きた事実を，人が体験・観察・聞知し，これらを記憶にとどめ，後に再現して表現した「人のことば」によって「甲⇒乙・殺害」の事実を立証する場合，証拠法の世界では「供述証拠」と分類する(その問題点は，伝聞法則として説明する。196頁，212頁参照)。他方，目撃者丙が偽証罪で起訴されたと想定しよう。目撃者としての「人のことば」は，その内容に沿った事実を立証するために使うのではなく，「甲が乙をナイフで刺した」という「ことばの存在」自体に意味がある。観察・記憶・表現，利害関係・偏見・予断に伴う誤りの有無・程度を吟味する必要はない。ことばの存在自体を利用するときは，非供述証拠と同じく扱うことになる。

　どちらの使い方をするのかによって証拠能力の要件が異なる。供述証拠として利用する場合，伝聞禁止・伝聞例外の原則に従う(320条以下参照)。非供述証拠として利用する場合には物証と同じなので，要証事実との関連性で足りる(317条参照)。

　人が犯罪を行っている状況の画像や音声を記録した媒体 (写真・ビデオテープ・録音テープ・DVD・MDなど) は事実を機械的に記録し再現するものであり，人による観察・記憶・表現の過程に伴う誤りは伴わない。だから，非供述証拠として扱ってよい (写真について，最決昭59・12・21刑集38-12-3071)。

　(c)　人証・証拠物・書証　これは証拠方法の形態による分類である。証拠方法が含む証拠資料を確認するために実施する公判での証拠調べの方式が異なる。人が「ことば」を証拠として提供する場合，人証という (証人と鑑定人など)。人 (証拠方法) から証言 (証拠資料) を引き出すのには「尋問」という証拠調べ方法を用いる (304条)。証拠物は，物の存在・形状自体を証拠資料とする場合である (例えば，凶器や被害品)。「展示」が必要である (306条)。書証は，紙に記録されている文字情報を証拠とする場合であるが，文字情報の内容自体が主として証拠となる「証拠書類」(例えば，取調べの際に作成される被疑者や参考人の供述調書) と，書面の内容の他に存在の形状・状態も意味をもつ「証拠物たる書面」(例えば，脅迫文書) とがある。「証拠書類」は「朗読」(305条)，「証拠物たる書面」朗読と展示 (307条) によって証拠調べを行う。

　(d)　直接証拠・間接証拠　検察官の冒頭陳述中「犯行状況」欄に記載された事実の中には構成要件を端的に充足する犯罪事実が記述されている。例え

ば，殺人の訴因であれば，「ナイフで刺す」などの実行行為や「死んでもやむをえないと思い」など故意を示す事実である。かかる犯罪事実と，個々の証拠により証明する個々の要証事実との関係に注目して，直接証拠，間接証拠と分類できる。

　直接証拠とは，犯罪事実を直接に証明する情報を証拠資料とする証拠である。例えば，「私が刺しました」という被告人の自白や，「被告人が刺すのを見た」という目撃証人の供述がこれにあたる。

　冒頭陳述中「犯行に至る経緯」ないし「犯行前の状況」や「犯行後の状況」記載の事実は，犯罪事実を推認させる関係に立つので間接事実という。例えば，「被告人は，事件の前に現場に来ました」あるいは「血のついた服を捨てるのを見た」等の目撃供述である。現場遺留のナイフから採取された指紋が被告人の指紋と一致する事実，被告人宅から押収した服に付着した血液の DNA が被害者のものと一致する事実も間接事実である。これらを立証する鑑定書などを間接証拠という（情況証拠ともいう）。

　(e)　実質証拠・補助証拠　　要証事実の存否そのものの証明に使う証拠を実質証拠という。実質証拠の証拠能力の有無や信用性の有無・程度を明らかにする事実を証明する証拠を補助証拠という（証明される事実を補助事実という）。

　例えば，「殺人事件のあった現場を立ち去ったのは被告人である」という目撃供述は実質証拠であり，「目撃者は強度の近視だが，その日は眼鏡を装着していた」という周辺の者の供述は補助証拠となる。補助証拠は，実質証拠の証明力を弱める弾劾証拠であったり，再度回復する回復証拠であったり，増強証拠であったりする。

§Ⅱ　証拠能力

1　証拠能力の意義と原理——自然的関連性，法律的関連性，証拠禁止

　裁判所は，当該事件における有罪・無罪の判断をするための証拠として相当か判断する。これを証拠能力という（有罪・無罪，量刑の判断の材料として容認できる資格という意味で「許容性」ともいう）。一般的には，自然的関連性，法律的関連性，証拠禁止をいう。

2　証拠の関連性

(1) 自然的関連性　(a) 証拠は，要証事実を立証するのに意味のある情報を提供する最小限度の証明力を要する（法政策上の証拠の適格性を示す法律的関連性と区別して，自然的関連性という）。317条が証拠による事実の認定を求めている当然の前提として，自然的関連性のある証拠でなければ事実は認定できない。自然的関連性の有無は，論理則・合理則・経験則に照らして証拠調べを請求する当事者がその証拠から明らかにしたい事実（立証趣旨であり，要証事実）が推認できるか，どうかによって判断する。

【★ MEMO：4-1　立証趣旨と要証事実】
　当事者が証拠調べ請求をする場合，証拠から人の五官の作用によって読み取れる事実の範囲を整理した上で，主要事実の立証上その証拠とそこから推認できる事実の役割（証拠構造）を踏まえ，どの事実の証明に使うのかを決める。これを立証趣旨として証拠調べ請求をする。例えば，殺人事件の凶器となった包丁については「包丁の存在と形状」とする。この場合，「凶器の存在と形状」を立証趣旨とすると，「犯行に使われた事実」は包丁からは推認できないので，「自然的関連性」がないことになる。被害者に事前に送付した「殺してやる！」という脅迫文も，「『殺してやる！』と記載されたメモの存在と内容」を立証趣旨とする。「脅迫文」を立証趣旨に含めると，自然的関連性を越える。

(b)　諸科学の成果を真相解明に利用することがある。「裁判所は，学識経験のある者に鑑定を命ずることができる」（165条）。当該事件に沿って利用された諸科学の成果は通常「鑑定書」としてとりまとめられるが，その証拠能力については，おおむね次のように考えてよい。①当該鑑定に用いられた科学の諸技法・方法・理論等が各専門分野において確立したものであること。②技術・方法・理論等に習熟していると認めることのできる学識経験者が鑑定にあたっていること。③当該証拠等の分析などにおいて専門分野において確立している方法を適切に適用・利用していること。以上の結果作成された専門家の当該事件に関する知見等は，証拠能力の意味での自然的関連性を肯定してよい。

(c)　DNA鑑定は，技術・技法が確立し信頼のできる情報を提供できるから，犯人や被害者の血液型の同一性，指紋の同一性を立証趣旨とすると一般的には関連性を認めてよいし，高い証明力をもつ（最決平12・7・17刑集54-6-550）。

　ポリグラフ検査は，犯罪に無関係の質問とこれに関わるキーワードを用いた

質問を織り交ぜながら発問に対する被検者の呼吸，脈拍，血圧などの生理的反応を記録し，検査者が被検者の応答の真偽を判定するものである。専門家の真偽に関する知見は，立証趣旨によって関連性を肯定できる（例えば，犯行現場の認識や凶器の認識のあること，被告人の否認供述の信用性のないこと，罪の意識をもつこと等の立証趣旨は，検査結果の内容と事件の関係によって決めることとなる〔最決昭43・2・8刑集22-2-55〕）。

訓練を受けた犬の臭気選別結果についても，専門的な知識と経験を有する指導手が臭気の採取，保管の過程や臭気選別の方法について適切に実施しているかぎり「臭気の同一性」を立証趣旨とした場合，そこから被告人と犯人の同一性を推認しうるから関連性を認めてよい（最決昭62・3・3刑集41-2-60参照）。

(d) 病気の流行や集団発生の原因や条件を統計学的に解明する疫学の手法を用いた証明方法を疫学的証明という。これは，生理学，病理学，薬物学などの観点からみて因果関係の細部については不明の点が残る場合についても，因果関係を推認することを可能にするもので，関連性は認められる（最決昭57・5・25判時1046-15参照）。ただし，疫学的証明だけで因果関係が認定できることを意味するものではない。

(e) 「人のことば」を使って，人が観察した事実を立証するために用いる「供述証拠」としての利用と別に，心の中の思い・感情・計画・予想などの観念を述べている「現在の精神状態の供述」と広く分類できる場合，その言葉が真しに述べられたものであることを疎明すれば，証拠能力を認めてよい。例えば，事前共謀にあたってその内容を明らかにし具体化するために作成された襲撃計画メモは，一定の意図を具体化した精神状態に関する供述なので，心の状態を正確に記述したかどうかについて必ずしも公判廷での反対尋問などの方法によって吟味する必要はなく，その表現，叙述に真し性が認められるかぎり証拠能力を認めるのが相当である（大阪高判昭57・3・16判時1046-146）。

(2) **法律的関連性**　自然的関連性のある証拠は証拠能力を認められるのが原則であるが，事実認定者が，かえって被告人や事件について予断・偏見をもち誤解・混乱を生じさせる結果，適正・公正な事実認定ができないおそれがあるとき，証拠採用を控えるべきである。証明政策上法的に証拠を制限するので「法律的関連性を欠く」という。刑訴法317条に内在する証拠の制約と理解すべ

きであろう。

　(a) 悪性格・前科　　特に問題となるのは，被告人の悪性格や前科である。これらの性格証拠は，予断・偏見・誤解を生む危険性が大きい。しかも，悪性格・前科という内容の性質上被告人側が有効な反証を組み立てることが困難になる。検察官と被告側が双方性格の善し悪しに関する証人・証拠を申請する競争になるのは，適正・公正な事実認定を妨げる。だから，原則として被告人の悪性格・前科から犯人性・故意・実行行為など主要事実の立証を認めるべきではない。

　もっとも，①被告人が行為者であること，犯罪の態様や手口など客観的側面を証明する証拠がすでにある場合であれば，「同種事件に関する前科の存在」から犯罪の主観的要素を推認するため証拠とすることは許される（最決昭41・11・22刑集20‐9‐1035）。②被告人が積極的に無罪の証拠あるいは有利な情状として善性格を主張し立証することを裁判所が認容した場合，検察官はこれに反証するために悪性格を立証してよい。

　例えば，被告人が詐欺の故意を否認する場合に，同種の手口による詐欺の前科を立証するようなケースである。しかし，特殊な手口による同種犯罪の前科で犯行と被告人の結びつきを証明することまで許してよいかは疑問のあるところである。

　(b) 余罪と量刑　　判例は，起訴されていない余罪を実質的に処罰する趣旨で量刑の資料とし，これを理由に被告人を重く処罰することは不告不理の原則に反するなどの理由から許されないが，量刑の一情状として余罪を考慮することは許されるという（最大判昭42・7・5刑集21‐6‐748）。余罪のあることが反省の欠如，規範意識の鈍磨を意味し，そうした被告人による犯行態様の悪質性を裏付けるものであれば，量刑事情になるが，余罪自体の処罰との区別が困難なので，量刑の理由を明示すべきであろう。

　(c) 伝聞禁止・自白法則　　供述証拠や被告人の自白などは，証明政策上予断・偏見・混乱を生じやすい一方，証拠としての必要性が高く，また信用できるものも多いので，法律が定める一定の要件を満たした場合に証拠能力を認めるものとしている。

【★ MEMO：4-2　裁判員裁判と法律的関連性】
　裁判員裁判の導入に伴い，法律的関連性は新たな意味をもつ。プロの裁判官のみが事実認定を行う場合，予断偏見をもつことは基本的にないという価値観を前提にして証拠の取捨選別がなされてきた。しかし，例えば，殺人事件の被害者の発見状況等の写真について，不必要に大量のものを見せることは，真相解明と異なる副次的な効果を裁判員に与える危険がある。この場合，証拠の採否にあたり，必要性要件のみならず，裁判員ならではの予断と偏見回避の観点からも法律的関連性による制約を要する。

　(3)　刑事裁判は，刑罰を市民に科すかどうか判断するいわば正義の場でなければならないから，それに適切な証拠を用いなければならない。また，刑事裁判も国家秩序の中の一システムであり，国家は司法による正義の実現だけではなく，政治・経済・外交など国内外の諸関係の中に置かれているため場合によりより高度の政策的な意味で証拠を制限することもある。この制限を「証拠禁止」と分類する。現在は主に違法収集証拠排除法則を指す。他に，証言禁止・証言拒否，押収禁止・拒否による証拠確保の制限が間接的にこの効果をもたらす（103条〜105条・145条・147条・149条参照）。

§Ⅲ　違法収集証拠排除法則

1　排除法則の意義

　捜査機関が違法な方法で証拠を集めた場合，裁判所がこれを根拠に被告人に刑罰を科してよいか問題となる。刑事裁判も「正義」の場でなければならないからである。自白については憲法38条2項および刑訴法319条1項で不当な取調べなどで得られた自白を証拠に使わないと規定しているが，証拠物については明文はない。自白と異なり，証拠物は収集手続に違法があっても証拠価値ないし信用性に影響がないこと，証拠が使えないと真犯人を処罰できなくなることに照らすと，異なる取扱いも肯ける。

　しかし，刑訴法317条は適正な証拠による事実の認定を求める趣旨を含むものであり，「刑事事件につき，公共の福祉の維持と個人の基本的人権の保障とを全うしつつ，事案の真相を明らかにし，刑罰法令を適正且つ迅速に適用実現することを目的とする」と定める同法1条の趣旨に照らして，真相解明を犠牲

にしてでも裁判所が違法収集証拠を証拠にしない扱いを認めざるをえない。これを違法収集証拠排除法則（以下，「排除法則」）という。

【★ MEMO：4-3　排除法則の正当性】
　①法規範説は，排除法則を憲法によって定められた刑事手続の基本原則に内在する要請と理解する。例えば，適正手続によらなければ処罰されないとする憲法31条の趣旨に照らして，違法に収集された証拠によって市民を有罪とし処罰することは適正手続の保障に反するとする説。憲法35条が定める令状主義の保障を受ける権利の趣旨に伴う効果と理解する説などもある。
　②抑止効説は，違法収集証拠の排除は将来の違法捜査を抑止するために必要な法政策上のルールと理解する。違法捜査抑止の方法として，懲戒処分，損害賠償請求，刑事訴追などがあるが，現実味が乏しいので，違法捜査の動機を失わせるためにもその裁判で証拠にしないことが有効であるという法政策に基づくものである（必ずしも経験科学的な裏付けに基づくものではなく，いわば規範的な政策である）。
　③司法の廉潔性説は，裁判所が違法収集証拠を有罪認定に使用することは，捜査機関の違法行為を是認しその加担者に等しくなるが，正義を実現すべき裁判所が不法の共犯者でもある状態は司法の有り様として妥当ではないし，国民が期待する姿でもないので証拠排除をすべきであると考える。
　思うに，被告人が自己の犯罪性を明らかにする証拠について違法収集を理由に排除を求めることを憲法上の権利と構成するのは適当ではない（虚偽自白の危険性を防ぐ憲38条とは異なる）。また，捜査機関が適法に捜査をするように指導する行政上の責務を司法に負わせることはできないし，証拠排除がつねに相当な手段でもない。結局，裁判所が司法権によって正義を実現する手続の適正さを守るため，証拠採用の権限を行使するものとみるべきだ。

2　排除法則の基準

（1）　判例は，証拠物は押収手続が違法であっても，物の性質・形状が歪むものではないから，事実を伝える力に影響がないので証拠能力を否定することには原則として控えることを前提にした上で，真相解明，人権の保障，手続の適正を図りながら刑事裁判をすすめる上で見逃しがたい違法な手続による証拠である場合には，証拠から排除するものとしている。その基本的な基準は，令状主義の精神を没却する重大な違法であるが，これは，その事件で確認された捜査の違法は将来も繰り返されるような態様のものであって裁判所が放置容認することができない程度のものでなければならない（この意味での排除相当性とまとめておく）。

【CASE：証拠排除の基準】
　最判昭53・9・7刑集32-6-1672は、「違法に収集された証拠物の証拠能力については、憲法及び刑訴法になんらの規定もおかれていないので、この問題は、刑訴法の解釈に委ねられているものと解するのが相当であるところ、刑訴法は、『刑事事件につき、公共の福祉の維持と個人の基本的人権の保障とを全うしつつ、事案の真相を明らかにし、刑罰法令を適正且つ迅速に適用実現することを目的とする。』（同法一条）ものであるから、違法に収集された証拠物の証拠能力に関しても、かかる見地からの検討を要するものと考えられる。ところで、刑罰法令を適正に適用実現し、公の秩序を維持することは、刑事訴訟の重要な任務であり、そのためには事案の真相をできる限り明らかにすることが必要であることはいうまでもないところ、証拠物は押収手続が違法であっても、物それ自体の性質・形状に変異をきたすことはなく、その存在・形状等に関する価値に変りのないことなど証拠物の証拠としての性格にかんがみると、その押収手続に違法があるとして直ちにその証拠能力を否定することは、事案の真相の究明に資するゆえんではなく、相当でないというべきである。
　しかし、他面において、事案の真相の究明も、個人の基本的人権の保障を全うしつつ、適正な手続のもとでされなければならないものであり、ことに憲法三五条が、憲法三三条の場合及び令状による場合を除き、住所の不可侵、捜索及び押収を受けることのない権利を保障し、これを受けて刑訴法が捜索及び押収等につき厳格な規定を設けていること、また、憲法三一条が法の適正な手続を保障していること等にかんがみると、証拠物の押収等の手続に憲法三五条及びこれを受けた刑訴法二一八条一項等の所期する令状主義の精神を没却するような重大な違法があり、これを証拠として許容することが、将来における違法な捜査の抑制の見地からして相当でないと認められる場合においては、その証拠能力は否定されるものと解すべきである」。

　(2)　判例は、排除相当性の有無の判断にあたり、事案の重大性と当該証拠の重要性を考慮する他、さらに捜査手続の違法性が排除相当性を基礎付けるかどうか、これをいわば希釈化する事由があるかどうかを諸事情を総合して丹念に吟味する（排除相当性の希釈化）。
　(a)　同一目的・直接利用（最判昭61・4・25刑集40-3-215）　問題となっている証拠が捜査機関の手元で確保されるまでには、時系列の上で多様な捜査が先行する。どの範囲の捜査手続について検討の対象に入れるのか、範囲を確定しなければならない。例えば、被告人の尿より覚せい剤が検出されたことを示す鑑定書の証拠能力について判断する場合、複数の警察官が被告人を自宅に迎えにいって警察車両に乗せて出頭させてから、警察署の取調べ室に留め置いて尿の提出を働きかけて最終的に本人が尿を提出したとき、「一連の手続と採尿手続は、被告人に対する覚せい剤事犯の捜査という同一目的に向けられたもので

あるうえ，採尿手続は右一連の手続によりもたらされた状態を直接利用してなされていることにかんがみると，右採尿手続の適法違法については，採尿手続前の右一連の手続における違法の有無，程度をも十分考慮してこれを判断する」。

(b) 因果関係（最決平8・10・29刑集50-9-683）　同一目的・直接利用の原則のいわば派生ルールとして，違法な手続によって証拠が発見確保されていることが必要である。例えば，覚せい剤所持の被疑事実に基づく捜索差押許可状を被疑者宅で執行し，証拠物たる覚せい剤が発見された後に，被疑者がそのことに驚いて「そんなあほな」と言ったのに憤慨して現場にいた警察官が被告人に暴行を加えた場合，「警察官が捜索の過程において関係者に暴力を振うことは許されないことであって，本件における右警察官らの行為は違法なものというほかはない。しかしながら，前記捜索の経緯に照らし本件覚せい剤の証拠能力について考えてみると，右警察官の違法行為は捜索の現場においてなされているが，その暴行の時点は証拠物発見の後であり，被告人の発言に触発されて行われたものであって，証拠物の発見を目的とし捜索に利用するために行われたものとは認められないから，右証拠物を警察官の違法行為の結果収集された証拠として，証拠能力を否定することはできない」。

(c) 適法な手続の可能性（例えば，適法な逮捕可能状況の存在など。最決昭63・9・16刑集42-7-1051）　覚せい剤使用の疑いで行った被告人の靴下部分の所持品検査が違法な場合，発見された覚せい剤所持の現行犯逮捕に引き続く採尿手続も，これを直接利用した関係にあって違法となるが，その前の段階の職務質問の間に被告人が紙包みを捨てるのを現認していたとき，警察官は，その捜査経験から被告人が落とした紙包みの中味が覚せい剤であると判断しており，被告人の職務質問を始めるまでの不審な行動，態度等の具体的な状況からすれば，実質的には，この時点で被告人を右覚せい剤所持の現行犯人として逮捕するか，少なくとも緊急逮捕することが許されたといえる場合，警察官において，法の執行方法の選択ないし捜査の手順を誤ったものにすぎず，法規からの逸脱の程度が実質的に大きいとはいえない。

(d) 警察官ないし捜査官の悪意　職務質問の現場などに臨場した警察官が被告人の言動に対応しながら適宜の措置をとって証拠を確保するに至る場合，

その経緯全体に照らしたとき，「警察官において令状主義に関する諸規定を潜脱する意図があつたとはいえないこと」は重視される（前掲・最判昭63・9・16）。逆に，窃盗事件の逮捕状の執行にあたり警察官が令状を現場に持参しないまま身体を拘束しているのに適法な執行をしたような虚偽の捜査報告書を作成し公判廷でも事実に反する証言をした場合，「本件の経緯全体を通して表れたこのような警察官の態度を総合的に考慮すれば，本件逮捕手続の違法の程度は，令状主義の精神を潜脱し，没却するような重大なものである」と評価される（最判平15・2・14刑集57-2-121）。

(e) 密接関連性の原則　(d)で紹介した窃盗事件の逮捕状の不当な執行後身体を拘束された被疑者が警察署で提出した尿から覚せい剤を検出したとする鑑定書については，最判平15・2・14刑集57-2-121は，「このような違法な逮捕に密接に関連する証拠を許容することは，将来における違法捜査抑制の見地からも相当でない」とする。同一目的・直接利用の基準は，手続の内容・目的に注目する。だから，窃盗事件の逮捕手続の違法性を覚せい剤事件で使う鑑定書の証拠能力を判断する材料に入れることができない。そこで，現に収集された証拠に注目して捜査手続を振り返ったとき，先行する捜査の具体的な目的・内容・方法等の態様に照らして当該証拠に関心をもつことも十分にありえるときは密接関連性を認めて証拠排除の対象に入れる（例えば，窃盗の動機や警察官への抵抗の異常さの理由を探るため覚せい剤使用の有無を確かめるなど）。

(f) 適法な司法手続の介在（前掲・最判平15・2・14）　上記事例で，後の裁判では証拠能力を否定される鑑定書を疎明資料として覚せい剤等を差し押さえるべきものとする捜索差押許可状が発付されその執行によって被告人宅から覚せい剤が発見された場合，密接関連性の原則からみると，この覚せい剤も証拠能力を否定すべきこととなる。しかし，「本件覚せい剤の差押えは，司法審査を経て発付された捜索差押許可状によってされたものであること，逮捕前に適法に発付されていた被告人に対する窃盗事件についての捜索差押許可状の執行と併せて行われたものであること」を重視すると，覚せい剤の差押えと鑑定書との関連性は密接なものではないとする。最決平21・9・28刑集63-7-868も，薬物隠匿の疑いのある宅急便業者の保管する段ボール箱をレントゲン照射により内容確認をする処分を令状のない違法な強制処分としつつ，その結果などを

疎明資料にして発付された捜索差押許可状によって押収した覚せい剤等について「司法審査を経て発付された各捜索差押許可状に基づく捜索において発見されたものであり，その発付に当たっては，本件エックス線検査の結果以外の証拠も資料として提供されたものとうかがわれることなどの諸事情」を考慮している。

(g) 派生的証拠の例外排除　違法な手続で獲得した証拠について排除法則により証拠能力を認められない場合に，この証拠を手がかりとしてさらに発見された証拠もいわば「毒樹の果実」として排除効が及ぶか問題となるが，一般的にはかかる意味で派生的証拠であることのみを理由に証拠能力を否定するべきものではない。第1次証拠収集過程の違法性が第2次証拠に注目しても令状主義の精神を没却する重大な違法があり将来の違法捜査の抑制の観点から排除相当性を認める程度のものである場合にかぎり排除効を認めるべきである。

　例えば，大阪高判昭52・6・28判タ357-334は，①自白獲得手段が，拷問，暴行，脅迫等人権侵害の程度が大きい場合それに基づいて得られた自白は排除される。その趣旨を徹底させる必要から不任意自白のみならずそれに由来する派生的第2次証拠も排除されることはあるとする。しかし，②自白獲得手段の違法性が直接的人権侵害を伴うなどの乱暴な方法によるものではなく，虚偽自白を招来するおそれがある手段や，適正手続の保障に違反する手段によって自白が採取された場合，犯罪事実の解明という公共の利益と比較衡量の上，排除効を及ぼさせる範囲を定めるのが相当であり，派生的第2次証拠が重大な法益を侵害するような重大な犯罪行為の解明にとって必要不可欠な証拠である場合，証拠排除の波及効は及ばない。ただし，計画的に違法手段により採取した自白を犠牲にしてでも，その自白に基づく派生的第2次証拠の獲得を狙いとして右違法な手段により自白採取行為に出たという特段の事情がある場合は排除効を及ぼす。③不任意自白から得られた派生的・第2次証拠について，別個に任意自白という適法なソースと右派生的第2次証拠との間に新たなパイプが通じた場合，派生的第2次証拠は犯罪事実認定の証拠としうる状態を回復する。

　(h)　自白に関する排除効　自白についても刑訴法319条の自白性法則による規制とは別に，証拠物の場合と同様に，自白を得るに至る捜査手続の違法が令状主義の精神を没却する重大なものであってこれを証拠とすることが違法捜

査抑制の見地から相当でない場合，証拠能力を否定すべきである。

例えば，東京高判平14・9・4判時1808-144は，宿泊を伴う長期間の留め置きなどの任意取調べの手続過程の違法が問題とされる場合，憲法38条2項，刑訴法319条1項にいう自白法則の適用の問題（任意性の判断）もあるが，強制，拷問の有無等の取調方法自体における違法の有無，程度等を個別，具体的に判断するのに先行して，違法収集証拠排除法則の適用の可否を検討し，違法の有無・程度，排除の是非を考える方が判断基準として明確で妥当であるとする。

【★ MEMO：4-4　排除法則の多様な基準】
　学界では，アメリカ法など外国法の証拠排除に関する判例学説を参照しながら，わが国でも明確かつシンプルな基準を提言している。①「善意の例外」とは，捜査官が手続が合法的であると確信して行動することが合理的であるとき，証拠排除は違法捜査抑止の効果をもたないので排除を不要とするものである。②「不可避的発見法理」とは，事後的にみて，他に適法な捜査でも発見される可能性があった場合，証拠排除を認めないものとする。③「毒樹の果実」とは，違法収集証拠であって証拠排除されるべきものをソースとしてさらに次の証拠を発見した場合（派生的証拠，第2次証拠），違法が継受されるので基本的にこれも証拠能力を認めるべきではないとする。④「希釈化の法理」とは，上記派生的証拠，第2次証拠の場合であっても，違法手続との関わりが薄くなっている場合には，逆に排除の効果を認めないものである。⑤「独立入手源の法理」も派生的証拠・第2次証拠であっても他に適法な手続によって入手したといえる場合には排除効を認めないものである。

3　排除法則の適用

(1)　排除法則適用の手続は次の通りである。公判前整理手続が先行する場合，検察官の証拠調べ請求中排除法則の対象にすべきものがあるとき，被告側は証拠に対する意見として（規則190条2項）「取調べに異議がある」旨述べ，その理由として収集手続の違法性を摘示することになる。整理手続段階では，事実の取調べとして被告人質問を実施することは不相当である。そこで，関係捜査官らの証人尋問など手続の違法性の有無など排除相当性に関する証拠調べの計画を策定することになる。公判廷に至り，策定された立証計画に従い，証拠調べが実施される。その際，違法捜査の点に限った被告人質問を実施する。検察官において適宜の機会に証拠採用を再度促すが，あらためて排除相当性のないことを主張することとなる。これに対して被告側も意見を提示し，裁判所の判断を仰ぐこととなる。裁判所は決定でその採否を決め，採用した場合にはそ

の証拠の性状にあわせて証拠調べを実施することになる。

(2) 当初の証拠調べ請求に対して，被告側が「同意ないし証拠の取調べに異議がない」旨述べても，後に証拠収集手続が違法であることが判明した場合にはその点の疎明とともに排除法則の適用による証拠排除を求めることができる。書証については320条1項・伝聞禁止の適用を不要とする限度での同意（326条）にとどまるとみることとなる。

排除相当性を判断基準とする場合，証拠収集過程で侵害された権利が被告人以外のものであり，手続の違法が第三者との関係で生じている場合でも，なおそうした諸事情を総合的に考量して排除の当否を決めることとなる（申立適格の有無を基準とする形式的な判断はしない）。また，私人が被告人などの権利侵害など捜査機関が行えば違法とみるべき方法で証拠を収集して捜査機関に任意提出などした場合にも，そうした事情を考慮に入れて排除相当性を検討することとなる（その場合，捜査機関自身の積極的な違法捜査がないので，これを見逃しがたい程度の令状主義の精神を潜脱する重大な違法は認定しにくくなる）。

【★ MEMO：4-5 排除法則の基準】

証拠排除の基準について2つの基本的考え方がある。①違法基準説は，証拠を収集する捜査手続上，被処分者の憲法上保護に値する権利を侵害しているかこれに準ずる重大な利益侵害があるとき，その結果得られた証拠を裁判所は裁判に用いないと宣言するべきであるとする考え方である。違法排除説は，被告人を含む市民の憲法上の権利が捜査手続上侵害された場合その権利に内在する効果として証拠排除ができると考え，また違法捜査を抑制する政策を重視しその実現に司法が関心をもつことを期待するものである。国家の組織の中で，司法も違法捜査の抑制といった法政策課題に責任をもつ司法積極主義の機能を期待するものでもある。②総合考量説は，証拠収集手続の違法の有無と程度だけではなく，証拠として用いることの相当性を判断する考え方である。手続違反の程度，手続違反がなされた状況，手続違反の有意性，手続違反の頻発性，手続違反と証拠獲得の因果性の程度，証拠の重大性，事件の重大性などの諸事情である。裁判所の役割として，適正な手続による公正な真相解明を前提にした，厳正な刑罰権の実現に求める。国家機構における司法固有の機能を個々の事案の適正な解明におく司法消極主義を土台とする。

図表4-3　排除法則と審理の流れ

公判前整理手続
- ■公判前整理手続開始
  - ○検察官，証明予定事実記載書
  - ○証拠物の証拠調べ請求
- ■公判前整理手続期日
  - ○被告側取調べに異議あり
  - ○検察官⇒捜査の適法性立証
  　　警察官の証人尋問請求
  - ○証人尋問採用決定手続
  　　被告側意見⇒しかるべく
  　　裁判所⇒採用決定
  - ○被告人質問実施決定

公判手続
- ■証拠調べ手続
  - ○検察官冒頭陳述
  - ○被告側冒頭陳述
- ■証拠調べ実施
  - ○被告人質問
  - ○証人尋問など。
- ■証拠採用に関する意見
  - ○検察官⇒捜査適法，排除相当性なし
  - ○被告人⇒排除相当性あり
- ■裁判所，採用決定
- ■異議申立て手続
  - ○被告側異議⇒裁判所，意見聴取⇒検察官⇒異議に理由なし⇒裁判所，判断⇒異議棄却
- ■証拠調べ実施
  - ○証拠物の展示
- ■証拠物の提出
  - ○裁判所，領置（301条）

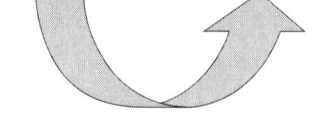

§Ⅳ　自白の証拠能力（自白法則）

1　自白の意義

（1）　被告人が，起訴されている犯罪事実（訴因）の全部または重要な部分を肯定する供述を当該事件における「自白」という（例えば，殺人事件で起訴された被告人が捜査段階の取調べで「私が，被害者を包丁で刺しました」と供述している場合，故意があるかないかは不明だが，実行行為を認めているので，自白といえる。「私は，そのとき殺すつもりだったのです」との供述は「故意」のみ示す自白である。しかし，窃盗罪が同時に起訴されていなければ，「その後，被害者の財布をとりました」との供述は「自白」ではない）。有罪と自認したり，処罰を受けると述べる必要はない。また，構成要件該当事実を肯定する部分があればよく，違法性や責任を阻却する事実を主張していても前者が自白にあたる（「殺したのは事実だ。しかし，相手が先に刀を持ち出した」など）。

(2) 被告人の自白は，通常自ら書いて捜査機関に提出する上申書などの自供書，捜査機関が聞き取ってまとめる自白調書などの他，日記，メモ，メールなどでもよい。供述時点ではまだ被疑者・被告人の立場になっていなくてもよい。裁判で自白として扱える内容の供述であればよい。

(3) 不利益な事実の承認とは，「私は犯行現場近くに居たが，犯罪は知らない」など裁判になっている事件との関係で検察官が立証上被告人の不利に利用可能な事情を被告人が述べることをいう。公訴事実との関係で検察官が証拠調べ請求をする際の立証趣旨によって相対的に決まる。

(4) 1通の被疑者供述調書には，厳密には自白，不利益な事実の承認，一般供述が含まれている。それぞれに応じた証拠能力が必要になる（322条1項参照）。

2 自白法則の基準

(1) 被告人が公判期日や公判準備で述べた供述が自白を含む場合，任意になされているかぎり（311条2項）証拠にしてよい（322条2項）。裁判長は黙秘権の告知とともに任意に述べたことが証拠になることも注意しておく（規則197条1項）。

証拠能力が問題となる自白は，主に捜査段階で被疑者取調べの際なされるものである。証拠能力は二重の基準を充足する必要がある。まず，伝聞禁止の対象になる（320条1項。後述207頁）。伝聞例外の要件を満たさなければ証拠能力が認められない（322条1項。後述226頁）。次に，自白については自白法則（319条1項）によって点検吟味されることとなる。

(2) 自白法則の根拠は憲法38条である。同1項は「何人も，自己に不利益な供述を強要されない」と定め同2項は「強制，拷問若しくは脅迫による自白又は不当に長く抑留若しくは拘禁された後の自白は，これを証拠とすることができない」としている。

これを受けて，刑訴法319条1項は憲法の列挙する自白以外に「その他任意にされたものでない疑のある自白」の証拠能力も認めないものとしている。これを自白法則ないし「自白の任意性」法則というが，かかる自白を証拠にしない根拠そして判断基準については，自白の内容と自白に至る諸状況について3つの視点から複合的総合的に理解しなければならない。

① 虚偽排除　　まず自白の内容に注目する。刑事裁判の証拠は信用性のあるものでなければならないが、強要や強制等を手段として得られた自白は、常識的にみても一般的類型的に虚偽のおそれが高い。自白を証拠として採用する手続段階で、他の証拠に照らして内容が真実と思えるか否かにかかわらず、虚偽性の高い証拠は事実認定の材料にいれないのが妥当である。したがって、条文列挙の手段による場合の他（私人による場合も含む）、特に捜査機関が実施する取調べの際に多様な働きかけが全体として虚偽自白を生む状況にあったと判断できる場合、任意性がないとみることとなる。

② 人権擁護（黙秘権・供述の自由の侵害排除）　　自白した時点の被告人の事情に注目する。被告人の黙秘権および供述の自由を侵害しているとみるべき状況の有無を確認し、かかる状況下での自白は排除するという観点から点検する。

③ 違法排除　　捜査機関が取調べで被疑者に自白させた場合にはその時点での取調べの態様に注目し一般的類型的に違法・不当・不相当ではなかったかを点検する。また、自白は友人知人に述べたり、日記やメールに記録されるなどいろいろな形態がありえるところ、自白がなされる過程の不当性ないし不相当性も検討を要する。

【★ MEMO：4-6　学説としての「自白法則」と総合説（私見）】

　学界では、自白排除の原理と基準について、虚偽排除説、人権擁護説、違法排除説が基本学説として存在し、判例の展開を受けつつ虚偽排除と人権擁護を組み合わせる折衷説と違法排除説がいわば基本的に対立する状態にあると整理されている。証拠物に関する違法収集証拠排除法則が確立すると、自白法則をその中に含める違法排除説が有力になっている。

　しかし、刑事裁判の責務は裁判手続の適正を守りつつ真相解明をして、刑罰権を適正・厳正に実現することにある（無罪にする場合も含めて）。取調べの適法性の吟味自体に意味があるわけでもなければ、裁判の場を違法取調べ抑制という法政策実現の場にすることもできない。それに自白は主に捜査機関の取調べで得られるがそれに限るものでもない。また、自白がなされる経緯は様々だ。これを証拠にすることの当否は個々の裁判における個別事情に応じて判断するしかない。その場合、①自白の内容に注目して虚偽性を点検し、②自白した被告人の側の事情について黙秘権・供述の自由の侵害の有無を点検し、③自白させた側――特に捜査機関の取調べの態様の適法性・相当性からも点検するのが相当である（不適正自白の排除説ないし総合説）。

（3）　判例は、個々の自白の問題点に注目しながら虚偽排除、人権（具体的には、黙秘権・供述の自由）擁護、違法排除の観点から総合的に検討して不適正な自

白は任意性を欠くものとして証拠から排除している。個別事情を抜きにして類型化することはできないが，判例が注目するのは次のような事情である。

①勾留中の被疑者に対し警察が糧食の差入を禁止して自白をとった事案について，糧食差入禁止と自白との間の因果関係を問題にしたもの（最判昭32・5・31刑集11-5-1579）。

②手錠をかけたまま被疑者を取り調べた事案について，このような取調べでは任意の供述が期待できないと推定されるとしながら，反証があれば任意性を肯定してよいとしたもの（最判昭38・9・13刑集17-8-1703）。

③検察官による不起訴の約束に対して被疑者が自白したという事案について，証拠能力を否定したもの（最判昭41・7・1刑集20-6-537）。

④ 共犯者が自白したように告げて被疑者に自白させる「切り違え」尋問の事案について，偽計による尋問は「厳に避けるべきである」とした上で，証拠能力を否定したもの（最大判昭45・11・25刑集24-12-1670）。

⑤ 別件逮捕中の自白に基づいて本件の勾留が行われ，勾留質問に対する自白の証拠能力が問題になった事案について，別件逮捕中の自白が排除されることを前提にして，勾留質問に対する自白の証拠能力を肯定したもの（最判昭58・7・12刑集37-6-791）。

【★ MEMO：4-7　被疑者の取調べへの適正さを確保するための措置について】

　2001年に公にされた，司法制度改革審議会意見書「21世紀の日本を支える司法制度」は21世紀の刑事手続のあり方を日本の構造改革全体の中に位置付けるすぐれた政策提言書であり，21世紀初頭に着手された数々の立法の基盤となっている。その一節で自白の証拠利用に関連して，取調べの適正化について次のように触れている。

　「被疑者の取調べは，それが適正に行われる限りは，真実の発見に寄与するとともに，実際に罪を犯した被疑者が真に自己の犯行を悔いて自白する場合には，その改善更生に役立つものである。しかしながら，他方において，被疑者の自白を過度に重視する余り，その取調べが適正さを欠く事例が実際に存在することも否定できない。我が国の刑事司法が適正手続の保障の下での事案の真相解明を使命とする以上，被疑者の取調べが適正を欠くことがあってはならず，それを防止するための方策は当然必要となる。そこで，被疑者の取調べ過程・状況について，取調べの都度，書面による記録を義務付ける制度を導入すべきである。制度導入に当たっては，記録の正確性，客観性を担保するために必要な措置（例えば，記録すべき事項を定めて定式的な形で記録させた上，その記録を後日の変更・修正を防止しうるような適切な管理体制の下で保管させるなどの方法が考えられる。）を講じなければならない。これに加え，取調べ状況の録音，録画や弁護人の取調べへの立会いが必要だとする意見もあ

図表4-4 自白の証拠調べ請求手続

公判前整理手続
- ■公判前整理手続開始
  - ○検察官，証明予定事実記載書
  - ○被告人の供述調書の証拠調べ請求
- ■公判前整理手続期日
  - ○被告側，「取調べに異議あり」
- ■裁判所の介入
  - ○取調べの違法性に関する被告人質問と警察官，検察官の証人尋問等取調べ状況を明らかにする証拠調べの実施を決定する。

公判手続
- ■公判手続
  - ○検察官冒頭陳述
  - ○被告側冒頭陳述
- ■公判前整理手続の結果顕出
- ■証拠調べ手続
  - ○被告人質問―取調べについて
  - ○証人尋問，実施
- ■調書採否の判断
  - ○検察官意見
  - ○被告人意見
- ■裁判所，採用決定
- ■被告側，異議申立⇒棄却決定
- ■証拠調べ実施
  - ○裁判員裁判⇒朗読　＊要旨の告知も可

るが，刑事手続全体における被疑者の取調べの機能，役割との関係で慎重な配慮が必要であること等の理由から，現段階でそのような方策の導入の是非について結論を得るのは困難であり，将来的な検討課題ととらえるべきである。なお，こうした方策のいかんにかかわらず，前述の被疑者に対する公的弁護制度が確立され，被疑者と弁護人との接見が十分なされることにより，取調べの適正さの確保に資することになるという点は重要であり，そのような意味からも，その充実が図られるべきである」。

3　自白法則の適用

(1)　公判前整理手続を伴う審理の場合，検察官が整理手続において自白調書または自供書の証拠調べ請求をする。被告側がその任意性を争う予定の場合，取調べに異議があるという（なお，運用上この意味で「不同意」ということもある。316条の16による証拠意見。この場合は326条の同意・不同意を問題にしているのではない）。整理手続は後の主張と争点の整理，立証計画の策定，証拠決定を任務とするが，自白は有罪・無罪の判断にとって最も重要な役割を果たす直接証拠なので，任意性が争われた場合，整理手続で採否を決定するのは妥当ではない。そこで，被告側が任意性を争う理由について意見書などで疎明し，これに対して検察官

が任意性立証に必要な証拠調べ請求を行い，この点の審理計画を裁判所が決定することとなる（316条の17の主張明示手続として運用される）。

　公判廷では計画通りの審理を遂げ，必要に応じて検察官・弁護人双方が意見を述べた上，裁判所が採否を決定する。裁判員裁判の場合，裁判員もこうした審理を見守り，評議の際に任意性に関する意見交換も行うべきであろう。ただ，証拠採否自体は構成裁判官の決定に委ねることとなる（裁判員6条2項）。

　(2)　任意性の立証について，刑訴規則198条の4は「検察官は，被告人又は被告人以外の者の供述に関し，その取調べの状況を立証しようとするときは，できる限り，取調べの状況を記録した書面その他の取調べ状況に関する資料を用いるなどして，迅速かつ的確な立証に努めなければならない」と定めるが，現在のところ捜査機関は取調べの外形的な状況を記録する取調べ状況報告書を作成するようになっている。これらは整理手続に伴う類型証拠開示の対象にもなる（316条の15第1項8号）。

　したがって，検察官はこうした書類を提出することは当然に求められるが，取調べ室における具体的なやりとりは依然としてブラックボックスのままである。一般的には，任意性の問題に限定して被告人質問を実施し，取調べ担当警察官の証人尋問して取調べ状況を再現するしかないが，これでは審理に時間がかかるだけで，結局は真相解明に至らない。裁判員裁判の場合，裁判員が納得できる立証にはならない。検察官は裁判員裁判対象事件など重大事件や被疑者が事実を認めない事件では，取調べ全体の録画（録音を伴う）を実施しておき，公判廷における任意性立証に備えるべきである。これを怠り，主に警察官の証言で取調べ状況を再現する立証方法では，被告人の主張に合理性がある場合，結局，「任意にされたものでない疑」は残ると裁判所は判断することとなる。

　(3)　自白が証拠として採用されると，供述調書の朗読など証拠調べが実施されてその内容が公判廷で確認されることとなる。自白を事実認定の材料にする段階に至ると，自白の補強法則による制約がある（240頁）。

§Ⅴ 伝聞証拠の証拠能力（伝聞法則）

1 伝聞法則の意義

（1）「人のことば」はいろいろなかたちで裁判の場に届く。公判廷で証人が語る証言，被告人の公判期日における供述などは重要な証拠になるが，この他にも，事件に関係するメモや日記，会議録，メールのやりとりなど事件に関連する「人のことば」は多様である。事件が起きてから捜査段階で捜査官が犯人も含めて関係者から事情を聞いてとりまとめておく書類——供述調書がことに証拠としては大切である。例えば，犯人が被害者を殴った事件で，犯行を目撃した者は捜査段階で通常まず警察官の取調べを受け目撃内容を調書にまとめられる（警察官作成供述調書。司法警察員面前供述調書ともいわれ，員面，KS 等と略される）。さらにこれを踏まえて検察官の取調べもなされて検察官作成供述調書（検察官面前調書。検面，PS とも略称される）が作成される。記憶は薄れるし，関係者がいろいろな事情で裁判に出られなくなることもあるからだ。公判手続ではこうした捜査段階作成の各種供述調書が証拠になれば，簡単迅速に事実を解明し裁判を終結できる。また多くの事件では捜査段階で解明されることが真実であり，裁判になってから争いになる例は少ない。

そこで，検察官は当初の証拠調べ請求にあたりまず捜査段階で作成した供述調書などの書証の証拠調べ請求を優先するのが通常の運用である。最初から目撃者等の証人尋問請求を行うことは基本的にはない（「調書」優先主義）。この運用の実際を前提にして刑訴法の伝聞証拠に関する条文解釈・適用を理解しなければならない。

（2）人が体験事実・観察事実を後に「人のことば」で説明する場合，これを用いてその事実があったと立証する（別言すると，供述内容に対応する事実を立証する）ことは可能である。また，それが必要な場合が多々ある（このような使い方をする場合にかぎり，本書では「供述証拠」とする）。ただ，一般的には「知覚・記憶・表現・叙述」の各過程で誤りが発生するおそれも多い。というのも，体験者・目撃者による事実の説明は事後になって体験・観察を「ことば」で表現する。正確に観察できたか，記憶過程で歪みが生じるおそれはなかったか，表現する

「ことば」と表現したい事実は一致しているか（「赤色」、「長めの包丁」、「手でなぐった」など、「ことば」には意味の巾がある）、確認を要する。そうした歪みが生じる原因として、事件・犯人・被害者などとの関係で、利害関係・予断・偏見（例．被告人や被害者の知友関係や自らや家族が同種被害にあった体験等など）がないかどうか、それらがどの程度影響を与えているかも確認した方がよい。その確認をするベストな方法は、裁判官や検察官、被告人・弁護人など裁判関与者が居る公判廷で供述者本人に体験・観察事実を語ってもらい、疑義を問い質すことである。だから、条文上も、証人に証言を求める場合の注意点として、「証人の供述の証明力を争うために必要な事項の尋問は、証人の観察、記憶又は表現の正確性等証言の信用性に関する事項及び証人の利害関係、偏見、予断等証人の信用性に関する事項について行う」とする（規則199条の6。なお、同条の14第2項も参照）。

とすると、「人のことば」を観察事実・体験事実を立証するために使うときに、それが書類に書かれているだけであったり、他人のまた聞きであったりすると、供述者本人の「観察・記憶・表現」の正確性も「利害関係・予断・偏見」の有無程度も確認できない。これでは、事実を認定するための材料にするのにはふさわしいと言える最小限度の証拠としての信用性さえ確認できない。したがって、供述者が自ら書いた供述書も、これを聞き取って書いた供述録取書も原則として証拠にしないこととした。「第321条乃至第328条に規定する場合を除いては、公判期日における供述に代えて書面を証拠とし、又は公判期日外における他の者の供述を内容とする供述を証拠とすることはできない」とする（320条1項。伝聞禁止の原則）。

(3) 検察官は、証拠調べ請求の最初は、捜査段階で供述をした者の供述書・供述録取書を証拠調べ請求するが、被告側が反対した場合には、直ちに、供述者本人の証人尋問を請求することとなる（その意味で、320条1項の「伝聞禁止」原則は「証人尋問」ないし「本人喚問」原則を意味する）。

公判廷で体験・観察した本人が証言台に立ったときに、検察官は、まず主尋問で供述に伴う疑問を解消するように努めつつ証言を導き出す。被告側はなお残る疑義を反対尋問で厳しく問い質す。事実認定を行う裁判員・裁判官もわが国では直接補充尋問を行うことができる。こうして一応の信用性のある証言を

公判手続で聞くことができれば，立証としては充分である。検察官としてはもはや捜査段階の供述書・供述録取書をさらに証拠にする必要はなくなる。証人尋問で立証に成功すれば，書証の取調べ請求は最終的には撤回すればよい。一般にも被告側が書証の取調べに不同意の場合，上記の運用がなされる。

(4) しかし，例外的に書証そのものを証拠にする必要がある。その場合には，「人のことば」の内容上，有罪・無罪を判断する材料に加えてよいと言える最小限度の信用性の保障がなければならない（信用性の情況的保障）。また証拠とすべき必要性も求められる。この点について，「人のことば」の性質・形態に応じて信用性の最低保障の要件を個別に法律で定め，この要件を満たしているときに証拠能力を認めることとしている（伝聞例外）。

2 「伝聞禁止」の原理

以上のように，「人のことば」を証拠としてそのことばが記述する事実が存在することを証明する材料にする場合，基本的には証人尋問によるべきである（「証人尋問」ないし「本人喚問」原則）。供述書・供述調書や証人の「また聞き」は直ちには証拠にしない。これを「伝聞禁止の法則」という。現行刑事訴訟法の構造と現在のわが国の刑事裁判の機能に照らして，いくつかの根拠によっている。

①有罪・無罪を判断するための証拠の実質的な内容は，公判廷で裁判所，検察官，弁護人，被告人が出席している場で確認したものであることが望ましい（公判中心主義）。

②有罪・無罪を判断する裁判所が直接「人のことば」を見聞するとともに，自らも補充尋問によって証言内容の信用性，証人としての信用性について確認できるが，伝聞証拠はそれができないので証拠にはしない（直接主義）。

③当事者主義に基づく刑事裁判である以上，証言を証拠とすることを求める側の当事者（検察官または被告側）が主尋問によって観察・記憶・表現，利害関係・偏見・予断について問題のないことを確認しつつ事実について供述させることで信用性を保障できる（主尋問による信用性の保障）。

④次に，反対当事者に問い質す反対尋問の機会を提供し，その内容と信用性を吟味する機会を与えるのが相当である（反対尋問権の保障）。

⑤とくに被告人が「人のことば」を証拠にすることに疑義があったり，逆にこれを証拠にしたいとき，その本人に問い質すことが防御上極めて重要である

から，憲法は主尋問・反対尋問いずれであれ，これを証人喚問・審問の権利として保障している（被告人固有の憲法上の証人喚問・審問権の保障。憲37条2項）。

伝聞証拠を直ちに証拠にすることは以上の各原理に反する。

【★MEMO：4-8　供述録取書の限界】
　原供述をした者を公判廷に証人として喚問すれば，主尋問・反対尋問・補充尋問によって証人本人に観察・記憶・表現の過程に問題がないかどうか，さらには利害関係・偏見・予断がないか問い質すことができる。だが，裁判官・裁判員が捜査段階で目撃者が検察官の取調べのときに述べた説明をまとめた供述調書を目の前にしても，供述者の観察，記憶，表現が正しく調書に再現されているのか，供述者に利害関係，偏見，予断はなかったかを問い質して確認することは，検察官も弁護人も裁判官・裁判員もできない。だから，観察事実の立証には，こうした伝聞供述は直ちには証拠にしないのである。

【★MEMO：4-9　「伝聞不適用」について（私見）】
　伝聞禁止の原則の理由を，当事者の反対尋問権の保障のみで説明する論理モデルを採用するとき，①反対尋問の機会が与えられている場合（321条2項の公判準備または公判期日における証人等の供述録取書面），②326条の同意の場合（当事者が反対尋問の利益を放棄する面を含む），③被告人の供述調書に被告側が不同意とした場合（322条。被告人には証人適格がなく，また黙秘権が保障されているので，検察官による弾劾のための質問が成り立たない），伝聞禁止の根拠がなくなるので，「伝聞例外」ではなく「伝聞不適用」と分類することがある。321条1項1号の裁判官面前調書も当該事件の当事者によるものではないが，反対尋問にはさらされているから，この分類に入れてよい。ただ，現行法は受訴裁判所が直接供述者を問い質す補充尋問の権限を与えており，伝聞禁止は直接主義の趣旨にも基づく。反対尋問の機会の有無のみで伝聞例外の規定を分類することには意味がない。

3　「人のことば」と表現の真し性

伝聞禁止の原理に照らしたとき，「人のことば」であっても，証拠としての利用方法——つまり，なにを立証趣旨とするのか——によって伝聞禁止の対象から外れることがある。

(1)　事実行為としての「人のことば」　例えば，被告人Dに対する殺人事件の公判で目撃者甲が公判廷で「①被告人DがVを刺して立ち去るのを見た。②一緒にいた同僚の乙も『V，刺した人，Dだ。私，みた』と言っていた。③DがVを刺すとき『やったる，こんちくしょー』と叫んでいた。」と証言したとする。

被告人が事件現場で行ったことを立証するため，全体として立証趣旨は「犯行の目撃状況」となる。このとき，その立証のために①の証言を使うのは，目

撃者が自ら観察した事実を裁判官と弁護人の面前で検察官の尋問に応じて説明しているので，そのまま証拠にしてよい。しかし，乙が被告人を見た事実を証言②によって立証することはできない。乙の観察・記憶・表現の各過程の誤りの有無，乙と被告人または事件との関係での利害関係・偏見・予断の有無を甲に問い質しても点検できないからである。他方，甲が目撃状況について話し合った者がおり，それがカタコトの日本語しかできない外国籍の乙であることを立証する限度であれば，乙の供述内容の真実性ではなく，甲自身が経験した乙の言動そのものを立証するためであるから，証言②を伝聞禁止の対象にする必要はない。甲が聞いた乙の「ことば」を事実行為として証拠にするのにとどまるからである。証言③のようないわば掛け声の他，怒声，叫び声，悲鳴なども「人のことば」の意味よりも瞬間的に発されたことばの存在自体に意味をもたせるものであるから，伝聞禁止の対象にしなくてもよい。そのときに思ったままを発声したこと——犯行状況を構成することばが「真し」に発声されていたことが明らかであれば自然的関連性があるので（刑訴法317条による），証拠にしてよい。

(2) **現在の精神状態の供述** 被告人Ｄが被害者Ｖの背中を出刃包丁で一度刺したとする事件で起訴されているとき，Ｄ方から，Ｄの筆跡と鑑定された走り書きのメモが適法に押収され，これに「被害者Ｖの背中を出刃包丁で１度刺して逃げる」と書いてあったとしよう。メモ書きは，そのメモを作成したときに，被告人Ｄが心の中で思っていたことである（「観察」ではなく「観念」）。原供述者の心の状態そのものの記述，心に浮かぶ思い・感情・判断・評価の記述である。これは外界にある事象の観察・記憶・表現とは異なり，現在の精神状態の端的な表現にとどまる。

「犯罪の計画」を練っている事実が立証できれば，後にこれと同一の事件が起きたとき，被告人の犯人性，計画性，故意などを立証する間接事実になる。その意味で，このメモを証拠とする必要性がある。その場合，犯行計画に関する被告人のその時点での思いが信用できなければならない。つまり，被告人本人がまじめにそうした気持ちを抱いたことが要る。冗談半分や子どもとの遊びで作ったのではなく，真しに犯罪を計画していた当時の心の状態をそのまま表現していること（誠実性ないし真し性という）が明らかになれば，証拠にする最小

限度の信用性を認めてよい。この場合，観察・記憶のプロセスに踏み込んで，信用性を吟味する必要はない。また，表現の真し性の解明のために，当事者に反対尋問の機会まで保障するまでもない。証明政策のあり方として，何らかの方法で真し性が疎明されれば足りると扱うことが不合理ともいえない。

　そこで，「現在の精神状態の供述」については，これを「供述」に対応する事実があることを立証するために証拠にする場合であっても，「供述証拠」として扱う必要はなく，「非供述証拠」としての証拠能力の要件，自然的関連性を充足すればよい。証拠の性質に照らしたとき，表現の真し性という意味での関連性が明らかになれば足りる。

　【CASE：判例と伝聞証拠・非伝聞証拠の区別】
　　①強姦致死被告事件において，被告人が被害者某女と情を通じたいとの野心をもっていたという事実を認定する証拠として，某女がその生前，被告人について「あの人すかんわ，いやらしいことばかりするんだ」と述べた旨の証人の公判廷証言は伝聞証拠である（最判昭30・12・9刑集9-13-2699）。
　　②伝聞供述となるかどうかは，要証事実と当該供述者の知覚との関係により決せられる。甲が一定内容の発言をしたこと自体を要証事実とする場合には，その発言を直接知覚した乙の供述は伝聞証拠にあたらない。甲の発言内容に符号する事実を要証事実とする場合，その発言を直接知覚したのみで要証事実自体を直接知覚していない乙の供述は伝聞供述にあたる（最判昭38・10・17刑集17-10-1795）。
　　③事前共謀にあたってその内容を明らかにし具体化するために作成された襲撃計画メモは，一定の意図を具体化した精神状態に関する供述なので，精神的状態に関する供述については，その伝聞証拠としての正確性のテストとして，その性質上必ずしも反対尋問の方法による必要はなく，その表現，叙述に真し性が認められるかぎり，その証拠能力を認めるのが相当である（大阪高判昭57・3・16判時1046-146）。

4　伝聞例外（1）——総論

　「人のことば」の証拠能力の要件をどうすべきかは，証明政策の問題である。刑事裁判による真相解明の実現と手続の適正さのバランスを図りながら，法律によって基本枠組みを決め，個々の証拠毎に裁判所の健全な裁量によって判断すればよい。わが国では，321条以下で伝聞例外として証拠能力を認める要件を法定している。

　(1)　形式的要件として，供述者自身が作成した供述書であるか，その供述を録取した書面であって，本人が内容を確認したことを示す署名もしくは押印が

図表4-5 「検察官面前調書」と署名押印

供 述 調 書

住 居　大阪市北区南扇町6番3号マンション天満104号室
職 業　パート従業員
生年月日　昭和59年1月5日
氏 名　菅野麻里子

上記の者は、平成26年2月5日、神戸地方検察庁において、本職に対し、任意次のとおり供述した。

平成26年2月3日の夜、マンション天満104号室からみた様子のことですが、その直前になります、午後8時〔クロ〕ーズアップ現代」を見終わってから、なにかどものが割れるような音が聞こえたので、窓から〔見〕たのです。

供述調書の内容

①「火事の後に見た男性は両手を目の高さまで上げて手を見ながらゆっくりと通路を木戸に向かって歩いて行き、出て行った」

⇒「観察」した事実の説明

②「どうして手をみているのかな。なにか変だな、と思った」

⇒当時「観念」した精神状態の説明

菅野麻里子 印

以上のとおり録取して読み聞かせたところ、誤りのないことを申し立て署名押印した。

前 同 日
大阪地方検察庁
　　　検察官検事　司　文章　印
　　　検察事務官　大伴　和夫　印

必要である。ただし、実質的に供述者の供述であることが客観的にも明らかであればよい（犯行ないし被害を再現した者の行動を写真撮影した場合には、供述書ないし供述録取書に準ずるが、撮影・現像等の記録の過程が機械的操作によってなされることから再現者の署名押印は不要である。最決平17・9・27刑集59-7-753）。

(2) 実体的要件としては、「証拠としての必要性」と、直接主義の実現、反対尋問権の保障、証人喚問・審問権の保障に代わる「信用性の情況的保障」が必要である。

① 「証拠としての必要性」とは、証明政策上一般的類型的にみて証拠に使用する必要性が高い場合をいう（個々の事件での必要性とは異なる）。典型例が、公判

廷で供述することができない事情がある場合（供述不能），公判廷で述べたことと異なる供述を別の機会にしている場合（自己矛盾供述），検証，鑑定のようにものごとの客観的事実的な性状把握の報告であるという証拠の性質自体に照らして証拠にする必要性が認められる場合である。

②「信用性の情況的保障（特信性，特信情況）」とは，公判期日外供述がなされたときの情況，これを記録する書面が作成されたときの情況に照らして，裁判官が直接見聞したり，当事者の反対尋問による点検吟味を経なくてもとりあえず一応の信用性を認めて，証拠能力を与え有罪・無罪判断の材料にするのが不相当とは言えない場合をいう。

5　伝聞例外（2）——条文解説

以下，条文の順に沿って，伝聞例外の要件を説明する。

(1)　321条　　(a)　他の裁判手続で作成された調書（1項1号）　　裁判官が直接聴聞する手続上なされた供述を録取したものはすべてここに含まれる。当該事件について防御のための強制処分として行われる証人尋問調書（179条），捜査のための強制処分としてなされる証人尋問調書（228条），共犯が自己の法廷でした被告人供述調書などの他，他の民事・刑事の裁判で作成される公判調書，公判準備調書などである（当該事件で証拠にする個別具体的な関連性と必要性が要る）。

刑訴法の求める要件は，「供述者が死亡，精神若しくは身体の故障，所在不明若しくは国外にいるため公判準備若しくは公判期日において供述することができないとき，又は供述者が公判準備若しくは公判期日において前の供述と異つた供述をしたとき」である。

前段書面は，供述不能であればよい。例示列挙であって，これに準ずる場合を含む。後段書面は，いったん証人として証言をしたことを前提として証言と前の供述の内容が，自己矛盾ないし不一致を生じている場合である。これらが一般的類型的な証拠とする必要性の要件となる。また，裁判官が主催する手続なので，刑事であればその事件の検察官と弁護人，民事でも両当事者の代理人たる弁護士が在廷し尋問の機会があることと，裁判官が宣誓をさせた上で直接聴聞する供述であり，この場合，信用性の保障は認めてよい。さらに立証趣旨，尋問事項の共通性を加重要件とするなど特に信用できる情況を一般的な要

件とすることは，証明政策上適切ではないし，本条項による伝聞例外を立法で認める趣旨そのものを損なう。証拠能力を認めた上で証明力の程度として慎重に吟味すればよい。

　(b)　検察官が作成した調書（1項2号）　　検察官は捜査段階で被疑者と参考人を取調べてその供述を録取した書面を作成する（一般に「検察官面前調書」，検面調書，PSなどといわれている。ここでは「検察官作成供述調書」とする）。被告人の供述は刑訴法322条が規律する。ここでは，被告人以外の者の供述を扱うが，その検察官面前調書の証拠能力が認められるのは，①原供述者が公判期日（または公判準備）において供述できない場合（供述不能。2号前段書面）と，②いわゆる相反供述の場合（2号後段書面）である。これらが証拠とすべき必要性である。

　(i)　2号前段書面　　ⓐ　実体的要件　　原供述者の死亡，精神もしくは身体の故障，所在不明，国外滞留のため供述不能であること。これらは例示列挙であって，証明政策に照らしたときこれに準ずる場合を含めてよい。強姦事件の女性被害者が激しく泣いて供述できず公開を停止し泣き止むのを待って再三尋問するなど手段を尽くしても供述を得られないとき（札幌高函館支判昭26・7・30高刑集4-7-936），証人が公判廷で証言を拒絶したとき（最大判昭27・4・9刑集6-4-584）などが含まれる。証言拒否権の行使も供述不能にあたる。

【CASE：強制退去と供述不能】
　外国人が在留資格を失い強制退去に処されたため，供述不能となったとき，判例は，検察官が外国人が供述不能となる事態を認識しことさら利用しようとした場合や，すでに証人尋問の決定のあった外国人が強制退去させられた場合など，「当該外国人の検察官面前調書を証拠請求することが手続的正義の観点から公正さを欠くと認められるとき」は裁判所は証拠にしないことが許される（最判平7・6・20刑集49-6-741）。

　条文上は特信情況の要件は不要である。この点について，検察官を一介の当事者と位置付けた上でその調書を裁判官の調書と同じ要件で許容することはできないとし，特信情況の要件を加えるべきであるという説がある。

　しかし，刑事訴訟法の構造上検察官には捜査権限，公訴権限，公判廷における立会いと有罪立証の権限，確定裁判の執行権限を委ねているのであって，民事裁判におけるような一介の当事者ではない。検察官は取調べによって信用で

きる情報を収集保全する責務があり，これを信頼するから裁判官面前の供述調書と同じく供述不能の場合に証拠能力を認める証明政策を採用している。特信性要件を一般的に加重する必要はない。もっとも，個々の裁判で被告側が個別具体的に特定の検察官作成供述調書の作成過程が不相当であることを疎明した場合は，裁判所の裁量によってその証拠調べ請求を却下してよい。

　　ⓑ　証拠採用手続　　裁判所は，供述不能による証拠採用にあたり，被告側に意見を聞き（規則190条2項），検察官には原供述者が供述不能であることの立証を求める（例．所在捜査を何度も行ったが立ち回り先で発見できなかったことに関する捜査報告書や，外国に出国しその後適法に入国していないことを示す出入国管理局の報告書などの証拠調べ）。証拠能力の要件に関する立証であっても通常は厳格な証明手続をとるが，その結果，供述不能が立証された場合，裁判所は，採用決定をし，証拠調べを実施する。

　（ii）　2号後段書面　　ⓐ　実体的要件　　「公判準備若しくは公判期日において前の供述と相反するか若しくは実質的に異つた供述をしたとき。但し，公判準備又は公判期日における供述よりも前の供述を信用すべき特別の情況の存するときに限る」。つまり，①相反供述であることを要する。これは，公判期日（または公判準備）における供述から推認できる事実と，公判期日外の供述から推認される事実とが内容上一致しないことをいう。次に，②相対的特信性を要する。2号後段書面については，検察官の取調べに対する供述が公判期日における供述よりも「信用すべき特別の情況」があることが必要である。後段書面が採用されても，公判廷証言も証拠として残ることが前提になっているから，ここでの特信性とは，公判廷の証言に比べたとき，捜査段階における検察官の取調べの際の供述についても一応信用できそうであって，有罪・無罪の判断材料にしておいてもよいといえる状況があれば足りる（最終的にどちらが信用できるのかは，評議の際自由な心証形成をすればよい）。

　この点の判断にあたり，従前の判例上，証言と供述がなされたそれぞれの外部的状況の他，検察官作成供述調書の内容も材料にしてよい（最判昭30・1・11刑集9-1-14）。刑訴規則192条は，証拠調べの決定のため，裁判所が事実の取調べを行う権限の特則として対象となる証拠自体を一旦裁判所に提示させる権限を与えているが，後段書面の特信性判断の場面でもこの権限を活用できる。

【CASE：判例と２号後段書面】
　①本条１項２号後段の「前の供述と相反するか若しくは実質的に異った供述をしたとき」とは，必ずしも主尋問に対する供述のみならず反対尋問に対する供述をも含む（東京高判昭30・6・8高刑集8-4-623）。
　②検察官に対する供述が公判廷における供述に比し，大綱においては一致していても，より詳細であるときは，右供述書は本条１項２号にいわゆる公判期日において前の供述と実質的に異なった供述をしたときにあたる（最決昭32・9・30刑集11-9-2403）。
　③「本件では外部的な特別の事情として，大庭証人は本件の事件当時被告人西野晃正の経営する汲取業に被告人赤松敏雄と共に雇われていたものであり，被告人榊和己は被告人西野の姉婿にあたり，被告人北野正男も以前被告人西野の下で働いていた関係にあって，いずれも知合の間柄であるところ，大庭証人はその中で最年少であって，同証人からみて被告人らは兄貴分ないし親方などにあたり，現在ではそのような関係がなくなっているにしても，人情的に被告人らのために利益になる証言はしても，不利益になる証言はしたくない立場にあるばかりでなく，本件における同証人の刑事上の責任はすでに少年事件として試験観察のうえ不処分の決定を受けて終了しており，過去における右人的関係および同証人の証言時における本件刑事責任上の地位等を考慮すれば，被告人の面前たる当公判廷ではもっぱら自己が罪をかぶるような証言をして，被告人らをかばうような証言をすることが十分予想され，同証人の右のような立場は，外部的な特別の事情としてあげることができる。これに加えて供述内容自体を比較しても，（イ）公判期日における同証人の供述よりも，検察官の面前における供述の方が理路整然としているし，（ロ）検察官の面前における供述の方が客観的事情に合致するし，（ハ）被害者の当公判廷における供述と比較して検察官の面前における供述の方がより自然で信用性が高いと認められる。けだし，同証人の公判廷における供述からは何故に足を踏んだだけの被害者に対し，その帰りを待ち伏せして，執拗なまでの暴行傷害を加えねばならないのか納得しがたいところであり，本件被害者の当公判廷における証言（被告人らから暴行・傷害を受けた旨明白に被害を述べている。）と比較しても，大庭証人の公判廷における供述（主として同証人が暴行を加えた旨述べている）よりも同人の検察官の面前における供述の方がより自然で信用性が高いといえる。したがって本件では大庭証人の検面調書の供述の方を信用すべき特別の情況の存することが十分認められる」（大阪地決昭46・3・18判時640-106）。

【★MEMO：4-10　相反性（私見）】
　相反性の解釈については，裁判員に対する負担加重禁止の原則（裁判員52条），証拠厳選の原則（規則189条の２）など21世紀の新しい刑事手続のあり方を求める司法改革全体の流れの中で再考を要する。検察官作成供述調書については検察官からみると有罪立証に有用であるが，裁判員が評議の前に供述調書など捜査段階で作成された調書を熟読しなければ証拠が何か確認できないことになる事態は回避しなければならない。証拠とすべき情報は公判での証拠調べで簡潔に提供しなければならない。したがって，検察官の主尋問に対して，証人が検察官作成供述調書と異なる供述を始めたとき，誘導や調書の要約なども含めて検察官

作成供述調書記載供述の再現に努めるべきである。あれこれ弁解はしても，取調べの際調書記載の事実を述べたことを是認するのであれば，調書内容は再現されたこととなるから，必ずしも検察官作成供述調書をさらに証拠として採用する必要性は認められなくなる。証人が検察官による主尋問に対しても，検察官作成供述調書記載と異なる証言を行ったり，あるいは主尋問では調書通りの証言をしたが，弁護人の反対尋問に対してはこれと異なる証言をした場合，今までの運用上は相反性を認めている。しかし，調書の内容の再現については検察官は成功している。これと同内容の調書をさらに採用させる必要はない。再主尋問で，主尋問では検察官作成供述調書で述べていたことと同じことを述べていることを再確認しておけば足りる。

　　ⓑ　手続的要件—2号後段による証拠調べ請求の手続　①公判前整理手続を伴う場合，検察官は整理手続において検察官作成供述調書の証拠調べを請求する。被告側が不同意とした場合，検察官は調書の証拠調べ請求を維持したまま，これに代えて証人尋問を請求することとなる。整理手続では，証人の採否までが決定される。②公判廷では，審理計画に従い，証人尋問が実施されるが，その際，証人が主尋問または反対尋問において検察官作成供述調書と異なる証言を始めたとき，検察官はまず誘導尋問，調書の要約などによって調書と同一の記憶を再現させ証言させるように努める。③公判証言による立証が困難だと判断した場合，2号後段書面の証拠採用に備えて，証人尋問の機会に相反性と特信性の要件を立証するための尋問を行う。まず，証言と調書で相反する部分を特定する。次に，公判廷証言が事実に反したり自由に証言できない事情に関連する尋問を行う一方，検察官の取調べ段階における記憶の程度，供述の状況，取調べの態様を確認する。形式的な要件として調書末尾の署名押印（指印の場合も多い）を示しつつ（規則199条の10の手続を用いる），調書閲読または朗読の上，間違いがないものとして署名押印したことを確認する。④証人尋問終了後，検察官は可能なかぎり迅速に，疎明資料などを準備した上で検察庁に2号後段による検察官作成供述調書の採用を申し立てる。裁判所は被告側の意見も聴取の上，採否を決める（この場合，刑訴法316条の32第1項の「やむを得ない事由」が一般的に認められる）。⑤採用が決定された場合，裁判所は内容の確認のため朗読または要旨の告知による証拠調べを実施する。裁判員裁判では，全文朗読が原則となる。⑥証拠にできる範囲について，現段階では，判例上，伝聞禁止の原則に対して法定の要件が認められる相反性・特信性のある範囲にかぎり，証拠

図表 4-6　検面調書の証拠採用手続―整理手続先行

■公判前整理手続開始
　○検察官，証明予定事実記載書
　○目撃者の検面調書の証拠調べ請求
■類型証拠開示（目撃者の関連調書）
■公判前整理手続期日
　○被告側不同意
　○検察官，目撃者の証人尋問請求
　○被告側同意
　○裁判所⇒目撃者の証人採用決定
　○検面調書について
　　　⇒裁判所判断留保。

■公判手続―証拠調べ手続
　○検察官冒頭陳述
　○被告側冒頭陳述
■公判前整理手続結果顕出
■証拠調べ実施
■目撃者，証人尋問，実施
　○主尋問　⇒検面調書に反する証言。
　○可能な限り，検面を再現させる働き掛けをする。
■321条1項2号後段請求手続に入る
　○検察官，2号後段要件の立証
　○検面調書採用の申立て，要件疎明
　○被告人意見
■裁判所，採用決定
■309条の異議申立て手続
■証拠調べ実施
　○全文朗読（要旨の告知でもよい）
■調書の提出

■証人尋問の際，相反部分の確認，取調べの適法性，公判証言の信用性に関する事項も問い質す。調書の署名押印（指印）の真正も確認する。

規則192条（提示命令）⇒必要に応じて裁判所は採否決定のために検面調書自体の点検ができる。なお規則198条の4参照

能力を認めるもの（大阪高判平10・12・9判タ1063-272）と，相反部分を含む調書単位での証拠採用をすることも許されるし，調書の証明力判断の見地からも相当であり，他方，そうしても被告側に不意打などの問題も生じないとするもの（東京高判平17・6・15高検速報3246）が対立する。

【★MEMO：4-11　裁判員裁判と2号後段書面の採否手続（私見）】
　2号後段書面の採否に関する評議に裁判員も関与する運用が適切であるところ，裁判所の提示命令により調書内容を判断材料にすると裁判員は場合により後に証拠にならない材料をみることとなる。その意味で，相対的特信性判断については外部事情による立証を原則としなければならない。また，検察官取調べの適否が問題とされないためにも共犯関係者や事件に関する重要な証人について取調べ段階で録音録画をしておくべきである。

(c)　その他の者が作成した調書（1項3号）　　警察官が捜査段階で参考人等

の取調べの際に作成する供述録取書，逮捕手続書，捜索・差押状況報告書など捜査の実施状況を報告する各種の文書，捜査報告書（ただし，内容によっては実況見分であったりする）など捜査機関作成の書面の他，弁護人作成の報告書，また被害者の作成する被害届，告訴状などや日記，手紙，メール等を証拠にする場合などは本号の要件を充足しなければならない。要件は次の3つである。

　①供述不能（原供述者が供述不能であること）。
　②証拠としての不可欠性。
　③特信性（2号後段と比較して，「絶対的特信性」といわれる）。

321条1項全体の構造に照らしたとき，3号書面の特信性は1号・2号の書証と同一水準の信用性の最低限の保障を求めるものと解釈することとなる。したがって，司法警察職員が取調べの際作成する警察官作成供述調書であっても，裁判官・検察官の主催する手続上作成される調書と同一水準の信用性の情況的な保障が類型的一般的にあるか疑問が残る。

【CASE：3号書面と判例】
　①日本からアメリカ合衆国への捜査共助の要請に基づき，証人が黙秘権の告知を受けて同国捜査官と日本の検察官の質問に供述し，偽証罪の制裁の下で公証人面前で供述内容の真実性を認める旨記載し署名した宣誓供述書は，本号の特に信用すべき情況の下にされたものである（最決平12・10・31刑集54-8-735）。
　②大韓民国の裁判所に起訴された共犯者が同国の裁判官，検察官および弁護人が在廷する公開法廷で黙秘権を告げられた上，述べた供述を録取した公判調書は本号にあたる（最決平15・11・26刑集57-10-1057）。
　③中国人留学生による強盗殺人事件で，本国にいる共犯者について中国当局者による取調べの際日本の取調官が立会いして黙秘権の告知も行った上なされた供述を録取した調書であって内容の閲読も経ていることなど特信情況等を否定する事情はない場合，本条1項3号に該当する書面として証拠能力を認めることができる（福岡地判平17・5・19判時1903-3）。
　今後，外国の裁判所が関与する当該国における手続に従った取調べないし証人尋問の際に作成された供述調書が本号で採用される例が増えよう。他に本号による証拠採用が特段範囲を広げることは予想されない。

【CASE：ロッキード事件と刑事免責付司法文書】
　田中角栄元首相等がロッキード，グラマン社等から賄賂等を収受したことなどが捜査の対象になった，いわゆるロッキード事件では，贈賄側の米国の会社重役の事情聴取がアメリカの司法機関によって行われた。その際，わが国検察庁は将来にわたり不起訴と

することを宣言しこれを文書にして相手に手交した。かかる条件の下で作成された供述調書の証拠能力が問題となった。下級審は，わが国の裁判官の嘱託に基づき，外国の裁判所で刑事免責を付与して行われた証人尋問の調書なので3号書面にあたるとした（例えば，東京高判昭62・7・29高刑集40-2-77）。しかし，最高裁は，刑事免責は刑事手続上重要な影響を及ぼす制度であるから，これを採用するのであれば，その対象範囲，手続要件，効果などを明文をもって規定すべきものと解して，証拠能力を否定した。

「(一)　刑事免責の制度は，自己負罪拒否特権に基づく証言拒否権の行使により犯罪事実の立証に必要な供述を獲得することができないという事態に対処するため，共犯等の関係にある者のうちの一部の者に対して刑事免責を付与することによって自己負罪拒否特権を失わせて供述を強制し，その供述を他の者の有罪を立証する証拠としようとする制度であって，本件証人尋問が嘱託されたアメリカ合衆国においては，一定の許容範囲，手続要件の下に採用され，制定法上確立した制度として機能しているものである。

(二)　我が国の憲法が，その刑事手続等に関する諸規定に照らし，このような制度の導入を否定しているものとまでは解されないが，刑訴法は，この制度に関する規定を置いていない。この制度は，前記のような合目的的な制度として機能する反面，犯罪に関係のある者の利害に直接関係し，刑事手続上重要な事項に影響を及ぼす制度であるところからすれば，これを採用するかどうかは，これを必要とする事情の有無，公正な刑事手続の観点からの当否，国民の法感情からみて公正感に合致するかどうかなどの事情を慎重に考慮して決定されるべきものであり，これを採用するのであれば，その対象範囲，手続要件，効果等を明文をもって規定すべきものと解される。しかし，我が国の刑訴法は，この制度に関する規定を置いていないのであるから，結局，この制度を採用していないものというべきであり，刑事免責を付与して得られた供述を事実認定の証拠とすることは，許容されないものといわざるを得ない。

(三)　このことは，本件のように国際司法共助の過程で右制度を利用して獲得された証拠についても，全く同様であって，これを別異に解すべき理由はない。けだし，国際司法共助によって獲得された証拠であっても，それが我が国の刑事裁判上事実認定の証拠とすることができるかどうかは，我が国の刑訴法等の関係法令にのっとって決せられるべきものであって，我が国の刑訴法が刑事免責制度を採用していない前示のような趣旨にかんがみると，国際司法共助によって獲得された証拠であるからといって，これを事実認定の証拠とすることは許容されないものといわざるを得ない。」（最大判平7・2・22刑集49-2-1）

(d)　同一裁判の中で作成された供述録取書（2項前段）　　同一事件の証人尋問調書等は，公判手続更新，破棄差戻によって加わる新たな裁判官との関係では伝聞証拠にあたるが，当該事件を担当する受訴裁判所による手続であること，被告人と弁護人は反対尋問の機会を与えられていること等に照らして，そのまま証拠能力が認められる。

(e) 裁判所・裁判官の検証調書（2項後段）　受訴裁判所を構成する裁判官自らが五官の作用によってものごとの性状把握をした内容を書面で報告するものである。形式的には一種の供述書にあたるが，事実認定の権限と責務のある者が，そうした観点から観察したものの記録である上，被告側も立会いできるから，必要性と信用性の情況的保障がある。他の刑事事件や関連する民事事件で作成された，裁判官の実施する検証調書を証拠採用しなければならない必要性がある場合にも，文理上本項の適用があるものと扱ってよい。

【★MEMO：4-12　裁判所・裁判官の検証】
　他の裁判手続などで裁判官が関与して作成された検証調書は，321条2項で証拠にしてよい。むろん，事件が異なると，検証の内容も異なるから，立証趣旨に沿った内容か否か慎重な点検が必要である。証拠としての関連性を明確にする上で，検証の主体である裁判官を公判廷で証人として尋問し検証の経緯を踏まえて検証調書の作成の真正を立証させるのが妥当な場合もないではない（321条3項準用説）。が，一般には信用性の問題として捉えればよい。

(f) 捜査機関作成の検証調書（3項）　捜査機関が実施した「検証」の結果を記載した書面は，作成者が公判期日（公判準備でもよい）において，「真正に作成されたものであることを供述したとき」に証拠能力が認められる。
　①ここでいう「検証」とは証拠法上の概念である。刑訴法全体の構造に照らしたとき，捜査段階の強制処分としての固有の検証に厳格に限定する必要はない。捜査段階では，被処分者の重大な権利を侵害しなければ行えない場合に検証として実施することとなるが，証拠法の観点からは強制処分であれ任意処分であれ，捜査機関の専門性に基づく性状把握であるかぎりその正確性には変わりがない。証拠法上の「検証」には広く捜査機関がその専門性に基づいて物事の性状を把握する処分を含めてよい。鑑定と類似の処分であるが，学識経験のある者が学識経験に基づいて行う観察・分析・測定・実験・評価等と異なり，事件捜査の観点からの外部観察である。なお，捜査報告書には多様な内容が盛り込まれているから，表題ではなく内容上実況見分であれば本項を準用してよい。
　②3項書面で証拠能力を認めてよい代表例として，実況見分調書がある（最

判昭35・9・8刑集14-11-1437)。捜査機関が実況見分を行うにあたり，被疑者，被害者その他の者を立ち会わせ，これらの立会人に実況見分の目的物その他必要な状態を指示させ説明させることがあり，これらも実況見分調書に記載するのが通常であるが，かかる供述は「実況見分の一つの手段」として扱うことができる限度で3項書面として扱ってよい(最判昭36・5・26刑集15-5-893)。もっとも，例えば，「この場所で犯人に殴られました」といった記述は，犯行の行われた場所，そこで被害者の説明する態様の犯行が可能であることの確認などについては実況見分と一体とみてよいが，罪体事実を推認させる側面もあるから，特に被告側は証拠に関する意見を述べる際場合により指示説明部分を削除して同意をするなど注意を要する。

　警察犬を用いた臭気選別検査結果に関する捜査報告書も実質的には捜査機関による原臭と対象臭の一致に関する認識とみれば本項書面に入れてもよい(より専門性の高い訓練と判断を要するものとみれば，鑑定に入れることができる)。

【CASE：実況見分調書と指示説明部分の署名押印】
　「立会人の指示，説明を求めるのは，実況見分の一つの手段であるに過ぎず，被疑者及び被疑者以外の者を取り調べ，その供述を求めるのとは性質を異にし，右立会人の指示，説明を実況見分調書に記載するのは実況見分の結果を記載するに外ならず，被疑者及び被疑者以外の者の供述としてこれを録取するのとは異なる。立会人の指示説明として被疑者又は被疑者以外の者の供述を聴きこれを記載した実況見分調書には供述をした立会人の署名押印を必要としない。」(最判昭36・5・26刑集15-5-893)

【CASE：犯行再現写真・被害再現写真と伝聞禁止原則】
　最決平17・9・27刑集59-7-753は，電車内の痴漢事件（迷惑防止条例違反被告事件）の被害者が警察署通路で犯行を再現した写真を添付する実況見分調書と被告人が取調べ室で犯行を再現した写真を添付する写真撮影報告書について，「捜査官が，被害者や被疑者の供述内容を明確にすることを主たる目的にして，これらの者に被害・犯行状況について再現させた結果を記録したものと認められ，立証趣旨が『被害再現状況』，『犯行再現状況』とされていても，実質においては，再現されたとおりの犯罪事実の存在が要証事実になるものと解される。このような内容の実況見分調書や写真撮影報告書等の証拠能力については，刑訴法326条の同意が得られない場合には，同法321条3項所定の要件を満たす必要があることはもとより，再現者の供述の録取部分及び写真については，再現者が被告人以外の者である場合には同法321条1項2号ないし3号所定の，被告人である場合には同法322条1項所定の要件を満たす必要がある……写真については，撮影，現像等の記録の過程が機械的操作によってなされることから……再現

者の署名押印は不要と解される」。「本件両書証は，いずれも刑訴法321条3項所定の要件は満たしているものの，各再現者の供述録取部分については，いずれも再現者の署名押印を欠くため……証拠能力を有しない。また，本件写真撮影報告書中の写真は，記録上被告人が任意に犯行再現を行ったと認められるから，証拠能力を有するが，本件実況見分調書中の写真は，署名押印を除く刑訴法321条1項3号所定の要件を満たしていないから，証拠能力を有しない。」（なお，かかる写真を被害者の証人尋問の際示して使う方法について，163頁参照）

③交通検問などアルコールの摂取量を調査する際「酒酔い・酒気帯び鑑識カード」を利用する。カードは，警察官がアルコール検知器で測定した呼気内のアルコール濃度を記載する化学判定欄，酩酊度に関連する質疑を記載する質問応答状況欄，警察官が被告人の言動を観察して記録する見分状況欄に分かれている。質問応答状況欄には飲酒状況等に関する本人の供述に該当する記載もあるから，被告人本人の供述であることが確認できないかぎり（322条参照），321条1項3号と扱うこととなる。化学判定欄，見分状況欄は捜査機関による実況見分とみてよく3項書面として扱ってよい（最判昭47・6・2刑集26-5-317。カードを分割して証拠能力を検討するという意味でカード分割説）。もっとも，質疑応答欄の被告人の答えもいわば自白などの供述証拠として扱うのではなく，応答の言動から酩酊度判定の資料にする扱いとしてカード全体として本条の定める検証に準ずる書面とみるのが適切であろう（カード一体説）。

④証拠能力を認める手続的要件として，検証を実施し書面を作成した者を公判期日において証人として尋問し作成の真正を明らかにさせなければならない。作成名義に偽りがないことだけではなく，検証等を正確に記載したことについて明らかにさせるべきである（証拠能力の要件を「厳格な証明」によって立証することを求めている）。

　(g)　鑑定一般（4項）　　鑑定とは，学識経験のある者（165条参照）が専門的知見によって専門的な法則性について報告し，さらにその法則性によって物事の性状を把握して判断・評価などし，その結果を報告する処分をいう。

①捜査機関，検察官，裁判官，弁護人など刑事訴訟法上の主体がその責務と権限の性質に応じて有することが法的に予定されている専門性とは異なる学識による情報が真相解明上必要な場合，証拠法は「鑑定」として取り扱う。本項

については証拠法上の概念として解釈すべきであるから，捜査機関が嘱託した鑑定（223条。最判昭28・10・15刑集7-10-1934），裁判所が命令した鑑定（165条），防御のための証拠保全として行う鑑定（179条）すべてを含む。また，専門家による専門的知見に基づく性状把握であればよく，刑事手続と無関係に作成されたものであってもよいから，医師の作成した診断書（最判昭32・7・25刑集11-7-2025），柔道整復士作成の施術証明書（福岡高判平14・11・6判時1812-157），飛行機操縦士による航空機乱高下によって乗客等が負傷した事件で，運輸省航空事故調査委員会が作成した航空事故調査報告書（名古屋地判平16・7・30判時1897-144），消防吏員作成の火災原因判定書（広島高判平8・5・23高検速報平8年2-159）も含めてよい。

　ポリグラフ検査結果回答書，警察犬による臭気選別検査報告書，北海道警察本部鑑識課長作成名義の現場指紋対照結果通知（札幌高判平10・5・12判時1652-145）については，捜査機関としての専門性の枠内での知見による性状把握とみることができるのであれば，3項の検証として扱えばよく，より専門性が高い処分であれば鑑定として処理するのが妥当である。

　②証拠能力を認める手続的要件として，「鑑定」を実施し書面を作成した者を公判期日において証人として尋問し作成の真正を明らかにさせなければならない。

【★ MEMO：4-13　供述録取書と録取者の署名押印】

　伝聞供述ないし伝聞証拠の存在形態としては，「公判期日における供述に代わる書面」（供述代用書面）と「公判期日外における他の者の供述を内容とする供述」（伝聞供述）がある。
　供述代用書面とは原供述者が自ら書き残した文書，つまり供述書と捜査段階で捜査官が被疑者や参考人から聞き取った内容をまとめる供述録取書ないし供述調書などのように原供述者の供述を記録した文書をいう。伝聞例外を認めるためには，供述書については形式的要件として本人が供述書を作成したものであることを疎明しなければならない。その場合，署名および押印のあることが望ましいが，不可欠の要件ではなく，要するに直筆またはこれに代わるものであることが証明されればよい。供述録取書・供述調書についても記録した内容が原供述者の述べたことと一致することが確認できないと意味がない。原則として原供述者の署名または押印が要求される（321条1項）。もっとも，署名または押印がなくとも原供述を正確に記録したことが確認できればよい（ビデオ録画やテープ録音など）。検証，鑑定に関する書面は，作成者自ら公判廷で証人尋問を受けて作成の真正を立証することとなるから，書面の形式的要件としては署名押印は不可欠ではない（通常は署名押印がある）。
　以上は，原供述の正確性を保障するための要件であるが，供述録取書については作成者の

署名押印が要る。これによって原供述者の供述を調書に再現したものであることが確認できて，その限度で原供述者の供述書と同じ扱いができるようになる。

(2) 322条　(a)　被告人自らの事件に関する説明は証拠として重要である。特に，捜査が始まってから捜査機関の取調べをきっかけとして，その際捜査機関に促されて自ら供述書をとりまとめたり，これを取調官がとりまとめて供述録取書ないし供述調書にまとめたものが重要である。被疑者に犯行を再現させてその内容を記録したものは，実質上自白にあたる（一部を写真に撮影し説明を加えて実況見分調書としたり，現場での再現を検証として行いビデオ録画するなど記録方法は様々である）。他に，逮捕勾留手続に伴う弁解録取書，裁判官が行う勾留質問調書，勾留理由開示公判における被告人供述調書などがある。弁護人が防御活動上被告人の言い分を書きとめる場合もあるし，弁護人の助言に基づいて陳述書・上申書などのかたちで言い分をとりまとめることもある。刑事手続と離れて被告人が作成していた日記，手紙，メールもここに入る。

　こうした供述調書・供述書も基本的には伝聞禁止の対象になる。まず，裁判所が直接聴聞したものではない。被疑者取調べは密室で弁護人の立会いもなく実施されるため，被告人が全く自由な気持ちでありのままを語れないことが少なくない。弁護人が公判廷で被告人に質問して取調べの経緯を確認しなければ信用性の一応の保障を認めがたい（その意味では反対尋問権による点検がない第三者の供述と構造は同じである）。逆に，防御活動上作成された供述書などについては，検察官の反対質問による点検吟味ができないこととなる。

　(b)　かかる供述書・調書について，刑訴法322条1項は次のような伝聞例外の原則を定めている。

　(i)　形式的要件　　本人の供述の正確な記録であることの確認である。「被告人が作成した供述書」については，自筆・自著，書名押印など何らかの方法で本人作成であることが疎明できなければならない（署名押印は必要的ではない）。「被告人の供述を録取した書面」については原則として「被告人の署名若しくは押印のあるもの」でなければならないが，本人の供述の正確な記録であることが明らかになればよいから，録音録画など機械的に正確に供述を記録した場合であってもよい。

(ii)　実質的要件　　供述の内容に則して異なる。

　①自　白　　「被告人に不利益な事実の承認を内容とするもの」であるが，伝聞例外の原則に照らすとそうした供述の性質自体から証拠としての必要性と信用性の情況的保障を認めてよく，特に条件はない。ただし，伝聞禁止の原則と別に，319条が直接適用され，自白法則の制約を受ける。

　②「その供述が被告人に不利益な事実の承認を内容とするものであるとき」(例えば，「犯行があった頃，犯行場所の近くに行った」とする供述)　　刑訴法は「自白でない場合においても，第三百十九条の規定に準じ，任意にされたものでない疑があると認めるときは，これを証拠とすることができない」とし，319条の自白法則を準用する。なお，不利益な事実の承認にあたるか否かは，検察官が証拠調べ請求の際に明らかにする立証趣旨と主要事実に対する関連性によって個別的相対的に判断する。

　③供述一般（例えば，身上経歴関係など）　　「特に信用すべき情況の下にされたものであるとき」にあたればよい。

　(c)　公判中，被告人は冒頭手続における意見陳述，被告人質問に関する供述，最終陳述など受訴裁判所の面前で供述をする機会がある。裁判官の交代などで手続の更新がなされなければ，公判廷で述べた供述がそのまま証拠となる。公判期日におけるこうした被告人の供述は書記官が記録を作成しておくが，これを証拠にしなければならないとき（例として，裁判官の交代による手続の更新後)，任意になされたものであると認められれば証拠にしてよい（322条2項）。被告人は，弁護人のいる公判で黙秘権の告知を受けている（311条）。公判廷の供述調書の証拠能力が問題になることは事実上ない。

　(d)　証人が証言の中で被告人が語った言葉を説明したときなど被告人の供述を内容とする被告人以外の者の公判期日（または公判準備）における供述については，324条1項による（230頁参照）。

　【CASE：共犯者の供述】
　　判例は，共同被告人の供述については一方被告人との関係で第三者の供述として扱い，321条の適用をする。「共同被告人の検察官に対する供述調書は被告人の関係においては刑訴三二一条一項二号に該当し得る書面であつて，被告人以外の者の供述を録取した書面にあたるものである。従て第一審が刑訴三二二条に該当する書面として被告人

についても，共同被告人についてしたと同じように刑訴三二二条の書面として証拠調をした上証拠としたのは刑訴法の解釈を誤つたものであり，原判決がこれを容認したのは第一審判決と同じ誤をおかした違法がある……また麻薬司法警察官に対する共同被告人の供述調書は刑訴三二一条一項三号にいう「前二号に掲げる書面以外の書面」中に含まれるものである……。」(最判昭28・6・19刑集7-6-1342)

(e)　一緒に犯罪を行ったAとBがそれぞれ別に起訴されて別の審理を受けている場合，Aの供述をBに対する証拠にしたければ，Bの公判にAを証人として召喚すればよい。しかし，A，Bが同一手続で共同被告人として審理を受けている場合，伝聞禁止の原理に関連して次の問題がある。

①Aの公判期日における供述が被告人Bにとって不利益な内容であるとき，Bとしてはその真偽を問い質したい。実質上の反対尋問の機会が必要になる。しかし，Aも被告人であるかぎり黙秘権をもつ。この場合，Aの被告人質問の機会に，Bまたはその弁護人が反対質問を十分に行い実質的に反対尋問が行われたといえる場合にかぎり，Aの供述をBとの関係で証拠とできるとする説がある。しかし，判例・運用は，B側が反対質問の機会をもてばそれで足り，それ以上に証拠能力の要件自体を加重する必要を認めない。Bとの関係では，Aの公判供述は第三者のものであり，証人の証言と同じ扱いで足りる。裁判所は，Aが黙秘権を行使した事実を含めて信用性を慎重に判断することとなる。

②Aの公判期日における供述が検察官の意に反して被告人Bに有利であるときや黙秘権を行使し供述を得られないとき，検察官は検察官作成供述調書を証拠にしたいと考える。このとき，Aが検察官だけでなくB被告側の質問にも黙秘権を行使すると，特信性の立証が困難になる。もっとも，Bとの関係では第三者と扱えばよいから，基本的には321条1項2号前段または後段によって検察官作成供述調書の証拠能力を判断すればよい。この場合に，Bとの関係でも，322条(実質的には319条)を準用する必要はない。

(3)　323条　　特に信用すべき書面であることに注目して伝聞例外を認めている。信用性の根拠は，作成主体，作成される文書，その役割・機能・意義などを考慮して定型化されている。こうした文書内容を審理の際に再現するのには，文書自体を点検する方が正確であって，作成者を公判廷で証人尋問しても最小限度の信用性を確保する上でもさほど意味はない。むしろ，文書自体に備

わる類型的一般的な信用性を考慮して証拠能力を認めるほうが証明政策上も適切である。

(a) 公務文書（1号）　戸籍謄本・公正証書謄本など公務員（外国の公務員を含む）がその職務上証明することができる事実について作成した書面である。公務員は一定の事項について作成の根拠となる資料（登記簿，戸籍簿，住民台帳表などの公務上正式に受理されている情報に関する原簿など）に基づいて一定の事実を証明する文書を作成する責務を負う。定型的事務的処理がなされる一方，その情報の存在と内容の信用性は高い。

捜査機関がその事件について作成した書面は，内容自体の性質に照らしても，直接主義・反対尋問権保障の視点に照らしても本号で証拠能力を認めることはできない。もっとも，当該事件の捜査のため作成された文書中にも公務文書として扱えるものがある（例えば，指紋対照の照会に対する担当の鑑識関係の部局からの回答書——大阪高判昭24・10・21高判特1-279，証拠物を換金し日本銀行に預け入れたことを示す副検事・検察事務官作成の換価代金預入証明書——東京高判昭25・7・27高判特12-41）。前科の判決謄本も本号で証拠となる。

(b) 業務文書（2号）　商業帳簿，航海日誌など社会生活上の業務の通常の過程において作成された書面がこれにあたる。業務のこのような書面は，合理的な業務の基礎をなすものとして正確な記載を期待しうる。

(c) 特信文書（3号）　特に信用すべき情況のもとに作成されたその他の書面。公的な機関の調査・統計・報告書や公刊物・新聞・雑誌などの市場価格・天候・行事日程・各種統計やスポーツ等の成績記録，時刻表，地図などがこれにあたる。学術研究書一般もここに含めてよい。ただし，本号については，個別的に前2号の書面に準ずる程度の公的社会的な信用性があることを判断することとなる。

【CASE：323条と判例】
　裁判例上，次の書面が323条で証拠能力を認められている。
▶2号書面　①被告人が備忘のため取引関係を記入した書面は，本条2号の書面として証拠能力を有し，被告人の自白に対する補強証拠たりうるものである（最決昭32・11・2刑集11-12-3047）。②本条2号にいう「業務の通常の過程において作成された書面」にあたるか否かを判断するについては，当該書面自体の形状，内容だけで

なく，その作成者の証言等も資料とすることができる。漁船団の取決めに基づき船団所属の各漁船の乗組員から定時に発せられる操業位置等についての無線通信を，船団所属の一漁船の通信業務担当者がその都度機械的に記録した書面は，前記各漁船の操業位置等を認定するための証拠として，本条2号所定の書面にあたる（最決昭61・3・3刑集40-2-175）。③留置人名簿，留置人出入簿および留置人出入要請書は，警察署が国家公安委員会の被疑者留置規則などに従って作成した文書であり，当該書面の記載ないし体裁上も虚偽記入を疑わせる状況がない場合，各書面中留置場からの出入れ時刻に関する部分については本条2号により証拠能力を認められる（浦和地判平元・10・3判時1337-150）。

▶3号書面　①甲検察庁が乙検察庁に対してなした前科調回答の電信訳文（最決昭25・9・30刑集4-9-1856）。②刑務所で服役中の者とその妻との間の一連の手紙であって右両名の証言および同手紙の外観内容等により特に信用すべき情況のもとに作成されたものと認められるもの（最判昭29・12・2刑集8-12-1923）。③真実を記載したと認められるいわゆる裏帳簿（東京高判昭37・4・26高刑集15-4-218）。④司法警察職員ではない消防司令補が作成した火災に関する現場見分調書は，その性質上321条3項の書面に準ずるものと解され，作成者がその真正に作成されたものであることを公判廷で供述したときは，本条3号により，証拠とすることができる（東京高判昭57・11・9東高刑時報33-10〜12-67）。⑤ストーカー行為等の規制等に関する法律違反，業務妨害被告事件で，被告人による被害者の勤務先への無言電話などについて，被害者や同僚が架電の直後か遅滞なく正確に統一のフォームに記録した場合，その過程に恣意が入り込んだと疑うべき事情はないから，本号の書面に該当する（東京地判平15・1・22判タ1129-265）。

(4)　324条　(a)　被告人以外の者が公判期日（または公判準備）の供述中，被告人の供述を引用した場合，その原供述の内容と検察官の使い方によって322条により証拠能力の有無を判断することとなる（原供述中自白は端的に319条によるし，それ以外の不利益事実の承認についても319条を準用し，一般供述は特に信用できる情況でなされていることが必要である）。ただし，署名押印に代わる供述した事実の信憑性の立証が必要となるが，この点は，被告人が在廷している場合，自らも供述の存否や任意性に関わる事項について取調べ警察官などを徹底的に追及できる。

【CASE：被疑者取調べと324条】
「刑訴法三二四条一項が，「被告人以外の者」の範囲について法文上なんら限定を加えていないばかりでなく，証人がした供述は宣誓によってその信用性が担保され，一方，被告人としても，公判廷で証人に対し被告人が供述したとされる内容が正確に再現されているか否か十分に反対尋問をすることができ，更に，いつでも右証言内容に関する被

告人自身の意見弁解を述べることができるのであるから，被告人の供述がその署名押印のある供述調書に記載されている場合とを比較して，証人の供述により公判廷に顕れた被告人の捜査官に対する供述内容のほうが，その信用性や証明力が劣るということはできない。」(東京高判平3・6・18東高刑時報42-1～12-10)

(b) 証人が証言のとき，被告人以外の人が語ったこと(原供述)を引用する場合や参考人を取り調べた取調官が供述調書に代えて自ら証人として参考人の述べたことを証言する場合など，被告人以外の者の公判期日(または公判準備)の供述中被告人以外の者の公判期日外供述については，一律に刑訴法321条1項3号の準用によって証拠能力を判断する(「伝聞証人」。324条2項)。

(c) いわゆる「再伝聞供述」についても，本条の精神を準用する。したがって，例えば被告人の検察官供述調書中に共同被告人の伝聞供述が含まれているとき，まず322条1項で被告人の供述の証拠能力を認め，次に，共同被告人の伝聞供述については本条1項2号，324条によりこれを被告人本人に対する証拠とすることができる(最判昭32・1・22刑集11-1-103)。この場合，共同被告人の署名押印は不要である(322条1項で証拠能力を認める過程で供述の同一性もあると認定できるし，被告人本人が法廷で反論もできるから，信用性の問題と捉えてよい)。

(5) 325条　裁判所は，伝聞例外を認めて証拠能力を与える場合であっても，あらかじめその任意性を調査しなければこれを証拠とすることはできない(325条)。本条は，証拠能力を認められる伝聞証拠の証明力判断にあたり，供述の任意性を調査する義務を裁判所に課したものである。任意性の調査は，必ずしも当該書面または供述の証拠調べ前である必要はなく，裁判所が証拠調べ後，具体的に証明力を評価するにあたって行ってもよい(最決昭54・10・16刑集33-6-633)。

(6) 326条　(a) 検察官および被告人が証拠とすることに同意した書面(または供述)は，その書面が作成されたときの情況を考慮し相当と認められるならば，証拠能力が認められる(326条1項)。これを同意書面という。

刑事裁判の実務上，検察官は基本的に有罪立証のための証拠としては，捜査段階で作成した書証を軸にしてその取調べを請求する。被告側も，多くの場合には，同意をする。こうしてどのような証拠を用いて刑事裁判で真相を解明するのかについては，当事者が一定の範囲で処分権をもっている。本条での同意

は，伝聞禁止の対象となっていて証拠能力のない書面について証拠能力を与えることを認容することを意味する。必要に応じて，なお当該供述をした者を証人として喚問し信用性について問い質すことはできる（反対尋問権は放棄されていない。部分的に不行使を選択しているだけである）。

　(b)　同意権は，検察官と被告人に限られている。ことに被告人の場合，弁護人が意思表示をすることが通常であるが，事前に弁護人と十分な相談を遂げて証拠の内容を把握し，同意することを理解し納得していなければならない。したがって，被告人は全面的に公訴事実を否認し，弁護人のみがこれを認め，その主張を完全に異にしている場合，弁護人に対してのみ検察官申請の書証の証拠調請求について意見を求め，被告人に対して同意の有無を確かめず，弁護人の異議がない旨の答弁だけで右書証を取り調べ，これを有罪認定の資料とすることは違法である。（最判昭27・12・19刑集6-11-1329）。

　(c)　なお，裁判所は相当性の判断権をもつ他，証拠厳選の原則の観点から当事者が同意していてもなお証拠不採用とすることはある。

　(7)　327条　　裁判所は，検察官および被告人または弁護人が合意の上，文書の内容または公判期日に出頭すれば供述することが予想されるその供述の内容を書面に記載して提出したときは，その文書または供述すべき者を取り調べないでも，その書面を証拠とすることができる（「合意書面」）。この場合においても，その書面の証明力を争うことを妨げない。オリジナルの書証などの証拠を元にしつつ，これらを要約していわば2次証拠を作ることになる。現在はあまり利用されていない。裁判員裁判に備えて，一部法曹関係者の中では合意書面の活用が円滑かつわかりやすい裁判を実現することになるとする向きもあるので，今後利用事例が増えることが予想される。

　(8)　328条　　(a)　刑訴法321条ないし324条の規定により証拠とすることができない書面または供述であっても，公判準備または公判期日における被告人，証人などの供述の証明力を争うために，これを証拠とすることができる（328条）。

　公判準備または公判期日における被告人，証人その他の者の供述が，別の機会にしたその者の供述と矛盾する場合に，矛盾する供述をしたこと自体の立証を許すことにより，公判準備または公判期日におけるその者の供述の信用性の

減殺を図ることを許容する趣旨のものである。したがって，別の機会に矛盾する供述をしたという事実自体の立証については，厳格な証明を要する（最判平18・11・7刑集60-9-561）。本条により供述の証明力を争うために提出された供述調書は，犯罪事実認定の資料とすることは許されない（最決昭28・2・17刑集7-2-237）。

(b) 本条で採用できる証拠は，公判廷供述をした者本人が別の機会に述べた異なる内容の供述に限られる（自己矛盾供述。東京高判平8・4・11高刑集49-1-174）。自己矛盾状態があればよいから，公判廷供述との先後関係は問わない（最判昭43・10・25刑集22-11-961）。ただし，本人が述べたことが確認できる証拠でなければならない。

【CASE：328条と自己矛盾証拠の適格性】
　火災原因を調査する消防署職員が作成した近隣住民Ａからの事情聴取をまとめた「聞込み状況書」を用いて，その住民Ａが公判廷で行った証言を弾劾することはできない。聞取りの相手に記載内容を読み聞かせて署名・押印を求めるなど内容の正確性を確認する形式が取られていないからである。その理由を判例は次のように述べている。
　「法328条は，公判準備又は公判期日における被告人，証人その他の者の供述が，別の機会にしたその者の供述と矛盾する場合に，矛盾する供述をしたこと自体の立証を許すことにより，公判準備又は公判期日におけるその者の供述の信用性の減殺を図ることを許容する趣旨のものであり，別の機会に矛盾する供述をしたという事実の立証については，刑訴法が定める厳格な証明を要する趣旨である……刑訴法328条により許容される証拠は，信用性を争う供述をした者のそれと矛盾する内容の供述が，同人の供述書，供述を録取した書面（刑訴法が定める要件を満たすものに限る。），同人の供述を聞いたとする者の公判期日の供述又はこれらと同視し得る証拠の中に現れている部分に限られる……本件書証は，前記Ａの供述を録取した書面であるが，同書面には同人の署名押印がないから上記の供述を録取した書面に当たらず，これと同視し得る事情もないから，刑訴法328条が許容する証拠には当たらない。」（最判平18・11・7刑集60-9-561）

(c) 証明力を争うとは次の意味である。　①弾劾——これは，同一人物が，公判廷で述べたことと異なることを別な機会に述べている事実を摘示することによって公判廷供述の信用性が乏しいことを示す立証活動をいう。
　②回復——相手方の弾劾立証によって証明力が減殺されたことを前提にしたときに，その証明力を回復させることのみを目的とする立証をいう。証人が弾劾証拠とされた供述の前後にも公判廷供述と同じことを述べていたことを立証

するなどの方法がある。例えば，証言が利害関係に影響されているとして弾劾された場合，問題の利害関係が生ずる以前にも証言と同一内容の供述を証人がした事実を示す証拠がこれにあたる。

　③増強——これも供述の証明力を高める限度では証明力を争うといえるが，この場合公判廷供述と同じ内容の供述であって伝聞禁止の対象となるものを証拠にすることとなり，事実上実質証拠と同じ効果をもたらす。刑訴法320条の潜脱になるから，関連性がかかる内容である場合には328条でも証拠能力を認められない。

【★MEMO：4-14　328条と学界】
　証明力を争う証拠の適格性について学説が別れている。①弾劾証拠として用いるのであれば広く伝聞証拠を許容する説。②供述者の証人としての信用性に関する事実（利害関係，偏見，予断など）を証明する場合には，自己矛盾に限らない説。③検察官請求の場合には自己矛盾供述にかぎり，被告人請求の場合には，憲法が保障する証人喚問・審問権があるので多様な証拠を用いる弾劾を許容する説。④供述者の自己矛盾供述に限る説。
　それぞれ問題がある。①について——320条の潜脱になる。裁判員裁判が始まれば，立証趣旨の限定は適確に機能しない。他の者の供述を実質証拠として証拠採用の当否を判断することを刑訴法は予定している。②について——条文解釈上無理があり，両者の区別の実質的な意味もない。③について——被告人の防御活動といえども適正な証拠に基づく真相解明に資するものでなければならず，伝聞禁止を潜脱する反証活動は許されない。結局，④説が妥当だ。

【CASE：328条と判例】
　①被告人が共謀の事実を否認し，証人がほぼ共謀の事実を肯認している場合において，右の証人の供述よりいっそう明瞭に共謀の事実を肯認しうる同人の捜査官に対する供述調書を本条により証明力を争うための証拠として採用することができる（東京高判昭31・4・4高刑集9-3-249）。②ある証人の公判証言の証明力を増強するため，その証人が捜査段階においても同旨の供述をしているとして，捜査官に対する供述調書を本条の書面として取り調べることは許されない（大阪高判平2・10・9判タ765-266）。③本条の弾劾証拠は，供述証拠の証明力を減殺するためのもののみでなく，弾劾証拠により減殺された供述証拠の証明力を回復するためのものをも含む（東京高判昭54・2・7判時940-138）。

第5章　裁　判

図表5-1　証拠から判決へ至る立証のプロセス

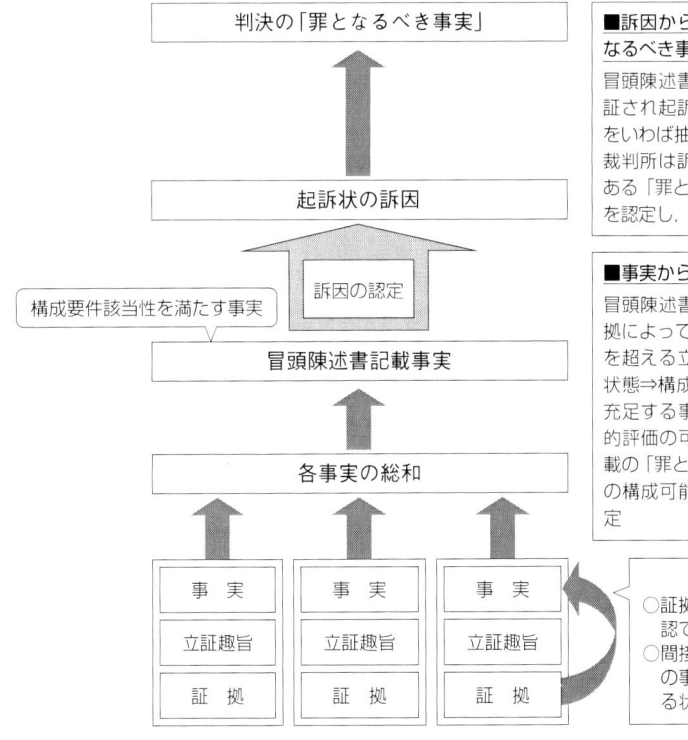

```
        判決の「罪となるべき事実」
              ↑
        起訴状の訴因
              ↑
         （訴因の認定）
   構成要件該当性を満たす事実
        冒頭陳述書記載事実
              ↑
         各事実の総和
         ↑    ↑    ↑
       事実  事実  事実
      立証趣旨 立証趣旨 立証趣旨
       証拠  証拠  証拠
```

■訴因から判決の「罪となるべき事実へ

冒頭陳述書記載事実が立証され起訴状記載の訴因をいわば抽出できるとき，裁判所は訴因と同一性のある「罪となるべき事実」を認定し，構築する

■事実から訴因へ

冒頭陳述書記載事実が証拠によって「合理的疑い」を超える立証がなされた状態⇒構成要件該当性を充足する事実の推認⇒法的評価の可能性⇒訴因記載の「罪となるべき事実」の構成可能性⇒訴因の認定

証明
○証拠から事実を推認できる状態
○間接事実から，次の事実を推認できる状態

§1 事実の認定

1 裁判所は証拠をどう評価するのか

(1) 自由心証主義 (a) 証拠の内容を確認するために証拠調べがなされ，その後検察官の論告求刑，弁護人の弁論，被告人の最終陳述がなされる。以上の手続が終了すると，裁判所は取調べを済ませた証拠に基づいて有罪・無罪の判断を行える手続段階に至る。これを結審という。

裁判所は，以後，評議の手続を行う。これは公判廷で行う必要はない。合議体であれば裁判官室で適宜の時間と方法で行われる。単独裁判官担当の事件であれば，各自の責任において事実認定を行うこととなる。裁判員裁判であれば，評議室で評議を経て行う。

事実認定は，証拠によって主要事実の立証ができているかどうかを課題として行う（立証の構造については，190頁参照）。個々の証拠の証明力の評価は，事実認定を行う者——裁判官の自由な判断に委ねている（318条。「自由心証主義」）。裁判員裁判でも同じであって，「裁判員の関与する判断に関しては，証拠の証明力は，それぞれの裁判官及び裁判員の自由な判断にゆだねる」とされている（裁判員62条）。

(b) 裁判官は，証拠を目の前にして，自らの力で評価・判断・批判・考察をし，また相互に意見を交換して，その証拠から当事者の主張する立証趣旨の範囲内で，いかなる事実があるのか決めていく。

証拠能力の制約を超えないかぎり，証拠からいかなる事実を推認するのかも裁判官に委ねられている。立証趣旨は証拠能力を決定するかぎりで，法的な拘束力をもつが，推認できる事実の有無・範囲は裁判官が決める。

【★MEMO：5-1 自由心証主義と法定証拠主義】
▶刑事裁判で，事実を認定し有罪を宣告する職責にある者，裁判官が証拠をどう扱うことができるのかという観点からは，法定証拠主義から自由心証主義へと発展してきた。裁判官による証拠の自由な評価を許さず，証拠価値をあらかじめ法定し，有罪判決に一定の証拠を要求する制度を法定証拠主義という。例えば，ドイツのカロリーナ法典（1532年）は，有罪判決には2名の目撃証人または自白を要求した。目撃証人が1名しかいずまた間接証拠

しかないとき，拷問が許された。イギリスの中世都市では，一定数の善良な市民が無罪の宣誓署名をすると被告人は無罪となった。これらは歴史に表れた法定証拠主義の一例である。フランス革命の後，人民主権の一環として陪審裁判が導入されるが，このとき証拠の評価は陪審員に委ねることとなる。イギリスでも，陪審裁判の確立とともに，自由心証主義が確立する。わが国でも明治維新初期直前の頃まで，自白がないと有罪にできないとする制度を採ったことがあるが，拷問に結びつきやすく廃止される。そして，裁判官が自由に証拠を評価する自由心証主義が取り入れられる。▶近代日本の初期の刑事裁判について定める改定律例（明治6〔1873〕年）の318条は「凡罪ヲ断スルハ。口供結案ニ依ル。若シ甘結セスシテ。死亡スル者ハ。証左アリト雖モ。其罪ヲ論セス。」と定めたため，他に証拠が相当備わっていても自白がなければ有罪とできず，ここに拷問が行われるのを許すこととなった。そこで，明治9（1876）年断罪依証律（太政官布告86号）によって改定律例318条は「凡ソ罪ヲ断スルハ証ニ依ル」と規定して自白中心の事実認定から証拠一般による事実認定へと制度を変えた。また，治罪法391条3項は「被告人ノ白状アリト雖モ仍ホ其取調ヲ為サル可カラス」として補充捜査の必要を説き，自白中心の事実認定を戒める規定を置いた。同年司法省達64号「断罪証拠心得方ノ事」において，「被告人真実ノ白状」などの証拠を列挙するとともに，「前件ノ証拠ニ依リ罪ヲ断スルハ専ラ裁判官ノ信認スル所ニアリ」とした。自由心証主義の布石である。▶その後，治罪法146条2項は「被告人ノ白状官吏ノ検証調書証拠物証人ノ陳述鑑定人ノ申立其他諸般ノ徴憑ハ裁判官ノ判定ニ任ス」として自由心証主義を法律の中に取り込んだ（当初の改定律例の「口供結案」制度に対し「心証結案制」ともいう）。以後，旧々刑事訴訟法（90条）「被告人ノ自白，官吏ノ検証調書，証拠物件，証人及ヒ鑑定人ノ供述其他諸般ノ徴憑ハ判事ノ判断ニ任ス」，旧刑訴法（337条）「証拠ノ証明力ハ判事ノ自由ナル判断ニ任ス」を経て現行法に至る。

(2) 合理的な事実認定　(a) 自由心証主義は裁判官の自由な証拠評価を信頼する。もっとも，裁判官の感情的・直情的判断を是認しない。裁判官については，その養成プロセス全体を通してそうした資質のある者をセレクトする。また，個々の裁判官について除斥・忌避・回避の制度がある。この他，次の制度と法原則が合理的な心証形成を保障するものとなる。

刑訴法44条は，一般的に「裁判には，理由を附しなければならない」と定め，裁判官の判断の合理性を自ら説明することを求めている。さらに，335条1項は，「有罪の言渡をするには，罪となるべき事実，証拠の標目及び法令の適用を示さなければならない」とし，有罪判決に付すべき理由の内容を具体化している。証拠の標目については，認定した事実なり補足する説明との詳細な対応まで求められているものではないが，有罪認定を支える裁判所の組み立てた証拠構造が明らかになるから，その合理性を点検できる。

(b) これを受けて，上訴審では一審の事実認定の合理性を点検できるように

①判決には理由をつけなければならない（理由不備）。理由不備の他，認定事実と理由に食い違いがあれば（理由齟齬），控訴理由となる（378条4号）。

②刑訴法382条は，「事実の誤認があつてその誤認が判決に影響を及ぼすことが明らかであること」を理由に控訴することを認める。したがって，論理則・経験則に反している場合で判決に影響する重大な事実誤認は控訴審で破棄される。

③論理則・経験則自体の誤った選択は，自由心証主義の手続自体の誤りとして訴訟手続の法令違反とも構成できる（379条）。

(c) 黙秘権の行使自体から有罪の推認を働かせることは許されない。まず，被告人が黙秘権を保障されている法的な意味を失わせるもので，かかる推認は権利保障の性質上許されない（憲38条1項）。また，黙秘自体からは経験則・合理則によっても何も推認できない。他に有罪を構成する事実を裏付ける証拠があるときに，黙秘したことが証明力を高める役割を果たすことがありえるのにとどまる（これもケースバイケースである）。

【CASE：黙秘と判例】
　　被告人が黙秘したことを殺意を認定する一個の情況証拠と扱うことは，黙秘権・供述拒否権を与えられている趣旨を実質的に没却するので認められない（札幌高判平14・3・19判時1803-147）。

(d) 自白については，裁判官は有罪の証拠として重視しがちであるが，反面で捜査段階の強引な取調べなど虚偽自白が生まれる原因も刑事手続に潜んでいる。それだけに，自白の信用性の最小限度の保障をする必要がある。刑訴法319条2項は，「被告人は，公判廷における自白であると否とを問わず，その自白が自己に不利益な唯一の証拠である場合には，有罪とされない」と定める（憲38条3項の趣旨の拡張。次項参照）。

2　自白にはなぜ補強証拠がいるのか——自白の補強法則

(1)　自白は，「証拠の王」である。犯人が説明することによって事件の真相解明が可能になる。証拠物や証人の証言などは断片的である。犯罪の有無とその態様，適切な量刑に必要な事実すべてを推認するのには限界がある。これを

補い，間接証拠の意味を説明するのが被告人の自白を含む供述である。その意味で証拠とする必要性が極めて高い。他方，一般に自己に不利益なことを語る以上その内容は信用されやすいし，警察・検察が取調べをした際に述べたことも信用されがちである。予断と偏見なく信用性の冷静な評価をしにくく，虚偽自白が見逃される危険がいつもある。この結果，虚偽自白によるえん罪の危険が生じる。これを防ぐひとつの手段として，憲法38条3項は，「自己に不利益な唯一の証拠が本人の自白である場合」有罪とされないと定め，最小限度の信用性の保障を被告人の権利として保障した。刑訴法319条2項は，公判期日における自白についても補強証拠が必要であると定めている。

(2) では，自白が唯一の証拠ではない状態とは何を意味するのか。

(a) 自白の実質的信用性の担保　わが国では，捜査権限ももつ公訴官たる検察官が公訴提起をする。かかる手続構造が自白を唯一の証拠である状態を事実上防ぐ。また，捜査と裁判における自白偏重，虚偽自白によるえん罪防止の効果を本法則に過大に期待することは適切ではない。補強法則はえん罪防止の最小限度の防波堤にとどまる。しかも，被疑者取調べで作成される1通の供述調書にも厳密な意味での自白の他に，犯行前（例．動機）・犯行中（例．犯行場所の記述）・犯行後（例．逃走経路）の各種経緯に関する供述が含まれる。これらも自白の信用性を高める。したがって，本法則の趣旨は判例に従い実質説で理解すれば足りる。

(b) 補強の範囲　故意・過失などの犯罪の主観面については，自白があればよくこれと別に補強証拠は必要ではない。補強証拠は犯罪の客観面について必要であるが，要するに自白の信用性が裏付けられることに意味があるので，構成要件に該当するいずれかの要素の補強を問題にする必要はなく，自白の信用性が客観的証拠によって裏付けられればよい。

(c) 補強の程度　自白と他の証拠を一体として考察したとき，自白の信用性が一応あればよい。自白と別の独立証拠のみで構成要件該当性が裏付けられる必要はない（そうであれば，そもそも自白は証拠にする必要もない）。また，自白と独立証拠によって一応の有罪が認定できる状態があれば，319条2項の最低限の自白の信用性保障としては十分である。

(d) 補強証拠の適格性　自白の信用性を裏付けるものである必要があるか

ら，自白と事実上同視できる証拠であってはならない。警察，検察の取調べで自白を反復していても相互に補強関係に立つものではない。被告人の自白であっても，事件捜査と別に日記に綴られていたり，手紙などに告白が記されているなど独立別個の証拠であればよい。犯罪の嫌疑を受ける前にこれと関係なく被告人自身が記入した備忘録による補強を認めてよい（最決昭32・11・2刑集11-12-3047）。

(3) 共犯者の自白と補強法則との関係について注意を要する。被告人本人の自白を共犯者の自白で補強するのは妥当か問題となる。共犯者の自白については，「引き込みの危険」がある。他人を自己の犯罪の共犯に仕立てる供述である。それによって自己の犯情を軽いものにするなど動機は多様である。この型のえん罪を防ぐため，学界では，従前から共犯者の自白に補強証拠がいると論じている。

しかし，「引き込みの危険」は取調べの適正化，自白の任意性の厳格な認定などによっても防止すべきものである。319条2項の目的は，自白を証拠構造の柱にしたときにはこれを補強する他の証拠を必要とすることによって，自白の信用性を最小限度担保することにある。共犯者の自白がある場合，本条項の目的は充足されている。むろん，この状態だけで，「合理的疑いを超える証明」がなされたとまでいえるかどうかは，証拠全体に照らし合わせ，かつ，「引き込みの危険」があるという裁判上の経験則に従って慎重に検討すべきである。

判例は，自白を補強する証拠は，共犯者の供述であっても差し支えないとする（最大判昭23・7・14刑集2-8-876など。【CASE：共犯者の自白と補強法則】参照）。したがって，共犯者の供述は被告人との関係では独立の証拠であって被告人の捜査段階または公判段階の自白を補強する証拠としてよく，その場合，共犯者の自白にさらに補強証拠を求める必要はない。

【CASE：共犯者の自白と補強法則】
「共犯者の自白をいわゆる『本人の自白』と同一視し又はこれに準ずるものとすることはできない。けだし共同審理を受けていない単なる共犯者は勿論，共同審理を受けている共犯者（共同被告人）であっても，被告人本人との関係においては，被告人以外の者であつて，被害者その他の純然たる証人とその本質を異にするものではないからである。されば，かかる共犯者又は共同被告人の犯罪事実に関する供述は，憲法三八条二項

のごとき証拠能力を有しないものでない限り、自由心証に委かさるべき独立、完全な証明力を有するものといわざるを得ない」(最大判昭33・5・28刑集12-8-1718)。

【★ MEMO：5-2　補強法則と学説】
　学界では自白偏重の事実認定を抑制する法政策を重視して「自白が自己に不利益な唯一の証拠である場合」の意味をかなり厳格に解釈している。(1) 犯罪の客観面である罪体の全部または主要部分について自白とは独立の補強証拠が必要であるとする形式説が通説である（本文は判例の立場であり、補強の範囲を形式的に定めず自白の真実性を担保する程度の補強証拠があればよいと考えるという意味で実質説と分類される）。(2) 補強すべき罪体の範囲について、①客観的な法益侵害（例、死体の存在）、②犯罪行為に起因する法益侵害（例、刺殺の事実）、③被告人の犯行（例、被告人宅からの凶器の発見）という考え方がある。④ただし、故意・過失など主観的要素まで補強を求めることまではいらない。(3) 補強証拠に要求される証明力については、補強証拠だけで補強を要する事実を一応証明しうるものでなければならないという絶対説と（ただし、「合理的疑いを超える証明」まで求めることはないが、具体的な証明の程度は示されていない）、自白と補強証拠があいまって事実を証明できればよいという相対説がある。前者は形式説と、後者は実質説と結びつきやすい。

3　「合理的疑いを超える証明」

　裁判所は、「被告事件について犯罪の証明があったとき」(333条) に有罪とし、「被告事件について犯罪の証明がないとき」は無罪とする（認定された事実では罪にならないときも無罪となる。336条）。

　ここで求められている証明の水準について、判例は、これを「合理的疑いを超える証明」とする。すなわち、「刑事裁判における有罪の認定に当たっては、合理的な疑いを差し挟む余地のない程度の立証が必要である。ここに合理的な疑いを差し挟む余地がないというのは、反対事実が存在する疑いを全く残さない場合をいうものではなく、抽象的な可能性としては反対事実が存在するとの疑いをいれる余地があっても、健全な社会常識に照らして、その疑いに合理性がないと一般的に判断される場合には、有罪認定を可能とする趣旨である」(最決平19・10・16刑集61-7-677)。

　さらに、近年は、「犯人適合事実」の立証を求める。

　「刑事裁判における有罪の認定に当たっては、合理的な疑いを差し挟む余地のない程度の立証が必要であるところ、情況証拠によって事実認定をすべき場合であっても、直接証拠によって事実認定をする場合と比べて立証の程度に差

があるわけではないが……直接証拠がないのであるから，情況証拠によって認められる間接事実中に，被告人が犯人でないとしたならば合理的に説明することができない（あるいは，少なくとも説明が極めて困難である）事実関係が含まれていることを要する」（最判平22・4・27刑集64-3-233）。

【CASE：犯人適合事実と判例】
▶ 放火殺人事件で，被告人が被害者に嘘をついて事件現場である店に呼び出したこと，店の鍵を有していたこと，睡眠薬を飲んだ被害者が昏睡状態で殺害されたが，被告人も睡眠薬を大量に購入していること，事件直後に現場付近にいることが確認されていること，被害者の携帯電話を使って自己の携帯電話に帰宅を装うメールを入れていること，事件直後アリバイがあることを周囲や警察に話していることなどの間接事実全体として犯人適合事実があると認定した事例（広島高判平22・10・28高検速報平22-9）。
▶ 強盗殺人等の被害者親子が犯人の乗る自動車に同乗して本件現場に到着した時刻の3時間十数分前にあたる午後5時47分過ぎ，6時17分頃，同23分頃に被告人車両に同乗していたと推認できる間接事実は，被告人が犯人でないとしたならば合理的に説明することが極めて困難な事実にあたる（札幌高判平22・11・11高検速報平22-2）。

4 検察官の挙証責任

(1) **犯罪の証明と検察官の挙証責任** (a) 検察官は，上記で示したように，冒頭陳述記載の事実を「合理的疑いを超える証明」程度に証拠によって立証する責任を負う。立証が十分でない場合，裁判官・裁判員はこれを認定できず，結果として無罪となる。事実が証明されないために不利益な判断を受けるのを回避するため負担する証明の責務を挙証責任という。有罪証明に必要な事実に関する挙証責任は検察官が負担する。根拠は，刑事裁判における証拠評価に関する基本原理である「無罪推定の原則」である。検察官の証明すべき程度は「合理的疑いを超える証明」であるが，「合理的疑い」が残る場合，裁判所は被告人に有利に認定することとなる。これを「疑わしきは被告人の利益に」の原則という（以上の各原理の条文上の根拠は，国内法と同じ効力を持つ市民的政治的権利規約14条2の他，憲法31条が刑罰を科す手続の適正を求める趣旨に含まれ，また刑訴法が捜査を踏まえた公訴提起，証明予定事実・冒頭陳述での主張と証拠調請求を検察官の責務とし，裁判所が理由を付した裁判をし，有罪判決のときには罪となるべき事実とこれを認定した証拠の標目などを示す責務を負うなどの立証に関する手続構造全体である）。

検察官は，構成要件該当性，違法性，有責性に関する事実など犯罪の存在を

裏付ける事実，刑の加重・減免を裏付ける事実，処罰条件に関連する事実など量刑（検察官の求刑）の理由となる事実について挙証責任を負う。

【★ MEMO：5-3　無罪推定の原則】
　市民的及び政治的権利に関する国際規約14条は公正な裁判を受ける権利に関する条項であるが，その第2の項目として次のように規定する。「刑事上の罪に問われているすべての者は，法律に基づいて有罪とされるまでは，無罪と推定される権利を有する」。この原則は，①被疑者・被告人を可能なかぎり一般市民と同じ扱いをすることという法政策，②被疑者・被告人は一般市民が享受する自由をなるべく与えて十分な防御の準備をさせるべきであるという当事者主義の徹底という趣旨にも使われるが，③刑訴法318条による裁判所の心証形成を内在的に制約する法原理の側面もある。「疑わしきは被告人の利益に」の原則がその表れである。

　(b)　立証の負担　　検察官は違法性や責任の存在を裏付ける事実についても立証する挙証責任を負担するが，常にこれらを積極的に証明する必要はない。構成要件該当性を裏付ける事実を積極的に立証した場合，特段の事情がなければ違法性と責任の存在を裏付ける事実も併せて立証されているからである。これに対して，被告人が無罪を主張する場合，まず，裁判官・裁判員が「合理的疑い」をもつ程度の主張は最低限度行わなければ，検察官においてさらに立証を追加・補充する必要は生じない。さらに，構成要件該当性を裏付ける事実に対する反論や違法性・責任のないこと（阻却事由の存在）を積極的に裏付ける証拠を提出する「立証の負担」を負う。被告側の証拠による反証があって初めて「合理的疑いを超える証明」状態が実際に動揺することとなり，検察官がさらに直接または間接の事実の立証を補充してこれを補強することとなる。

　公判前整理手続を伴う場合，被告側は後の公判廷で提示予定の事実上法律上の主張を明らかにすることを求められている。ここで争点を形成して必要な証拠調べ請求を行わなければならない。「争点形成責任」と「証拠提出責任」が手続上明確になっている。公判が開始された後には，主張に対する制限はないが，証拠調べ請求はやむをえない事由がないかぎり行えない（316条の32参照）。

　(c)　手続に関する事実と立証　　裁判を有効適法に継続するのに必要な訴訟条件についてもその存否が裏付けられていなければならない。検察官の公訴権の行使に固有かつ不可欠な事実（例えば，親告罪で告訴があること，被告人が成人であ

ること，死亡したこと等）については，検察官が挙証責任を負う。裁判権に関わる事由（例えば，起訴された事件が前の判決の一事不再理効の範囲内にあるかないか）は，利害関係がある被告側に争点形成責任があり，検察官が反論・反証をするにせよ手続打切り事由にあたる事実関係にあることの挙証責任は裁判所にある。公訴権濫用・公訴棄却事由の存在を被告側が主張する場合には，併せてその挙証責任も負担する。証拠能力の有無に関する事実については，これを請求する当事者が挙証責任を負う。かかる訴訟手続上の事実の有無の判断にあたっても，「疑わしきは被告人の利益に」の原則が適用される。上訴理由についてもこれを主張する側が挙証責任を負う。

(d) 証明の程度　検察官が負う犯罪事実の証明の程度は，先述のように，「合理的な疑いを超える証明」であるが，量刑に関する事実について，判例は厳格な証明でなくともよいとする（最判昭24・2・22刑集3-2-221）。したがって，こうした事実については証拠によって裏付けがあると合理的に判断できる程度であってもよい。訴訟条件の有無に関わる事実についても，自由な証明によって確認できればよく，したがって証明の程度も適正な証拠によって存在が裏付けられる程度であればよい（以上を証拠の優越による適正な証明という）。法律上の「疎明」とはかかる状態をいう。証拠能力に関しても同様である。

もっとも，運用上は量刑事情，違法収集証拠排除法則の適用，自白の任意性，321条1項各号の要件についても，厳格な証明手続によることが多く，「疑わしきは被告人の利益に」の原則の適用もある。

なお，再審請求事由の存在についても（435条・436条），被告側の証明結果については「疑わしきは被告人の利益に」の原則によって判断してよい（最決昭50・5・20刑集29-5-177）。

(e) 概括的認定と択一的認定　罪となるべき事実について幅のある立証が認容されて，この範囲の事実認定が許される場合がある。

同一構成要件の枠内で，犯罪結果・犯行の存在と被告人の犯人性については証拠上認定できるが，犯行の日時・場所・方法について幅のある立証しかできない場合でも，「合理的疑いを超える証明」を認めてよい場合がある。異なる構成要件でも両者が包摂関係にある場合（業務上横領と単純横領，窃盗と遺失物横領など），「疑わしきは被告人の利益に」の原則の適用により，軽い事実の限度

(業務上横領に代え単純横領を認めるなど)で認定することも許される(縮小認定)。強盗罪で起訴された場合,傷害と財物奪取は証拠で立証できるが,不法領得の意思の発生時期について確定できる証拠がないとき,「疑わしきは被告人の利益に」の原理を適用して傷害罪と窃盗罪の二罪の成立を認める縮小認定も是認してよい。単独犯か共犯がいるのかどうか(東京高判平4・10・14高刑集45-3-66),実行関与か共謀関与にとどまるのかについても,各事案に応じて量刑が軽くなる態様を認定してもよい。

　他方,認定可能な幅が全く異なる犯罪にまたがるとき,問題が残る。例えば,被告人の被害者に対する行動は証明できるが死亡時期が不明な場合,死体遺棄罪と保護責任者遺棄致死罪,死体損壊罪と傷害致死罪いずれが成立するか不分明となる。この場合,裁判所は死体遺棄または保護責任者遺棄,死体損壊または傷害致死を行ったという択一的認定をできない。かかる認定に対応する刑法上の犯罪がないからである。しかも,いずれかが成立することは確かだとはいえても,各犯罪毎にみれば「合理的疑いを超える証明」の段階には至っていないこととなる。この場合,事実認定による処理の限界を超えるものとしていずれも「合理的疑いを超える証明」がないので無罪とすることも合理的である(大阪地判昭46・9・9判時662-101)。他方,被害者遺棄の事実は立証されていることに注目して,法的な構成については被告人に有利な犯罪の成立を認めることも事案によっては許される(札幌高判昭61・3・24高刑集39-1-8)。

　(2)　挙証責任の転換,法律上の推定　　犯罪の証明もひとつの法律制度であるから,犯罪を確実に処罰する必要性,捜査の限界,被告人側の反証の負担,無罪推定原理とのバランスなどを考慮しながら,証明手続のかたちが作られる。その際,被告人に反証の負担を負わせる場合もある(これを果たさない場合に不利益な事実認定を受ける)。先に述べた争点形成,証拠提出の責任もそのひとつの形態である。他に,挙証責任の転換,法律上の推定がある。

　(a)　挙証責任の転換　　犯罪の成立要件の一部について,被告人が積極的に証明しなければ不利的に認定される場合が法定されている。

【CASE:挙証責任の転換規定】
▶　同時傷害の特例─刑法207条,「二人以上で暴行を加えて人を傷害した場合におい

て，それぞれの暴行による傷害の軽重を知ることができず，又はその傷害を生じさせた者を知ることができないときは，共同して実行した者でなくても，共犯の例による」。
▶ 名誉毀損罪と公共の利害に関する場合─刑法230条の2第1項，「前条第一項の行為が公共の利害に関する事実に係り，かつ，その目的が専ら公益を図ることにあったと認める場合には，事実の真否を判断し，真実であることの証明があったときは，これを罰しない」。なお，同2項では，「公訴が提起されるに至っていない人の犯罪行為に関する事実は，公共の利害に関する事実とみなす」とし，後述の法律上の推定規定を設けて被告人の真実性の立証に伴う反証の負担を軽減している。
▶ 児童を労働等に従事させる行為と年齢の認識─児童福祉法60条4項，「児童を使用する者は，児童の年齢を知らないことを理由として，前三項の規定による処罰を免れることができない。ただし，過失のないときは，この限りでない」。

このような規定の制度上の正当性は，検察官が証明する事実が被告人の犯行関与を相当程度基礎付けていること，さらに事件にふさわしい犯罪態様を捉えた処罰の必要性があること，訴追側に立証の困難が類型的に生じること，当該被告人であれば立証が容易な事実に関する挙証責任の転換であること，被告人の犯行関与の程度に照らして反証の負担を負わせることが社会的にみて相当といえる範囲であること等にある。この限度で，無罪推定の原則にも反しない。

被告人が行うべき反証の程度について，各関係事実に関する「合理的疑いを超える証明」まで求めるのは無罪推定の原則に照らしても被告人の証拠収集能力に照らしても相当の負担となるから，被告人の主張を裏付ける相当の証拠による裏付け（証拠の優越）があれば足り，その場合，検察官に挙証責任が再度戻ると解してよい。

(b) 事実の推定　証拠により証明された事実（前提事実）から，証拠による裏付けは直接にはない事実がある（推定事実）と判断することは許される。かかる推定が論理則・経験則（あるいは科学則と合理則）を根拠にする場合，「事実上の推定」という。これは証拠の積み上げによる事実の推論であって，証拠評価の合理性の枠内にあるかぎり，本来裁判官・裁判員の自由心証に委ねられる。合理性のある推認が予想される場合には，相手方が反証を行う立証の負担を負う。この証明方法は，被告人・検察官いずれの側にも有利にも不利にも働くこととなる。自由心証主義の合理性の問題である。

(c) 法律上の推定　こうした一般的な推認方法を前提として，犯罪の成立

に関わる事実を証拠で立証された一定の事実から法律上推認することを認める場合がある(「法律上の推定」)。

【★ MEMO：5-4　法律上の推定】
◆公害罪と因果関係の推定　　人の健康に係る公害犯罪の処罰に関する法律5条(推定)は、「工場又は事業場における事業活動に伴い、当該排出のみによつても公衆の生命又は身体に危険が生じうる程度に人の健康を害する物質を排出した者がある場合において、その排出によりそのような危険が生じうる地域内に同種の物質による公衆の生命又は身体の危険が生じているときは、その危険は、その者の排出した物質によつて生じたものと推定する」と定める。
◆薬物犯罪の収益金の推定　　国際的な協力の下に規制薬物に係る不正行為を助長する行為等の防止を図るための麻薬及び向精神薬取締法等の特例等に関する法律14条は、「第五条の罪に係る薬物犯罪収益については、同条各号に掲げる行為を業とした期間内に犯人が取得した財産であって、その価額が当該期間内における犯人の稼働の状況又は法令に基づく給付の受給の状況に照らし不相当に高額であると認められるものは、当該罪に係る薬物犯罪収益と推定する」と規定する。
◆労働基準法違反事件と事業主の過失の推定　　同法121条1項は、「この法律の違反行為をした者が、当該事業の労働者に関する事項について、事業主のために行為した代理人、使用人その他の従業者である場合においては、事業主に対しても各本条の罰金刑を科する。ただし、事業主……が違反の防止に必要な措置をした場合においては、この限りでない」と定める。
◆戸別訪問の推定　　公選法138条1項は「戸別訪問」を禁止し、同2項では、「いかなる方法をもってするを問わず、選挙運動のため、戸別に、演説会の開催若しくは演説を行うことについて告知をする行為又は特定の候補者の氏名若しくは政党その他の政治団体の名称を言いあるく行為は、前項に規定する禁止行為に該当するものとみなす」と定める。戸別訪問は1年以下の禁固または30万円以下の罰金で処罰される(239条)。

　公害罪の因果関係の推定規定や薬物取引などに関わる犯罪収益金のみなし規定は、法の定める事実があれば検察官が個別具体的な立証をしなくても「合理的疑いを超える証明」がある状態と扱うことを法律上是認するものである。検察官が前提事実について「合理的疑いを超える証明」を尽くしているとき、裁判所は法の定める認定をしなければならない。したがって、被告人は、因果関係の不存在、犯罪収益でないことについて具体的な証拠に基づいて「合理的疑い」を証明しなければ、不利益な認定を受ける。労働基準法の事業主の過失責任についても防止措置実施について被告人が「合理的疑いを超える証明」をしないかぎりは処罰を免れない。

戸別訪問を禁止する公選法の規定は，犯罪の内容ないし態様を拡張するものなので，法律に定める事実があれば犯罪が成立する。その限度で反証の余地はない。

§Ⅱ　裁判のかたち

1　有罪・無罪の判断──実体裁判

(1)　**判決と口頭弁論**　裁判所の主たる機能は，法律の規定に従って証拠調べを経て，検察官の主張する犯罪があるかないか判断し，有罪であれば厳正な刑罰を宣告することである。有罪・無罪の判断を実体に関する裁判と表現する（実体裁判）。また，刑事裁判の本質的な役割であるから，当事者の主張と立証を公開の法廷で聴取する手続一般（口頭弁論）を経て判断の形成をすることになる（この場合の裁判所の裁判を「判決」と分類する。43条1項）。

(2)　**有罪判決の構造**　このうち，被告事件について犯罪の証明があったと裁判所が判断したときには有罪を言い渡す（333条1項）。有罪判決には，刑の言渡しの判決と刑の免除の判決（334条）がある。刑の執行猶予は，刑の言渡しと同時に判決で言い渡す（333条2項）。

【★MEMO：5-5　刑の言渡し】
　　主刑（333条1項），未決勾留日数の算入（刑21条），労役場留置（同法18条4項），執行猶予および保護観察（333条2項）の宣告，没収および追徴（刑19条・19条ノ2・197条ノ5）を宣告しなければならない。刑の免除の判決の場合，主文において被告人に対し，刑を免除する旨を言い渡す（334条）。なお，主文の最後や理由中でその裁判に要した訴訟費用の負担をさせるかさせないかの判断も示す（181条・182条）。

有罪判決には，罪となるべき事実，証拠の標目および法令の適用を示さなければならない（335条1項）。罪となるべき事実とは，証拠によって認定された冒頭陳述記載事実に裏付けられた訴因に基づいて，裁判所が再構成した，犯罪構成要件およびその修正形式にあたる具体的事実とその法的評価をいう。処罰条件にあたる事実も示さなければならない。証拠の標目とは，罪となるべき事実を認定した根拠となる証拠の一覧をいう。法令の適用とは，罪となるべき事実

図表5-2　書式例①―判決文（一審）

平成26年6月2日宣告　裁判所書記官　飯塚　徹
平成26年（わ）第2939号

判　　決

本　　籍　　大阪府大阪市西天満4丁目6番
住　　居　　不　定

無職
大口　孝子
平成4年1月1日生

　上記の者に対する覚せい剤取締法違反被告事件について，当裁判所は，検察官西口太，弁護人（国選）木村一郎各出席の上審理し，次のとおり判決する。

主　　文

　被告人を懲役1年6月に処する。
　この裁判が確定した日から3年間その刑の執行を猶予する。
　被告人をその猶予の期間中保護観察に付する。

理　　由

（罪となるべき事実）
　被告人は，法定の除外事由がないのに
第1　平成25年12月24日ころ，大阪府大阪市中央区大手前3-1-11
　　ホテル「FUKEI」客室において，フェニルメチルアミノプロパンの塩類若干量を加熱し気化させて吸引し，もって，覚せい剤を使用した。
第2　平成26年3月29日ころ，大阪市北区曽根崎2丁目16番14号ゲーム店「曽根崎」店内において，フェニルメチルアミノプロパンの塩類若干量を加熱し気化させて吸引し，もって，覚せい剤を使用した。
（証拠の標目）
〔括弧内の数字は，証拠等関係カード記載の証拠番号を示す。〕
全事実について
・被告人の公判供述
・捜査報告書（甲1）
判示第1の事実について
・被告人の警察官調書（乙3）
・鑑定嘱託書謄本（甲4），鑑定書（甲5）
判示第2の事実について
・被告人の警察官調書（乙4）
・鑑定嘱託書謄本（甲8），鑑定書（甲9）
（法令の適用）
　被告人の判示各行為・は覚せい剤取締法41条の3第1項1号，19条にそれぞれ該当するところ，以上は刑法45条前段の併合罪であるから，同法47条本文，10条により，犯情の重い第2の罪の刑に法定の加重をした刑期の範囲内で被告人を懲役1年6月に処し，情状により同法25条1項を適用しこの裁判確定の日から3年間その刑の執行を猶予し，なお，同法25条の2第1項前段を適用して，被告人をその猶予の期間中保護観察に付し，訴訟費用については，刑事訴訟法181条1項ただし書を適用して被告人に負担させないことにする。
（量刑の理由）
　被告人は，平成25年12月に，覚せい剤を使用している状況下で警察に尿を提出し，判示第1の覚せい剤使用の事実が発覚するとみられたにもかかわらず，その後も覚せい剤の使用を継続して，判示第2の覚せい剤使用に至っており，覚せい剤に対する親和性，常習性が認められる。また，規範意識も乏しい。
　しかしながら，被告人が反省の態度を示し，覚せい剤関係者との関わりを断って二度と覚せい剤に手を出さないと誓っていること，被告人に前科がないことなど，被告人にとって酌むべき事情も認められる。
　そこで，これらの情状を総合考慮し，これまでの被告人の覚せい剤との関わりや生活状況も踏まえ，，保護観察所の指導のもとで，社会内での更生の機会を与えることにした。
（求刑　懲役1年6月）
　平成26年6月2日

大阪地方裁判所第31刑事部
裁判官　　大手前　稔

に対し，実体法を適用して主刑を導き出した過程を明らかにし，未決勾留日数の算入など付随処分を言い渡すときの法令上の根拠を明らかにするものである。

　法律上犯罪の成立を妨げる理由となる事実（正当防衛，緊急避難，心神喪失など違法性および責任阻却事由に該当する事実）または刑の加重減免の理由となる事実（未遂，心神耗弱，親族相盗，併合罪，累犯加重など）が裁判で主張されたとき，これに対する判断を示さなければならない（335条2項）。自首，障礙未遂，過剰防衛・過剰避難などの任意的加重減免事由は除かれる。

　(3)　無罪判決の構造　　被告事件が罪とならないとき，または被告事件について犯罪の証明がないとき，判決で無罪の言渡しをしなければならない（336条）。被告事件が罪とならないときとは，訴因の存在が証拠により証明されたとしても，犯罪構成要件に該当しないか，あるいは該当しても違法性阻却事由または責任阻却事由が認められるために犯罪とならない場合をいう。犯罪の証明がないときとは，検察官の立証によっては犯罪事実の存在について合理的な疑いを超える確信を得られない場合をいう。無罪の理由の厳格な説明は法律上特に求められていないが，実際上詳細な説明がなされている。

【★ MEMO：5-6　裁判の対象はなにか】
　　336条で無罪を言い渡す対象は，「被告事件」であるが，公訴棄却の判決に関する338条3号は，「公訴の提起があつた事件」，同決定に関する339条は「起訴状に記載された事実」とする。絶対的控訴理由を定める378条3号は「審判の請求を受けた事件」と表現する。

2　「裁判」の意義

　(1)　多様な裁判　　裁判所が判断するのは，有罪か無罪か，量刑をどうするのかという基本的な問題にとどまらない。起訴後の勾留や保釈に関する判断，公判が始まってから手続を円滑にすすめるために行う訴訟指揮に関する判断など多様なものがある。こうした裁判所（裁判官も含む）の意思表示を全体として「裁判」という。裁判は主文と理由で構成する。主文は裁判の意思表示の結論部分をいう。その内容に沿って法的な効果が発生する。裁判には原則として理由を付さなければならない（44条）。裁判は，裁判所でまず評議（合議）を遂げて評決によって形成した内容を外部に宣言する（評議⇒【★ MEMO：5-7】．裁判員

が入る場合の評決⇒154頁参照)。

【★MEMO：5-7　裁判官による評決と裁判所法77条】
「①裁判は，最高裁判所の裁判について最高裁判所が特別の定をした場合を除いて，過半数の意見による。②過半数の意見によって裁判をする場合において，左の事項について意見が三説以上に分かれ，その説が各・過半数にならないときは，裁判は，左の意見による。
1　数額については，過半数になるまで最も多額の意見の数を順次少額の意見の数に加え，その中で最も少額の意見
2　刑事については，過半数になるまで被告人に最も不利な意見の数を順次利益な意見の数に加え，その中で最も利益な意見」

「判決」の形式で行う裁判は，公判廷で宣告によって内容を明らかにする（342条）。「決定」「命令」の形式で行う裁判については当事者に裁判書の謄本を送達すれば足りる（規則34条）。判決の宣告は，裁判長が主文および理由の朗読（理由の要旨でもよい）の告知による（規則35条）。判決の宣告は判決原本によることを要しないが，公判廷で宣告した内容が判決となる。宣告内容と裁判官の手元の判決書の内容が異なっていても，宣告内容に従い効力が生じる（最判昭51・11・4刑集30-10-1887)。

(2)　実体裁判・形式裁判　　裁判は，実体裁判と形式裁判に分けられる。形式裁判は，被告事件が有罪か無罪か実体に対する判断をしないで訴訟手続を打ち切る裁判をいう。裁判を継続できる理由（訴訟条件。109頁参照）が欠ける場合に言い渡す。管轄違いの判決（329条），免訴の判決（337条），公訴棄却の判決（338条）および公訴棄却の決定（339条）がある。

【★MEMO：5-8　手続打切りの裁判形式と理由】
条文をみると，免訴は「判決」で（337条），公訴棄却は「判決」と「決定」で（338条と339条）手続を打ち切るが，3つの裁判形式と各理由の組み合わせは必ずしも一定の基準なり原則によって区分されたとは思えない面がある。もっとも，免訴は，事件について刑罰権を行使できないから裁判権がなくなる場合であり，公訴棄却は，防御の主体が不存在になる場合（例，被告人の死亡）と検察官の公訴権の行使が許されない場合（例，違法無効な公訴提起）を含むといった分類も可能である。判決と決定の違いは，前の確定裁判の一事不再理効が被告事件に及ぶのかどうか（337条1号），公訴権濫用にあたるのかどうか（338条4号）などのように，検察官と被告側の両当事者に公判廷で主張と立証の機会を与えた上で理由の有無を慎重に判断するのが適当な場合には，「判決」形式により，適切な資料に

よって事実を取り調べて確認できれば足りる理由の場合（例，被告人の死亡），「決定」形式によっている，と理解しておけばよい。

(3) **終局裁判，終局前の裁判，終局後の裁判**　裁判の時期と機能による分類である。終局裁判とは，その審級における訴訟手続を終了させる効果をもつ裁判である。有罪（333条1項）・無罪（336条）の判決の他，手続を打ち切る各種の裁判がこれに分類できる（329条の管轄違いの判決，337条の免訴の判決，338条の公訴棄却の判決および339条の同決定）。終局裁判に対しては上訴が許される。終局前の裁判とは，審理の途中で手続上の問題についてなされる各種の決定や命令などをいう。原則として上訴は許されない（420条）。終局後の裁判は，終局裁判に伴って生じる手続事項を処理するものである（500条の訴訟費用執行免除の決定，501条の裁判の解釈の申立に対する決定など）。

> **【★ MEMO：5-9 「却下」と「棄却」】**
> 　刑事訴訟法上裁判所が当事者の手続事項に関する申立てに対する結論を意思表示する場合，「却下」または「棄却」と述べる。両者は必ずしも厳密に区別されている訳ではないが，「棄却」は重要な裁判手続の開始・不開始に関する申立について方式などの不適法または理由がないためこれを認めない場合の意思表示である（例えば，付審判請求を認めない場合──266条，検察官の公訴提起──338条・339条，上訴──395条・396条・414条，抗告──426条，再審──446条・447条，非常上告──457条など）。「却下」は適法に係属している裁判手続内での手続事項に関する申立てを認めない場合の意思表示である（令状請求──規則140条，逮捕状請求──規則143条の3，事件の移送──19条，即決裁判申立て──規則222条の14，裁判官の忌避──24条，勾留理由開示──規則81条の2，複数の勾留理由開示申立て──86条，保釈──92条）。証拠調べ請求については手続が違法な場合も理由のない場合も「却下」する（規則189条・190条）。異議申立てが法令違反など不適法な場合には「却下」（規則205条の4），理由のないときは「棄却」（同条の5）である。申立ての事由の有無を口頭弁論を開いて慎重に審理し判断すべきときは判決で意思表示をし，そうでない場合は事実の取調べを経て決定による（例えば，338条4号により公訴提起手続が違法で公訴を棄却する場合は判決により，339条1項4号で被告人死亡の場合は決定で公訴を棄却する）。

§Ⅲ　裁判の効果

1　裁判の成立と裁判の効果

(1) **裁判の成立と効果**　刑事裁判は，国家が市民である被告人を相手にし

て起こした訴訟である。有罪か無罪か，あるいは一旦裁判を打ち切るのかなど審理を経て一定の結論を出す。この裁判所の意思表示が明らかにされたら，ある段階でこれを国家の意思とみて，その状態を尊重して裁判に決着をつけなければならない。裁判を行った事実に，法的な重みを与えることで犯罪をめぐる紛争を解決していくこととなる。

　まず，裁判は，宣告や送達によって社会や相手方に向けて公表されることとなり，この段階でいわば正式なものとなる（「外部的成立」という）。有罪・無罪の判決や手続を打ち切る裁判の場合，その裁判所が勝手に変更または撤回はできなくなる。さらに，これに伴いいろいろな法的な効果ないし法律状態が発生する。

　①上訴を許す裁判については上訴権が生ずる。②禁錮以上の刑に処する判決（実刑判決）の宣告があったときは，保釈または勾留の執行停止はその効力を失う（343条）。勾留中の場合，勾留更新の制限および権利保釈の規定は適用されなくなる（裁量保釈しか許されない。344条）。③無罪，免訴，刑の免除，刑の執行猶予，公訴棄却（338条4号の場合を除く），罰金または科料の裁判の告知があったときは勾留状は失効する（345条）。

(2) 裁判の確定と効果　　外部的に成立した裁判については，正式に不服を申し立てる道を開いている場合が多い。有罪・無罪の実体裁判に対しては，控訴（控訴審の判決には，上告）を申し立てることができる（267頁参照）。しかし，これも一定の期間に区切ることとなる。こうして，上訴期間の徒過などにより通常の不服申立てができなくなる状態を「裁判の形式的確定」と呼ぶ。

　上訴を許さない裁判は告知と同時に形式的に確定する。上訴を許す裁判は，上訴期間の徒過の他，上訴の取下げ，上訴棄却の裁判の確定などによっても形式的に確定する。

　こうして，裁判が形式的に確定すると，裁判所の意思表示の内容も確定する（この側面を「内容的確定力」と名付ける）。もはやその裁判所といえども内容を変えられない（それでこの側面の法的状態を「不可変更力」と名付けている）。また，この裁判の内容を実現してよい法的な力を認めることとなる（これを「執行力」という。471条）。このことは，他の訴訟で同一事項につき異なった判断を許さないことも意味する（「既判力」）。有罪・無罪，つまり犯罪の有無について正面から判断

した裁判の内容的確定力のことをさらに別名で「実体的確定力」ともいう。そして，実体的確定力が生じる裁判で扱った同じ事件を何度も裁判にかけることは，市民に大きな負担となるだけでなく，結局防御の失敗が有罪を導くこととなり，えん罪の危険も増すことになるので，これを防ぐ効力を与えている。これを「一事不再理効」と名付けている（**2**を参照）。なお，決定，命令は原則として告知によって執行力を生じ（424条・432条・434条参照），仮納付の裁判も言渡しによって直ちに執行力を生じる（348条）。有罪判決の執行は，検察官の指揮によって行われる（472条以下）。

2 一事不再理効

(1) 一事不再理効の意義　有罪・無罪の判決が形式的に確定すると，これと同一の事件について再度の公訴提起は認めてはならない（無罪判決確定後，検察官がまた別の証拠を足して再度起訴することはできないし，有罪判決後より重い罪で起訴し直すこともできない）。したがって，被告事件について「確定判決を経たとき」と認められるとき免訴の判決を言い渡さなければならない（337条1号）。再訴遮断の効果を一事不再理効という。有罪・無罪の実体裁判について認められる効果である。

【★ MEMO：5-10　一事不再理効の本質】
　　学説上おおまかに2つの考え方がある。①事件について裁判所が実体判断をした事実によって，有罪であれ無罪であれ裁判内容が確定したものと扱うべきこととなるから，この法的状態の反射的な効果と説明する説（既判力ないし実体的確定力の対外的効力説）。②憲法が被告人に保障する同一事件について重ねて裁判の危険を負担しない権利（憲39条）自体の効果とする「二重の危険」禁止説説。一事不再理効は，裁判所の裁判権，被告人の防御権どの側面からも説明可能であるし，国家刑罰権実現のための手続は，検察官の責務として1回で消耗するものである，として公訴権の面から捉えることも可能である。実体裁判に一事不再理効を与える法制度の趣旨を一元的に説明する必要は必ずしもない。

(2) 一事不再理効の範囲　一事不再理効は，前の裁判を受けた人の現在の被告事件に及ぶ（効果の及ぶ人の範囲を表現するとき，一事不再理効の「主観的範囲」という）。共犯者が別々に実体裁判の宣告を受けているとき，一事不再理効は各人に及ぶのにとどまる（249条参照）。前の裁判の審判対象となった訴因と「公訴事実の同一性」がある現在係属している被告事件に及ぶ（一事不再理効の「客観的

範囲」)。「公訴事実の同一性」とは，裁判所が一事不再理効の成否を判断する時点で利用可能な証拠などの資料に照らしたとき，前の裁判の起訴状の公訴事実欄に掲記された訴因と現在係属している訴因を比較検討して，実体法上一罪として処罰すべき範囲の事実かどうかを基準にする。一事不再理効の客観的範囲をこのように広げる理由も多面的である。検察官の同時訴追義務を課すべき範囲，裁判所の職権追行の責務を及ぼすべき範囲，被告人が当初の訴因から準備しておくべき防御の範囲を総合的に考えたとき，罪数処理上一罪である事実関係がある場合，新たな訴追による裁判の反復を許さないのが適当なのである。

継続犯や常習犯など一罪であっても長期間にわたり実行される犯罪の場合，前の実体判決の前後の犯行すべてに一事不再理効が及び，訴追の対象から外れるとするのは不合理である。一事不再理効を遮断する必要がある。そこで，第一審の判決言渡し時までに生じた事実を内容とする被告事件にかぎり，効果が及ぶものとしている。

管轄違い，免訴，公訴棄却など形式裁判には一事不再理効は発生しない。ただ，終局的裁判である以上，判断内容に応じた内容の確定力は生じる。特に公訴棄却の場合，裁判確定後同一事情の下で同一事件として再起訴することはできない（ただし，大阪地判昭49・5・2刑月6-5-583は，偽装死亡による公訴棄却の裁判が確定した後，被告人の生存が判明した場合には再起訴を認める）。なお，公訴取消しにより公訴棄却決定が確定した場合には，新たな重要証拠を発見したときにかぎり，同一事件であってもあらためて起訴できる（340条）。これは，被告人の防御の負担と検察官の誠実な訴追の義務を考慮した政策的な制限である。

【★ MEMO：5-11　免訴判決と一事不再理効】

免訴判決は実体裁判ではなく，犯罪事実の有無を判断せずに言い渡す形式裁判なので一事不再理効は発生しない。ただし，免訴事由の実質的な性質は，刑罰権の不存在を確認するものである。その限度での実体的な判断を含んでいる。実際にも免訴事由がある事件について再起訴することを是認することもできないから，学説上免訴判決にも一事不再理効があると解するのが有力である。

【CASE：常習累犯窃盗と一事不再理効】

最判平15・10・7刑集57-9-1002は，単純窃盗として起訴し有罪判決が宣告された後，検察官が前医の裁判の被告事件と一体となって常習累犯窃盗一罪を構成する可能

性のある事実をさらに単純窃盗として起訴することを是認している。その場合，一事不再理効の成否という訴訟条件について，従来の判例に従い，裁判所の形成する心証を基準として処理することを前提にしながらも，検察官の公訴権の尊重と真相解明・適正処罰の実現の利益，被告人の防御の負担などを実質上は考慮しつつ，かかる場合の訴訟条件の判断材料を前の裁判の訴因と現在の裁判の訴因，つまり検察官の主張に限定して処理することによって一事不再理効の遮断効を認めることとした。

「訴因制度を採用した現行刑訴法の下においては，少なくとも第一次的には訴因が審判の対象であると解されること，犯罪の証明なしとする無罪の確定判決も一事不再理効を有することに加え……常習特殊窃盗罪の性質や一罪を構成する行為の一部起訴も適法になし得ることなどにかんがみると，前訴の訴因と後訴の訴因との間の公訴事実の単一性についての判断は，基本的には，前訴及び後訴の各訴因のみを基準としてこれらを比較対照することにより行うのが相当である。本件においては，前訴及び後訴の訴因が共に単純窃盗罪であって，両訴因を通じて常習性の発露という面は全く訴因として訴訟手続に上程されておらず，両訴因の相互関係を検討するに当たり，常習性の発露という要素を考慮すべき契機は存在しないのであるから，ここに常習特殊窃盗罪による一罪という観点を持ち込むことは，相当でないというべきである。そうすると，別個の機会に犯された単純窃盗罪に係る両訴因が公訴事実の単一性を欠くことは明らかであるから，前訴の確定判決による一事不再理効は，後訴には及ばないものといわざるを得ない」。

第6章　上　訴

図表6-1　控訴審の構造の特徴

■1：審判の対象：「審査審」ではじまり，「事実審」で終わる。
　○開始時：当事者の主張する控訴理由の有無について，一審判決と手続を点検する。
　○終了時：破棄自判の場合，裁判所は起訴状の訴因について審判する。
■2：審判の範囲：「当事者処分権主義」ではじまり，「職権探知主義」で終わる。
　○開始時点：当事者が適法に構成する控訴理由ではじまる。
　○終了時点：裁判所が職権で調査する控訴理由についても審査する。
■3：審判の方法：「事実の取調べ」ではじまり「証拠調べ」で終わる。
　○開始時：当事者の主張する控訴理由の調査は「事実の取調べ」として開始する。
　○終了時：破棄自判に備え一審と同じく厳格な証明である「証拠調べ」で終了する。
■4：審判の機能：「法律審」と「事実審」を兼ね備える。
　○377条〜380条が規定する控訴理由では，一審の判決と手続の広義の法令違反を点検する。
　○381条〜383条が規定する控訴理由では，罪体と量刑に関する事実認定の当否を点検する。
■5：控訴審の判決の性質：「審査審」ではじまり，「事実審」で終わる。
　○控訴棄却と破棄差戻の場合，控訴審判決は，審査審としての結論を示す。
　○破棄自判の場合，控訴審判決は，事実審としての結論を示す。

§Ⅰ　上訴の意義

(1)　一審の裁判官が慎重に証拠を吟味しても，証拠の評価を誤ったり裁判後に事実を裏付ける新たな証拠が見つかるなどの理由で，判決の認定した事実を是正すべき場合が生じる。無罪・有罪いずれの誤りも是正を要する。特に「えん罪」からの救済は重要である。もっとも，裁判をいつまでも争える状態に置くことはできない。そこで，ある段階で内容を変えることができないものとし，裁判の効力を実現させる必要がある。

そこで，一審の裁判（上訴の観点からは原審裁判，原審判決，あるいは原裁判，原判決という）を是正するため2段階の上訴手続を設けた（控訴・上告）。ここまでを通常手続として期間を定めて不服を許し，それ以降は裁判は「確定」した扱いとしている。もっとも，判決確定以降であっても，「えん罪」によって市民を処罰することは，個人の尊厳・適正手続等憲法の原理に照らしてもおよそ許されない。そこで，有罪の判断の誤りについてはさらに是正するため再審手続を設けた。他方，裁判手続のあり方や実体法の適用などに法令違反がありこれを放置することが今後の司法の運用上好ましくない場合，検事総長が最高裁に対して非常上告を申し立ててその是正を図るものとしている。

(2)　有罪・無罪に関する判断とは別に，裁判所は訴訟の準備と進行に伴い様々な手続事項について各種の決定を行うが，かかる裁判に対しても不服を申し立ててその是正を図ることができる。これには，通常抗告（第1回公判前の裁判官が行った処分に対する準抗告を含む），即時抗告，特別抗告がある。

§Ⅱ　上　訴

(1)　上訴審は基本的に前の裁判手続上，犯罪の有無の判断に関する法律の適用に誤りがないかどうか，裁判をすすめる手続に誤りはないかどうか，証拠による事実認定や量刑に論理則・経験則からの逸脱がないかを事後的に点検するのが基本任務である。これを事後審査審（事後審）と呼ぶ。また，それを通じて法令解釈と適用の統一を図ることも目的とする（法律審）。一審の事実に関す

る審理（事実審）の役割を引き継いでさらに継続して事実の有無，有罪・無罪を審理する続審ではない。ただし，控訴審は事後審と続審の両機能を持ち合わせている。

【★ MEMO：6-1　上訴の権利】
　市民的及び政治的権利に関する国際規約14条5は，有罪の宣告を受けた場合，上訴の権利があると定める。「有罪の判決を受けたすべての者は，法律に基づきその判決及び刑罰を上級の裁判所によって再審理される権利を有する」。わが国憲法76条1項は，「すべて司法権は，最高裁判所及び法律の定めるところにより設置する下級裁判所に属する」とし，司法の運用が制度上最高裁と下級裁判所の階層的分業を前提とすることを認め，その上で憲法32条は「何人も，裁判所において裁判を受ける権利を奪はれない」と定めているから，抽象的には上訴制度を権利として保障している趣旨を含む。もっとも，どちらの規定によっても，上訴の構造自体まで市民の権利として保障されているものではないから，現行法の控訴審のように事後審を出発点として，結果としては事実審理を継続する続審として自判することを認める特異な形態も是認される。

(2)　救済手続は申立てによって開始される。実体裁判に対する上訴の申立権者は，被告人（再審請求の場合は被告人であった者）と検察官である（351条）。被告人については法定代理人・保佐人（353条），原審の弁護人（355条）にも上訴権がある。ただし，被告人の明示の意思に反することはできない。

　なお，一審の無罪判決や求刑より軽い量刑に対して，検察官が事実誤認・量刑不当を理由に控訴することを認めることが妥当かどうか一考に値する。一市民である被告人には控訴審での防御活動は経済的に心理的にも重い負担となり，国選弁護人では必ずしも十分な反証ができないおそれがあるなど問題もあるからだ。現在は，検察官の公正さと控訴審が事後審であることを基本としつつ必要な場合にかぎり続審として裁判をするものであること等によって適切な運用が図られている。その意味で，判例も，検察官控訴は，憲法が保障する「二重の危険を受けない権利」を侵害していないとする（最大判昭25・9・27刑集4-9-1805参照）。

【★ MEMO：6-2　「被告人の明示した意思」】
　356条は，原審弁護人などの上訴申立てについて，被告人の明示した意思に反してすることはできないと定める。被告人の原審弁護人は被告人の利益のために上訴をするが，その

申立権は特に法定されたものであり，独立代理権と理解されている。ただ，裁判の効果が被告人に帰属する以上，被告人が明示的に反対している場合，上訴は違法・無効となる。もっとも，原審弁護人は，被告人と接見などで充分に相談の上で上訴するかどうか決めるのであるが，被告人が判断に迷っている段階でも上訴期間を徒過しないため，とりあえず申立てをしておくことはできる。被告人はその後自ら上訴取下げをすることもできるからである。

(3) **上訴の利益** 被告人・弁護人が上訴する場合，上訴の結果主文の内容を自己に有利に修正できる見込みがなければ「上訴の利益」がないと扱われて上訴は不適法となる。無罪判決は被告人にとって有利な裁判なので，理由に不満があっても被告人には「上訴の利益」はないと扱われている（なお，原審弁護人などの上訴について条文上も「被告人のため」と規定されている）。判例は，公訴棄却・免訴についても被告人の上訴権を否定する（最大判昭23・5・26刑集2-6-529，最決昭53・10・31刑集32-7-1793）。次に，上訴できる場合でも，被告人・弁護人は実質的に被告人に利益な理由を主張しなければならない（例えば，無期の懲役刑に対して被告人が死刑に値すると主張しても適法な控訴理由を構成しない）。なお，検察官の場合，公益の代表者であるので，被告人の利益のためにも上訴をしてよい（常に上訴の利益があると説明することもできる）。

被告人・検察官は，上訴権の放棄または，上訴の取下げをすることができる（359条・360条）。ただし，死刑または無期の自由刑を言い渡した判決に対する上訴権は放棄できない（360条の2）。

(4) **一部上訴** 上訴は，原裁判の一部に対して申し立てることができる（357条）。主文が内容上分割されている場合（例，併合罪として起訴された被告事件で，一罪について有罪，他の罪について無罪の宣告がなされた場合），申立権者にとって有利な部分を残して他の部分について不服を申し立てることを許す趣旨である。上訴の範囲に関して当事者処分権主義を部分的に認めるもので，この場合，裁判所は職権で調査の範囲を広げることはできない（392条2項参照）。他方，判決の理由の一部に限定した上訴は認められない（審理の範囲をめぐる混乱を招くし，事後審としての機能も失われるから）。

§Ⅲ 控 訴

1 控訴審の機能

　控訴は，一審の判決について，当事者が法定の控訴理由がある場合にその破棄を求めて高等裁判所に申し立てる手続である。一審の手続と判決について，控訴に関する理由の有無を判断するのが控訴審裁判所の審理の目的である。控訴理由の有無について実体法，訴訟法の適用に誤りがないかどうか，事実認定と刑の量定に論理則・経験則の適用上の誤りがないかどうか「調査」すること（392条）を基本的な責務とする（事後審）。

　審理を遂げた段階で，一審の裁判に誤りがあることを確認するだけでなく，有罪・無罪の判断もできる状態になっていれば自ら判断すること（自判）もできる。実際にも，破棄した場合には多くの事例で自判により処理されている。ただ，有罪または無罪の判断や量刑上考慮する証拠については「厳格な証明」手続を経ていなければならない。そこで，控訴理由の有無の「調査」について一般に控訴審でも当初から「証拠調べ」の形式によって「事実の取調べ」を行うものとしている。この結果，自判をした結果から遡ると，控訴審での審判の対象は，一審の判決と手続に加えて，訴因そのものとなる。控訴審の機能も，一審を引き継いで事実を審理する事実審（続審）となる。他方，一審判決を破棄し審理のやり直しをさせるため事件を原審に差し戻した場合には事後審にとどまることとなる。

　この意味で，控訴審は，純粋の事後審でも続審でもなく，裁判で示される事件の処理のあり方に応じて両機能を兼ね備え，事件に応じて柔軟に対応できる構造をもつ独特の審査審である（比ゆとして，2つの顔を持つローマ神話のヤヌス神になぞらえて「ヤヌス審」といえる。本章**図表6-1**参照）。

> 【CASE：控訴審「事後審」】
> 　「控訴審は事後審であり，一審と同じ立場で事件を審理するのではなく，当事者の訴訟活動を基礎として形成された一審判決を対象とし，これに事後的な審査を加えるものである。一審では直接主義・口頭主義の原則が採られ，争点に関する証人を直接調べ，その際の証言態度等も踏まえて供述の信用性が判断され，それらを総合して事実認定が

行われることに鑑み，控訴審における事実誤認の審査は一審判決が行った証拠の信用性評価や証拠の総合判断が論理則・経験則等に照らして不合理といえるかという観点から行うべきである。控訴審が一審判決に事実誤認があるというためには，一審判決の事実認定が論理則・経験則等に照らして不合理であることを具体的に示すことが必要である。このことは，裁判員制度の導入を契機として，一審において直接主義・口頭主義が徹底された状況ではより強く妥当する」（最判平24・2・13判時2145-9）。

2　控訴の理由

一審の判決に法律の定める控訴の理由があれば，被告人または検察官は，高等裁判所に対して一審判決の誤りの是正を求めることができる（控訴）。控訴理由には次のものがある。この他，一審判決後の情状を主張して量刑不当を訴えることも認められている。

①377条：一審の裁判所の成り立ちに問題がある場合　ⅰ法律に従って判決裁判所を構成しなかったこと。ⅱ法令により判決に関与することができない裁判官が判決に関与したこと。ⅲ審判の公開に関する規定に違反したこと。

②378条：一審の被告事件の取扱いに問題がある場合　ⅰ不法に管轄又は管轄違を認めたこと。ⅱ不法に公訴を受理しまたはこれを棄却したこと。ⅲ審判の請求を受けた事件について判決をせず，または審判の請求を受けない事件について判決をしたこと（これを不告不理違反という）。一審が公訴事実の同一性（312条）の範囲を超えて訴因と異なる罪となる事実を認定する場合をいう。ⅳ判決に理由を附せず（理由不備）または理由に食い違いがあること（理由齟齬）。

③379条：一審の訴訟手続に関する法律の解釈・適用に問題がある場合（訴訟手続の法令違反）。

④380条：刑法など犯罪の成否に関する実体法の解釈・適用を誤っている場合（法令適用の誤り）。

⑤381条：量定が不当であること。

⑥382条：一審の事実認定に誤りがあること（事実誤認）。なお，即決裁判手続による判決については，382条の事実誤認を理由とする控訴申立てはできない（403条の2。ただし，再審事由があるときは除く）。

⑦383条：ⅰ再審事由のあること（事実誤認の一類型），ⅱ一審判決後，刑の廃止もしくは変更または大赦があったこと（量刑不当の一類型）。

以上のうち，①②は，法定の理由が存在していること自体が控訴理由になる（絶対的控訴理由）。③④⑥は条文上「その違反が判決に影響を及ぼすことが明らかであること」を要する（「判決影響明白性」）。つまり，一審の誤りがなければ判決の内容が異なるものとなる可能性が必要である（相対的控訴理由）。⑤の量刑不当も，判決結果に影響のある程度の量刑上の瑕疵の摘示が必要である。

3 「2項調査」「2項破棄」

一審の判決と審理の瑕疵と別に，量刑に関しては，控訴審は，一審判決後の事情の取調べをすることができる。「控訴裁判所は，必要があると認めるときは，職権で，第一審判決後の刑の量定に影響を及ぼすべき情状につき取調をすることができる」（393条2項。「2項調査」）。これを受けて，「第三百九十三条第二項の規定による取調の結果，原判決を破棄しなければ明らかに正義に反すると認めるときは，判決で原判決を破棄することができる」（397条2項。「2項破棄」）。一審判決後に示談が成立した場合などがその例である。この場合，破棄自判となるのが普通である。

4 控訴の手続

被告人本人，原審の弁護人または検察官が申立てを行う。控訴申立期間は，2週間である。原判決の宣告日が期間の開始時点となる。ただし，期間計算上宣告日は初日として算入しない（55条）。高等裁判所宛の控訴を申し立てる趣旨の書面（控訴状）を一審の裁判所に提出する（373条・374条）。刑事収容施設に被告人が勾留されている場合，期間内に施設の長またはその代理人に申立書を差し出すか，代書してもらえばよい（366条）。

原審裁判所は，控訴の申立てが明らかに控訴権の消滅後にされたものであるとき（例えば，期間の徒過または上訴権の放棄など），決定で控訴を棄却してよい（375条）。

控訴の申立てがあると，事件の係属は一審から控訴審に移る（移審の効力）。また一審の判決は確定しないので，裁判の執行は許されなくなる（執行力が停止される。471条）。

控訴が申し立てられると，一審の裁判所は記録を整理しこれを高等裁判所に送付する。控訴申立てを受理した高等裁判所では事件を担当する部を決め，これが控訴審の裁判所となる。裁判所は控訴を申し立てた者に控訴趣意書を提出

する期間を指定する。控訴趣意書では，原判決の誤りを具体的に摘示する（例，不任意の自白を証拠に採用した訴訟手続の法令違反，証拠評価を誤り殺意を認定した事実誤認と，その上で殺人罪を適用した法令適用の誤り，本来傷害致死として量刑をすべきなのに殺人として量刑を行った量刑不当等など）。控訴趣意書は，被告人本人も提出することができる。控訴趣意書の謄本は，相手方に送達され，相手方は答弁書を提出することができる（規則242条・243条）。

【★ MEMO：6-3　控訴理由の疎明】
　　控訴理由を疎明する資料についても，控訴趣意書で摘示することとなる。その摘示の方法は控訴理由によって異なる。
　　①377条―充分な証明をすることができる旨の検察官または弁護人の保証書を添附しなければならない。ただし，運用上かかる保証書を添付する例はほとんどない。②378条―訴訟記録および原裁判所において取り調べた証拠に現われている事実を援用する。③379条―訴訟記録および原裁判所において取り調べた証拠に現われている事実であって明らかに判決に影響を及ぼすべき訴訟手続の法令違反があることを信ずるに足りるものを援用しなければならない。④380条―法令適用の誤りを摘示しその誤が判決に影響を及ぼすことが明らかである理由を示す。⑤381条―訴訟記録および原裁判所において取り調べた証拠に現われている事実であって刑の量定が不当であることを信ずるに足りるものを援用しなければならない。⑥382条―訴訟記録および原裁判所において取り調べた証拠に現われている事実であって明らかに判決に影響を及ぼすべき誤認があることを信ずるに足りるものを援用しなければならない。

5　控訴審の審理

（1）当事者が控訴趣意書を提出すると，控訴審裁判所は，控訴理由に理由があるかないか調査しなければならない（調査義務。392条1項）。また，裁判所は申立人の主張していない控訴理由となりうる瑕疵がないかも職権で調査してよい（職権調査。同条2項）。その際，一審までの記録は調査することができる。控訴審は，控訴理由の有無に関連する調査を「事実の取調べ」として行う。その際，控訴審としての公判を開いて一審と同じく「証拠調べ」の形式で事実の取調べを行うことができる。特に，自判する場合には，新たな判決理由の根拠となる証拠は，厳格な証拠調べ手続を経ていなければならないので，証拠調べとして事実の取調べを実施しておかなければならない。

　なお，判例は，第一審裁判所が判決理由中で，科刑上一罪の一部について無罪の判断を示したのに対して，検察官が控訴を申し立てなかった場合，当の事

実は当事者間の「攻防の対象」から外されたのであり，被告人のみ申し立てた控訴を審理する裁判所はこの事実について職権調査を行い，有罪の認定をするとは許されないとする（最大決昭46・3・24刑集25-2-293）。

(2) 控訴審の公判手続には，原則として第一審公判に関する規定が準用されるが（404条），特則も多い。

控訴審公判では，法律技術的な論争が中心になるという理由で，被告人は弁論能力を認められていない（388条）。したがって公判期日に出頭する義務もない。ただし出頭の権利はある。裁判所は被告人のために必要があると考えるときは，出頭を命じることもできる（390条）。控訴審でも必要的弁護事件以外は，弁護人なしに公判審理を行うことができる（391条）。控訴審の弁護人は，必ず弁護士でなければならない（387条）。

訴訟記録と証拠物は控訴裁判所に送られるので（規則235条），控訴審では起訴状一本主義は適用されない。原審で証拠能力のあった証拠は，控訴審でも証拠能力が認められる（394条）。

控訴審の口頭弁論では，被告人の人定事項の確認に続き，控訴申立人の側が控訴趣意書に基づいて控訴理由を陳述し，相手方当事者がそれに答弁する（389条。例えば，被告人控訴の場合，裁判長が「書面の通り陳述しますか」，弁護人「はい」という形だけのやりとりが通常であり，実際に控訴趣意書を朗読することはない。要約的に陳述することはある）。控訴審では，第一審のような最終弁論も必要とされない。ただし，事実の取調べが行われた場合，弁護人と検察官はその結果に基づいて弁論をすることができる（393条4項）。

(3) 証拠調べや被告人質問のような事実の取調べは，第一審のように必ず行われるわけではなく，「必要があるとき」に限られる。当事者は事実取調べの請求権をもち，原審に現われなかった新証拠の証拠調べ申立ても禁じられないが（最決昭59・9・20刑集38-9-2810），請求の採否は裁判所の裁量的判断に委ねられている。事実誤認や量刑不当の主張がある場合でも同じである。

控訴審における新証拠の取調べについては制約がある。「やむを得ない」事由によって第一審で取調べが請求されなかったものであって，事実誤認の有無または量刑の当否を判断する上で不可欠な証拠でなければ取調べがなされない（393条1項但書）。近年は裁判員裁判が行われる一審における事実の審理を充実

させるとともに，控訴審を事後審としての機能に集約する上で，厳格な運用がなされている。

【CASE：控訴審における事実の取調べと「やむを得ない事由」】
　　判例は，一審における証拠調べを充実させる観点や控訴審が事後審査審であることなどから証拠調べを請求することが物理的不能の場合に限定する（最決昭48・2・16刑集27-1-58）。公判前整理手続を経た事件では控訴審における追加的主張や追加的証拠調べは特段の事情がないかぎり許容しない（東京高判平21・2・20高検速報3400）。殺人未遂等被告事件で一審裁判所が補充立証の機会を与えたのに検察官が被害状況悪化の事実を立証しなかった場合も同じ扱いである（東京高判平19・8・2高検速報3350）。振り込め詐欺で道具に利用されたにすぎないと認定した一審判決に対し，控訴審で検察官が新たに故意を立証するためであっても，原審当時に存在し取調べ請求可能であった証拠の取調べ請求は認めない（東京高判平23・8・9高検速報3444）。被告人が一審では量刑上有利に参酌してもらうことを考えて事実を認めていたが懲役刑の実刑判決の言渡しを受けたため事実を争うことにし，弁護人が控訴審で新証拠の取調べを請求する場合（最決昭62・10・30刑集41-7-309），実子の虐待事件（傷害）で，一審では妻とその母を庇い，実子が里子に出されるのをおそれ，弁護人からも「真実を公表せずに裁判を進めても執行猶予がもらえる，だめなら控訴審で主張すればよい」と言われたことなどの事実があって一審で事実を認めていたが，控訴審では妻の犯行として無罪を主張し被告人質問等の事実の取調べを請求した場合（東京高判平17・3・30高検速報3237）など，防御方針の選択上，証拠調べ請求をしなかった場合等にも「やむを得ない事由」は認めない（判例を「物理的不能」説とすると，合理的な理由から証拠調べ請求をしなかった場合も含める「心理的不能」説と区別できる）。

　判例は，原審が犯罪事実を確定せずに無罪を言い渡しているとき，控訴審で原判決を破棄して有罪判決をするためには，被告人の手続上の権利を保障するために，控訴審公判での事実の取調べを経ていなければならないとしている（最大判昭31・7・18刑集10-7-1147）。

【CASE：無罪判決破棄自判と「事件の核心」に関する事実の取調べ】
　　収賄の公訴事実につき犯罪の証明がないとして無罪を言い渡した場合に，控訴裁判所が右判決を破棄し被告人の職務権限について事実の取調べをしただけで事件の核心をなす金員の授受自体について何らの事実の取調べを行うことなく訴訟記録および一審で取り調べた証拠のみによって犯罪事実の存在を確定し有罪判決をすることは許されない（最判昭34・5・22刑集13-5-773）。

破棄差戻しの判決は，差戻しを受けた裁判所を拘束するので，事実誤認を理由に無罪判決を破棄するのであれば，破棄差戻しの場合でも事実の取調べは必要である。ただし，二重の危険禁止の趣旨に照らして，この種の事実の取調べは，記録上原審の証拠評価の誤りが強く疑われる点に限るべきである。

　示談の成立など原判決言渡し後の情状事実は，控訴申立ての理由にはならない。したがって，当事者は，これに関する事実取調べの請求権をもたない。しかし，裁判所は職権でこれを取り調べることができるので（393条2項），当事者は職権の発動を促すことが少なくない。

【★ MEMO：6-4　控訴審の審理は「事実の取調べ」か「証拠調べ」か】
　　控訴審の審判の対象は，一審の裁判手続と判決内容である。それらに関して，法定の控訴理由があるかないか調査する。判断の資料は基本的に一審までの訴訟記録に現われている事実である。控訴理由の有無に関する審理は「事実の取調べ」として行えば足りる。訴訟手続上の誤りを確認するための調査だからである。ただ，審理の結果，一審の判決を破棄すべき事由を確認するだけでなく，自ら有罪・無罪を判断するのに熟している状態になることもある。その場合には自判できる。そこで，通常，控訴審の審理は一審と同じく厳格な証明のための「証拠調べ」手続に準じて行う。例えば，アリバイを認めないで有罪とした一審判決が，被告側請求のアリバイ証人の証拠調べ請求を却下した点に瑕疵があるかないか判断するため，控訴審で証人を取り調べるとき，証言内容によってはアリバイ自体を肯定でき，一審を破棄すべき事態に至る。したがって，当初から証人尋問手続に従って事実の取調べを実施する。被告人質問（被告人が任意に陳述する機会）も，一審では被告人の防御権の行使として裁判所の訴訟指揮に従うが，これを行う機会を奪うことはできない。しかし，控訴審では，あくまでも基本的な性質は事実の取調べである。だから，控訴審の裁量でその実施を決定すればよい。ただ，万が一，被告人質問の内容を証拠にして自判する場合には，これを厳格な証明の手続として行っておくべきだ。したがって，控訴審では，被告人質問も，被告側が請求して控訴審が採用を決定する手続をとる。

6　控訴審の裁判

(1)　控訴審は，控訴の申立てが法令上の方式違反または上訴期間の経過後にされたものであるなど控訴権の消滅後になされたものであるとき控訴を棄却する。口頭弁論を開くまでもなくこの点の確認ができる場合には決定による（385条）。口頭弁論を開いた結果を踏まえて判断する場合には判決による（395条）。適法な控訴趣意書が提出されないときも決定で控訴を棄却する（386条）。以上の形式的な理由による裁判の他，次の裁判を言い渡す。

図表6-2　書式例①──判決文（上訴控訴審）

平成26年2月4日宣告　裁判所書記官　高倉　達夫
平成25年（う）第112号

判　　　決

　　本　籍　　大阪市天王寺区六万体町5番地
　　住　居　　不　定

無　職
佐藤　一徹
昭和33年10月1日生

　　上記の者に対する強盗致傷被告事件について、平成25年10月1日大阪地方裁判所（裁判員の参加する合議体）が言い渡した判決に対し、被告人から控訴の申立てがあったので、当裁判所は、検察官奈良林繁出席の上審理し、次のとおり判決する。

主　　　文

　　本件控訴を棄却する。
　　当審における未決勾留日数中80日を原判決の刑に算入する。

理　　　由

　　本件控訴の趣意は、弁護人土浦賢太郎作成の控訴趣意書に記載のとおりであるから、これを引用する。
　　論旨は、原判決の量刑が重すぎて不当であり、被告人に対しては、刑の執行を猶予するのが相当である、というのである。
　　そこで、記録を調査し、当審における事実取調べの結果を併せて検討すると、本件は、歩道上を通行中の女性（当時33歳）が肩に掛けていた手提げかばんをひったくり窃取しようとしたが、被害者が同かばんから手を離さなかったことから、かばんを両手で引っ張って被害者を転倒させた上、約2・0メートル引きずる暴行を加え、その反抗を抑圧して同かばんを強奪しようとしたが、被害者が同かばんから手を離さず、通行人の男性からも犯行を止められたため、その場から逃走して強盗の目的を遂げず、その際、上記暴行により被害者に加療約7日間を要する傷害を負わせたという強盗致傷1件の事案であり、被告人はその当時妄想型の統合失調症の影響により心神耗弱の状態にあった、というものである。
　　原判決は、当初は強盗目的がなかったことは考慮すべきであるが、暴行は軽いものではないこと、被告人が統合失調症の影響を受けて犯行をしており、本件当時心神耗弱の状態にあったが、心神喪失に近いほど精神障害の影響があったものではなく、その限りでは、同種前科により服役したのに再び犯行をしたという非難も免れないとして、被告人が本件を精神障害の影響によって犯したことを考慮しても、被告人を懲役3年の実刑に処するのが相当であるとした。
　　当裁判所も、このような原判決の認定及び評価が誤っているとはいえず、その結論としての上記量刑判断もやむを得ないものであって、被告人にその精神障害に対する治療が必要であること、さらに、当審において、知人夫婦が、出所後の被告人を指導監督し、生活をサポートする旨の陳述書を作成していることなどを踏まえても、これが重すぎて不当であるとはいえないと考える。
　　なお、所論は、被告人に対しては、心神喪失等の状態で重大な他害行為を行った者の医療及び観察等に関する法律による医療措置を受けさせるべきであるから、被告人に対し、刑の執行を猶予するのが相当であると主張するところ、当裁判所も、被告人の精神疾患に対しては治療の必要性があると思料するが、だからといって、被告人に対し、犯した罪に相応する刑事責任を負わせることが否定されるべきいわれはなく、上記医療措置を受けさせるために、本来刑の執行を猶予すべきでない者に対しこれを猶予することは、本末転倒であって相当ではない（なお、関係証拠に照らすと、原裁判所も同様の考慮をしたものと思われる。）。
　　所論は採用できず、論旨は理由がない。
　　よって、刑訴法396条により本件控訴を棄却することとし、当審における未決勾留日数の算入につき刑法21条を、当審における訴訟費用の不負担につき刑訴法181条1項ただし書をそれぞれ適用して、主文のとおり判決する。
　　平成26年2月4日
　　　大阪高等裁判所第5刑事部

裁判長裁判官　堤　　嘉明
裁判官　　　堺出　　保
裁判官　　　山口　　順

①控訴理由がない場合，控訴棄却を判決で言い渡す（396条）。実際にも控訴棄却となる事例がほとんどである。

②一審判決に377条から383条までの控訴理由があるとき，つまり原判決に重要な瑕疵があるとき，判決で原判決を破棄する（397条1項。「1項破棄」）。あわせて事件を原裁判所に差し戻すのが法律上の原則である（または原裁判所と同等の他の裁判所へ移送する）。ただし，控訴審までで取調べをした証拠により直ちに判決をすることができるときには自ら判決をすることができる（400条。「自判」）。ただ，運用上は原判決破棄，自判で処理する例が多い。

③393条2項に基づく事実の取調べにより，一審判決後の事情に照らして控訴審段階では量刑が重いとき一審判決を破棄する（397条2項。「2項破棄」）。この場合も事件を原裁判所に差し戻すこともできるが，通常は自判により量刑を言い直す。

④原判決が違法に管轄違いまたは公訴棄却の判決をしたとき，事件を原裁判所に差し戻さなければならない（398条）。不法に管轄を認めたときには判決で事件を管轄第一審裁判所に移送する。ただし，控訴裁判所が第一審の管轄権を有するときは自ら第一審として審判をしなければならない（399条）。

⑤原裁判所が決定で公訴を棄却すべきであったことが確認された場合，原判決を破棄するまでもなく，公訴棄却の決定をする（403条）。

（2）控訴審の裁判にはいくつか特則がある。①被告人だけが控訴した場合（検察官は控訴しない場合），原判決より重い刑を言い渡すことはできない（402条）。被告人が一審より刑が重くなるのをおそれて上訴しない事態を防ぐためである。検察官が控訴したときは原則の適用はなくなる。一審判決に対して被告人のみ控訴し，控訴審の判決について検察官が不服として上告したところ破棄，差戻しとなった場合，本原則の適用はなくなる。より重い刑にあたるかどうかは，原審の宣告した刑の刑名等の形式のみによらず具体的に全体として総合的に観察し，原審の判決の刑が一審の刑よりも実質上被告人に不利であるか否かによって判断する（その意味で「不利益変更の禁止」原則という）。

②控訴をした共同被告人の一部だけが主張する控訴理由によって原審判決を破棄するとき，共通に破棄理由となる他の被告人のためにも判決を破棄しなければならない（401条）。

(3) 事件の差戻しを受けた裁判所（差戻審という）は，第一審として審判する。移送を受けた裁判所も同様である。控訴審までの手続と審理結果は公判手続の更新手続によって引き継がれる。ただし，審理にあたり「上級審の裁判所の裁判における判断は，その事件について下級審の裁判所を拘束する」という原則が働く（裁4条。破棄判決の拘束力という）。事件が上下の裁判所の間で際限なく往復することを防ぐためである。この拘束力は，法律判断についてだけでなく，事実判断についても生じる（最判昭43・10・25刑集22-11-961）。だから，控訴審で違法とされた手続は更新されない。また，差戻審で新たな証拠の取調べがなされるなど証拠の状態が変わらない場合，控訴審の事実認定にも拘束される。新しい証拠が出てくれば，控訴審の判断の前提が変化するからこれに拘束されることなく，差戻審独自の事実認定ができる。

　【CASE：破棄判決の拘束力】
　(1) 一審裁判所が公訴事実を認めるに足る証拠がないとして無罪を言い渡したのに対し，控訴審が，右の判決には事実誤認および訴訟法違反があり，そのために有罪を宣告すべきであるにかかわらず無罪を宣告しているのであるから，右誤りは判決に影響を及ぼすことが明らかであるとして破棄差戻しをした場合には，差戻しを受けた一審裁判所は右の控訴審判決の判断の範囲内においてさらに審理すべき拘束を受けるにとどまり，必ず有罪の宣告をしなければならないという拘束を受けるものではない（最決昭32・12・5刑集11-13-3167）。
　(2) 破棄判決の破棄の理由とされた事実上の判断は，拘束力を有する。破棄判決の拘束力は，破棄の直接の理由，すなわち原判決に対する消極的，否定的判断についてのみ生ずるものであり，右判断を裏付ける積極的，肯定的事由についての判断は，何ら拘束力を有するものではない──八海事件最終判決（最判昭43・10・25刑集22-11-961）。

§Ⅳ　上　告

1　上告審の機能

　高等裁判所の控訴審または第一審としての判決に対しては，上告を申し立てることができる。上告は控訴審の判決内容と手続に対する審査審である。控訴審の規定は原則として上告審に準用される（414条）。

上告理由は，憲法違反と判例違反に限られる（405条）。憲法違反とは控訴審の審理手続に憲法違反があるか，控訴審の判決の憲法解釈が誤っていることをいう。判例とは，最高裁判所の判例（最高裁判例がないときは，大審院または控訴裁判所としての高等裁判所の判例）をいう。控訴審の審理に判例違反があるか，判決の内容上判例違反がある場合，判例違反となる。

　上告審は，当該事件の審理と判決内容について，憲法違反・判例違反という角度から誤りの有無を点検吟味し，当該事件の具体的な救済を図ることが主たる目的である。そのことによって，間接的に憲法の解釈適用，判例による法令の統一的な解釈適用を維持することができる。

2　上告の手続

（1）　高等裁判所がした第一審または第二審としての判決に対して，当事者が申し立てることができる（351条・353条・355条・356条）。申立方法など上告審の手続は，控訴の場合に準じる（414条）。上告申立ては原審に対して行う。その後，最高裁が指定する一定期間内に上告申立人は上告理由を明確に示した上告趣意書を提出しなければならない（407条）。

　高等裁判所の判決に法令解釈上の重要な問題が含まれているとき，上告申立理由がない場合でも上訴権者は最高裁判所に上告審として事件を受理することを申し立てることができる（406条，規則257条。上告受理の制度）。第一審の判決に対して，相手方が控訴を申し立てない場合，違憲判断の誤りなどを理由として直接に上告を申し立てる方法もある（406条，規則254条・255条。飛躍上告）。どちらの制度も使われることは稀である。

（2）　控訴審の規定が準用される結果，制度上は上告審でも証拠に関する事実の取調べができる。ただ実例は少ない。また，口頭弁論は通常行われない。これを行う場合でも被告人は弁論能力はなく出頭の権利もない。被告人は召喚されず（409条），判決期日の告知はなされない。また，判決理由について公判廷では宣告しない運用が続いていたが，近年手短だが説明するようになっている。

　上告審の裁判は大法廷（判事全員で構成する）または小法廷（5名の判事で構成する）が行う。次の場合は必ず大法廷で行う。①当事者の主張に基いて，法律，命令，規則または処分が憲法に適合するかしないかを判断するとき（ただし，前

に大法廷でした裁判と同一であるときを除く）。②職権で法律，命令，規則または処分が憲法に適合しないと認めるとき。③憲法その他の法令の解釈適用に関して前の最高裁判所の裁判に反する判断をするとき。

最高裁判所の裁判書には，各裁判官の意見を表示しなければならない（裁11条）。

3　上告審の裁判

（1）　上告趣意書記載の事由が適法な上告理由にあたらない場合，決定で上告が棄却される（運用上これに該当する事例が多数である）。上告理由は適法に構成されているものの，実質的にみたとき当該事案との関係では理由がないことが明らかな場合，口頭弁論を経ずに判決で上告を棄却できる（408条）。上告理由の有無について公判廷での口頭弁論を経た上で判断することもある（稀である。ただし，原判決の死刑判決の当否が争われているときには運用上口頭弁論を開いている）。この場合も判決で上告を棄却するか，破棄自判するか，破棄し事件を原裁判所もしくは第一審裁判所に差し戻し，またはこれらと同等の他の裁判所に移送しなければならない。ただし，上告裁判所は，それまでの審理で取り調べた証拠によって判決ができると認めるとき，被告事件について判決をすることができる（413条。「自判」）。なお，判例違反が認められても，その判例を変更して原判決を維持することもできる（410条）。

（2）　上告審は，適法な上告理由にはあたらない場合でも一定の事由があれば職権で原判決を破棄してよい。法令違反（訴訟手続の法令違反または実体刑法の解釈適用の誤りを含む），量刑の甚だしい不当（「量刑甚不当」），重大な事実誤認もしくは再審事由の存在または原判決後に刑の廃止・変更・大赦があった場合であり，いずれも「原判決を破棄しなければ著しく正義に反する」場合である（411条。「著反正義」）。これらの事由については，当事者には申立ての権利はない。ただし，上告趣意書で職権の発動を促すことはできる。実際にも，職権破棄を期待する上告申立てが多く，最高裁判所が破棄する事由の多くは職権破棄事由を認める場合が多い。

（3）　上告棄却の決定に対しては異議の申立てができる（414条・385条・428条）。上告審の判決に誤りがあるときは，当事者は判決宣告から10日以内に判決訂正の申立てをすることができる（415条）。

§V ｜ 抗告・準抗告　　手続事項に関する不服申立て

1　抗　告

　検察官と被告人は，裁判所の手続事項に関する決定に対して不服を申し立てることができる（抗告）。他に，決定の対象となった者も抗告を申し立てることができる（352条。例えば，160条2項により，証言拒否について過料に処せられた証人は即時抗告を申し立てることができる）。また，勾留理由開示を請求した者はその後勾留の裁判に対して不服を申し立てることができる（354条）。

　抗告には，一般抗告と最高裁判所に対する特別抗告がある。一般抗告は，申立期間が明示されていない抗告（421条。「通常抗告」ともいう）と申立期間を3日に限定した即時抗告（422条）がある。

　　〈抗告の分類〉
　　　　一般抗告──通常抗告・即時抗告
　　　　準抗告
　　　　特別抗告

2　通常抗告と「異議の申立て」

　(1)　裁判所のした決定に対して，抗告を申し立てることができる。ただし，①法律上，即時抗告の対象とされている決定，②「裁判所の管轄又は訴訟手続に関し判決前にした決定」は抗告の対象とはならない（419条・420条1項）。後者については，控訴審において争う機会を与えれば足りるとされたものである。

　もっとも，勾留，保釈，押収または押収物の還付に関する決定および鑑定のためにする留置に関する決定については，控訴での救済の対象になり難くまた迅速な救済を要するので，抗告を申し立てることができる。

　実際上は，受訴裁判所が行う勾留や保釈に関わる処分を決める決定に対する不服申立てとして抗告が活用される。勾留の決定自体に対する場合の他，接見等禁止決定，勾留の更新決定，勾留の取消決定，保釈請求に関する決定等が含まれる。勾留の執行停止については，裁判所が職権をもってなすものなので，原裁判所が被告人からの勾留執行停止の申立てを却下する旨の決定をなした場合であっても，単に職権を発動しない旨を明示する以上の効力をもつものでは

ないから抗告を申し立てる権利はない（大阪高決昭49・11・20刑月6-11-1158）。

 (2)　なお，高等裁判所の決定に対しては，同じ高等裁判所の他の合議体に不服を申し立てる「異議の申立」が認められている。抗告はできない（428条）。手続は抗告と同様である。

 (3)　抗告は，原決定を取り消しても実益がないようにならないかぎり，何時でもこれをすることができる（421条）。抗告を申し立てるには，申立書を原裁判所に提出する（423条）。通常，理由を付して申立てをする。申立ての理由に制限はない。ただし，すでに受訴裁判所による審理が始まっているので，勾留に対しては，犯罪の嫌疑がないことを理由とする抗告はできない（420条3項）。

　原裁判所は，抗告を理由があるものと認めるときは，決定を更正しなければならない。理由がないと認めるときには，当事者の申立書に原裁判所の意見書を添えて抗告裁判所に送付する。抗告は，即時抗告を除いては，裁判の執行を停止する効力を有しない。ただし，原裁判所は，決定で，抗告の裁判があるまで執行を停止することができる（424条）。また，抗告を受理した抗告裁判所が決定で裁判の執行を停止することもできる（同条2項）。

　抗告は，高等裁判所が管轄する。3名の合議体で判断する（裁16条2号・18条）。抗告裁判所は，抗告の手続がその規定に違反したとき，または抗告が理由のないときは，決定で抗告を棄却する（426条1項）。抗告が理由のあるときは，決定で原決定を取り消し，必要がある場合にはさらに裁判をする（426条2項）。抗告審の決定に対する抗告は禁止される（427条）。

3　即時抗告

即時抗告の対象となる決定は，法定されている。即時抗告の申立期間は3日間である（422条）。申立期間内だけでなく申立てによって執行停止の効力が生じる（424条1項）。その他の点では，通常抗告と同じである。すみやかに確定させることが必要な種類のものであり，法律の条文で個別に明示されている。

　　事件の移送関係（19条）

　　忌避申立関係（23条・24条・25条）

　　証人尋問関係（137条・150条・160条）

　　訴訟費用関係（186条・187条・187条の2・188条の3・同5，付審判請求棄却決定と
　　　　訴訟費用に関する269条）

在廷命令（278条の2）
公判前整理手続に伴う証拠開示手続（316条の25・同26・同27）
公訴棄却決定（339条）
執行猶予取消し請求に関する決定（349条の2）
上訴関係手続（364条・375条・385条・428条）
再審手続関係（446条・447条・449条・450条）
略式命令関係（468条。正式裁判請求の棄却決定に対して）
裁判の執行関係（504条）

4 準抗告

(1) 申立人適格　裁判官の裁判，すなわち命令に対して不服を申し立てることができる（運用上準抗告と呼ばれる）。法律が列挙する裁判官の裁判（命令）に不服がある者が請求することができるが，当該命令の対象とされ不利益を受ける者に限られる。例えば，現場の一部につき立会人となったにすぎない者であって押収物の所有者，保管者など差押えにより不利益を受ける立場にあるとは認められない場合には申立人適格を欠く（東京地決平3・5・15判タ774-275）。

(2) 対　象　準抗告の対象は，忌避申立却下の裁判等が刑訴法429条1項に列挙されている。「勾留に関する裁判」，保釈に関する裁判等については，第1回公判期日までは裁判官が担当するので，不服申立てについては準抗告による。その後は受訴裁判所が管轄するので，その決定は抗告の対象となる。「勾留に関する裁判」の中には，勾留の命令・勾留請求の却下・勾留延長・勾留延長請求の却下・接見等の禁止・勾留の取消し・勾留取消請求の却下等勾留に関わる裁判がすべて含まれる。勾留場所を警察の留置場から拘置所へ変更させるための申立てもできる。なお，判例上逮捕状発付の裁判は対象にならない（最決昭57・8・27刑集36-6-726）。また，裁判官がした捜索・差押許可状発付の裁判であっても捜索・差押処分の手続が完了したときは裁判の取消しを求めることはできない（松江地決昭55・5・30判時968-136）。

(3) 勾留に関する特則　準抗告申立ての理由は限定されないが，勾留の裁判に対して嫌疑のないことを理由として申し立てることはできないと定められている（429条2項・420条3項）。この条項を特に起訴前に適用するべきか実質上は疑問があるが，運用上嫌疑のないことを理由とする準抗告であっても不適法

を理由に棄却されていない。裁判所に職権発動を促す意味での申立てはしてよい。

(4) 手続　準抗告は，簡易裁判所の裁判官がした裁判に対しては管轄地方裁判所に，その他の裁判官がした裁判に対してはその裁判官所属の裁判所に申し立てる。内容は，原裁判の取消しまたは変更である。申立書は準抗告審の裁判所に直接提出する（431条）。その他の点では，抗告の手続に準じる（432条）。準抗告審は事後審にあたるから，原裁判後相当期間経過後に新たに生じた事由に基づいて原裁判に対し不服申立てをすることはできない（神戸地決昭53・3・1判時911-170）。

裁判官が，証人，鑑定人，通訳人または翻訳人に対して過料または費用の賠償を命ずる裁判を行い，また身体の検査を受ける者に対して過料または費用の賠償を命ずる裁判をした場合には，裁判所の同種処分に対する不服申立てが即時抗告とされていることとのバランス上，特に申立期間については裁判のあった日から3日以内とされている（429条3項）。この場合，即時抗告と同じく，執行停止の効力をもつ（同条4項）。

(5) 裁判　準抗告に対しては合議体で判断する。準抗告審は理由があれば原裁判を取り消し，必要があればさらに裁判を行う（432条・426条）。

(6) 捜査機関の処分に対する準抗告　刑訴法430条は，捜査機関の行った処分に対して，不服のある者が裁判所にその取消しまたは変更を請求することを認めている（これも準抗告と呼ばれている）。対象となるのは，検察官・検察事務官もしくは司法警察職員のした接見指定の処分，差押えなど押収に関する処分，押収物の還付に関する処分である。

刑訴法430条の準抗告に対する裁判をするのは，処分をしたのが検察官もしくは検察事務官であればその所属する検察庁の対応する裁判所であり，司法警察職員であればその職務執行地を管轄する地方裁判所または簡易裁判所である。申立書は，直接これらの裁判所に提出する（431条）。その他の点では，抗告の手続に準じる（432条）。

5　特別抗告

特別抗告は，刑事訴訟法が他の不服申立方法を認めない決定に対して最高裁判所に申し立てることができる。

ただし，終局裁判に対する上訴によって不服の申立てができる判断については，申立ては許されない（最決昭26・7・20刑集5-8-1571）。例えば，検察官から証拠調べ請求のあった供述調書につき，被告人側から異議の申立てがあったかどうかにかかわらず，これを証拠に採用するとした決定に関しては，その決定の不当不法が本案判決に影響を及ぼすかぎり終局判決に対する上訴において救済を求めることができるので特別抗告は認められない（最決昭29・10・8刑集8-10-1588）。

　特別抗告の申立理由は，上告理由と同じく憲法違反または判例違反に限られる（433条）。申立期間は5日間である（433条）。申立書に特別抗告の趣旨（理由）を簡潔に記載し（規則274条），原決定をした裁判所に差し出す（434条・423条）。

　特別抗告審の手続は，抗告審に準ずる（434条）。ただし，判例上最高裁判所は事案に応じて正義を維持するために発動する職権破棄権を当然に保有するものとし刑訴法411条の準用を認める（最決昭26・4・13刑集5-5-902）。したがって，適法な特別抗告理由以外の著反正義事由があれば，原決定が取り消されることがある。

第7章　付随手続

図表7-1　略式命令のモデル

平成26年（い）第50505号

略　式　命　令

被告人　　〇〇〇〇

本籍(国籍等)，住居，職業，生年月日及び事件名は，起訴状の記載を引用する。
上記被告事件について，次のとおり略式命令をする。

主　　文

被告人を罰金50万円に処する。

この罰金を完納することができないときは，金5,000円を1日に換算した期間（端数は1日に換算する。）被告人を労役場に留置する。
この罰金に相当する金額を仮に納付することを命ずる。

罪となるべき事実

起訴状記載の公訴事実を引用する。

適用した法令

起訴状記載の罰条を引用するほか

刑法18条，刑事訴訟法348条

　平成26年〇〇月〇〇日

　　　　　　　　　　　　　　　神戸簡易裁判所
　　　　　　　　　　　　　　　裁判官　〇〇〇〇　（印）

　　この略式命令に対しては，告知を受けた日から14日以内に正式裁判の請求をすることができる。この場合，被告人は，いつでも弁護人を選任することができ，貧困その他の事由で弁護人を選任することができないときは，弁護人の選任を裁判所に請求することができる。

即日謄本を検察庁に送付して送達した。　　　裁判所書記官　（印）

わが国の刑事裁判全体をみると，正式起訴，公判前整理手続，公判と続く通常の裁判手続の他に，通常手続を支える様々な手続や事件の簡易迅速な処理をするための手続など多様な諸手続の集合によって成り立っている。以下，概略を説明する。

§Ⅰ 略式手続

(1) 略式手続は，犯罪態様が悪質ではなく罰金程度で処理するのが刑事政策上も犯人の改善更生の上でも妥当な場合，公訴の提起とともに，「略式命令」による事件処理を検察官が請求して行う。管轄は簡易裁判所である。裁判所は，100万円以下の罰金または科料の支払いを命令できる。被告人がこれを納付すれば事件は終結する。

(2) 対象は，簡易裁判所の事物管轄に属する事件であって100万円以下の罰金または科料が法定刑に含まれるものである（461条）。検察官は，あらかじめ被疑者に対し略式手続に関する説明を行い，通常の規程に従い審判を受けることができる旨告げた上で，略式手続によることについて異議がないかどうか確認をする（461条の2）。被疑者に異議がないときは，検察官は，簡易裁判所に起訴状を提出して公訴を提起するのと同時に，略式命令を請求する（462条1項）。一般には，通常の起訴状冒頭の「左記被告事件につき公訴を提起する」とする文言を変えて，「左記被告事件につき公訴を提起し，略式命令を請求する」と記載する。略式命令請求行為は公訴の提起行為とは異なる訴訟行為であるが両者一体となって実施されることによって特殊な公訴提起の効果をもたらすものである。この場合，被疑者に異議がない旨を示す書面（申述書）を併せて裁判所に提出する。裁判所が略式命令を発するのに必要な書類・証拠物についても同時に裁判所に差し出す（規則288条・289条）。

(3) 裁判所は，書類と証拠物に基づいて略式命令請求が適法であること等を確認してこれを発する。現在は100万円以下の罰金科料まで科すことができる。略式命令書には，罪となるべき事実・適用した法令・科すべき刑および付随の処分の他，命令の告知があった日から14日以内に正式裁判の請求ができる旨を記載しなければならない（464条）。検察官が略式命令を請求してから被告人へ

の告知までの期間は4月以内でなければならない（463条の2）。

　運用の便宜上検察官はあらかじめ被疑者を検察庁に呼び出す等して待機させて簡易裁判所に略式命令の請求を行い即日命令が発せられるのを待って裁判所に連行してその送達を受けるようにしている（在庁略式または待機略式という）。勾留されている被疑者は送達を受けた時点で釈放される（345条）。

　(4)　略式命令請求が法律上の条件を満たしていない場合または略式手続によるのが相当でない事件である場合、裁判所は略式命令を発しないで事件を通常の公判手続に移して審判しなければならない（463条1項・2項）。この場合、検察官にその旨を通知し（同条3項）、すでに提出されている証拠を検察官に返還する（規則293条）。その後、あらためて通常の公判手続が行われる。

　被告人または検察官は、略式命令の告知から14日以内に正式裁判の請求をすることができる（465条1項）。この場合、通常の公判手続で審理が行われる（468条2項・3項）。判決が出れば略式命令は効力を失う（469条）。ただし、判決が出るまでは正式裁判請求の取下げができ、その場合略式命令が確定する（466条）。

§Ⅱ　少年事件

　(1)　20才に満たない者を少年という（少年法〔以下、少〕2条）。犯罪を犯した少年、14才未満で犯罪を犯した触法少年、諸事情に照らして将来罪を犯し刑罰法令に触れる行為をするおそれのあるぐ犯少年を「非行少年」という（少1条・3条）。非行少年について、少年法は基本的に「少年の健全な育成」を目的とする「保護処分」の対象とする（少1条）。非行少年を対象とする案件を「刑事事件」と区別して「保護事件」という。

　少年が犯罪に関わる原因の多くは、家庭、学校、地域など環境的要因が大きく、これを少年の個人責任として刑罰の対象とすることは妥当ではない。むしろ、少年の成長と発展の可能性、社会が少年等次世代に支えられていること等に照らして、刑罰による制裁よりも、福祉・教育の視点を入れた保護処分によって対処するのが好ましい。その意味で、非行少年の処遇については、家庭裁判所を軸にしてかかる保護主義の観点から運用するのが望ましい。

(2)　非行少年の発見過程は，犯罪捜査と重なる。被疑者が少年であっても (少年と判明するまでは当然として) 基本的に刑訴法上の犯罪捜査に関する手続が適用される。ただし，「少年の健全な育成を期する精神をもつて，これに当たらなければならない」(犯捜203条)。また，「少年の特性にかんがみ，特に他人の耳目に触れないようにし，取調べの言動に注意する等温情と理解をもつて当たり，その心情を傷つけないように努めなければならない」とされている (同204条)。また逮捕など身柄拘束も可能なかぎり回避するのが好ましい (同208条)。特に罰金以下の刑にあたる罪については警察段階では，検察官ではなく直接家庭裁判所に送致する関係で (少20条)，保護主義による処理がより強く求められるので逮捕は回避するのが相当であろう。

　非行少年の事件も原則として検察官に送致される (少20条)。検察官は，やむをえない場合にのみ勾留を請求する (同法48条)。なお，法律上は勾留請求に代えて観護措置を請求できる (同法43条)。勾留場所として少年鑑別所を用いることもできる (同法48条)。

　(3)　保護処分の内容等は家庭裁判所が管轄するので，非行少年に関わる事件はすべて家裁に送致される (少43条・44条。「全件送致主義」)。家庭裁判所では，非行事実の有無の他に，少年・保護者・関係者の行状，経歴，素質，環境等について調査を行わなければならない (同法8条・9条)。家庭裁判所書記官が担当することが多い (同法8条2項)。調査の結果，審判開始が相当であるときには，家庭裁判所はその旨決定し審判を行う (同法21条・22条)。実際には審判不開始とされる事件が相当数ある。その際，「死刑又は無期若しくは長期3年を超える懲役若しくは禁錮に当たる罪」の事件に関しては，非行事実の認定のための審判手続について，検察官が関与できる (同法22条の2)。したがって，傷害，窃盗，詐欺，過失運転致死傷などの事件についても検察官が少年審判に関与できる。

　家庭裁判所は，非行事実と要保護性の認定を踏まえて相当の保護処分の開始または不開始を決定する (少23条・24条)。保護処分としては，①保護観察所の保護観察処分，②児童自立支援施設または児童養護施設送致，③少年院送致がある (同法24条)。

　保護処分が行われたときは，同じ事件を理由として再び審判に付したり，あ

るいは刑事訴追をすることはできない（少46条1項）。検察官が関与した審判によって，審判に付すべき事由がないことまたは保護処分に付する必要性がないことを理由とする保護処分に付さない決定が確定したとき，ならびに検察官が関与した審判でなされた保護処分の取消し決定が確定したときも同様である。刑事事件における「一事不再理」とほぼ同一の保障を認めたものである（同条2項・3項）。

(4) 被害者保護措置として，犯罪少年の事件で，故意の犯罪行為により被害者が死傷した事件と刑法211条（業務上過失致死傷等）の罪について，被害者等（被害者またはその法定代理人もしくは被害者が死亡した場合もしくはその心身に重大な故障がある場合におけるその配偶者，直系の親族もしくは兄弟姉妹をいう。以下同じ）の申出がある場合，少年の年齢および心身の状態，事件の性質，審判の状況その他の事情を考慮して，少年の健全な育成を妨げるおそれがなく相当と認めるとき傍聴を許すことができる（少22条の4）。

(5) 少年および保護者は，弁護士を付添人に選任できる（弁護士以外の者の場合には家庭裁判所の許可が必要）。審判に検察官が関与するとき，家庭裁判所はすでに選任されている場合を除き弁護士たる付添人を選任しなければならない（少22条の3。「国選付添人」）。また，「死刑又は無期若しくは長期3年を超える懲役若しくは禁錮に当たる罪」の範囲で必要に応じ国選付添人を付すことができる（少22条の3）。

保護処分の決定に対して抗告が認められている（少32条）。少年・法定代理人または附添人は決定に影響を及ぼす法令違反，重大な事実誤認または処分の著しい不当を理由として2週間以内に高等裁判所へ抗告することができる。抗告を棄却した決定に対しては，憲法違反または判例違反を理由として最高裁判所へ再抗告を申し立てることができる（同法35条1項）。検察官は抗告権をもたない。

(6) 家裁は，死刑，懲役または禁錮にあたる罪の事件について，調査の結果，その罪質および情状に照らして刑事処分を相当と認めるときは，検察庁の検察官に送致しなければならない。その場合，故意の犯罪行為により被害者を死亡させた罪の事件であって，その罪を犯すとき16歳以上の少年に係るものについては，調査の結果，犯行の動機および態様，犯行後の情況，少年の性格，

年齢，行状および環境その他の事情を考慮し，刑事処分以外の措置を相当と認めるときを除き，検察官へ送致しなければならない（少20条。いわゆる「逆送」決定という）。逆送後，検察官は公訴を提起するに足りる犯罪の嫌疑があるとき公訴を提起しなければならない（同法45条5号）。この場合の少年の審理手続は，基本的に成人の場合と同じである。

　ただし，刑事裁判所が宣告できる刑罰については少年の特性にかんがみて刑を軽くすることとされている。18歳未満のときに犯した罪であって死刑で処断すべき場合には，無期刑を宣告しなければならない。本来無期刑に処断すべきときには，無期刑も宣告できるが，10年以上20年以下（少51条）の有期の懲役または禁錮を科することもできる。処断刑について広く「有期の懲役又は禁錮」である場合，不定期刑を科することができるものとされている。この場合，不定期刑の長期の上限は15年，短期の上限は10年とされている。その範囲内で，本来処断すべき刑を基準に長期を定め，長期の2分の1（長期が10年を下回るときは，長期から5年を減じた期間）を下回らない範囲内において短期を定める。さらに，不定期刑の短期については，少年の改善更生の可能性その他の事情を考慮し特に必要があるときは，処断すべき刑の短期の2分の1を下回らず，かつ，長期の2分の1を下回らない範囲内でこれを定めることができる（少52条）。この結果，例えば，法定刑が比較的軽い暴行罪（2年以下の懲役）についても（2014年改正以前の「懲役1年6月」などの定期刑の宣告に代えて），「1年以上1年6月以下の懲役」など不定期刑の宣告が可能である。

§Ⅲ　簡易公判手続

　被告人の意見陳述の段階で事実に争いがない旨述べた場合，裁判所は簡易公判手続によって審判をすると決定することができる（291条の2）。ただし，死刑または無期もしくは短期1年以上の懲役・禁錮にあたる事件は除かれる。証拠調べは適当な方法によって行うことができる（307条の2）。簡易公判手続は軽微な事件の迅速な処理を予定した制度であったが，実際のところ通常手続であって事実に争いがない場合にも，被告側が検察官請求証拠の証拠調べをすべて同意するので運用上顕著な差がなく，この手続を採用する特段のメリットがな

かった。このため，実際にはさほど活用はされてこなかった。

§Ⅳ 即決裁判手続

(1) 検察官は，執行猶予が相当な事件については，捜査段階において被疑者に手続の趣旨を説明して通常の審判を受けることも説明した上で同意を得られたときには，公訴提起と同時に，裁判所に即決裁判手続の申立てができる（350条の2）。

(2) 検察官は，事案が明白で，軽微であること，証拠調べがすみやかに終わると見込まれることその他の事情を考慮し相当と認めるとき申立てができる。ただし，死刑または無期もしくは短期1年以上の懲役若しくは禁錮にあたる事件は対象にできない。被疑者の同意が手続上不可欠の要件であるが，被疑者は，同意をするかどうか判断するにあたり貧困その他の事由で弁護人を選任できない場合には国選弁護人の選任を請求できる（350条の3）。

即決裁判手続の請求があった事件の公判手続には必ず弁護人を選任しなければならない（350条の9）。被告人は必ず在廷しなければならない。裁判所は，罪状認否に際して被告人が有罪である旨陳述したとき，被告人および弁護人の同意があるとき，即決裁判手続によることを決定してよい（同条の8・同2第3項・同6）。

判決の言渡し前に被告人または弁護人が同意を撤回し，あるいは被告人が有罪である旨の陳述を撤回したとき，当該事件が即決裁判手続によれないものであるときやその他相当でないとき，裁判所において即決裁判手続による旨の決定を取り消さなければならない（350条の11）。

(3) 証拠調べなどは簡単に実施される。検察官の冒頭陳述，当事者による証拠調べ請求手続，採用証拠に関する法定の証拠調べは実施しない（350条の9）。伝聞禁止の原則も適用がない（同条の12）。裁判所は適当と認める方法で証拠調べを行ってよい（同条の10第2項）。

判決はできる限り即日言い渡す（350条の13）。必ず執行猶予を付さなければならない（同条の14）。即決裁判手続においてされた判決に対する控訴の申立てにあたり，刑訴法382条の事実の誤認を理由とすることはできない。また，裁判

所においても事実誤認を理由とする一審判決破棄はできない（403条の2）。上告審においても同様である（413条の2）。ただし，再審事由があることを控訴理由とすることは文理上できるし，上告審における職権破棄事由にすることも可能である。

第8章　再審・非常上告

図表8-1　再審事件の最近の動向

■再審請求事件の請求人別・裁判所別終局区分（高裁・地裁・簡裁）（平成19年～23年累計）

区分 裁判所 終局区分	既済人員				請求人							
					検察官				本人側			
	総数	高裁	地裁	簡裁	総数	高裁	地裁	簡裁	総数	高裁	地裁	簡裁
総　　数	951	118	692	141	34	—	3	31	917	118	689	110
棄　却	864	110	649	105	—	—	—	—	864	110	649	105
再審開始	40	2	6	32	34	—	3	31	6	2	3	1
取下げ	29	1	26	2	—	—	—	—	29	1	26	2
その他	18	5	11	2	—	—	—	—	18	5	11	2

出所）法曹時報65巻2号191頁より転載。

§1 再審

1 再審の機能

国家が市民を被告人として刑事裁判の重い負担をかけて処罰する機会を無制限に認めると、市民は安定した生活を安心して送る利益を大きく損なう。そこで、憲法上「何人も……既に無罪とされた行為については、刑事上の責任を問はれない。又、同一の犯罪について、重ねて刑事上の責任を問はれない」と定め、不利益な再度の裁判も同一事件で反復して裁判を受けて処罰されるおそれもないものと定めている（憲39条。二重危険禁止、二重処罰禁止）。これを受けて、刑訴法上、上告審の判断が示された段階で有罪・無罪を問わず裁判は一度確定するものとする（471条）。無罪判決が確定した後に被告人が犯人であることを示す新たな証拠を発見することもないではないが、再度の裁判はできないものとしている（337条1号・435条。不利益再審の禁止）。他方、有罪判決が確定しても、被告人が無罪であることを示す証拠や軽い刑を認めるべき証拠が見つかった場合などには再審手続によって有罪判決を是正できるものとした（435条）。略式命令も再審請求の対象となる（470条）。

2 再審理由

再審の請求は、有罪の言渡をした確定判決に対し言渡を受けた者の利益のためにすることができる（435条）。もっとも重要な理由は、「有罪の言渡を受けた者に対して無罪若しくは免訴を言い渡し、刑の言渡を受けた者に対して刑の免除を言い渡し、又は原判決において認めた罪より軽い罪を認めるべき明らかな証拠をあらたに発見したとき」である（同条6号）。新規性・明白性のある証拠と要約することができる（他の再審事由は435条・436条参照）。

証拠の新規性は、証拠方法ではなく証拠資料毎に判断する。例えば、確定裁判までに取調べ済みの鑑定の対象となった原資料について、新たな鑑定人が新たな鑑定技法によって異なる鑑定結果を報告できる場合には、異なる証拠資料として扱われる。

無罪などを認めるべき明らかな証拠かどうかの判断基準について、当該証拠自体で無実が明らかに認定できるものと解する余地もないではない。ただ、か

かる解釈によれば，真犯人が事実上捜査機関・検察官によって発見・確認される状態かこれに類似する状態でなければ認められないこととなる。明白性は，規範的要件であるから「無辜の救済」という再審手続の制度目的に沿った解釈をすれば足りる。その場合，再審手続が請求を認めるかどうかを審査する手続とこれが是認されたときに無罪か否かについて通常審と同じく審理する再審公判手続の2段階になっていることを考慮すると，請求段階の要件を厳格に解することは制度目的を損なう。この限度では，訴訟条件と同程度の疎明であればよい。

　判例は，確定判決の有罪事実認定に「合理的疑い」が生じる蓋然性がある状態になればよく，新たな証拠によってかかる状態になるかどうかは当該証拠のみによって判断するのではなく，事実の審理にあたり証拠調べされた証拠全体と総合的に評価してよいとする。さらに，事実認定の鉄則である「疑わしきは被告人の利益に」の原理によって判断するべきであるとする（最決昭50・5・20刑集29-5-177—白鳥再審事件）。

【CASE：白鳥再審事件（最決昭50・5・20刑集29-5-177）】
　「同法四三五条六号にいう「無罪を言い渡すべき明らかな証拠」とは，確定判決における事実認定につき合理的な疑いをいだかせ，その認定を覆すに足りる蓋然性のある証拠をいうものと解すべきであるが，右の明らかな証拠であるかどうかは，もし当の証拠が確定判決を下した裁判所の審理中に提出されていたとするならば，はたしてその確定判決においてなされたような事実認定に到達したであろうかどうかという観点から，当の証拠と他の全証拠と総合的に評価して判断すべきであり，この判断に際しても，再審開始のためには確定判決における事実認定につき合理的な疑いを生ぜしめれば足りるという意味において，「疑わしいときは被告人の利益に」という刑事裁判における鉄則が適用されるものと解すべきである」。

3　再審請求手続と再審公判手続

(1)　有罪判決の言渡しを受けた者，その法定代理人・保佐人は請求権をもつ。有罪判決を受けた者が死亡した後は，直系の親族などが請求権をもつ（439条）。検察官以外の者は，再審の請求をするとき，弁護人を選任することができる（440条）。検察官も再審の請求権をもつ。再審請求は，刑の執行が終わっていても可能である（441条）。

請求人が，本犯らの自賠責保険金騙取の意図が露顕するのを防ぎ，右詐欺を遂行するのに加担して，事実に反して自ら自動車を運転し過失により人身事故を起こしたと虚偽の申告をした結果，略式命令を受けた場合，再審請求を認めることは，衡平の精神，禁反言の原則等に反し，刑事訴訟の当事者主義的構造に照らし許されない（大阪高決平4・11・19判タ831-255）。

　異なる証拠を用意できるのであれば，くり返し再審請求ができる（447条）。再審請求をするには，趣意書に原判決の謄本と新証拠を添えて，管轄裁判所に提出する（規則283条）。再審請求の管轄裁判所は，対象となる確定判決をした裁判所である（438条）。再審請求の審理については，原判決に関与した裁判官も除斥されない。再審請求があっただけでは確定判決の刑の執行力は失われないが，再審開始決定がなされたときには，裁判所は執行を停止することができる（442条）。

【★ MEMO：8-1　再審開始決定と原確定裁判の執行力】
　裁判の「確定力」は裁判の安定のため法政策として通常審を経た段階で認める法効果である。再審は無罪の者の救済を法政策とする制度であるから，再審開始決定が確定すれば，反射的に確定判決の「確定」状態が揺らいだものとみて確定に伴う判決の執行力が働かなくなるとみるのが適当である。再審開始決定段階でも裁判所は確定裁判の執行を停止することができるが（448条2項），再審が開始された場合には当然に執行力は停止する。

　再審の請求は，取り下げることができる（443条）。取下げの時期の制限は，明文規定はないが，再審請求についての決定が確定するまでと解すべきであろう。

　(2)　再審請求を是認して再審理を開始するかどうかは決定によって意思表示すれば足りる事項なので，口頭弁論を開く必要はない。事実の取調べはできるが，審判手続ではないので公開の対象にならない。必要があれば事実の取調べとして証人尋問などを行うことは妨げられない（43条3項・445条）。ただし，再審請求人および確定判決に対応する検察庁の検察官の意見を聴く機会を設けなければならない（規則286条）。再審請求審の審理は，厳格な証明手続によるものではない。証拠能力の制限は適用がない。

　請求が不適法な場合および請求は適法でも理由がない場合，請求棄却の決定

をする（446条・447条）。請求に理由ある場合，再審開始の決定をする（448条）。これらの決定に対しては，即時抗告による不服申立ができる（450条）。

(3) 再審開始決定が確定すると，審級に従って事件の実体について再審理が行われる（再審請求の対象が一審判決であれば第一審として，控訴審判決であれば控訴審として公判審理が行われる。451条1項）。再審公判には，通常の公判に関する規定が適用されるが，検察官の公訴提起に基づく公判ではなく原判決確定前の段階に戻って審理を続行するものである。したがって，破棄差戻審に準ずる手続となる。

もっとも，被告人が死亡したり，心神喪失状態にあっても，公判手続の停止や公訴棄却にはならず，弁護人が出頭すれば開廷することができる（451条2項・3項）。

請求審段階で取り調べられた伝聞証拠について再審公判では厳密には直ちには証拠能力をもたないが，当事者が刑訴法326条の同意をすれば証拠にしてよい。再審公判では訴因の変更は基本的に認めるべきではない。再審公判の間も原判決の執行力は失われないが，裁判所が執行を停止することができる（448条2項）。

(4) 再審公判の判決は，再審開始決定の内容に拘束されない。ただし，再審が開始された事件では無罪となるのが通常である。再審公判で，新証拠による無罪の可能性を打ち消す有力な証拠により原判決の有罪認定が立証されないかぎり，開始決定と同じ事実認定になる。

再審公判では，原判決よりも重い刑を言い渡すことはできない（452条）。再審の結果無罪を言い渡した場合には，官報と新聞で，その判決を公示する（453条）。

§Ⅱ　非常上告

非常上告は，判決確定後にその事件の裁判手続または判決そのものに法令違反のあることが判明した場合，その違法な部分を破棄して是正する手続である。例えば，法定刑にない罰金刑を宣告し裁判が確定してしまった場合などである。再審と異なり，事実認定の誤りではなく法令違反だけを理由とする。当

事者の救済ではなく、法令違反の是正と再発防止を目的とする。

ただし、付随的・反射的に被告人の救済も行う。つまり原判決が被告人に不利益であるときはこれを破棄してさらに被告事件について判決をする（458条）。判例によると、「原判決が被告人のため不利益であるとき」とは、「原判決の認定した事実に正しい法令を適用してあらたに言い渡すべき判決が、原判決より利益なことが法律上明白である場合」をいう。例えば、少年である被告人に対し言い渡された原判決の刑が法律の求める不定期刑ではなく誤って懲役8月の定期刑を宣告している場合であって、新たに言い渡すべき刑が懲役6月以上8月以下の不定期刑であるときは右の場合にあたる（最判昭48・12・24刑集27-11-1469）。

非常上告は、検事総長が申し立てる。管轄裁判所は最高裁判所である（454条）。原判決自体に法令の違反があるとき、その違反した部分を破棄する。原判決の前提となった訴訟手続に法令違反があるとき、その違反した手続を破棄する（458条）。

【CASE：非常上告】
　罰金刑の定めがなく簡裁の管轄に属さない事件について罰金を科す略式命令を発した場合、①管轄違の言渡しをせずに略式命令を発した手続、②法定刑にない罰金刑をもって処断すべきものとした略式命令の内容それぞれが法令に違反していることが明らかな場合なので、次のように処理する。「右（1）の点については、刑訴法四五八条二号により、その違法な手続を破棄することとし、右（2）の点については、法定刑が前記のとおりの懲役刑であるのにこれより軽いことが明らかな前記金額の罰金刑をもって処断すべきものとしたのであるから、本件略式命令が被告人のため不利益であるとはいえないので、同条一号但書による破棄自判をすることなく、同号本文により、その内容の違法な部分を破棄するにとどめることとし、裁判官全員一致の意見で、主文のとおり判決する」（最判昭58・7・12刑集37-6-875）。

事項索引

あ行

悪性格の立証 …………… 197
異 議 ……………………… 170
　1項—— …………… 149, 170
　2項—— …………………… 170
異議の申立て …………… 279
一事不再理効 …………… 260
一部起訴 ………………… 116
一部上訴 ………………… 266
1項破棄 ………………… 275
一般司法警察職員 ………… 30
一般の指揮権 ……………… 34
一般の指示権 ……………… 34
違法収集証拠排除法則 … 198
　——と因果関係 ……… 201
　——と警察官ないし捜査官の
　　悪意 ………………… 201
　——と自白 …………… 203
　——と適法な司法手続の介在
　　……………………… 202
　——と適法な手続の可能性
　　……………………… 201
　——と同一目的・直接利用
　　……………………… 200
　——と排除相当性 …… 199
　——と派生の証拠 …… 203
　——と密接関連性の原則
　　……………………… 202
引 致 ……………………… 73
押収拒絶権 ………………… 46
押収目録 …………………… 50
おとり捜査 ………………… 43

か行

概括的認定 ……………… 250
回 避 …………………… 129
核心司法 ………………… 11
簡易公判手続 ……… 160, 290
管 轄 …………………… 124
　——移転 ……………… 127
　——指定 ……………… 127
　関連事件—— ………… 126
　裁定—— ……………… 124
　審級—— ……………… 128
　法定—— ……………… 124
監視カメラ ……………… 42
間接証拠 ………………… 193
鑑 定 ………… 54, 131, 229
　——処分 ……………… 130
　——留置 ……………… 130
還付・仮還付 …………… 50
棄 却 …………………… 258
期日間整理手続 ………… 144
起訴状 …………………… 115
起訴状一本主義 ………… 119
起訴独占主義 …………… 108
起訴便宜主義 …………… 110
起訴法定主義 …………… 110
起訴猶予 ………………… 110
忌 避 …………………… 129
基本的事実の同一性 …… 179
「逆送」決定 …………… 290
却 下 …………………… 258
糾問主義 ……………… 9, 139
糾問の捜査観 …………… 8
供述証拠 ………………… 191
供述調書 ………………… 66
供述不能 …………… 219, 221
行政警察作用 …………… 30
強制採血 ………………… 57
強制採尿 ………………… 56
強制採尿令状 …………… 57
強制処分法定主義 ……… 35
強制捜査 ………………… 37
業務文書 ………………… 234
挙証責任 ………………… 248
　——の転換 …………… 251
記録命令付差押え ……… 52
緊急逮捕 ………………… 70
緊急配備検問 …………… 25
具体的指揮権 …………… 34
警戒検問 ………………… 25
警察官 ……………… 11, 13
形式裁判 ………………… 257
刑事共助条約 …………… 104
刑事免責 ………………… 225
継続審理主義 …………… 158
結 審 …………………… 167
厳格な証明 ……………… 162
現行犯・準現行犯逮捕 … 71
現在の精神状態の供述 … 216
検察官 ……………… 11, 13, 31, 108
検察官作成供述調書 …… 220
検察官送致 ……………… 73
検察官同一体の原則 …… 109
検察官面前調書 ………… 220
検察事務官 ……………… 31
検察審査会 ……………… 120
検 視 …………………… 26
検 証 ………………… 54, 131
検証調書 ………………… 227
憲法と刑事手続 ………… 6
検面調書 ………………… 220
合意書面 ………………… 237
勾 引 …………………… 132
公開主義 ………………… 159
抗 告 …………………… 279
公訴権 ……………… 108, 119
　——濫用論 …………… 121
公訴時効 ………………… 112
公訴事実対象説 ………… 171
公訴事実の同一性 ……… 177
控訴審 …………………… 267
公訴の提起 ……………… 114
公訴不可分の原則 ……… 172
交通検問 ………………… 25
口頭弁論主義 …………… 157
公判準備 ………………… 130
公判前準備手続 ………… 136

公判前整理手続‥‥‥‥‥139
　　──の結果顕出‥‥‥‥162
公判中心主義‥‥‥‥‥‥157
公判廷‥‥‥‥‥‥‥‥‥150
公判手続‥‥‥‥‥‥‥‥150
　　──の更新‥‥‥‥‥168
　　──の停止‥‥‥‥‥168
公務文書‥‥‥‥‥‥‥‥234
勾　留‥‥‥‥‥‥‥75, 132
　　被疑者の──‥‥‥‥ 75
　　被告人の──‥‥‥‥132
勾留期間‥‥‥‥‥‥‥‥ 77
勾留質問‥‥‥‥‥‥‥‥ 77
勾留状‥‥‥‥‥‥‥‥‥ 77
勾留の執行停止‥‥‥‥‥135
勾留の利用‥‥‥‥‥‥‥ 75
勾留理由の開示手続‥‥‥ 79
国選弁護人‥‥‥‥‥‥‥ 92
　　被疑者の──‥‥‥‥ 92
告　訴‥‥‥‥‥‥‥‥‥ 27
告　発‥‥‥‥‥‥‥‥‥ 28
国家訴追主義‥‥‥‥‥‥108
固有権‥‥‥‥‥‥‥‥‥ 92

さ　行

再　起‥‥‥‥‥‥‥‥‥111
罪状隠滅の相当の理由‥‥ 76
再　審‥‥‥‥‥‥‥‥‥294
　　──公判手続‥‥‥‥295
　　──請求手続‥‥‥‥295
　　──と証拠の新規性・明白性
　　‥‥‥‥‥‥‥‥‥‥294
　　──と「疑わしいときは被告
　　人の利益に」‥‥‥‥295
再逮捕・勾留‥‥‥‥‥‥ 87
裁定合議事件‥‥‥‥‥‥150
再伝聞‥‥‥‥‥‥‥‥‥236
裁　判‥‥‥‥‥‥‥‥‥256
裁判員‥‥‥‥‥‥‥‥11, 15
裁判員裁判‥‥‥‥‥‥3, 155
裁判官‥‥‥‥‥‥‥‥11, 14
　　受託──‥‥‥‥‥‥129
　　受命──‥‥‥‥‥‥129
裁判所‥‥‥‥‥‥‥‥‥124
　　官署としての──‥‥124

　　官庁としての──‥‥124
　　刑訴法の──‥‥‥‥124
差押許可状‥‥‥‥‥‥‥ 45
差押物‥‥‥‥‥‥‥‥‥ 48
差押物と関連性‥‥‥‥‥ 48
差戻審‥‥‥‥‥‥‥‥‥276
参考人の取調べ‥‥‥‥‥ 60
事件の移送‥‥‥‥‥‥‥127
事後審‥‥‥‥‥‥‥‥‥267
自己矛盾供述‥‥‥‥‥‥238
事実の取調べ‥‥‥‥270, 273
自　首‥‥‥‥‥‥‥‥‥ 29
自然的関連性‥‥‥‥194, 195
実況見分‥‥‥‥‥‥‥‥ 40
　　──調書‥‥‥‥‥‥227
実質証拠‥‥‥‥‥‥‥‥194
実体裁判‥‥‥‥‥‥254, 257
実体的真実主義‥‥‥‥‥ 10
自動車検問‥‥‥‥‥‥‥ 25
自　白‥‥‥‥‥‥‥‥‥206
　　──の意義‥‥‥‥‥206
　　──の補強法則‥‥‥240
自白の証拠能力‥‥‥‥‥207
　　──と違法排除‥‥‥208
　　──と虚偽排除‥‥‥208
　　──と自白法則‥‥‥207
　　──と人権擁護‥‥‥208
　　──と任意性‥‥‥‥210
自白の補強法則‥‥‥‥‥244
　　──と形式説‥‥‥‥247
　　──と実質説‥‥‥‥247
事物管轄‥‥‥‥‥‥‥‥125
司法警察作用‥‥‥‥‥‥ 30
市民主義‥‥‥‥‥‥‥‥ 3
釈　明‥‥‥‥‥‥‥‥‥170
写真撮影，監視カメラ，自動速
　　度監視装置‥‥‥‥‥ 41
終局後の裁判‥‥‥‥‥‥258
終局裁判‥‥‥‥‥‥‥‥258
終局前の裁判‥‥‥‥‥‥258
自由心証主義‥‥‥‥‥‥242
自由な証明‥‥‥‥‥‥‥163
受訴裁判所‥‥‥‥‥124, 128
主張関連証拠開示‥‥‥‥143
主張明示‥‥‥‥‥‥‥‥143

主要事実‥‥‥‥‥‥‥‥190
準起訴‥‥‥‥‥‥‥‥‥120
準抗告‥‥‥‥‥‥‥‥‥281
照　会‥‥‥‥‥‥‥‥‥ 58
召　喚‥‥‥‥‥‥‥‥‥132
情況証拠‥‥‥‥‥‥‥‥194
証拠開示‥‥‥‥‥‥‥‥137
　　──に関する裁定手続‥143
　　──命令‥‥‥‥‥‥138
証拠禁止‥‥‥‥‥‥‥‥194
上　告‥‥‥‥‥‥‥‥‥276
証拠決定‥‥‥‥‥‥‥‥148
証拠裁判主義‥‥‥‥‥‥190
証拠書類と朗読‥‥‥‥‥165
証拠調べ‥‥‥‥‥‥146, 161
　　──請求‥‥‥‥‥‥147
　　──と控訴審‥‥‥‥273
　　公判前整理手続と──‥146
証拠能力‥‥‥‥‥‥‥‥194
証拠物‥‥‥‥‥‥‥‥‥193
　　──と展示‥‥‥‥‥166
上　訴‥‥‥‥‥‥‥‥‥264
上訴の利益‥‥‥‥‥‥‥266
証人尋問‥‥‥‥‥10, 131, 164
　　証拠資料‥‥‥‥163, 191
　　証拠方法‥‥‥‥163, 191
　　──と異議‥‥‥‥‥164
　　──と遮へい‥‥‥‥164
　　──と証言の補充‥‥165
　　──と証人保護‥‥‥163
　　──と付添人‥‥‥‥164
　　──とビデオリンク‥164
証人尋問調書‥‥‥‥‥‥105
証人適格‥‥‥‥‥‥‥‥148
証人保護‥‥‥‥‥‥‥‥ 18
少年事件‥‥‥‥‥‥‥‥287
証明予定事実記載書‥‥‥141
職務質問‥‥‥‥‥‥‥‥ 23
所持品検査‥‥‥‥‥‥‥ 24
書　証‥‥‥‥‥‥‥‥‥193
除　斥‥‥‥‥‥‥‥‥‥129
職権主義‥‥‥‥‥‥‥‥ 9
職権探知主義‥‥‥‥10, 171
真し性‥‥‥‥‥‥‥‥‥216
迅速な裁判‥‥‥‥‥‥‥158

300

事項索引

身体検査 …………… 54
人定質問 …………… 159
審判対象 …………… 9
尋　問 ……………… 193
請　求 ……………… 28
精密司法 …………… 11
積極的実体的真実主義 … 10
接見交通権 ………95, 98
　　──と戒護権 …… 96
　　──と接見指定権 … 99
接見指定権 ………… 94
接見等禁止 ………… 101
絶対的控訴理由 …… 269
絶対的特信性 ……… 225
前科の立証 ………… 197
全件送致主義 ……… 288
訴　因 …………160, 171
　　──に関する求釈明 … 160
　　──の拘束力 …… 172
　　──の特定 …… 117
　　──の非両立性 … 179
　　──の明示 …… 119
訴因対象説 ………… 171
訴因変更 …………… 172
　　──と具体的防御の利益
　　　　………………… 173
　　──と裁判員裁判 …… 184
　　──と縮小認定 … 174
　　──と抽象的防御の利益
　　　　………………… 173
　　──の可否 …… 177
　　──の時期的限界 … 184
　　──の手続 …… 183
　　──の要否 …… 173
　　──命令 ……… 186
捜　査 ……………22, 29
　　起訴後の── …… 103
捜査共助 …………… 104
捜索許可状 ………… 45
捜索・差押え ……44, 49
　　──と取材源 …… 46
　　──と立会い …… 50
　　──と必要な処分 … 49
　　──と人の捜索 … 47
　　──と夜間執行 … 47

　　──と令状呈示 … 49
　　電磁的記録の── … 50
捜索差押許可状 …45, 47, 48
捜索証明書 ………… 50
捜査の意義 ………… 29
捜査の顕著な支障 … 98
捜査の構造 ………… 8
捜査のための証人尋問 … 61
捜査の端緒 ………… 22
捜査比例の原則 …… 35
相対的控訴理由 …… 269
争点の顕在化 ……… 186
争点の整理 ………… 144
相反性 ……………… 222
即時抗告 …………… 280
訴訟指揮権 ………… 170
訴訟条件 …………… 111
即決裁判手続 …160, 291

た 行

逮　捕 ……………… 68
逮捕・勾留の一回性の原則
　　………………… 87
逮捕状の緊急執行 … 70
逮捕前置主義 ……… 76
逮捕の必要 ………… 69
抱き合わせ勾留 …… 76
択一的認定 ………… 250
弾　劾 ……………… 238
弾劾主義 …………… 9
弾劾的捜査観 ……… 8
単独事件 …………… 150
「調書」優先主義 …… 141
直接主義 …………… 157
直接証拠 …………… 193
通常抗告 …………… 279
通常逮捕 …………… 68
通信傍受 …………… 58
通信履歴の保管命令 … 51
通知事件 …………… 99
提出命令 …………… 46
適正手続 …………… 10
展　示 ……………… 193
伝聞禁止 …………… 214
　　──と主尋問 …… 214

　　──と証人喚問・質問 … 215
　　──と直接主義 … 214
　　──と反対尋問 … 214
伝聞証拠 …………… 212
　　──の証拠能力 … 212
伝聞例外 …………… 217
　　──と証拠としての必要性
　　　　………………… 218
　　──と信用性の情況的保障
　　　　…………218, 219
同　意 ……………… 236
同意書面 …………… 236
同意捜索 …………… 40
当事者主義 ………… 9
当事者処分権主義 … 9
当番弁護士 ………… 94
逃亡の相当の理由 … 75
逃亡犯罪人引渡法 … 104
特信文書 …………… 234
独任制の官庁 ……… 109
特別抗告 …………… 282
特別司法警察職員 … 31
独立代理権 ………… 92
土地管轄 …………… 125
取調べ受忍義務 …… 64
取調べの可視化 …… 67

な 行

２項破棄 …………… 275
任意捜査 …………… 37
任意提出・領置 …… 40
人　証 ……………… 193

は 行

破棄判決の拘束力 … 276
判決影響明白性 …… 269
犯行再現 …………… 40
犯人適合事実 ……… 247
被害再現 …………… 40
被害者 ……………11, 15
被害者参加手続 …… 18
被害者等の意見陳述 … 167
被害届 ……………… 27
被疑者 ……………… 11
被疑者取調べの適正化 … 65

301

被疑者の取調べ……………62	弁護人立会い……………67	物等の――……………52
非供述証拠………………191	弁論………………………167	面会権……………………101
被告人………………11, 150	――の再開……………167, 169	面会接見…………………97
――の訴訟能力………151	――の分離………………167	免責付証人尋問…………62
相――……………………168	――の併合………………167	目的外使用………………145
共同――…………………168	包括的代理権……………92	黙秘権………………89, 160
被告人質問………………167	包括的防御権…………12, 89	
被告人取調べ……………103	防御のための強制処分……102	**や 行**
被告人に不利益な事実の承認（自白）………………232	法定警察権………………170	やむを得ない事由……78, 145
被告人の明示した意思……265	法定合議事件……………150	控訴審と――…………271
非常上告…………………297	法定証拠主義……………242	公判前整理手続と――
必罰主義…………………10	冒頭陳述……………161, 190	………………………145, 223
必要性・緊急性，相当性……35	冒頭手続…………………159	勾留の延長と――………78
必要的弁護事件…………159	法律上の推定………251, 253	有罪判決…………………254
複写移転等命令……………52	法律的関連性………194, 196	誘導尋問…………………164
付審判請求………………120	保護事件…………………287	要証事実…………………191
「不利益変更の禁止」原則	保護処分…………………287	余罪と量刑………………197
……………………………275	保　釈……………………133	予　審……………………139
別件基準説………………86	補助証拠…………………194	
別件差押え………………48	補助命令権………………34	**ら 行**
別件逮捕・勾留…………81	ポリグラフ検査…………43	立証趣旨……………148, 215
弁護士………………11, 12	本件（取調べ目的）基準説	立証の負担………………249
弁護人……………11, 12, 152	……………………………86	略式手続…………………286
――の権限………………91	本件（余罪）取調べ……81, 86	類型証拠開示……………141
――の真実義務…………154		令状主義…………………36
――の選任………………92	**ま 行**	――の実質的潜脱説……85
弁護人依頼権……………90	無罪推定の原則…………249	朗　読……………………193
弁護人選任権の告知と教示	無罪判決…………………256	録音録画…………………67
……………………………73	無令状捜索・差押え……52	論　告……………………167
	被害者の――……………52	

判例索引

【昭和23年～30年】

最大判23・5・26刑集 2－6－529 ……………… 266
最大判23・7・14刑集 2－8－876 ……………… 246
最判24・2・22刑集 3－2－221 ………… 163, 250
最大判24・6・1 刑集 3－7－901 ………………… 28
大阪高判24・10・21高判特 1－279 …………… 234
最決25・6・17刑集 4－6－1013 ………………… 179
東京高判25・7・27高判特12－41 ……………… 234
最大判25・9・27刑集 4－9－1805 ……………… 265
最決25・9・30刑集 4－9－1856 ………………… 235
最決26・4・13刑集 5－5－902 ………………… 283
最判26・6・15刑集 5－7－1277 ………………… 175
最決26・6・28刑集 5－7－1303 ………………… 179
最決26・7・20刑集 5－8－1571 ………………… 283
札幌高函館支判26・7・30高刑集 4－7－936 … 220
東京高判27・1・29高刑集 5－2－130 ………… 118
最判27・3・4 刑集 6－3－339 ………………… 127
最大判27・3・5 刑集 6－3－351 ………………… 119
最大判27・4・9 刑集 6－4－584 ……………… 220
最判27・12・19刑集 6－11－1329 ……………… 237
最決28・2・17刑集 7－2－237 ………………… 238
最判28・5・8 刑集 7－5－965 ………………… 181
最判28・5・29刑集 7－5－1158 ………… 179, 181
最判28・6・19刑集 7－6－1342 ………………… 233
最判28・10・15刑集 7－10－1934 ……………… 230
最判28・11・27刑集 7－11－2344 ……………… 180
最判29・3・2 刑集 8－3－217 ………………… 181
最判29・5・14刑集 8－5－676 ………………… 179
最決29・6・29刑集 8－6－985 ………………… 127
最決29・7・30刑集 8－7－1231 ………………… 151
最決29・10・8 刑集 8－10－1588 ……………… 283
最判29・12・2 刑集 8－12－1923 ……………… 235
最判30・1・11刑集 9－1－14 …………………… 221
最判30・5・17刑集 9－6－1065 ………………… 125
東京高判30・6・8 高刑集 8－4－623 ………… 222
最判30・7・5 刑集 9－9－1777 ………………… 181
最決30・11・22刑集 9－12－2484 ………………… 47
最決30・12・9 刑集 9－13－2699 ……………… 217
最大判30・12・14刑集 9－13－2760 ……………… 71

【昭和31年～40年】

東京高判31・4・4 高刑集 9－3－249 ………… 239
最判31・4・12刑集10－4－540 ………………… 183
仙台高判31・6・13高裁特 3－24－1149 … 175, 182
最大判31・7・18刑集10－7－1147 ……………… 272
最判32・1・22刑集11－1－103 ………………… 236
最大判32・2・20刑集11－2－802 ………………… 89
最決32・4・30刑集11－4－1502 ………………… 125
最判32・5・31刑集11－5－1579 ………………… 209
最判32・7・25刑集11－7－2025 ………………… 230
最決32・9・30刑集11－9－2403 ………………… 222
最判32・10・8 刑集11－10－2487 ……………… 182
最決32・11・2 刑集11－12－3047 ……… 234, 246
最決32・12・5 刑集11－13－3167 ……………… 276
最判33・2・21刑集12－2－288 ………………… 180
最決33・3・17刑集12－4－581 ………………… 180
最判33・5・20刑集12－7－1398 ………………… 119
最判33・5・24刑集12－8－1535 ………………… 125
最大判33・5・28刑集12－8－1718 ……… 118, 247
最判33・6・24刑集12－10－2269 ……………… 175
最大決33・7・29刑集12－12－2776 ……………… 45
最判34・5・22刑集13－5－773 ………………… 272
東京高決34・10・21下刑集 1－10－2131 ……… 151
最決34・10・26刑集13－11－3046 ……………… 180
最判35・9・8 刑集14－11－1437 ………… 40, 227
最決35・11・15刑集14－13－1677 ……………… 182
最判36・5・26刑集15－5－893 ………… 228, 228
最大判36・6・7 刑集15－6－915 ………………… 53
最判36・6・13刑集15－6－961 ………… 175, 181
最決36・11・21刑集15－10－1764 ……………… 103
東京高判37・4・26高刑集15－4－218 ………… 235
最大判37・11・28刑集16－11－1633 …………… 117
最判38・9・13刑集17－8－1703 ………………… 209
最判38・10・17刑集17－10－1795 ……………… 217
最決40・4・21刑集19－3－166 ………………… 181
最大判40・4・28刑集19－3－270 ……… 181, 186

【昭和41年～50年】

最判41・4・12判時451－55 …………………… 180
最判41・4・21刑集20－4－275 ………………… 113

東京高判41・6・28判タ195-125 …………………72
最判41・7・1刑集20-6-537 ………………… 209
最決41・11・22刑集20-9-1035 ………………197
最大判42・7・5刑集21-6-748 …………………197
最判42・8・31刑集21-7-879 …………………184
最決43・2・8刑集22-2-55 ……………………196
最判43・10・25刑集22-11-961 …………238, 276
最決44・3・18刑集23-3-153 …………………45
最決44・4・25刑集23-4-248 …………………138
最決44・7・14刑集23-8-1057 …………………135
最決44・10・2刑集23-10-1199 ………………119
最大判44・12・24刑集23-12-1625 ……………41
最大判45・11・25刑集24-12-1670 …………209
大阪地決46・3・18判時640-106 ………………222
最大決46・3・24刑集25-2-293 ………………271
大阪地決46・6・1判時637-106 …………………79
最判46・6・22刑集25-4-588 …………………175
大阪地判46・9・9判時662-101 ………………251
最判47・5・30民集26-4-826 …………………113
最判47・6・2刑集26-5-317 …………………229
最大判47・12・20刑集26-10-631 ……………158
最判48・2・16刑集27-1-58 …………………272
最判48・3・15刑集27-2-128 …………………183
最判48・12・24刑集27-11-1469 ………………298
大阪地判49・5・2刑月6-5-583 ……………261
大阪高決49・11・20刑月6-11-1158 …………280
最決50・5・20刑集29-5-177 …………250, 295

【昭和51年～60年】
最決51・3・16刑集30-2-187 …………37, 38, 63
福岡高那覇支判51・4・5判345-321 ………184
最判51・11・4刑集30-10-1887 ………………257
最判51・11・18判時837-104 ……………45, 48
大阪高判52・6・28判タ357-334 ………………203
最決52・8・9刑集31-5-821 …………………81
最決53・2・16刑集32-1-47 …………………181
神戸地判53・3・1判時911-170 ………………282
最決53・3・6刑集32-2-218 …………178, 179
最決53・6・20刑集32-4-670 ……………24, 54
最判53・7・10民集32-5-820 …………………91
最判53・9・7刑集32-6-1672 ……………5, 200
最決53・9・22刑集32-6-1774 …………………23
最判53・10・20民集32-7-1367 …………114, 116
最決53・10・31刑集32-7-1793 ………………266
東京高判54・2・7判時940-138 ………………239

最決54・10・16刑集33-6-633 …………………236
最決55・12・17刑集34-7-672 …………………121
最決55・4・28刑集34-3-178 …………………101
松江地決55・5・30判時968-136 ………………281
最決55・9・22刑集34-5-272 …………………26
最決55・10・23刑集34-5-300 …………………56
最決56・4・25刑集35-3-116 …………………118
最判56・6・26刑集35-4-426 …………………122
大阪高判57・3・16判時1046-146 ………196, 217
最決57・5・25判時1046-15 ……………………196
最決57・8・27刑集36-6-726 ……………75, 281
東京高判57・11・9東高刑時報33-10～12-67
 …………………………………………………235
最決58・6・30刑集37-5-592 …………………103
最判58・7・12刑集37-6-791 …………………209
最判58・7・12刑集37-6-875 …………………298
最判58・9・6刑集37-7-930 …………………186
東京高判58・10・20高刑集36-3-285 …………39
最決58・12・13刑集37-10-1581 ………………186
最決59・1・27刑集38-1-136 …………………116
最決59・2・29刑集38-3-479 …………………63
大阪高判59・4・19高刑集37-1-98 ……………85
最決59・9・20刑集38-9-2810 …………………271
最決59・12・21刑集38-12-3071 ………………193

【昭和61年～63年】
最決61・2・14刑集40-1-48 ……………………41
最決61・3・3刑集40-2-175 …………………235
最決61・3・12判時1200-160 ……………………47
東京地判61・3・12判時1229-160 ……………183
札幌高判61・3・24高刑集39-1-8 ……………251
最決61・4・25刑集40-3-215 …………………200
福岡高判61・4・28刑月18-4-294 ………………85
最決62・3・3刑集41-2-60 …………………196
東京高判62・7・29高刑集40-2-77 …………226
最決62・10・30刑集41-7-309 …………………272
最判63・2・29刑集42-2-314 …………………113
東京高判63・4・1判時1278-152 ………………41
最決63・9・16刑集42-7-1051 ………54, 201, 202
最決63・10・24刑集42-8-1079 ………………175

【平成元年～10年】
最決元・1・30刑集43-1-19 ……………………46
東京高判元・3・2判タ700-281 ………………175
最大判元・3・8民集43-2-89 …………………159

最判元・6・29民集43-6-664 ………… 114, 116
最決元・7・4刑集43-7-581 ……………………… 63
最決元・9・26判時1357-147 …………………… 23
浦和地判元・10・3判時1337-150 …………… 235
最決2・6・27刑集44-4-385 …………………… 50
最決2・7・9判時1357-34 ……………………… 46
大阪高判2・10・9判タ765-266 …………… 239
東京地決3・5・15判タ774-275 …………… 281
東京高判3・6・18東高刑時報42-1〜12-10 … 236
東京高判4・10・14高刑集45-3-66 ……… 251
大阪高決4・11・19判タ831-255 …………… 296
大阪高判6・4・20高刑集47-1-1 …………… 49
最決6・9・8刑集48-6-263 …………………… 47
最決6・9・16刑集48-6-420 …………… 23, 56
最大判7・2・22刑集49-2-1 ………… 62, 226
最決7・2・28刑集49-2-481 ………… 151, 168
最決7・3・27刑集49-3-525 ………………… 153
最決7・4・12刑集49-4-609 ………………… 80
最判7・6・20刑集49-6-741 ………………… 220
最決7・6・28刑集49-6-785 ………………… 151
大阪高判7・12・7高刑集48-3-199 ……… 151
最決8・1・29刑集50-1-1 ……………… 53, 72
東京高判8・4・11高刑集49-1-174 ……… 238
広島高判8・5・23高検速報平8年2-159 … 230
最判8・10・29刑集50-9-683 ……………… 201
最判10・3・12刑集52-2-17 ………… 151, 152
最判10・5・1刑集52-4-275 …………………… 51
札幌高判10・5・12判時1652-145 ………… 230
大阪高判10・12・9判タ1063-272 ………… 224

【平成11年〜20年】
最大判11・3・24民集53-3-514 ……… 64, 95, 99
最決11・10・13裁判集刑276-245 ………… 136
最決11・12・16刑集53-9-1327 ……………… 59
最判12・2・22判時1721-70 …………………… 98
最判12・6・13民集54-5-1635 …………… 98, 99
最決12・6・27刑集54-5-461 ………………… 136
最決12・7・17刑集54-6-550 ………………… 195
名古屋高決12・9・20高検速報689-173 … 151
最決12・10・31刑集54-8-735 ………… 105, 225
最決13・2・7判時1737-148 ………………… 101
最決13・4・11刑集55-3-127 ………………… 176
札幌高判14・3・19判時1803-147 ………… 244
東京高判14・3・27東高刑時報53-1〜12-41 … 128
東京高判14・9・4判時1808-144 …………… 204

最決14・10・4刑集56-8-507 ………………… 49
福岡高判14・11・6判時1812-157 ………… 230
最決14・12・17裁判集刑282-1041 ………… 103
東京地判15・1・22判タ1129-265 ………… 235
最判15・2・14刑集57-2-121 ………………… 202
最決15・2・20判時1820-149 ………………… 175
最判15・10・7刑集57-9-1002 ……… 116, 261
最決15・11・26刑集57-10-1057 …………… 225
最決16・7・12刑集58-5-333 …………………… 44
名古屋地判16・7・30判検速1897-144 …… 230
東京高判17・3・30高検速報3237 ………… 272
最判17・4・19民集59-3-563 ……………… 97
福岡地判17・5・19判時1903-3 …………… 225
東京地判17・6・2判時1930-174 ……………… 42
東京高判17・6・15高検速報3246 ………… 224
最決17・9・27刑集59-7-753 ……… 41, 218, 228
最決17・10・12刑集59-8-425 ……………… 118
最判18・11・7刑集60-9-561 ………………… 238
東京高判19・8・2高検速報3350 …………… 272
東京高決19・9・5判タ1258-346 ………… 136
最決19・10・16刑集61-7-677 ……………… 247
東京地判19・10・25判時1990-158 ……… 105
鹿児島地判20・3・24判時2008-3 …………… 96
さいたま地決20・3・26判例集未登載 …… 79
最決20・4・15刑集62-5-1398 ………… 40, 41
広島高判20・9・2高裁裁判速報集（平20）241
……………………………………………… 144
広島高判20・12・9高裁判速報集（平20）259
……………………………………………… 144

【平成21年〜　】
東京高判21・2・20高検速報3400 ………… 272
大阪地決21・5・15判例集未登載 ……………… 87
最決21・7・21刑集63-6-762 ……………… 173
最決21・9・28刑集63-7-868 ………… 37, 202
東京高判21・12・1判タ1324-277 ………… 105
最判22・4・27刑集64-3-233 ……………… 248
広島高判22・10・28高検速報平22-9 …… 248
札幌高判22・11・11高検速報平22-2 …… 248
福岡高判23・7・1訟月57-11-2467 ………… 96
東京高判23・8・9高検速報3444 …………… 272
最決23・9・14刑集65-6-949 ……………… 165
最判23・10・20刑集65-7-999 ……………… 105
最判24・2・13判時2145-9 …………………… 268
最決25・2・26判時2181-158 ……………… 165

305

■著者紹介

渡辺　修（わたなべ・おさむ）

本名　渡辺顗修（わたなべ・ぎしゅう）
〔現職〕　甲南大学法科大学院・教授，法学博士，弁護士（大阪弁護士会）
〔学歴〕　京都大学法学部卒業。京都大学大学院法学研究科修士課程修了，同博士後期課程
　　　　修了。コーネル大学ロー・スクール修士課程修了（LLM。フルブライトプログラ
　　　　ム助成による）。

〈主な業績〉
『職務質問の研究』（成文堂，1985年）
『被疑者取調べの法的規制』（三省堂，1992年）
『捜査と防御』（三省堂，1995年）
『刑事裁判と防御』（日本評論社，1998年）
『刑事裁判を考える』（現代人文社，2006年）
『現代の刑事裁判』（成文堂，2014年）

Horitsu Bunka Sha

基本講義 刑事訴訟法

2014年9月10日　初版第1刷発行

著　者　　渡　辺　　　修
発行者　　田　靡　純　子
発行所　　株式会社 法律文化社

〒603-8053
京都市北区上賀茂岩ヶ垣内町71
電話 075(791)7131　FAX 075(721)8400
http://www.hou-bun.com/

＊乱丁など不良本がありましたら，ご連絡ください。
　お取り替えいたします。

印刷：共同印刷工業㈱／製本：新生製本㈱
装幀：仁井谷伴子
ISBN 978-4-589-03616-2
Ⓒ2014　Osamu Watanabe　Printed in Japan

JCOPY 〈(社)出版者著作権管理機構　委託出版物〉

本書の無断複写は著作権法上での例外を除き禁じられています。複写される
場合は，そのつど事前に，(社)出版者著作権管理機構（電話 03-3513-6969，
FAX 03-3513-6979, e-mail: info@jcopy.or.jp）の許諾を得てください。

石塚伸一・大山 弘・渡辺 修著〔HBB〕
刑事法を考える
四六判・250頁・2200円

刑事法の基本的問題点を採りあげ，どんな考え方，解決策があるのか，どの考え方をなぜとるべきなのかを解説。社会と犯罪をめぐる問題の分析力，市民として納得できる解決策，探求力を養うことをめざすユニークな入門書。

松宮孝明編
ハイブリッド刑法総論
ハイブリッド刑法各論〔第2版〕
Ａ5判・340頁・3300円／390頁・3400円

基本から応用までをアクセントをつけて解説した基本書。レイアウトや叙述スタイルに工夫をこらし，基礎から発展的トピックまでを具体的な事例を用いてわかりやすく説明。総論・各論を相互に参照・関連させて学習の便宜を図る。

山本正樹・渡辺 修・宇藤 崇・松田岳士著〔αブックス〕
プリメール刑事訴訟法
Ａ5判・320頁・2800円

はじめて刑事裁判を学ぶ人のために，裁判員制度など近年の動向を紹介しつつ，わかりやすく解説した入門テキスト。刑事手続の流れやしくみ，基礎知識や考え方を正確に身につけることをめざす。

川嶋四郎・松宮孝明編〔αブックス〕
レクチャー日本の司法
Ａ5判・296頁・2500円

市民目線で「日本の司法」の全体像をわかりやすく概観。司法や裁判の位置づけ，多様な手続や担い手を詳解し，法や実務の課題を示す。民事裁判や刑事裁判の制度や手続の全体像を知るための手引きとしても有用。

村井敏邦著
裁判員のための刑事法ガイド
Ａ5判・184頁・1900円

もしも裁判員に選ばれたら…。不安を抱える市民のために，これだけは知っておきたい基礎知識をていねいに解説する。裁判のしくみから手続の流れ，刑法理論までカバー。裁判員時代の法感覚を身につけるために最適の書。

村井敏邦・後藤貞人編
被告人の事情／弁護人の主張
―裁判員になるあなたへ―
Ａ5判・210頁・2400円

第一線で活躍する刑事弁護人のケース報告に，研究者・元裁判官がそれぞれの立場からコメントを加える。刑事裁判の現実をつぶさに論じることで裁判員になるあなたに問いかける。なぜ〈悪い人〉を弁護するのか。刑事弁護の本質を学ぶ。

―― 法律文化社 ――

表示価格は本体（税別）価格です